1604
B

RECHERCHES

SUR

LES LANGUES TARTARES.

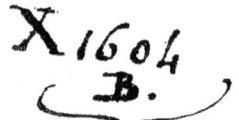

RECHERCHES
SUR LES LANGUES TARTARES,

OU

MÉMOIRES

SUR DIFFÉRENS POINTS DE LA GRAMMAIRE ET DE LA LITTÉRATURE

DES MANDCHOUS, DES MONGOLS, DES OUIGOURS ET DES TIBETAINS;

PAR M. ABEL-RÉMUSAT.

TOME I.er

A PARIS,
DE L'IMPRIMERIE ROYALE.

1820.

A MONSIEUR

LE BARON SILVESTRE DE SACY.

Monsieur,

 Un ouvrage qui a pour sujet des langues de la haute Asie, jusqu'ici presque inconnues, et qui peut-être ajoutera quelques faits nouveaux à ceux sur lesquels repose la théorie du langage, devoit naturellement paroître sous les auspices du Savant qui a porté si loin la connoissance des idiomes antiques et modernes de l'Asie occidentale, et qui a prouvé, par les progrès qu'il a fait faire à la grammaire générale, que l'étude comparée des langues est véritablement celle de nos facultés intellectuelles.
 Je sens toutefois ce qu'un pareil hommage imposeroit d'obligations, ce qu'il donneroit droit d'exiger d'un auteur ou de chercher dans son livre, et ce qui manque à celui-ci.
 Un nom comme le vôtre, placé même dans une dédicace, semble promettre aux lecteurs des recherches profondes, une érudition vaste et variée, des résultats importans pour l'histoire, les belles-lettres et la saine philosophie.

Une telle attente seroit un fardeau trop au-dessus de mes forces. En vous offrant des essais si imparfaits et si peu dignes de vous, j'ai voulu seulement montrer dans quel esprit je les ai entrepris ; faire voir non ce qu'ils sont, mais ce que j'aurois desiré qu'ils fussent. J'ai voulu surtout (je le cacherois en vain, et j'aime mieux l'avouer hautement), j'ai voulu saisir l'occasion de me glorifier en public de la bonté avec laquelle vous avez fait naître, dirigé, accueilli, encouragé mes premiers travaux ; de l'appui constant que vous leur avez prêté, et sans lequel mille obstacles en eussent interrompu le cours ; de ces témoignages honorables, à l'aide desquels j'ai obtenu, peut-être avant de les avoir suffisamment méritées, des récompenses littéraires que de longs et importans travaux pourront seuls justifier.

J'ai voulu, en un mot, faire éclater une fois les sentimens de ma vive reconnoissance, et, si vous me permettez de l'ajouter, de l'amitié tendre et respectueuse avec laquelle je suis,

MONSIEUR,

Votre très-humble et très-obéissant
serviteur et confrère,
J. P. ABEL-RÉMUSAT.

AVANT-PROPOS.

Je puis enfin mettre au jour le résultat de Recherches entreprises il y a plusieurs années, et dont l'impression est commencée depuis long-temps. Diverses circonstances, la plupart indépendantes de ma volonté, ont mis obstacle à la publication; le lecteur me dispensera sans doute d'en faire ici l'énumération : mais il y a une cause de retard que je ne puis m'empêcher d'indiquer, parce qu'elle auroit dû tourner au profit de cet ouvrage, et qu'en même temps elle peut en faire excuser les imperfections. J'ai trop d'intérêt à ne pas le voir juger à la rigueur, pour négliger les précautions qui peuvent le faire accueillir avec quelque indulgence.

En 1811, quand je commençai à prendre les idiomes de la Tartarie pour l'objet d'un travail spécial, c'est un fait notoire qu'il n'existoit en France aucun secours pour l'étude de plusieurs de ces idiomes. En Russie, les collections de livres originaux, les cartes, les mémoires manuscrits, fruits du travail des interprètes, ne m'auroient pas manqué : ici, pour le mandchou seul, on avoit quelques facilités, mais on ne possédoit rien ou presque rien sur le mongol, l'olet, l'ouigour ou turk oriental, et le tibetain. Il falloit ou se passer des documens les plus indispensables, ou se résoudre à les attendre plusieurs années. Ainsi privé des renseignemens les plus importans, je crus que je pouvois y suppléer par ceux que j'avois trouvés dans les livres Chinois, et que, tout insuffisans ou peu nombreux que fussent les faits nouveaux que j'avois recueillis de cette manière, il étoit utile de les faire connoître. Je commençai donc l'impression ; et cette publication prématurée n'est pas assurément ce que je voudrois aujourd'hui tenter de justifier.

Cependant il m'étoit resté bien des doutes ; j'avois hasardé bien des conjectures, et laissé contre mon gré dans mon travail bien des lacunes importantes. Moins satisfait de mon ouvrage à mesure que j'approchois du terme où il devoit voir le jour, je redoublai d'efforts pour me procurer ce qui m'avoit manqué, et mes tentatives ne furent pas toutes infructueuses. Mais en voulant faire usage des nouvelles lumières qui me parvenoient ainsi, j'avois à modifier, à réformer, quelquefois à refondre tout-à-fait de longs morceaux et même des chapitres entiers. Plus d'une partie de mon travail ont été refaites ainsi sur des matériaux venus après coup ; d'autres sont restées imparfaites, parce que le secours est arrivé trop tard. Il est résulté de là bien des incohérences et des irrégularités. Celles qui n'intéressent que la typographie ne sont sans doute pas les plus choquantes. Je dois cependant prévenir le lecteur au sujet de celle qui a rapport à la division de l'ouvrage : il ne devoit, d'après mon premier plan, former qu'un volume *in-4.°*

AVANT-PROPOS.

d'environ 600 pages, et composé de deux parties. La première, divisée en sept chapitres, consistoit en dissertations sur les points généraux relatifs à la grammaire, à l'étymologie, à l'histoire littéraire ; la seconde devoit offrir, sous forme d'appendice, les vocabulaires et autres pièces justificatives, les preuves, les textes originaux avec les traductions, et généralement tous les accessoires nécessaires, et les éclaircissemens exigés pour l'intelligence de la première partie. Je n'ai rien changé à cette disposition ; seulement, le nombre des matériaux sur lesquels j'avois d'abord compté, s'étant presque doublé, et les deux parties s'en trouvant augmentées dans une proportion à-peu-près semblable, il n'a plus été possible de les renfermer dans un seul volume. Le premier est tout entier rempli par les dissertations; le second contiendra tous les objets qui devoient former l'appendice, avec un grand nombre de morceaux ajoutés depuis. Les renvois qu'on rencontrera dans les premiers chapitres doivent donc être modifiés dans ce sens, et les objets qui y sont indiqués, cherchés au commencement du second volume. On trouvera aussi dans ce dernier beaucoup de corrections et des développemens ultérieurs relatifs à des points qui n'avoient pas été suffisamment éclaircis.

Sans entrer ici dans le détail des secours nouveaux qui m'ont obligé de modifier certaines parties de ces Recherches, ou qui m'ont permis de leur donner plus d'étendue, je ne puis m'empêcher de faire mention des travaux que la Société biblique de Russie a fait entreprendre, et dont les premiers échantillons ont été publiés quand l'impression de mon ouvrage étoit déjà commencée. De ce nombre est l'*Évangile de S. Mathieu*, en langue Olet, que j'ai lu avec empressement aussitôt qu'il m'est parvenu, et qui ne m'a pas été de peu d'utilité pour justifier et compléter ce que j'avois dit de la grammaire Kalmouke. Je suis aussi redevable à M. Ouvaroff de la communication d'un vocabulaire de la même langue, qui m'a donné de grandes lumières sur ce dialecte, un de ceux sur lesquels j'avois eu d'abord le moins de documens authentiques. J'avois beaucoup regretté de ne pouvoir consulter, pour le dialecte des Kalkas ou Mongols orientaux, le *Miroir de la langue Mongole :* cet ouvrage m'a été obligeamment communiqué par M. Klaproth ; mais je n'ai pu faire usage des renseignemens qu'il m'a permis d'en tirer, que pour le second volume, où l'on en trouvera quelques extraits. Enfin, un ouvrage des plus importans m'avoit manqué jusqu'à présent : j'avois été réduit pour le tibetain à des fragmens de vocabulaires tout-à-fait insuffisans. L'acquisition que vient de faire la Bibliothèque du Roi, d'un Dictionnaire Tibetain très-complet, expliqué en mongol, me fournira, j'espère, les moyens de donner sur cet idiome célèbre des détails plus exacts et plus approfondis.

Si l'on veut bien avoir égard à ces circonstances, on excusera plus facilement des erreurs que je n'ai pas toujours pu éviter, des contradictions dans lesquelles il m'étoit difficile de ne pas tomber, des omissions que je n'ai pas eu les moyens de remplir. Sur la simple annonce de cet ouvrage, faite il y a cinq ans, des savans d'un

AVANT-PROPOS.

ordre distingué ont bien voulu témoigner le desir de le voir paroître promptement. L'impatience que j'avois de mon côté de le livrer à leur jugement, n'a pu qu'en être augmentée ; mais j'ai lieu de craindre qu'une attente si flatteuse ne produise une sévérité contre laquelle je me présente bien mal prémuni. Il y a dans ces Recherches beaucoup de questions qui attendent de nouveaux éclaircissemens. C'est assez pour moi, si l'on juge qu'il y en ait quelques-unes qui se présentent sous un nouveau jour, et si un ouvrage que je ne donne que comme un essai sur des matières encore enveloppées d'obscurité, est l'occasion de travaux plus étendus et plus profonds sur des langues dont l'étude a été trop long-temps négligée, et dont la connoissance deviendra sur-tout indispensable, quand on voudra mettre des notions positives à la place des vains systèmes qu'on s'est formés jusqu'à présent sur les antiquités de la haute Asie.

Septembre 1819.

P. S. Au moment de livrer cette feuille à l'impression, je reçois le 3.ᵉ cahier du tom. VI des *Mines de l'Orient*, dans lequel est inséré un Mémoire curieux de M. Schmidt, le même dont la traduction Kalmouke de l'*Évangile de S. Mathieu* est citée avec éloge dans le chapitre V de ces Recherches. Son mémoire, intitulé *Einwürfe gegen die Hypothesen des Herrn Hofr. Klaproth*, a pour objet de prouver que l'existence d'un peuple nommé *Ouigour* n'est pas un fait attesté par l'histoire ; que c'est une supposition, une hypothèse de M. Klaproth, ou, comme il le dit ailleurs, une création *[schœpfung]*. Toute singulière qu'est cette assertion, si contraire à ce qu'ont dit des Ouigours, d'Herbelot, Visdelou, Gaubil, Deguignes, et tant d'autres, d'après le témoignage unanime des historiens Persans, Arabes, Tartares et Chinois, j'ai cru devoir en faire mention ici, ne fût-ce que pour avertir que ce mémoire ne change rien aux opinions que j'ai émises dans le chapitre VI, consacré à l'ouigour ou turk oriental. L'estimable auteur ne paroît pas encore avoir suffisamment approfondi les antiquités de la Tartarie. En en faisant une étude plus suivie, il sera sans doute conduit à modifier plusieurs de ses idées, et notamment celle qu'il a des annales de la Chine, qui sont, suivant lui, peu satisfaisantes en tout ce qui ne regarde pas la Chine elle-même. M. Schmidt annonce une histoire des Mongols, traduite du mongol, et dont il donne quelques échantillons. On ne peut que souhaiter de voir paroître cet important ouvrage, et engager l'auteur à y donner tous ses soins. En revoyant les passages qu'il en cite dans son mémoire, il sera sans doute frappé comme nous de l'erreur qui lui est échappée au sujet du nom des Mongols. Il croit que ce peuple célèbre s'est autrefois appelé *Bida*, et il cite une proclamation de Tchinggis-khakan: mais *Bida* est un nom inconnu dans l'histoire de la Tartarie; ce mot signifie *nous, notre*; et au lieu de traduire les premiers mots de la proclamation *ene kou Bida Oulous*, &c. *ce peuple Bida*, il faut *nous peuple Mongol, illa gens nostra Mongolica*, &c. Il est bon d'observer que le même mot a la même signification en kalmouk, et que M. Schmidt l'a employé lui-même en cent endroits de sa version de S. Mathieu, et notamment, c. II, ɴ. 2; c. III, ɴ. 9, 15; c. VI, ɴ. 11, 12, 13, &c.

DISCOURS

DISCOURS PRÉLIMINAIRE.

Les grandes nations nomades de la haute Asie ont joué un rôle important dans les révolutions du monde : leurs émigrations successives ont inondé de vastes contrées, et renouvelé la population qui les habitoit ; elles ont plus d'une fois retardé les progrès des lumières, et interrompu la marche de la civilisation. De si grands événemens méritent sans doute d'être examinés en détail. L'histoire des Tartares est intimement liée à celle des autres peuples de l'ancien continent. On sait à présent qu'il faut chercher dans la Tartarie les premières causes de ces invasions qui ont ébranlé l'empire Romain et renversé celui des Khalifes. On sait que les peuples qui en sont sortis, ont fondé dans la Chine, dans l'Inde, dans la Perse, en Syrie, en Égypte, en Europe même, des dominations dont plusieurs subsistent encore aujourd'hui. On a des raisons de penser qu'il en a été de même à des époques plus anciennes, et qu'il faut attribuer à des émigrations antérieures, dont le souvenir s'est presque entièrement perdu, ces analogies de langages et de religions, qui frappent un observateur attentif, depuis les monts Oural jusqu'au détroit de Gibraltar, depuis l'Irlande jusqu'au cap Comorin, et qui forment un des problèmes les plus intéressans dont l'histoire générale ait à s'occuper.

ij DISCOURS

MAIS des ténèbres profondes ont long-temps couvert et couvrent encore en partie l'origine de ces nations. On est loin de pouvoir fixer précisément le nombre des races auxquelles elles se rapportent : on n'est point en état d'assigner à chacune d'elles sa patrie primitive, ni de déterminer avec certitude les circonstances qui ont amené ses déplacemens. Au milieu d'une obscurité que peut-être on a crue plus grande qu'elle ne l'est en effet, dans une disette de monumens qui vient principalement de ce qu'on ne s'est pas soucié de recueillir et de déchiffrer ceux qui existent, il n'est pas étonnant qu'on ait hasardé, sur les antiquités de la Tartarie, les opinions les plus contradictoires, et que ces opinions soient encore chaque jour admises sans preuve, ou rejetées sans examen.

UN grand écrivain qui, dans sa manière de traiter l'histoire, montra toujours beaucoup d'éloignement pour les recherches arides et laborieuses, tenta de jeter du ridicule sur les travaux du docte Deguignes. L'histoire des Huns, suivant lui, ne méritoit guère plus d'être étudiée que celle des tigres et des ours de leur pays : paradoxe étrange de la part d'un philosophe qui a pris l'histoire des hommes pour sujet de ses méditations. A peine le justifieroit-on, en prouvant ce que Voltaire avança si légèrement, « que les » Huns et les ours ne savoient pas plus écrire les uns que » les autres. »

PEU d'années s'étoient écoulées, quand un autre philosophe, dont les infortunes font, pour ainsi dire, respecter les erreurs, trouva dans le vague même et dans l'incertitude dont sont enveloppés les commencemens de l'histoire de la Tartarie, un motif de préférence, avec une facilité plus grande pour les accommoder à ses systèmes. Trop de recherches ont éclairé les premiers siècles de la Grèce, de l'Égypte, de la Chaldée; malgré ce qui reste encore à faire pour achever de mettre dans tout leur jour les antiquités de ces pays célèbres, on est généralement assez instruit sur les questions principales, on possède assez de renseignemens sur l'état des arts, des sciences, de la civilisation, pour qu'une hypothèse qui s'écarteroit par trop des idées reçues, ne pût s'y soutenir au milieu des notions positives, et même des preuves négatives qu'on ne manqueroit pas d'y opposer. Les annales Chinoises, trop constantes dans leur simplicité, ont trompé l'attente qu'on en avoit conçue; l'Hindoustan n'offre que des traditions confuses, et qui, dans ce qu'elles ont de raisonnable, s'accordent trop bien avec celles des peuples Chrétiens, pour satisfaire ces esprits avides de nouveautés, mécontens de tout ce qui est ordinaire et commun, et en faveur desquels il faut à tout prix agrandir le champ de l'histoire, reculer l'antiquité de notre planète, et bouleverser tout ce que nous croyons savoir de l'origine et des premiers progrès de notre espèce.

Il reste la Tartarie, sur laquelle on ne sait rien du tout, et qui, en y comprenant le Tibet, paroît réunir toutes les conditions et offrir toutes les facilités qu'on peut souhaiter pour un système. Dans le silence de l'histoire, il semble qu'on n'ait qu'à choisir entre les suppositions, et que chacun soit en droit de préférer celle qui est à ses yeux plus agréable. La Tartarie entière n'est, pour ainsi dire, qu'un vaste désert; mais elle a pu être anciennement trèspeuplée. Les tribus qu'on y rencontre, mènent une vie errante à la suite de leurs troupeaux, habitent sous des tentes, et vivent du lait et de la chair de leurs chevaux ; mais ce ne sont peut-être que les débris de grandes nations civilisées, qui ont été détruites à des époques anciennes. Les Tartares d'aujourd'hui sont les plus grossiers et les plus ignorans des hommes; ceux d'autrefois ont pu être éclairés et policés. On trouve dans quelques-unes de leurs solitudes, des inscriptions en caractères inconnus, des débris d'édifices qui paroissent avoir été considérables, des vestiges de longs et pénibles travaux exécutés dans les mines que la terre y recèle. Il y a aussi dans le peu qu'on connoît de la structure des langues, dans le sujet le plus ordinaire des livres, dans les dogmes religieux et même dans quelques notions scientifiques, qui, toutes tronquées et imparfaites qu'elles sont, semblent indiquer des connoissances d'astronomie et de géométrie, des traits plus caractéristiques, et qu'on ne sauroit concilier avec l'état actuel de la civilisation chez les nations de la haute Asie.

On peut sans doute expliquer ces connoissances, et ces travaux, et ces monumens, en rapportant leur origine à des nations étrangères qui auroient eu des établissemens dans la Tartarie. Mais ne peut-on pas aussi supposer que les anciens indigènes de la Tartarie ont eux-mêmes formé un peuple savant et civilisé, qui, loin d'avoir rien reçu de ses voisins, leur a, au contraire, communiqué ces notions éparses chez les habitans de la Perse, de l'Inde et de la Chine, et qui semblent annoncer assez évidemment une origine commune ? Dans cette hypothèse, les inscriptions, les monumens, les travaux métallurgiques, les dogmes abstraits et les institutions théocratiques, seroient autant de vestiges attesta un état ancien de civilisation perfectionnée, qui devroit remonter à bien des siècles. Les Tartares, en un mot, auroient été le peuple primitif inventeur des arts, des sciences, et de l'astronomie en particulier. Le plateau de la grande Tartarie seroit le berceau du genre humain, ou du moins de la civilisation. On expliqueroit par-là, sans recourir aux traditions mosaïques, les rapports observés entre les idées religieuses et les notions scientifiques des nations des deux extrémités de l'Asie ; et si un tel système n'étoit soutenu d'aucune preuve, à cause du défaut absolu de monumens historiques chez les Tartares, la même raison le rendroit difficile à renverser ; il n'y auroit rien de positif à dire ni pour ni contre : c'est ce qu'on peut desirer de plus favorable pour une hypothèse dans les matières historiques.

JE ne puis m'empêcher de croire que ce motif de sécurité a exercé quelque influence sur l'esprit de Bailly, ou du moins de ses imitateurs, et leur a inspiré cette confiance avec laquelle ils ont parlé, comme de choses sur lequelles on ne pouvoit élever des doutes, les uns, des Atlantes de la grande Tartarie, les autres, de l'origine de la race humaine dans les hautes plaines de la Sibirie ; ceux-ci, des fouilles habilement dirigées, et de la patience des Tchoudes ; ceux-là, des progrès des Ouigours dans les sciences, et de l'invention de leur alphabet, qui a donné naissance au stranghelo, et à tous les caractères qui en sont dérivés, comme le *pouschto* ou syriaque moderne, le koufique ou ancien arabe, le *neskhy* ou arabe moderne, et ses variations.

VOILÀ les Tartares devenus, sous différens noms, les précepteurs des nations et les bienfaiteurs de l'humanité ; ces vastes contrées couvertes de forêts, ou rendues désertes par les sables, que parcourent des tribus de nomades grossiers, les voilà présentées sous un jour nouveau, qui les rend dignes d'être étudiées avec attention : car il ne faut pas croire que ce soit une chose indifférente, ou une question de pure curiosité, de savoir s'il y a eu jadis en Tartarie une nation puissante et éclairée, adonnée à la culture des sciences et des arts : en effet, outre qu'il est utile de rechercher, autant que possible, l'origine des lumières et même des erreurs qui sont répandues parmi les hommes, le système qui en placeroit la source en Tartarie, auroit de grandes conséquences, comme il est aisé de le faire voir.

BEAUCOUP de nations Tartares ont fait et font encore usage d'une écriture verticale, dont les élémens ont tant d'analogie avec ceux des écritures Syriennes, et par conséquent avec les autres écritures de l'Asie occidentale, qu'il faudroit fermer les yeux à la lumière pour ne pas voir qu'elles n'avoient toutes qu'une même origine ; aussi n'a-t-on guère varié que sur la manière d'expliquer cette analogie. Les premiers qui l'ont reconnue, n'ont pas balancé à l'attribuer aux excursions que les Nestoriens-syriens ont faites dans l'Asie orientale : effectivement, ces derniers ont pu porter aux Tartares les lettres de leur alphabet, aussi bien que les dogmes de leur religion. Mais, dans l'hypothèse du peuple primitif, l'alphabet Tartare seroit au contraire le prototype sur lequel on auroit formé les alphabets Syriens, et nécessairement aussi quelques autres alphabets beaucoup plus anciens, mais dont les élémens offrent la même analogie. Et comme un alphabet ne voyage pas seul, il faut que celui-ci ait été apporté dans l'Occident, à une époque inconnue, par une colonie Tartare, qui sans doute aura fait aux habitans de la Syrie d'autres présens plus considérables.

PRÉLIMINAIRE.

Par exemple, il n'est personne qui n'ait été frappé de la ressemblance surprenante qui existe entre les institutions, les pratiques et les cérémonies qui constituent la forme extérieure du culte du grand lama, et celles de l'église Romaine. Chez les Tartares, en effet, on retrouve un pontife souverain, des patriarches chargés du gouvernement spirituel des provinces, un conseil de lamas supérieurs, qui se réunissent en conclave pour élire le pontife, et dont les insignes même ressemblent à ceux de nos cardinaux, des couvens de moines et de religieuses, des prières pour les morts, la confession auriculaire, l'intercession des saints, le jeûne, le baisement des pieds, les litanies, les processions, l'eau lustrale. Tous ces rapports embarrassent peu ceux qui sont persuadés que le christianisme a été autrefois fort répandu dans la Tartarie; il leur semble évident que les institutions des lamas, qui ne remontent pas au-delà du XIIIe SIÈCLE de notre ère, ont été calquées sur les nôtres. L'explication est un peu plus difficile dans le système contraire, parce qu'il faudroit avant tout prouver la haute antiquité du pontificat et des pratiques lamaïques. C'est pour cette raison sans doute, et peut-être aussi pour d'autres motifs qu'on doit respecter, que les partisans du peuple primitif se sont bornés à des insinuations vagues, quand il s'est agi d'expliquer ces rapports si singuliers, si dignes d'attention : mais prendre parti sur l'origine des alphabets Syrien et Tartare, c'eût été se décider également sur la religion des lamas; car il ne faut pas se dissimuler que ces deux questions sont liées, et que la solution de l'une n'est pas moins intéressante que celle de l'autre.

Mais sont-ce véritablement là des questions! et peut-on raisonnablement penser que les arts, et le premier de tous, l'écriture, et ces opinions dont nous sommes accoutumés à placer le berceau dans la partie occidentale de l'Asie, soient venus du fond de la Sibirie, du plateau de la Tartarie, ou des hauteurs du Tibet, éclairer les heureuses contrées où les traditions les plus anciennes reportent le séjour primitif de l'homme, et le point d'où les nations se sont dispersées dans l'univers. Le système de Bailly sur les Atlantes n'a presque pas trouvé de partisans. Le savant Pallas n'a nulle part exposé celui qu'il s'étoit fait sur les Tchoudes. Ces hypothèses sont maintenant presque oubliées ; il est donc inutile d'en faire voir la futilité : on auroit l'air de créer des chimères pour les combattre, si l'on vouloit démontrer sérieusement que les Tartares n'ont inventé aucune science, aucun art, et sont redevables du peu qu'ils en ont cultivé, aux leçons des nations voisines.

Ce n'est pas là non plus l'objet principal que je me suis proposé dans ces Recherches. Toutefois, les questions relatives à l'antiquité Tartare se présentant comme d'ellesmêmes à chaque page de cet ouvrage, je n'ai pas cru qu'il fût inutile de les approfondir une fois pour toutes. S'il est des personnes qui s'imaginent qu'on possède à fond l'histoire de la Tartarie, et qu'on sait dès-à-présent avec précision à quel degré de civilisation étoient parvenues, il y a deux mille ans, les nations de la haute Asie, ces personnes pourront trouver que j'ai pris une peine superflue. Il m'a semblé pourtant qu'un système en opposition avec les idées reçues, méritoit d'être examiné, quand il n'étoit pas d'une absurdité évidente et palpable. Il n'est pas bon de laisser en arrière de ces espaces non explorés, où des esprits amis du paradoxe peuvent chercher des armes, et trouver matière à de nouvelles divagations. Peu de gens sont en état d'apprécier l'hypothèse du peuple primitif, et l'on est en général disposé à s'en rapporter à ceux qui semblent avoir approfondi ces matières, puisqu'ils en parlent avec assurance, pour ne rien dire de plus. D'ailleurs, il ne faut pas croire que les idées de Bailly soient entrées dans la tombe avec lui : il y a plusieurs personnes actuellement vivantes qui ont tenté de les reproduire sous des formes variées, et qui se trouveroient peut-être offensées, si l'on décidoit que leurs opinions ne valent pas la peine d'être réfutées. En pareil cas, ceux qui se trompent ont bien le droit d'exiger qu'au moins on leur fasse connoître leurs erreurs. Je leur ai rendu cet hommage dans le cours de ces Recherches, chaque fois que l'occasion s'en est présentée. Mais, pour éviter que ces discussions sur des matières délicates ne donnassent à ce livre un caractère étranger à mon objet, je m'en suis toujours pris aux morts de préférence, et j'ai mis les noms de Bailly et de Pallas à la place d'autres noms qui eussent peut-être rendu mes observations plus piquantes. Par-là, sans doute, j'ai affoibli l'intérêt de mon ouvrage : je me suis donné l'air d'un acharnement futile contre des hommes et des opinions qui ne sont plus : mais je ne me repens point encore de cette réserve, dont peut-être on devra me savoir quelque gré.

Le plan que je me suis tracé dans mes travaux sur les Tartares, est simple, et commandé par la nature du sujet. Il m'a paru qu'en aucun cas, nous ne pouvions juger une nation, critiquer ses traditions, rechercher son histoire, si nous ne savions sa langue, ou si d'autres ne l'avoient sue avant nous. Ici, cette dernière condition n'ayant point encore été remplie, j'ai dû me résoudre au soin que m'imposoit la première. Nous ne possédons malheureusement qu'un bien petit nombre de monumens sur l'histoire des Mongols, des Turks et des autres peuples de la Tartarie; mais encore faut-il être capable d'entendre ce peu que nous en avons : c'est le seul moyen de les apprécier à leur juste valeur. Les Chinois, contemporains de toutes les puissances qui se sont élevées en Tartarie depuis deux mille ans, nous fournissent d'excellens moyens de critique, avec beaucoup de matériaux pour l'histoire littéraire. Voilà déjà d'utiles secours dont il est bon de se munir, avant de s'enfoncer dans les déserts arides et dans les routes épineuses que l'on a dessein de parcourir.

Il est, en effet, indispensable de savoir d'avance, par le témoignage d'écrivains bien instruits, les principales circonstances de l'histoire civile d'une nation dont on veut étudier la langue; de connoître le lieu et l'époque de son origine; d'être informé, d'une manière générale, des progrès qu'elle a faits dans la culture des arts, des rapports qu'elle a pu avoir avec d'autres nations, et des emprunts qui sont résultés de ces rapports, en religion, en législation ou en littérature. Les écrits des étrangers peuvent mettre sur la voie pour tous ces objets; mais on doit se hâter d'en chercher la confirmation dans la littérature des nationaux. Les notions qu'on y puise sont toujours bien plus précises, et sur-tout plus authentiques.

Mais n'est-ce pas rapprocher des choses bien disparates, et des idées qui n'ont ensemble aucun rapport, que de parler de littérature quand il est question des Tartares; leur nom seul éveille des idées d'ignorance et de barbarie. Les Osmanlis sont incontestablement ceux de tous les peuples sortis de Tartarie qui ont fait les plus grands progrès dans la civilisation : cependant combien de fois leur acharnement à détruire les monumens de la Grèce, leur négligence à les recueillir et à les conserver, et leur mépris pour des chefs-d'œuvre qui excitent notre enthousiasme, n'ont-ils pas servi de texte à de faciles déclamations ! Nous autres descendans des Gaulois et des Francs, qui voyons si tranquillement disparoître, les uns après les autres, les monumens mêmes de notre histoire, les antiques manoirs de nos guerriers, les tours et les temples de nos ancêtres, nous faisons un sujet de reproche aux Turks de leur indifférence pour les vestiges de peuples qui ne leur sont rien, dont ils ont subjugué les descendans dégénérés ; nous trouvons mauvais qu'ils ne s'intéressent pas à ce qui nous intéresse. Cette inconséquence et cette injustice sont une nouvelle marque de la légèreté avec laquelle nous jugeons les nations des autres parties du monde d'après nos préjugés, sans nous embarrasser des leurs, sans penser que cette préoccupation, qui les rend ridicules à nos yeux, produit chez nous les mêmes effets, et qu'un observateur désintéressé qui verroit les différens peuples rire ainsi les uns des autres, pourroit, à plus d'un titre, rire également et des uns et des autres (1).

Sans entrer dans les détails des raisons qui doivent préserver un homme sage de cette manie de prononcer magistralement sur les mœurs, les usages et le degré de civilisation de certaines nations qui nous sont à peine connues,

---

(1) A tout prendre, il n'y a pas tant de Barbares qu'on le croit, même dans les forêts de la Tartarie. Ce reproche banal de barbarie que les nations s'adressent si légèrement entre elles, n'est ordinairement qu'une injustice réciproque. Trop souvent on s'arrête à l'écorce : on prend des nuances extérieures pour des différences fondamentales, ou bien on juge d'après quelques individus privilégiés, au lieu de considérer la masse des peuples, qui est presque au même degré par-tout et en tout temps. Dans tous les cas, il manque un juge désintéressé, pour prononcer sur des prétentions opposées. Il en est de la civilisation comme de la beauté. Ce sont des rapports de convenance,

n'y a-t-il pas, dans le reproche même qu'on fait aux Turks, une légèreté et une manière superficielle de voir et de juger, peu digne de l'esprit philosophique dont on se pique en Occident?

Depuis quand prétend-on que les monumens des arts aient droit à intéresser les hommes indépendamment de leurs mœurs, de leurs habitudes, de leurs croyances ou de leurs souvenirs? Et sous tous ces rapports, quels titres les antiquités d'Athènes ou d'Argos peuvent-elles avoir à l'admiration des pasteurs du Turkestan, devenus souverains de l'Hellespont et du Péloponnèse? Comment les fragmens d'un marbre représentant une divinité inconnue, et qui, depuis si long-temps, a vu périr le dernier de ses adorateurs, s'attireroient-ils l'attention d'un Turk iconoclaste, auquel le prophète a défendu d'avilir, par d'impuissantes imitations, les merveilles que Dieu a créées! Quelle idée les ruines d'un temple périptère, les vestiges d'un hippodrome ou d'un amphithéâtre, peuvent-ils réveiller dans l'imagination d'un Musulman, quelque instruit qu'on le suppose, qui n'adore et ne connoît d'autre Dieu que le Dieu d'Ibrahim et de Mohammed, qui n'a aucune idée des chefs-d'œuvre d'Eschyle et de Sophocle, et qui n'a jamais entendu parler

---

qui n'ont sans doute rien d'arbitraire, mais qui n'ont rien non plus d'universel. Chaque peuple a raison en se défendant, et tort en attaquant les autres. Les peuples d'Europe sont choqués de la physionomie des Chinois, de la saillie de leurs joues, de la direction oblique de leurs yeux; mais il faut voir comment, à leur tour, les Chinois raillent la forme ovale des visages Européens, et leurs joues plates, et leur nez proéminent. En cela ils ne raisonnent pas autrement que nous. Ils n'estiment beaux que les hommes qui leur ressemblent. Faut-il qu'on suive si souvent la même méthode en morale et en politique! et n'est-il pas du devoir et de l'intérêt du philosophe de se placer dans un point de vue plus élevé, de ne pas appliquer à des objets graves les préjugés du vulgaire, et de considérer les institutions humaines dans leur rapport avec les localités, par lesquelles on pourroit souvent les justifier, et toujours les expliquer, si l'on avoit les connoissances nécessaires?

des jeux Olympiques! Lui reprochera-t-on son ignorance! La nôtre est-elle moins grande à l'égard de la captivité des Tatars dans l'Ergone-koum, de l'origine céleste de Boudandjar, et de cet usage antique par lequel, chaque année, on célébroit la délivrance des Mongols, en forgeant solennellement une masse de fer! Les souvenirs d'un Turk, s'ils n'étoient modifiés par la religion que ses ancêtres ont adoptée, pourroient remonter aux Ogous, aux Il-khan, aux Assena; son cœur pourroit s'émouvoir aux noms de Toghrulbek, de Salaheddin, de Bayazid et de Souleïman. Mais que lui sont Achille, Hector, Ajax, Idoménée! On ne l'a point accoutumé dès l'enfance à chercher dans une histoire étrangère et fabuleuse les objets de son respect et de son admiration, des motifs d'attendrissement et d'enthousiasme; à fouiller dans les productions des anciens Grecs, que les nouveaux lui représentent sous de si tristes couleurs, pour y trouver les sources du beau et d'éternels modèles offerts à son imitation. Nous-mêmes, dont toute la littérature est fondée sur celle de la Grèce et du Latium, comme sur une double base que nous nous sommes appropriée, que le temps a consolidée, que la religion même a consacrée, que sont pour nous les Arioviste, les Vercingétorix, les Eporédorix! En vain on feroit résonner à nos oreilles ces noms qui ne parlent pas à nos cœurs. L'intérêt factice qu'on a voulu, dans ces derniers temps, attacher au nom de Hermann n'a jamais eu d'existence que dans l'imagination froidement exaltée de quelques romanciers allemands. Nous avons totalement oublié nos sauvages ancêtres : nous avons changé notre héritage contre un domaine assurément bien plus précieux; nous nous sommes faits Grecs et Romains ; et je suis bien éloigné de prétendre que nous n'y ayons pas infiniment gagné : mais sommes-nous en droit, pour cela, de blâmer les Turks d'être devenus Arabes par les mœurs, par la religion, par la littérature, plutôt que Grecs! Leur choix n'a pas été aussi heureux, je le crois; mais il a été aussi peu éclairé et aussi involontaire. Maintenant que ce choix est fait sans retour, sont-ils barbares par cela seul qu'ils voient autrement que nous, ou parce qu'ils ne prennent pas pour modèles, dans leurs compositions, les auteurs que nous avons choisis pour nos maîtres! Doit-on en conclure qu'ils sont dépourvus de goût et de génie, qu'ils croupissent dans l'ignorance et dans la grossièreté, et que rien n'est digne de notre attention dans leurs productions littéraires, quelque empreintes qu'elles soient de cet esprit original que produisent des habitudes presque nomades, une civilisation moins raffinée, et l'absence même de tout modèle à imiter !

ME pardonnera-t-on d'aller plus loin encore ! Cette branche de la grande famille des Tartares, dont le musulmanisme a changé les mœurs et modifié le génie, ne me paroît pas celle dont la littérature mériteroit le plus d'être étudiée. J'aimerois bien autant, quant à moi, ces romances dont Pallas nous a donné quelques exemples, et que les jeunes filles Mongoles chantent au milieu de leurs villages mobiles, dans leurs maisons à roues, sur les bords de l'Orgon, ou dans les vastes solitudes de la mer de Sable. Je ne parcourrois pas avec moins de curiosité ces longues légendes et ces romans mythologiques qui ont cours dans toute l'Asie septentrionale, et dont les héros sont des personnages nés au-delà du tropique, dans l'île de Ceylan, ou sur les rives du Gange. Ces fables ingénieuses qui forment la doctrine populaire des Bouddhistes, riantes productions du ciel de l'Hindoustan, semblent acquérir un nouvel intérêt, quand on les retrouve au fond des forêts de l'Irtisch, sur les bords du lac Baïkal, ou dans les neiges de la Sibirie ; ces nombreuses tribus de bergers qui vivent cachées dans les profondes vallées de l'Himalaya et des monts Kouen-lun ; ces nations de cavaliers qui parcourent depuis trois mille ans les vallées de l'Altaï, les hautes plaines de la Tartarie ; ces hommes que l'âpreté du climat réduit souvent à chercher dans la chasse le soutien d'une vie turbulente et laborieuse, ont pourtant une littérature. Elle est d'emprunt, à la vérité ; elle semble même peu appropriée au climat, aux habitudes, aux localités : il n'en est que plus curieux pour le philosophe de rechercher comment elle a pu être introduite, s'établir, et se perpétuer loin des régions qui l'avoient vue naître, et hors de l'influence des causes qui l'avoient produite. Pour ne plus parler des poëmes et des histoires, la métaphysique des *nihilistes* et des partisans de la doctrine de l'émanation, cause quelque surprise quand on la trouve établie chez les Tartares ; et c'est un phénomène bien digne d'attention, que des hommes qui savent à peine tisser le poil de leurs troupeaux et presser le lait de leurs jumens, au milieu desquels fleurit, depuis des siècles, une religion respectable par sa morale, admirable dans ses allégories, étonnante jusque dans les aberrations de sa métaphysique ; une religion où véritablement l'imagination s'égare souvent dans de vaines spéculations sur l'infini, mais qui exerce l'esprit aux abstractions les plus difficiles, quoique l'intelligence humaine y soit à chaque instant ramenée, par ses efforts mêmes pour s'élever, au sentiment de sa foiblesse et de son insuffisance.

Les idiomes de la Tartarie peuvent offrir encore un genre d'intérêt tout différent ; c'est celui qui s'attache à l'étude philosophique des langues, laquelle n'est autre chose, en réalité, que l'étude des conventions des hommes, en ce qui touche de plus près à l'esprit et au caractère intellectuel des différens peuples.

La grammaire, cet art qui, selon l'étymologie du nom et suivant la pensée de Quintilien, est d'abord resserré dans des bornes étroites, mais qui s'agrandit par les travaux des poëtes et des historiens, et finit par embrasser, non-seulement l'art de bien parler, mais la théorie de presque tous les autres arts (1); la grammaire contribue plus qu'aucun d'eux à faire connoître l'esprit d'une nation, qui y est empreint, pour ainsi dire, et s'y montre à découvert. Je ne parle pas seulement de ces formes destinées à marquer les rapports des mots, et dont le mécanisme simple ou compliqué, ingénieux ou embrouillé, atteste les efforts plus ou moins heureux des écrivains qui ont les premiers donné des lois au langage ; j'entends parler aussi de ces altérations euphoniques, qui si souvent l'emportent sur la règle et sur l'analogie (2), et qui dénaturent les langues qu'elles devroient adoucir ; des dérivations étymologiques, qui, si l'on en avoit une connoissance exacte, feroient pénétrer si profondément dans la nature des langues, et qui offriroient de véritables définitions des choses, si l'on savoit expliquer la formation des noms qui leur ont été imposés; de ces règles de construction, de ces tours et de ces inversions qui donnent aux langues du nombre et de l'harmonie, et multiplient les ressources des grands écrivains ; des tropes enfin,

---

(1) *Nam tenuis à fonte, assumpta poetarum historicorumque viribus pleno jam satis alveo fluit, cùm præter rationem rectè loquendi non parum alioqui copiosam, prope omnium maximarum artium scientiam amplexa.* Quintil. *II, 1.*

(2) *Meminerimus interdum euphoniam plus in dictionibus valere, quàm analogiam et regulam præceptorum.*

et des figures de toute espèce qui, dans des mains habiles, changent les acceptions des mots, en les déplaçant pour ainsi dire, et en les amplifiant, et font succéder la richesse et l'élégance à la pauvreté, à la sécheresse, à la rudesse des idiomes qui sortent de l'enfance.

Le vocabulaire même d'une nation, ou la liste des mots dont elle fait usage, peut être étudié avec profit par ceux qui veulent connoître le génie des langues, ou les comparer entre elles, pour rechercher les rapports et les différences des peuples qui les parlent (1). Il semble que les divers idiomes soient, pour chaque nation, l'effet de variétés d'organisation renforcées par des habitudes locales (2). En les étudiant avec attention, on est tenté de croire qu'ils sont aussi constans dans leur marche, que la constitution physique qui leur a donné naissance, ou du moins que les variations qu'ils éprouvent sont renfermées dans des limites assez étroites. Peut-être règne-t-il dans les langues moins d'arbitraire qu'on n'a coutume de le supposer; et si l'on y portoit le scrupule nécessaire, peut-être trouveroit-on à y prendre des signes aussi sûrs, aussi prononcés, aussi caractéristiques, que ceux qu'on peut tirer de la physionomie, de la couleur de la peau, ou de celle des cheveux, ou de toute autre particularité physique et extérieure.

A Dieu ne plaise que je veuille renouveler ici les chimères qui ont égaré tant d'étymologistes, ni soutenir, avec Court de Gébelin, que *tout mot a sa raison*, et qu'il ne s'agit que de la trouver, ou plutôt de l'imaginer. Je pense bien plutôt, comme le prince des grammairiens latins, qu'en

---

(1) Leibnitz, Op. omn. *t. IV*, part. 2, p. *140*, *210*, *227*, *228*; *t. VI*, pag. *129*, &c.

(2) .... *Prout erant animi, organaque ipsa loquendi, quorum non omnibus nationibus æquè facilis usus.*

DISCOURS

fait d'étymologie, on peut vanter le bonheur de ceux qui rencontrent juste, mais non reprendre ceux qui avouent leur impuissance, et qu'il est impossible de rendre raison de tous les mots (1). Il en est des mots de toutes les langues, comme de ceux de la langue Latine; leur première origine est inconnue : c'est souvent prendre une peine inutile de la rechercher, et c'est quelquefois même un très-médiocre avantage de la trouver, quand elle ne conduit, pour toute découverte, qu'à l'imitation d'un son ou à la représentation d'un bruit quelconque, qu'on suppose avoir été la source du mot qui les représente, comme dans la classe des onomatopées, que les systématiques ont tant enrichie, et dont ils ont si souvent abusé.

CE que j'entends, et sur quoi je crois qu'il ne sera pas inutile d'expliquer ma pensée, c'est qu'une fois les mots inventés, et les idiomes d'origine diverse fixés, chacun de leur côté, les langues se mêlent, s'allient, se perdent même quelquefois ; mais que, dans leurs plus grandes révolutions, les changemens qui les modifient sont soumis à des lois qu'il n'est pas toujours impossible d'assigner. L'observation de ces lois formeroit, à mon avis, la partie la plus curieuse de la doctrine étymologique: mais c'est encore une science nouvelle; c'est, dans beaucoup de ses parties, une science à faire, ou même à réformer. Car ici, comme ailleurs, on a commencé par bâtir des systèmes, au lieu de se borner à l'observation des faits. Ce seroit en ce sens que l'étude des étymologies, sagement dirigée, dégagée des vaines hypothèses qui ne font qu'entraver sa marche ou

---

(1) *Igitur de originibus verborum qui multa dixerit commodè, potiùs boni consulendum, quàm qui aliud nequiverit, reprehendendum ; præsertim cùm dicat etymologia, non omnium verborum posse dici causas.*

PRÉLIMINAIRE.

l'exposer au ridicule, deviendroit le meilleur supplément aux documens historiques; elle rempliroit les lacunes des annales, et feroit remonter plus haut, et quelquefois plus sûrement que les traditions les plus anciennes, dans l'investigation des différentes branches d'une même famille de nations (1). Qu'il me soit permis d'exposer, non les règles qu'il faudroit suivre dans cette étude, mais les principes que je me suis faits, et qui m'ont guidé dans l'examen et dans la comparaison des différens idiomes de la Tartarie.

Supposons qu'une île au milieu de l'Océan, ou une contrée environnée de toutes parts de montagnes inaccessibles, soit habitée par une nation peu nombreuse, et qui n'ait aucune communication avec les autres peuples du reste de l'univers. La langue que cette nation parlera, quelle qu'en soit l'origine, sera nécessairement en rapport avec les variétés d'organisation qui pourront exister chez les individus de ce peuple isolé, et avec l'état plus ou moins avancé de civilisation où on voudra le supposer parvenu. L'influence des variétés d'organisation se montrera par le retour plus ou moins fréquent de certains sons, par le groupement de certaines articulations, par la facilité ou l'impossibilité de prononcer certaines consonnes, par l'usage plus ou moins habituel des lettres dures, ou des gutturales, ou des voyelles pures, ou des nasales. Ces dispositions sont héréditaires, comme les physionomies, qui résultent de l'ensemble des traits du visage; et l'habitude, qui les fortifie sans cesse, suffiroit pour les perpétuer.

Quant à l'état de la civilisation d'un peuple, il influe

(1) *Cùm remotæ gentium* origines *historiam transcendant,* linguæ *nobis præstant veterum monumentorum vicem.*

sur la richesse du vocabulaire, sur la multiplicité des synonymes, sur le nombre et la nature plus ou moins ingénieuse des combinaisons grammaticales, sur la variété des tours, des inversions, des formes de phraséologie, puis sur le choix des métonymies, sur le goût et la hardiesse des métaphores, en un mot sur tout ce qui constitue ce qu'on appelle le génie de la langue, et qui seroit aussi bien nommé le génie de la nation.

Les choses restant dans cet état, c'est-à-dire les hommes demeurant stationnaires, au même degré de culture morale, et continuant d'être sans communication avec les autres peuples de l'univers, la langue s'altérera sans doute, parce que tout ce qui est humain s'altère, et particulièrement un tout aussi complexe que la masse d'une langue, composée d'élémens si divers, et abandonnée à l'usage qu'en font des individus de tout sexe, de tout âge et de toute condition; mais peut-être le hasard et le caprice n'auroient-ils pas une aussi grande part à ces changemens qu'on seroit d'abord tenté de le croire. La force de l'habitude balançant, pour ainsi dire, la disposition que l'homme a naturellement pour la variété, les modifications qu'éprouveroit cette langue, toujours supposée exempte d'une influence étrangère quelconque, seroient rares, lentes, presque insensibles; elles rentreroient presque toutes dans la classe des altérations euphoniques : ce seroient des suppressions ou des intercalations de consonnes, des douces substituées aux fortes et aux aspirées, des crases, des contractions, des abréviations. En général, les mots tendent à se raccourcir et à se simplifier dans leurs radicaux; mais en même temps ils se groupent et se réunissent pour former des mots composés, qui s'abrégent ensuite à leur tour.

L'ÉCRITURE est encore une chose à considérer : elle fixe les langues en un certain sens, et contribue, sous d'autres rapports, à les dénaturer; elle les soustrait aux caprices du vulgaire, pour les soumetre aux fantaisies des hommes éclairés. C'est le triomphe de l'euphonie. Une langue écrite devient plus difficilement barbare; mais elle se polit, et c'est toujours s'altérer. Un autre genre d'altération plus remarquable peut être aussi l'effet de l'introduction de l'art d'écrire chez un peuple, et du choix que les hommes peuvent faire entre les différens moyens d'exprimer leurs pensées.

IL est assez naturel de supposer que les affixes qui marquent les rapports des noms, le nombre, le temps, le mode et la personne dans les verbes, ont primitivement été autant de particules, d'adverbes, de pronoms, qui ont fini par se lier et se fondre avec le thême; que *amavimus,* par exemple, est un mot composé du radical *am,* exprimant l'idée d'*amour,* avec les signes réunis du passé, de la première personne, et du pluriel, comme si l'on disoit, am-cessare-ego-plures. Si cela est, l'espèce de crase qui, en rapprochant ces divers élémens, a donné naissance aux formes grammaticales, a dû avoir lieu plus facilement dans les langues où rien ne s'opposoit à la tendance naturelle que les mots ont à se réunir et à s'abréger, c'est-à-dire, dans les langues sans écriture. Rien n'empêche que, dans des idiomes grossiers, cette opération n'ait lieu plusieurs fois, c'est-à-dire qu'à un mot où se trouvent déjà exprimées les particularités de temps ou de personnes, on n'ajoute encore, par ignorance, de nouveaux adverbes ou de nouveaux pronoms. C'est ainsi, et peut-être seulement ainsi, qu'on pourroit expliquer le prodigieux alongement des mots dans certains dialectes de peuplades sauvages, en Asie ou en Amérique, et la multiplicité des formes grammaticales dans des langues qui n'ont pas de littérature, et qui paroissent n'avoir jamais été cultivées, comme celles des Basques, des Lapons et des Groënlandais. L'écriture alphabétique, qui n'est qu'une peinture de la parole, n'oppose que peu d'obstacles à cette marche. En écrivant les unes après les autres les portions de mots qui concouroient à un sens unique, on a été conduit naturellement à les réunir et à les confondre ; mais l'écriture hiéroglyphique, ou pour mieux dire symbolique, n'offroit pas autant de facilité. Le thême des noms et des verbes doit y conserver des formes plus tranchées : les signes de convention qu'on peut écrire après, pour exprimer les particularités de l'action, ne pourroient s'y joindre sans le défigurer. On est contraint de s'en tenir à les écrire séparément, et on n'en est que plus disposé à les supprimer, quand ils ne sont pas rigoureusement nécessaires. Voilà pourquoi le chinois a pu passer, en un certain sens, pour monosyllabique, et voilà aussi une des raisons qui ont empêché les premiers auteurs qui ont écrit dans cette langue, de multiplier, autant qu'on l'a fait dans les autres langues, les signes des relations grammaticales. On dit qu'on trouve encore à présent dans le copte des vestiges de l'emploi des hiéroglyphes, qui s'est si long-temps conservé dans la langue Égyptienne (1). C'est-là une sorte de note originelle qui demeure empreinte dans la partie intime d'un idiome, comme pour attester le génie des premiers philosophes qui ont entrepris de le polir.

---

(1) Cette curieuse observation, et la première indication de la théorie sur laquelle elle repose, se trouvent dans une notice des Recherches de M. Ét. Quatremère, faite par M. de Sacy (Mag. encycl. ann. 1808) : une idée si lumineuse mériteroit d'être développée par le profond philologue qui l'a conçue, et auquel la grammaire spéciale a fourni tant de vues nouvelles sur la philosophie du langage.

Voilà à-peu-près les seuls changemens qui pourroient affecter un idiome livré à lui-même; de sorte que, prise à deux époques de son existence, la langue moderne ne devra différer de l'ancienne que par un adoucissement proportionné à l'intervalle des deux époques, sauf l'intervention des causes que nous avons écartées par notre hypothèse. Mais si le peuple, jusque-là séparé du reste du monde, vient tout-à-coup à communiquer avec une nation d'une autre race, et dont il faut supposer le langage entièrement différent, alors pourront avoir lieu ces changemens qui dénaturent les idiomes, qui les attaquent même souvent dans ce qu'ils ont d'essentiel, mais qui sont néanmoins assujettis à certaines lois, comme je l'ai déjà dit, parce qu'ils sont l'effet de causes nombreuses et variées à la vérité, mais dans lesquelles il en est plusieurs qu'on peut assigner avec certitude. Qu'il me soit permis d'indiquer les principales, en continuant l'exposition de mon hypothèse. On sent bien, sans que j'aie besoin de le dire, qu'en présentant mes idées sous cette forme, je n'ai pas la prétention ridicule de donner mes suppositions pour des faits dont on puisse trouver des exemples dans l'histoire. Les affaires humaines ne peuvent, en aucun cas, être soumises à un calcul rigoureux, parce qu'il s'y mêle toujours, sans qu'on s'en aperçoive, des causes inconnues et des particularités inappréciables ; ce qui n'empêche pas qu'on n'en prenne une idée plus exacte en essayant de les ramener par l'analyse à ce qu'elles ont d'essentiel. Ce n'est-là qu'un moyen de les considérer successivement sous leurs principales faces, et l'on est plus sûr d'approcher de la vérité, en ne négligeant, dans un fait qu'on examine, que les circonstances dont on n'a pu se rendre compte.

Si la communication dont nous parlons se bornoit à des

rapports commerciaux ou politiques ; si quelques individus, en petit nombre, voyageoient dans des contrées lointaines, ou si des étrangers venoient au contraire se fixer au milieu de la nation, ou même si celle-ci n'avoit qu'à soutenir une de ces guerres de frontières qui ne changent rien à la destinée des peuples ni aux limites des empires, il est à croire qu'aucun changement essentiel n'en résulteroit, et que tout au plus l'introduction de quelques mots isolés seroit l'effet de ces événemens sans conséquence. Mais supposons ce qui est, à notre avis, nécessaire pour qu'il y ait un mélange de langues, c'est-à-dire, admettons un mélange de peuples. La première circonstance qui influe sur la formation de l'idiome mixte, c'est le nombre relatif des individus de race distincte dont l'union constitue la nation nouvelle. Toutes choses étant égales, si cinq cents personnes parlant une langue particulière, se joignent à cinq cents autres personnes parlant une langue entièrement différente, on ne voit aucune raison pour que le nombre des sacrifices et des acquisitions ne soit pas semblable de part et d'autre, et pour que le résultat de la fusion n'offre pas, dans une proportion pareille, les élémens d'origine diverse que le hasard a rapprochés. En réfléchissant même aux causes de ces concessions mutuelles que les hommes se font les uns aux autres pour parvenir à s'entendre, il est permis d'avancer, et l'examen attentif du vocabulaire dans les idiomes mélangés prouveroit sans doute que, malgré les circonstances étrangères qui viennent se mêler, le nombre des mots de chaque origine est presque toujours au total des mots de la langue, comme le nombre des individus de chaque race au moment du mélange, est au nombre des individus de la nation prise en masse. C'est là une règle de statistique dont on pourroit faire l'application au français, à l'anglais, et aux autres idiomes formés par la réunion de plusieurs langues primitivement différentes, et sur l'origine desquels l'histoire nous fournit des notions positives et des renseignemens circonstanciés.

Toutefois la condition, ou, si j'ose m'exprimer ainsi, la *qualité* des individus étrangers qui viennent se mélanger à une nation, est encore plus digne de remarque. Il n'est point indifférent qu'une colonie qui se fixe dans un pays soit composée d'hommes et de femmes, ou d'hommes seulement ; qu'elle s'y établisse militairement, ou qu'elle y soit conduite par des motifs religieux : ce sont même là les circonstances qui agissent le plus fortement sur la constitution des langues mixtes. Qu'une armée exclusivement composée de soldats prenne possession d'un pays bien peuplé ; que ces soldats y forment des établissemens, qu'ils s'y marient, qu'ils y deviennent les chefs d'autant de familles nouvelles ; ils n'apporteront pas pour cela de grands changemens à la langue dominante. Les mots de la leur périront successivement avec eux. En épousant des femmes du pays, ils seront eux-mêmes disposés à adopter leur idiome ; et d'ailleurs ce sont les femmes qui apprennent à parler aux enfans. L'introduction de quelques termes de peu de valeur sera donc l'effet de tout événement de ce genre. Il ne faut pas chercher en ce cas la raison directe du nombre des individus.

Mais si, comme dans les émigrations du v.ᵉ siècle, des nations entières se déplacent avec les femmes et les enfans, et viennent se fixer au milieu d'autres nations qu'elles subjuguent, et avec lesquelles elles se confondent, alors le nombre est presque le seul élément qui influe sur la formation des langues, toutes choses étant d'ailleurs supposées égales. En général, dans toute invasion, dans toute occupation, dans toute conquête, la partie du vocabulaire du peuple soumis, qui doit éprouver le plus d'altération, est celle qui se compose des noms et des titres de dignités, d'offices, de tout ce qui désigne le rang, le grade, de tout ce qui marque l'autorité, la domination, l'administration, &c.

Les rapports commerciaux qui peuvent exister entre deux peuples, les colonies que les besoins du négoce peuvent attirer du sein de l'un sur le terrain de l'autre, doivent apporter à la langue de celui-ci des modifications d'un autre genre. Les noms des productions naturelles ou industrielles, les termes relatifs aux échanges et à ce qui y sert, au calcul, aux transactions, &c., peuvent être portés même à de grandes distances, et s'introduire de cette manière dans des idiomes auxquels ils sont tout-à-fait étrangers.

L'imitation des productions littéraires, l'adoption d'un code de lois, de certaines institutions politiques, mais par-dessus tout celle d'une écriture appartenant à un autre peuple, sont pour celui qui y est conduit une source abondante d'emprunts de mots, qu'elles rendent faciles et même inévitables. Comment, en effet, se conformer au goût d'une nation, en fait de poésie et d'éloquence, sans adopter quelque chose des tours qui lui sont familiers et des expressions qu'elle affectionne ! Comment prendre pour modèles les principes qui président à son gouvernement, sans imiter le langage dans lequel ils sont énoncés, et sans en adopter le style, naturellement et nécessairement peu sujet à la variété ! Enfin, quand on en est arrivé à convenir avec un autre peuple d'exprimer à l'avenir les mêmes sons par des signes identiques, qui peut empêcher les citations, les maximes, les mots isolés et les formes grammaticales mêmes de se glisser dans un idiome où ils cessent, jusqu'à un certain point, d'être étrangers! L'adoption de l'alphabet d'une nation, de préférence à celui d'une autre nation, n'est-elle pas d'ailleurs le premier signe d'une tendance à l'imitation, qu'elle ne peut ensuite que fortifier et favoriser!

Mais de toutes les causes qui peuvent introduire des mots nouveaux dans une langue déjà formée, la plus remarquable est sans contredit l'influence religieuse, qui agit plus puissamment qu'aucune autre et sur un plus grand nombre d'individus. Il n'importe qu'une colonie religieuse soit composée d'un plus ou moins grand nombre d'individus. Il y a des circonstances où vingt Missionnaires peuvent changer toutes les opinions d'une nation ; comment ne pourroient-ils pas modifier sa langue! Ce n'est pas la théologie seule, mais la morale, la métaphysique, et, si l'on remonte aux premiers âges des peuples, la philosophie et le cercle entier des sciences, dont la forme, le langage et le génie sont imposés aux nouveaux convertis, par celui qui sait prendre sur eux cette prépondérance morale si importante. Une foule d'idées nouvelles, de notions ignorées, d'opinions, d'usages, de pratiques, d'objets de toute espèce auparavant inconnus, réclament des noms qu'il est naturel de prendre de ceux qui les ont imaginés. La partie d'une langue qui est le plus immédiatement soumise à l'influence religieuse, est celle qui comprend les termes abstraits, les expressions relatives aux opérations de l'esprit, aux sentimens, aux passions, aux vices, aux vertus, en un mot, tout ce qui sert aux hommes à s'entendre sur la partie la plus noble et la plus grave de leur destinée.

Enfin, si toutes les circonstances réunies, je veux dire les causes politiques, littéraires et religieuses, venoient à agir ensemble sur un idiome primitif, s'il étoit soumis à une triple conquête, je ne doute guère qu'alors il ne fût considérablement modifié, qu'il n'en éprouvât de graves et profondes altérations, qu'il n'en devînt même presque entièrement méconnoissable dans la plus grande partie des mots qui le forment. Mais je ne saurois croire que le fond en pût être totalement détruit; à moins qu'il ne restât pas un seul individu de la nation subjuguée, que la race n'en fût entièrement anéantie, qu'un peuple, enfin, n'eût pris la place d'un autre peuple. Ma raison se refuse à croire qu'une langue puisse périr seule, qu'une nation puisse adopter celle d'une autre nation, sans qu'il reste de traces de la sienne. Tant qu'il subsiste un homme de l'ancienne langue, il exerce sa portion d'influence, il contribue pour sa part à la formation du nouvel idiome. Et cependant, quoi de plus commun dans les annales que ces expressions : *L'idiome de tel peuple fut détruit par la conquête ; Telle tribu adopta la langue de ses vainqueurs.* J'ose dire qu'une telle révolution est impossible. Il faudroit, pour l'accomplir, plus de siècles que l'histoire ne nous en fournit. Je ne puis concevoir la cause qui seroit capable de faire disparoître les mots de *père*, de *mère*, de *soleil*, de *lune*, et les noms des nombres *un, deux, trois*, &c., pour leur en substituer de radicalement différens. Je dis radicalement; car, pour les altérations euphoniques apportées par le temps, *le plus grand des novateurs*, ce seroit se refuser à l'évidence que de les nier, ou d'en vouloir contester les effets.

Je ne sais si les considérations précédentes trouveront grâce aux yeux des lecteurs ; et si le simple énoncé de principes généraux dépourvus des preuves et des explications qui seroient si nécessaires, ne les fera pas trouver outrés et insoutenables. Je n'ignore pas qu'en les appliquant, on trouveroit mille restrictions à apporter, mille exceptions à faire ; je sais, et je l'ai dit en commençant, que rien, dans les sociétés humaines, ne peut être soumis à des calculs rigoureux. J'espère qu'on voudra bien prendre les miens pour ce qu'ils sont, n'y voir que des approximations, ou plutôt qu'une manière plus générale, plus précise et plus abrégée d'exprimer une théorie qui exigeroit de grands développemens. La meilleure manière de la juger seroit d'en faire l'application aux idiomes mixtes les plus répandus. J'ose croire que l'essai n'en seroit pas défavorable à mes idées (1) ; mais ce seroit la matière d'un ouvrage considérable, qui demanderoit des connoissances historiques aussi profondes que variées. Aussi, des théorèmes de ce genre une fois appuyés sur l'histoire de deux ou trois peuples bien connus, justifiés par les événemens de cette histoire, vérifiés, si j'ose ainsi parler, dans leurs annales, on pourroit s'en servir avec sécurité pour les autres peuples qui n'ont point eu d'annales, ou qui les ont perdues. C'est alors que, comme je l'ai déjà dit, on rempliroit des lacunes, on suppléeroit au défaut des traditions ; en un mot, on pourroit dire avec précision, d'après la langue d'un peuple, quelle est son origine, quels sont les peuples avec lesquels il a eu des rapports et quelle sorte de rapports, à quelle souche il appartient, au moins

---

(1) J'ai tenté de faire l'essai de ces principes sur deux langues dont on peut facilement approfondir l'histoire, le français et l'anglais. Loin que cet essai m'ait fait renoncer à la théorie que je viens d'exposer, il m'a fourni des motifs de m'y attacher davantage. Les développemens que cette manière d'envisager l'étude des langues exigeroit dans ses applications, seroient déplacés dans un ouvrage comme celui-ci ; mais ils pourront être la matière d'un traité particulier, si l'approbation des savans, ou même leurs critiques, me permettent de penser que ces idées, pour être nouvelles, ne sont pas absolument déraisonnables.

jusqu'à cette époque où les histoires profanes s'arrêtent, et où l'on trouveroit dans les langues la confusion qui leur a donné naissance à toutes, et qu'on a si vainement tenté d'expliquer (1).

PAR exemple, si l'on vouloit reconstruire l'histoire d'un peuple dont on posséderoit le vocabulaire et la grammaire, voici comment il me semble qu'on devroit procéder. Il faudroit prendre d'abord ces termes en petit nombre, mais véritablement essentiels, ces mots qui expriment les idées les plus simples, dont l'existence est inséparable de celle de l'homme en société, et que les enfans inventeroient si on ne les leur apprenoit pas : *père, mère, homme, femme, tête, main, soleil, étoile, pierre, arbre, un, deux, dix*, &c. Si la liste de ces mots étoit recueillie par un esprit judicieux et sévère, on seroit peut-être surpris du petit nombre de ceux qui pourroient mériter d'y être admis. On ne le seroit sans doute guère moins du nombre également petit des races auxquelles se rapporteroient les langues de l'ancien continent, jugées d'après ces mots fondamentaux. Enfin l'on ne pourroit guère observer sans étonnement que des langues qui ont pour base le même fonds d'expressions radicales, et qu'on est en droit de considérer comme des dialectes du même idiome, se ressemblent le plus par les mots qui expriment des idées plus nécessaires, et diffèrent un peu davantage dans ceux qui le sont un peu moins. Les noms de nombres au-dessus de dix, les degrés de parenté au-delà du frère ou du cousin, sont les premiers à différer. Les mots de *deux* et de *trois* ont parcouru l'Europe et l'Asie, et ceux

(1) *In illis* (linguis *sc.*) *certè magnum momentum positum ad noscendas gentium, imò rerum et religionum origines.*

de *père* et de *mère* offrent une frappante analogie d'un bout à l'autre de l'ancien continent.

C'est donc d'après ce choix de mots qu'on jugeroit la langue du peuple qu'il s'agiroit d'étudier. S'ils diffèrent des mots qui, dans les autres langues, expriment les idées correspondantes, le peuple forme une race distincte. S'ils sont les mêmes, il tire son origine de la nation qui nomme les mêmes choses de la même manière, ou lui-même lui a donné naissance : il n'y a pas à balancer ; l'éloignement n'y fait rien ; le hasard peut produire la coïncidence de trois ou quatre expressions, jamais de trois ou quatre cents. C'est à l'historien à s'arranger pour l'expliquer : le philologue pose le fait et le constate. Il n'y a point de tradition qui puisse faire révoquer en doute une communauté d'origine établie de cette manière.

Il ne suffit pas d'avoir porté son attention sur cette partie d'une langue, toute essentielle qu'elle est. Les mots qui expriment des idées secondaires, les noms des animaux domestiques, des métaux, des fruits, des plantes économiques, des instrumens aratoires, des armes, sont encore intéressans à examiner. La différence qu'ils offrent, et les rapprochemens dont ils peuvent être l'objet, doivent jeter du jour sur la manière dont un peuple s'est policé, et sur l'origine de ses connoissances. Le nom du *fer* est commun à deux idiomes de la Tartarie, qui diffèrent beaucoup dans d'autres points essentiels ; ceux du *cheval* et du *bœuf* sont aussi communs à des peuples de race diverse : mais ces analogies ne sont que secondaires ; elles prouvent bien des rapports, des communications d'idées, mais non pas une origine commune, quand les mots essentiels n'y participent pas. Si l'on en rencontre dans ces derniers, il est superflu de s'appesantir sur les autres.

Les titres de dignités, les termes qui ont rapport au gouvernement, ou à la guerre, ou à la législation, forment une troisième classe de mots qui peuvent offrir des ressemblances dans des langues qui diffèrent sous le rapport des deux classes précédentes. Ils attestent la conquête, la soumission forcée du peuple qui les a reçus, à celui qui les a donnés. Ainsi, à mesure que nous avançons, nos caractères deviennent progressivement moins importans : ceux-ci n'indiquent plus que des rapports de société à société, quand elles étoient déjà isolément établies, à une époque de leur existence qui ne sauroit être très-rapprochée de leur origine.

Les expressions théologiques, les noms de divinités, ou de sacrifices, ou de fêtes, les mots abstraits désignant des idées morales ou métaphysiques, doivent encore être mis dans une classe distincte, et les ressemblances qu'on y peut trouver, prouveront, non une communauté d'origine, ou des rapports de voisinage, mais, selon l'occurrence, une communication qui peut n'avoir pas eu lieu immédiatement. On sait les voyages pénibles que fait entreprendre le zèle religieux à ceux qui sont animés de l'esprit de prosélytisme. Ni l'ambition, ni l'activité commerciale, n'ont jamais conduit les hommes aussi loin que ce desir, si louable après tout, quand il n'est souillé d'aucun intérêt étanger, de ramener les hommes à des opinions qui doivent faire leur bonheur dans le temps et dans l'éternité. C'est là la source de beaucoup d'analogies qui existent entre des langues qui d'ailleurs n'en offrent aucune. Ces ressemblances, quelque nombreuses qu'elles soient, ne prouvent

PRÉLIMINAIRE.

qu'une soumission morale qui peut ne pas remonter à une époque ancienne. Des mots de ce genre viennent tous à-la-fois, et ils ne sont pas de ceux qu'il faut compter pour apprécier les mélanges de races.

ENFIN, si l'on trouve dans la langue qu'on examine, des mots appartenant à une autre langue, mais qui puissent se rapporter à des notions de littérature, de grammaire, de rhétorique, ou à des sciences plus relevées ; et si, du reste, les deux langues n'offrent aucune marque de consanguinité, on pourra assurer que l'un des deux peuples a reçu de l'autre des leçons qui ne prouvent nullement la communauté d'origine. Il arrive ordinairement, dans ce dernier cas, que la forme de l'écriture atteste ce que la ressemblance des mots indique. C'est aussi dans le cas de cette analogie particulière qu'il faut faire une plus grande attention aux formes grammaticales, aux désinences, aux particules, à la conjugaison, aux verbes auxiliaires, à la construction ou phraséologie : toutes choses qui sont de nature à s'introduire dans une langue par l'effet de l'influence que des écrivains imitateurs exercent sur leur idiome maternel.

VOILÀ, ce me semble, les points principaux auxquels on doit s'attacher dans l'examen étymologique des langues. Je les résume en peu de mots. Les ressemblances de la première classe ou des mots primitifs prouvent la descendance d'une même souche ; les différences prouvent, au contraire, la diversité d'origine. Celles de la seconde classe indiquent les rapports politiques ; les troisièmes, la conversion religieuse ; les dernières, les communications littéraires ou scientifiques. Des mots isolés ne prouvent rien du tout ; s'ils sont en grand nombre, ils indiquent la fusion de quelques familles dans le sein d'une nation, l'établissement de quelques colonies ; mais, dans tous les cas, il faut apprécier les analogies d'après le genre de mots qui les présentent, et peser avant que de compter. Du reste, les radicaux d'origine diverse sont, dans chaque langue mixte, dans la proportion des individus de chaque race dont la postérité a formé la nation qui la parle, sauf la variété causée par la différence de civilisation qui a pu exister entre ces races, et eu égard à l'avantage qui en est résulté pour une langue ou pour l'autre, et à la nature plus ou moins altérable de chaque idiome. En ne négligeant aucune de ces précautions, en faisant attention à d'autres particularités qu'il seroit trop long d'indiquer, on peut sans doute tirer de grandes lumières du vocabulaire d'une nation pour retrouver son origine, et déterminer le nombre des races qui se sont réunies pour la former.

JE sais qu'il y auroit lieu de faire des observations plus délicates, et des rapprochemens encore plus concluans, en examinant ces idiotismes, ou ces façons de parler irrégulières, qui ne peuvent coïncider chez deux peuples différens, que parce que l'un des deux les a communiqués à l'autre ; ces acceptions variées et plus ou moins étendues d'un même mot, qui font qu'un seul signe répond à plusieurs idées, sortes de groupes de pensées renfermées dans une même expression, et où des hommes qui n'auroient aucun rapport ensemble, pourroient difficilement se rencontrer ; ces dérivations métaphoriques, au moyen desquelles des termes désignant des êtres matériels, ou exprimant des actions physiques, sont affectés à des objets abstraits, ou aux opérations intellectuelles ; enfin ces conventions qui déterminent certaines particules, certaines désinences, cer-

PRÉLIMINAIRE.

taines constructions, à n'être que les marques des rapports qui existent entre les parties d'une phrase. Les analogies en pareil cas prouvent beaucoup, parce qu'on peut difficilement les attribuer au hasard. Les différences prouvent moins, parce qu'il est aisé de se convaincre, en examinant des langues partagées en plusieurs dialectes, que ceux-ci diffèrent quelquefois sur ces points moins essentiels, tout en conservant dans les mots mêmes la trace de leur commune origine. Aussi, indépendamment des difficultés inséparables d'un examen de cette espèce où la connoissance approfondie d'un idiome est absolument indispensable, il est moins utile de s'y livrer, lorsqu'on se borne à étudier historiquement le vocabulaire d'une nation pour assigner la race ou les races d'où elle est issue, que quand on veut puiser dans ses productions littéraires des notions exactes sur son goût, son génie et son caractère.

Ce mot de *race* que je me vois forcé d'employer, faute d'en trouver un autre qui rende aussi briévement la même idée, pourroit prêter à quelque équivoque, si l'objet que je me suis proposé étoit moins évident, et si je n'avois souvent eu occasion de l'exposer. J'ai rapporté l'acception de ce mot à la matière que j'avois à traiter. Les naturalistes s'en sont quelquefois servis pour désigner la succession des individus qui offrent les mêmes particularités d'organisation; ils ont dit la race Caucasique, la race Mongole, la race nègre; et comme cela n'entroit pas dans leur sujet, ils ont souvent négligé d'expliquer s'ils entendoient que ces races fussent sorties d'une souche commune, ou qu'elles formassent autant de troncs isolés, ayant chacun une origine séparée. Il m'est arrivé de même de dire que des tribus appartenoient à des races différentes, ou que leur origine n'avoit rien de commun. J'ai voulu dire par-là que depuis qu'elles avoient commencé d'exister, elles avoient parlé des idiomes radicalement différens, sans s'être mêlées, et qu'elles descendoient de deux familles qui, au temps de la formation de leurs langues, n'avoient rien pris l'une de l'autre. On sent bien qu'en m'exprimant ainsi, je n'ai pas prétendu contredire des traditions respectables, contre lesquelles je ne crois pas que les annales d'aucun peuple actuellement existant puissent fournir d'objection solide, au jugement d'un esprit impartial et judicieux.

EN m'attachant exclusivement aux langues, pour déterminer le nombre des races qui ont peuplé la Tartarie, il n'est pas surprenant que je ne me sois pas entièrement rencontré avec ceux qui ont pris pour base de leurs divisions, des considérations tout-à-fait opposées. Deux *races* seulement, suivant les naturalistes, se trouvent actuellement dans l'Asie septentrionale. L'une est celle qu'ils ont nommée *Caucasique*, parce qu'ils ont supposé qu'elle pourroit tirer son origine du mont Caucase : l'autre a été appelée *race Mongole* ou *race jaune*, et ne me paroît convenablement désignée ni par l'une ni par l'autre de ces dénominations. La *race Caucasique*, qu'on regarde en Europe comme le type de la beauté de notre espèce, parce que tous les peuples de cette partie du monde en sont issus, renferme en Tartarie les Turks, que les écrivains Russes nomment très-improprement *Tatars*. Dans la *race Mongole*, sont comprises des nations très-diverses, sous tout autre rapport que celui des traits de la face, et peut-être différentes sous ce rapport même, telles que les Chinois, les Mongols ou Tatars proprement dits, les Tongous et les Mandchous, et vraisemblablement aussi les Tibetains. Comme, dans cet

PRÉLIMINAIRE.

ouvrage, j'avois à considérer les Tartares sous un tout autre point de vue, il m'a été impossible de me conformer à cette division, et j'ai dû en établir une à ma manière, mais sans prétendre qu'elle soit préférable à la classification des naturalistes. Ce qu'il pourroit être intéressant de constater, c'est si les résultats de l'une et de l'autre se trouvent d'accord, ou du moins s'ils ne se contredisent pas; si quelques tribus qu'on juge, d'après leur physionomie, sorties de la race Caucasique, ne se rapporteroient pas, à en juger par leur langue, à la famille des nations de race jaune. Cette vérification, qui tient à des questions fort importantes, ne pourra être faite d'une manière péremptoire, que quand on possédera, sur toutes les tribus de la Tartarie, des observations anatomiques et physiologiques aussi positives que le sont les notions philologiques que j'ai tâché de réunir dans ma classification des nations Tartares.

CETTE classification, à laquelle j'ai mis tous mes soins, doit être considérée comme le résultat historique des recherches que j'ai entreprises sur les langues de la Tartarie, et pourroit servir de base à un autre ouvrage qui est encore à faire, l'histoire généalogique des tribus qui ont peuplé le nord de l'Asie. Pour la rendre aussi complète et aussi rigoureuse que cela étoit possible, j'aurois bien desiré appliquer aux idiomes Tartares les principes d'étymologie et les procédés analytiques dont j'ai fait plus haut l'exposition; mais il y avoit bien des travaux préparatoires à exécuter avant que cela fût possible, même partiellement. On possédoit à peine quelques vocabulaires où l'on ne pouvoit puiser que des connoissances imparfaites et peu sûres; on étoit encore plus complètement privé de notions grammaticales; on n'avoit non plus aucun texte pour y suppléer ; et enfin les témoignages auxquels on étoit forcé de s'en tenir, à défaut de monumens authentiques, étoient aussi rares qu'incertains. Il falloit donc avant tout se procurer les moyens de connoître les langues d'après lesquelles on auroit ensuite à ranger les nations, et rassembler des matériaux assez nombreux pour asseoir son jugement sur une base solide. Dire ce que j'ai fait dans ce but, ce sera tracer le plan de cet ouvrage; et faire connoître la marche que j'ai suivie par rapport à l'une des langues de la Tartarie, ce sera exposer le travail que j'ai exécuté sur chacune d'elles; car leur étude étoit à-peu-près également avancée, et il y avoit autant à faire pour les unes que pour les autres.

J'AI d'abord considéré l'état des nations qui habitent actuellement la Tartarie; j'ai marqué les grandes divisions qu'on peut établir entre elles, à l'aide du plus léger examen, et malgré les noms génériques sous lesquels on les a très-improprement confondues. C'est dans la littérature moderne des Tartares qu'il faut chercher les premiers matériaux pour l'histoire de leur littérature ancienne : j'observe parmi eux quatre langues principales, dont les différences caractérisent quatre races distinctes ; j'en tire les élémens d'un vocabulaire comparatif, qui prouve, pour le temps présent, la solidité de cette division. A ces quatre langues, qu'il devient indispensable d'étudier à fond, se joignent quelques dialectes; de sorte que les idiomes qui vont être le sujet direct de nos recherches, sont au nombre de cinq; savoir, le mandchou, le mongol oriental, l'olet ou kalmouk, l'ouigour ou turk oriental, et le tibetain. Aucune autre langue actuellement existante en Tartarie ne nous offre de monumens écrits ; ce sont donc là les seules qu'il soit

PRÉLIMINAIRE. xxxix

possible d'examiner dans un ouvrage qui, en dernier résultat, a pour objet de remonter aux antiquités historiques et littéraires de la Tartarie.

De ces langues, quatre s'écrivent actuellement avec un alphabet qui peut passer pour être le même, malgré la différence de quelques lettres, et du goût calligraphique propre à chaque peuple. Ce nœud qui les unit doit d'abord fixer notre attention. Il faut chercher l'origine de cette écriture, fixer l'époque de son introduction chez les différentes tribus Tartares, faire attention aux rapports qu'elle peut avoir avec d'autres écritures connues. Dans ce qui en fait la base, l'alphabet Tartare offre, ainsi que je l'ai déjà indiqué, une ressemblance frappante avec celui des Nestoriens; mais il n'est pas en même temps sans quelque analogie avec les écritures Indiennes : il faut expliquer ces particularités, qui mettent sur la voie pour apercevoir d'autres rapports; l'adoption d'un alphabet ne devant jamais être considérée comme un fait isolé et sans conséquence, d'après les considérations présentées précédemment.

Mais il est prouvé par des témoignages dignes de foi, et même par des monumens encore plus irrécusables, que des écritures entièrement différentes de celle-là ont été autrefois en usage en Tartarie. Strahlemberg, Messerschmidt, Cuper, Bayer, ont fait connoître plusieurs inscriptions en caractères inconnus; je m'en suis procuré quelques autres. De leur côté, les historiens Chinois font mention de systèmes d'écritures employés par différens peuples Tartares. Il faut rapprocher leurs passages des monumens encore subsistans, et faire voir que l'art d'écrire n'a pas été jadis aussi complètement inconnu dans ces contrées qu'on l'a pensé en Europe. On a parlé de *runes* en usage chez les Tartares. Y avoit-il en effet quelque alphabet analogue aux runes des peuples du nord ! Celles-ci même n'y auroient-elles pas été portées par quelque excursion des nations Gothiques ! L'alphabet auroit-il été inventé encore une fois dans cette partie du monde, indépendamment de toute influence étrangère ! Voilà des questions qu'on ne pouvoit se dispenser d'examiner, et sur lesquelles on a cru devoir revenir à plusieurs reprises, parce qu'elles sembloient se résoudre d'une manière qu'on auroit pu trouver paradoxale (1).

APRÈS ces généralités, il a fallu aborder successivement l'examen de chaque langue Tartare ; et la première chose à faire, a été de prendre une idée juste des travaux dont elles ont déjà été l'objet. Cette revue critique étoit nécessaire pour dissiper des préjugés et rectifier des erreurs. Le nombre des écrivains qui ont fait une étude approfondie des dialectes Tartares est jusqu'à présent peu considérable ; mais leur autorité n'en est que plus grande, et il n'en est que plus utile de faire voir en quoi ils ont failli. La sévérité de quelques jugemens ne choquera sans doute personne : on n'a pas de ménagemens à garder, quand, par bonheur, on ne trouve à critiquer que des auteurs qui, depuis long-temps, ont cessé de vivre.

L'ÉCRITURE adaptée à l'usage de chaque langue, les altérations qu'on lui a fait subir pour l'y accommoder, les principes orthographiques qui lui sont particuliers, sont ensuite le premier objet à examiner. Il faut dire aussi quelques

(1) *Voyez* le chapitre III de ce volume, et les additions qui s'y rapportent dans les notes sur les inscriptions Sibiriennes, *t. II.*

mots du mode de transcription qu'on a adopté, et qui, dans cet ouvrage, est constant, et rigoureusement soumis aux règles de l'analogie. On complète tout ce qui a rapport à cet objet, en offrant comme modèles d'écriture des textes étendus, dans lesquels on s'est soigneusement attaché à rendre le genre de calligraphie qui est propre à chacune des nations Tartares.

La grammaire occupe plus d'espace, et réclame une attention plus grande. Parmi les langues de la Tartarie, une seule nous est connue sous ce point de vue important. On a publié une ou deux grammaires Mandchoues, à l'aide desquelles on peut apprendre assez de mandchou pour voir qu'elles ne valent rien. La méthode suivie par les naturels dans l'enseignement de leur langue nous en peut encore mieux convaincre, et l'on y apprend sur-tout à connoître le génie de la langue des conquérans de la Chine. C'est pour cela qu'il a paru utile d'en donner une analyse. Quant aux autres idiomes Tartares, non-seulement il n'existe aucun livre en Europe où l'on puisse trouver l'exposition des règles auxquelles ils sont assujettis, mais il n'a pas été possible non plus de se procurer des grammaires faites dans le pays. Il a fallu, pour y suppléer, lire avec attention le peu de textes qu'on a pu réunir, les décomposer, en extraire ce qui a paru régulier et analogique ; c'est ainsi qu'ont été composées les grammaires Mongole, Olet, Ouigoure et Tibétaine. Les difficultés d'un tel travail seront sans doute un motif pour en excuser l'imperfection. On a cru convenable d'y joindre des textes aussi étendus que possible, afin qu'on pût juger par soi-même le génie grammatical des divers idiomes Tartares. On ne s'est pas borné à les traduire littéralement, à faire des remarques et une

f

sorte d'analyse grammaticale qui pussent suppléer à ce qui manquoit dans le texte même des Recherches ; on a tâché aussi d'éclaircir, par des notes historiques et littéraires, tout ce qui pouvoit embarrasser dans ces textes, où la langue et les matières traitées sont également neuves pour les lecteurs. Enfin, pour que cette espèce de chrestomathie ne fût pas en elle-même dépourvue d'utilité, on a eu soin, quand on a pu choisir, de donner la préférence à des morceaux dont le contenu pût avoir quelque intérêt pour l'histoire, la philosophie ou la littérature.

Les règles particulières d'étymologie, celles qui président à la formation des composés, celles qu'on peut déduire du genre d'altération le plus ordinaire de chaque idiome, les différences qu'on observe dans chaque dialecte, ont un rapport trop immédiat avec l'objet de ces recherches, pour ne pas y occuper une place considérable. On tâche de séparer les mots d'origine diverse dont la réunion constitue chaque langue ; on fait voir quelques exemples des emprunts les mieux constatés, afin de mettre sur la voie pour retrouver les autres.

L'histoire littéraire et la bibliographie sont encore des objets dignes de considération ; mais comme on ne possède en France aucun ouvrage où l'on puisse en puiser les élémens, c'est aux auteurs Chinois qu'il a fallu avoir recours. On a dû lire avec attention les historiens de ce pays, principalement ceux qui ont le moins négligé les peuples étrangers, et tirer de leurs écrits tout ce qui a rapport à la littérature des Tartares, c'est-à-dire, à leurs écritures, à leur manière de compter et de diviser le temps, aux ouvrages qu'ils ont composés sur la religion, la morale,

PRÉLIMINAIRE.

l'histoire ou la philosophie. On a pris, comme on voit, le mot de littérature dans ce sens étendu qu'il a long-temps conservé dans notre langue. On sent combien cette partie de notre travail auroit pu jeter de jour sur l'objet qui attiroit principalement notre attention, si les Chinois n'étoient pas en général aussi indifférens sur ce qui concerne leurs voisins, qu'ils sont soigneux de recueillir les moindres faits de leur propre histoire.

Le sort littéraire de chacune des quatre grandes nations qui habitent la Tartarie étant ainsi fixé d'une manière générale, on s'attache à déterminer l'espace occupé par chacune d'elles. On entoure par des lignes imaginaires les parties de l'Asie où l'on parle aujourd'hui turk, ou mongol, ou tibetain, et on fait l'énumération des principales branches de ces familles actuellement existantes : puis, remontant successivement à des temps plus anciens, on cherche l'origine de chacune de ces tribus ; on montre leur filiation, et le rapport de langues qui les lient aux nations qui les ont précédées. Dans cette espèce de généalogie rétrograde, on tire encore beaucoup d'utilité des notions fournies par les écrivains Chinois : elles ont, sur les traditions des Tartares eux-mêmes, l'avantage d'avoir été écrites par des contemporains, et de s'accorder parfaitement, toutes les fois que la vérification se trouve possible, avec les documens qu'on peut tirer des langues. Quand on est parvenu, en remontant ainsi, au temps qui a précédé le règne de la dynastie Chinoise des *Han,* on s'arrête, parce que les matériaux fournis par les écrivains antérieurs sont bien moins parfaits, et exigent une élaboration préalable pour se concilier, et se renouer avec les traditions subséquentes. Au reste, on n'a point de regrets à avoir pour ce qui a rapport aux quatre principales nations de la Tartarie moderne. Il n'est aucune de leurs branches dont l'histoire toute entière ne soit comprise dans cette limite, au moins en ce qui concerne la littérature.

Mais le tableau plus détaillé qui, sous le titre de classification, comprend les noms de toutes les tribus, et même des simples familles qui ont habité en Tartarie, démontre que la division en quatre races, parfaitement justifiée par l'état actuel des principales nations Tartares, conviendroit mal à l'antiquité, et même à des temps qui ne sont pas très-éloignés. En cherchant dans les histoires de tous les pays, les matériaux dont j'avois besoin pour rédiger une liste complète des peuplades Tartares, pour assigner le lieu et l'époque de leur naissance, le temps et les circonstances de leur destruction, avec les indications propres à faire connoître la race dont chacune d'elles étoit issue, je me suis aperçu qu'à m'en tenir même à ce que m'apprenoit l'histoire Chinoise, un grand nombre de tribus, même des nations considérables, n'avoient dû leur origine à aucune des quatre races dont les langues dominent à présent en Tartarie. J'ai donc formé dans mon tableau une cinquième section, où j'ai réuni les nations maintenant détruites ou émigrées qui habitoient jadis dans le nord de l'Asie, et qui ne parloient ni mongol, ni mandchou, ni turk, ni tibetain. Il en est beaucoup dont l'origine est et demeurera toujours inconnue; il en est quelques-unes qui doivent incontestablement avoir fait partie de ces émigrations qui ont eu lieu dans l'occident. Les faits que j'ai rassemblés sur ces dernières sont assez nombreux, et assez positivement énoncés dans les écrivains Chinois, pour qu'il ne reste aucun doute à cet égard; et quelque paradoxale que paroisse cette asser-

PRÉLIMINAIRE.

tion, je crois qu'il demeurera prouvé que la famille des nations Gothiques a jadis occupé de grands espaces en Tartarie ; que plusieurs de ses branches ont habité dans la Transoxane, et jusque dans les montagnes d'Altaï, et qu'elles y ont été bien connues des peuples de l'Asie orientale, lesquels ne pouvoient manquer d'être frappés de la singularité de leurs langues, de leurs chevelures blondes, de leurs yeux bleus, de la blancheur de leur teint, signes si remarquables au milieu des hommes basanés, aux yeux bruns et aux cheveux noirs, qui les ont définitivement remplacés. On jugera si ce que j'avance est trop hasardé, quand on aura lu les preuves que j'ai recueillies (1). Mais quoi qu'on puisse en penser, on se rappellera, j'espère, que j'ai seulement voulu dire que des nations Gothiques ont eu des établissemens dans le centre de la Tartarie, et nullement que *les Goths en fussent originaires*. Une critique malveillante ou peu éclairée pourroit seule me prêter une opinion qui, si je l'émettois sans la soutenir de preuves nombreuses, seroit à bon droit qualifiée d'absurdité.

Si l'on éprouve encore aujourd'hui quelque surprise, en trouvant dans les histoires de la Chine des faits et des détails relatifs aux nations de l'Asie occidentale, c'est qu'on n'est pas complétement désabusé d'une opinion qui a régné long-temps en Europe. On s'est persuadé que les Chinois étoient le plus ignorant de tous les peuples en géographie, et l'on a répété, dans ces derniers temps, qu'ils avoient à peine, sous la précédente dynastie, franchi pour la première fois la barrière que les mers de sable leur opposent du côté de l'ouest. C'est-là sans doute une étrange assertion. Quand Deguignes a donné, dans son Histoire

(1) Voyez t. II, 5.ᵉ classe des nations de la Tartarie.

des Huns, un récit détaillé des excursions que les Chinois ont faites depuis deux mille ans dans la Tartarie, et des indications, vagues à la vérité, et peu circonstanciées, mais dont il résulte toujours que leurs ambassadeurs sont venus, dans le siècle qui a précédé la naissance de J. C., prendre part aux négociations des peuples qui habitoient les bords de l'Oxus et les rivages de la mer Caspienne, il est triste que des renseignemens aussi précis soient comptés pour rien, que les travaux du savant académicien soient, pour ainsi dire, comme non avenus, et qu'on voie encore reproduire des opinions qu'il avoit si victorieusement réfutées.

Deguignes, à la vérité, s'est trompé dans les synonymies qu'il a assignées à quelques-uns des peuples et des pays dont parlent les historiens de la Chine, et plusieurs des rapprochemens qu'il a considérés comme certains, peuvent encore à présent donner lieu à des doutes bien fondés. Je ne balancerois pas à citer en exemple celui qui sert de base à son ouvrage, ou qui du moins en a déterminé le titre. L'identité des Huns et des Hioung-nou, qu'il n'a pas même cru nécessaire de démontrer, suppose résolues une foule de questions historiques dont il n'a pas même fait mention. En géographie, une première méprise, commise au sujet d'un point fondamental, l'a conduit, d'erreur en erreur, à déplacer tous les pays occidentaux dont les Chinois ont eu connoissance. Il est résulté de là un vague et une incohérence qu'il étoit plus naturel d'attribuer aux auteurs originaux qu'à leur interprète ; cependant si Deguignes n'avoit pas cru que le nom de Kang-khiu désignoit le Kaptchak, et s'il n'eût pas, en conséquence, déplacé et reporté au nord-ouest de leur véritable position, tous les pays dont la situation est indiquée par rapport à la Sogdiane, on eût vu, non sans quelque étonnement, qu'il étoit impossible de trouver un tableau plus exact et plus complet des contrées à l'orient de la mer Caspienne, des différens peuples qui y ont habité, des révolutions qui ont amené le déplacement de ces peuples, de leurs mœurs, de leurs religions, des événemens de leur histoire politique, que celui qui fait partie des annales Chinoises sous toutes les dynasties, à partir du second siècle avant l'ère chrétienne.

Les connoissances géographiques des Chinois sont certainement plus étendues et plus précises que n'ont jamais été celles des Grecs, même depuis Alexandre. Sans cesse en guerre avec les Tartares, attirés chez ces turbulens voisins par la nécessité de repousser ou de prévenir leurs invasions, ils ont formé des établissemens à de grandes distances de leurs frontières ; ils ont poussé plus loin encore des relations d'amitié ou d'hostilité, de commerce ou de politique, dont l'objet étoit de maintenir ou de consolider leur puissance, et dont le résultat a été de leur procurer des connoissances positives sur les contrées les plus éloignées. La Sibirie jusqu'aux bouches de l'Obi, le pays des Asi jusqu'à la mer Caspienne, le Tibet, le nord de l'Hindoustan, ont été visités par les Chinois, et sont soigneusement décrits par leurs géographes ; et de ces points où ils prétendent avoir porté les limites de leur empire, ils n'ont pu manquer d'entretenir des rapports avec les pays situés au-delà ; de sorte que la grande question, *si les anciens ont connu la Chine*, sur laquelle on semble être à présent d'accord, ne pourroit, si on l'examinoit de nouveau, être résolue, qu'autant qu'on auroit traité en même temps cette autre question : *Les Chinois ont-ils connu les Grecs et les Romains ?*

Mais, à dire vrai, cette question n'en est pas une, quand on a lu la géographie du temps des dynasties des Han et des Tsin. C'est-là qu'il faut chercher ce qu'on doit penser de la Sérique, du commerce de la *materia serica*, et des autres objets de négoce qui ont pu rapprocher, dès l'antiquité, les nations des deux extrémités de notre continent.

En général, il seroit téméraire de rien avancer sur l'histoire ancienne de la Tartarie, sans avoir puisé aux seules sources où soient contenus des documens certains et positifs. Ces sources sont les annales de la Chine; si elles n'ont pas le mérite et l'authenticité d'une chronique nationale, elles ont l'avantage d'avoir été rédigées par des contemporains intéressés à s'instruire des faits qu'ils rapportent. Plus on les étudiera, plus on sera convaincu qu'elles laissent peu de chose à desirer, peu de lacunes à remplir, peu de doutes sur les points essentiels de la géographie et de l'histoire des nations Tartares. Il y a par conséquent peu de liberté pour les conjectures; car la plus ingénieuse hypothèse peut se trouver en contradiction avec un fait clairement énoncé par les écrivains Chinois. Il faut donc se résoudre à s'instruire de ce qui a été, avant de se donner le plaisir d'imaginer ce qui a pu être; car il pourroit arriver qu'on placeroit dans telle ou telle partie de la haute Asie une nation civilisée, ou un peuple adonné à la culture des arts, ou l'un des centres du commerce de l'Orient, à une époque où les Chinois n'y auroient vu que des sables inhabités, ou des pâturages pour les troupeaux de quelque tribu nomade, ou un corps-de-garde établi pour arrêter les courses des voleurs de chevaux, et des autres brigands qui, de tout temps, doivent avoir formé la plus grande partie de la population dans ces contrées.

PRÉLIMINAIRE.

La plupart des idées fausses qu'on s'est formées sur l'état ancien de la Tartarie, viennent de ce qu'on a accordé aux rapports des étrangers plus de confiance que ces rapports n'en méritoient. Excepté les Chinois, chez quels peuples peut-on chercher une connoissance exacte des révolutions de la haute Asie ! Les Hindous, qui semblent, dans les temps anciens, avoir eu beaucoup de part à ce qui se passoit au nord-ouest des monts Himala, n'ont pas conservé de livres historiques, ou du moins les recherches des Européens sont jusqu'à ce moment restées infructueuses. Les Persans, qui doivent avoir autrefois entretenu avec les habitans du Touran des relations politiques et religieuses assez étendues, en ont presque entièrement perdu le souvenir depuis le renouvellement de leur littérature et l'introduction du musulmanisme dans l'Iran. Les anciens Grecs ne nous ont transmis presque aucun détail sur les rapports que le royaume de la Bactriane dut avoir avec les nations Scythiques, qui finirent par en causer la destruction. Les Grecs de Byzance, dont les récits ne commencent qu'après l'époque des grandes révolutions de la Tartarie, étoient d'ailleurs dans un trop grand éloignement pour pouvoir en connoître les premières causes. On peut dire la même chose des Russes, venus trop tard et restés trop loin pour nous instruire de ce qu'il nous importe le plus d'apprendre. Depuis la conquête de la Sibirie par les Cosaques, il ne s'est plus trouvé en Tartarie que les débris des nations primitives, des vestiges des anciennes émigrations, des traces presque effacées des événemens passés ; et pour comble de malheur, des savans sont venus avec des systèmes tout faits pour reconstruire un édifice ruiné. Ils ont commenté Aboulghazi, discouru sur le prêtre Jean, le schamanisme, le lamisme, l'origine de l'alphabet, des sciences, des arts, des religions, sans se douter qu'ils prodiguoient leurs spéculations ingénieuses sur un sujet qui pouvoit être traité avec des données positives, et que la lecture des annales Chinoises les eût dispensés d'entasser péniblement des autorités insuffisantes, en mettant à leur disposition la seule autorité qui ait quelque poids dans cette matière.

C'est aussi la seule chose qui m'ait encouragé dans les recherches que j'avois entreprises sur les Tartares. Avec mille connoissances qui me manquent, des savans respectables ont embrouillé, loin de l'éclaircir, l'histoire de cette intéressante partie de la race humaine. J'ai dû croire qu'en puisant à des sources aussi sûres que peu connues, je pourrois résoudre plusieurs des questions qui ont paru insolubles. Tel est le motif de la confiance que j'ai accordée aux écrivains Chinois, et qui s'est beaucoup fortifiée, quand j'ai été convaincu, par un grand nombre d'exemples, que leur témoignage s'accordoit toujours, soit avec les traditions les plus respectables des Tartares eux-mêmes, soit avec les inductions les plus incontestables qu'on peut former en étudiant les langues de ces derniers, leur grammaire et leur littérature.

Déjà Visdelou et Deguignes ont tiré beaucoup de fruit de l'étude des annales Chinoises, pour suppléer à celles qui manquent chez les Tartares; mais leur objet étoit trop différent du mien, pour que je pusse les prendre pour modèles : ils se sont, l'un et l'autre, occupés de l'histoire politique et militaire, plutôt que de l'histoire philosophique et religieuse ; ils ont recherché la succession des princes plus encore que celle des nations. Leurs travaux auroient peut-être inspiré plus d'intérêt, s'ils eussent pris plus de soin pour recueillir les particularités propres à faire connoître l'esprit des différens peuples, et s'ils avoient moins insisté sur des détails de combats, d'invasions, de révoltes, qui nous intéressent à peine dans notre propre histoire, où les noms des hommes et ceux des lieux, les causes des événemens et leurs effets, nous sont connus et familiers, et quelquefois même nous touchent de si près. Sous quelque rapport qu'on l'envisage, l'homme moral a les premiers titres à notre attention. Quelque arides que soient des règles grammaticales et des considérations étymologiques, elles ne sauroient l'être autant que ces fatigantes descriptions de siéges et de batailles dont les chroniques sont si souvent remplies. L'histoire des guerres qui ont ravagé la terre est stérile et sans résultats; celle des changemens qui se sont opérés dans les idées, les opinions et les croyances, est étroitement liée à celle des mœurs et des institutions, et l'une et l'autre ouvrent un champ vaste aux méditations du philosophe.

TABLE

DES

CHAPITRES CONTENUS DANS CE VOLUME.

DISCOURS PRÉLIMINAIRE................ Page   j.

CHAPITRE Ier Des Tartares en général, et de l'origine de leurs différens noms.............................   1.

CHAP. II. De l'Alphabet Syro-tartare............... 29.

CHAP. III. De quelques Écritures anciennement usitées chez les Tartares............................... 64.

CHAP. IV. De l'Orthographe, de la Grammaire et de l'Étymologie des Mandchous........................ 89.

CHAP. V. De la Langue Mongole et de ses Dialectes... 150.

CHAP. VI. Du Turk oriental, communément appelé Ouigour. 249.

CHAP. VII. De la Langue Tibetaine............... 330.

CONCLUSION................................... 394.

FIN DE LA TABLE.

RECHERCHES

RECHERCHES
SUR LES LANGUES TARTARES,

OU

MÉMOIRES

SUR DIFFÉRENS POINTS

DE LA GRAMMAIRE ET DE LA LITTÉRATURE

DES MANDCHOUS, DES MONGOLS,

DES OUIGOURS ET DES TIBETAINS.

CHAPITRE I.er

Des Tartares en général, et de l'Origine de leurs différens Noms.

LES peuples qui habitent ces vastes contrées de la haute Asie, bornées au midi par l'Inde, la Chine et la Perse, à l'orient par la mer du Japon, à l'occident par les fleuves qui se jettent dans la mer Caspienne et le Pont-Euxin, au nord enfin par la mer Glaciale, sont connus sous le nom vulgaire et collectif de *Tartares*. Cette dénomination, entièrement inconnue à plusieurs des nations auxquelles les Européens l'appliquent, paroît être une altération de *Tatar*, nom particulier d'une tribu qui, par sa puissance et sa célébrité, a mérité qu'on l'étendît aux autres. C'est au XII.e siècle, lorsque tous les peuples de la Tartarie, réunis sous une seule domination, menacèrent l'Europe et l'Asie d'un envahissement universel, que le nom des Tatars commença d'être connu par les auteurs Occidentaux. Le seul résultat constant qu'on puisse tirer des documens imparfaits qu'ils nous ont transmis à ce sujet, c'est que les Tatars formoient une portion considérable des forces soumises aux Tchinggiskhanides, et que, pour cette raison, les Chrétiens, et même, dans certaines circonstances, les Musulmans s'accoutumèrent à désigner par leur nom les autres nations Turques et Mongoles qui leur étoient moins connues.

Quant à l'origine du nom de cette tribu, elle a donné lieu à des conjectures variées et presque aussi peu satisfaisantes les unes que les autres. Bergeron (1) propose, d'après Matt. Paris, le nom d'une rivière *Tartar* ou *Tatar*, sur les bords de laquelle habitoit la tribu en question; mais des notions plus exactes acquises sur la géographie de ces contrées, permettent de regarder la rivière Tartar comme entièrement imaginaire. Le même Bergeron (2) en donne une autre étymologie plus insoutenable encore, en voulant le faire venir du syrien *Totar* ou *Tatar*, qui signifie *délaissés* ou *abandonnés*, et en cherchant à rattacher l'origine du peuple lui-même aux dix tribus Israélites emmenées en captivité. Fischer (3) le tire du nom de *Ta-ta* ou de *Ta-dze*, que, suivant lui, les Chinois ont coutume de donner à tous leurs voisins sans distinction. Mais, outre que rien n'est plus faux que ce prétendu usage des Chinois, qui ne se sont jamais servis du mot *Ta-ta*, et qui appliquent celui de *Ta-dze* ou *Tha-tseu* d'une manière différente, comme nous le verrons bientôt, l'hypothèse de Fischer contrediroit l'opinion générale des auteurs qui admettent comme prouvée l'existence de la tribu des Tatars. Enfin Mirkhond (4), *Aboul-ghazi* (5), et beaucoup d'Occidentaux après eux, font venir le nom des Tatars d'un prince nommé *Tatâr*, frère de Mongol, qui fut, suivant eux, leur père et leur fondateur. Mais on ne peut avoir une grande confiance

---

(1) Traité des Tartares, *p. 11*.
(2) *Ibid.* Voy. aussi Muller, Comment. alphab. *p. 56*.
(3) Hist. de la Sibirie; et dans l'analyse qu'en a donnée Stollenwerck, sous le titre de *Recherches hist. sur les principales nations établies en Sibérie*, p. 218.
(4) D'Herbelot, Bibl. Or. au mot *Tatar*.
(5) Hist. généal. des Tatars, *p. 27*.

aux étymologies de ce genre qu'Aboul-ghazi a semées avec profusion dans son ouvrage. C'est un usage que les écrivains Musulmans semblent avoir adopté, à l'imitation des généalogies qui se trouvent dans les livres historiques de l'ancien Testament, de tirer les noms de toutes les nations de ceux de fondateurs réels ou imaginaires dont ils rattachent la descendance aux fils de Noé. Le sultan de Kharism, en particulier, a supposé l'existence d'autant de patriarches et de descendans de Japhet, qu'il reconnoissoit de tribus dans sa nation; et cela suffit pour lui ôter toute créance sur ces matières.

Quoi qu'il en soit de l'origine de ce nom de Tatars, les Européens, qui l'ont légèrement altéré, s'en servent indifféremment pour désigner une foule de nations à demi civilisées qui diffèrent beaucoup entre elles, ainsi que la suite de cet ouvrage le fera voir. Dans ce sens, je crois qu'il est bon de conserver à ces nations le nom collectif de *Tartares*, quoique corrompu, préférablement à celui de *Tatârs*, parce que ce dernier, qui paroît plus correct, mais qui appartient à une seule tribu, ne doit pas servir à désigner les autres tribus en général. C'est donc improprement, à mon avis, que quelques auteurs modernes ont appliqué ce surnom aux Mandchous, aux Tibetains et à d'autres qui ne sont nullement *Tatârs*, mais qu'on peut, sans inconvénient, appeler *Tartares*, s'il est bien convenu que par-là on n'entend pas parler d'une nation particulière ainsi nommée, mais seulement réunir sous une dénomination commune et abrégée tous les peuples qui habitent la Tartarie, quels que soient d'ailleurs leur origine, leur langue ou leurs usages.

Ces expressions collectives employées pour désigner à-la-fois un grand nombre de nations différentes, tirent ordinairement leur origine de ce qu'on ignore leurs véritables noms, et de ce qu'on a des notions imparfaites sur ce qui les distingue les unes des autres. Il est donc assez remarquable que les Chinois qui connoissent les Tartares beaucoup mieux que nous, et qui ont toujours eu avec eux des relations très-fréquentes, se servent aussi, en parlant d'eux en général, d'une dénomination commune ; mais il est encore plus singulier que le terme dont ils se servent ait une véritable analogie avec celui dont les Européens font usage. Chez eux, les nations de la Tartarie septentrionale sont appelées *Tha-tseu* (1) ou *Tha-tche* (2). C'est par erreur que quelques Missionnaires ont voulu lire *Tha-than* (3) le nom de ces peuples écrit de la dernière manière, et leur erreur provient de ce que la syllabe *tche* est écrite avec un caractère qui se liroit *tan*, s'il n'avoit pas la clef *ke* (4). Pour écrire *Tha-tha*, comme l'ont voulu faire quelques-uns, il faut nécessairement répéter le premier caractère *Tha* avec ou sans la clef *ke;* et c'est une faute qu'a commise le P. Verbiest (5), en voulant rendre en caractères Chinois le nom Européen *Tartares*, de s'être servi de trois caractères (6) qui ne peuvent se lire que *Tha-l-tche*, et non *Tha-l-tha*. Quant à l'orthographe *Tha-tha-eul* ou *Thathar*, que le P. Visdelou rapporte (7) d'après le *Fang-iu tching-lio*, elle ne se trouve que dans des livres postérieurs à l'invasion des Mongols, comme l'est la grande géographie *I-thoung-tchi*, qui place les *Tha-tha-eul* parmi les tribus qui parurent à cette époque (8).

L'analogie entre notre nom de Tartares et celui de *Tha-tche*

(1) 子韃

(2) 鞑韃

(3) Le P. Amiot, dans ses additions au Vocabulaire Chinois-Ouigour, ms. de la Bibl. du Roi.

(4) 革旦

(5) Dans son grand Planisphère Chinois, intitulé *Iu ti thsiouan thou*.

(6) 鞑而韃

(7) Visdelou, Hist. de la Tartarie, p. 291.

(8) *Taï-ming i-thoung-tchi*, k. 90, p. 25. Il est bon pourtant de remarquer que le caractère *Tha* se prononce *Tar* dans le dialecte *Tchin-tcheou* et peut-être dans quelque autre, ce qui, en doublant le caractère, donne exactement le mot *Tar-tar*.

est complète, puisque celui-ci, comme le premier, est à-la-fois le nom particulier d'une nation Tartare, et le terme générique qui désigne toutes les autres ensemble. Il n'est pas de mon sujet d'examiner si les documens relatifs à la nation des *Tha-tche* peuvent convenir à la tribu *Tatâr* des auteurs Arabes et Persans, et je me contenterai de renvoyer les personnes curieuses de faire cette comparaison à ce qu'en a dit le P. Visdelou (1). Le plus souvent, dans les livres Chinois, *Tha-tche* a presque la même acception qu'avoit chez les anciens le nom de Scythe, et qu'a chez nous celui de Tartare. « *Tha-tche*, dit *'Ou-jin-tchhin* (2),
» est le nom générique des *Pe-thi* ou Barbares septentrionaux. » Suivant l'auteur de la géographie *Kouang-iu ki* (3), « le pays
» des *Tha-tche* confine, du côté de l'orient, au pays de *Wo-*
» *liang-ha* (4) ; à l'occident, il est voisin du pays de *Sa-ma-'l-han*
» [Samarkand] ; au nord, il va jusqu'à l'extrémité des déserts de
» sable. » *Ma-touan-lin*, le plus érudit des compilateurs Chinois, fait des *Tha-tche*, sous le nom de *Pe-ti*, une description que je transcrirai, parce qu'elle représente au naturel les mœurs générales des Tartares : « Les *Pe-ti*, dit-il (5), ou *Ti* septentrionaux,
» font leur unique occupation de leurs troupeaux et de leurs
» bestiaux. Ils suivent les lieux où il y a de l'eau et de l'herbe,
» changeant continuellement de demeures. Ils n'ont point de
» villes ni de murailles. Ceux qui s'arrêtent et se fixent momen-
» tanément dans un endroit pour y labourer la terre, ont cha-
» cun une portion de champ en particulier. Ils n'ont ni lettres
» ni livres, et ils font toutes leurs conventions de vive voix.
» Dès leur enfance, ils s'exercent à monter des moutons, et à

---

(1) Lieu cité, *p. 292.* Voy. aussi l'Hist. génér. de la Chine, t. VI, *p. 546*, et t. VII, *p. 340.*

(2) *Tseu-'weï*, au mot *Tha*, cl. CLXXVII, tr. 13. Voy. l'Append. 2.ᵉ part.

(3) Kiouan XXIV, *p. 13.* Voy. l'Appendice, 2.ᵉ partie.

(4) En mandchou, ܐܘܪܝܢܓܟܗܐܝ, *Ouriyangkhaï*. Ce nom désigne, dans les géographies de la dernière dynastie, la partie la plus septentrionale de la Tartarie orientale, à l'occident du pays des *Niu-tchi*, jusqu'à la mer du Japon et à celle du nord. C'est un mot qui paroît signifier *chasseurs de rennes*. Voy. le Tableau des nations Tartares.

(5) *Wen-hian thoung khao*, kiouan CCCXL, *p. 1.* Append. 2.ᵉ partie.

» tirer des flèches aux oiseaux et aux rats. Devenus hommes,
» ils tirent les renards et les lièvres dont ils mangent la chair.
» Les gens habiles, chez eux, sont ceux qui ont le plus de
» vigueur, qui savent le mieux tirer de l'arc, et qui excellent
» dans l'art de monter à cheval. Leur genre de vie consiste à
» mener paître leurs troupeaux, et à chasser aux oiseaux et aux
» bêtes sauvages ; c'est à quoi ils passent toute leur vie, et
» par-là ils s'accoutument à être courageux, voleurs et guer-
» riers ; c'est-là un effet du climat et du ciel sous lequel ils
» vivent. Les armes dont ils se servent pour frapper de loin,
» sont l'arc et les flèches ; celles qu'ils emploient pour com-
» battre de près, sont le sabre et l'épée. Ils vont en avant tant
» qu'il y a quelque chose à gagner ; ils reculent quand ils ne
» voient aucun profit à faire. Ils n'attachent aucune honte à
» fuir, pourvu qu'ils y trouvent leur intérêt. Ils ne savent ce
» que c'est que les cérémonies et la justice. Depuis les princes
» et les rois, jusqu'aux derniers du peuple, tous mangent de
» la chair des animaux, se couvrent de leurs peaux ou de leurs
» cuirs, et se revêtent de fourrures. Les plus forts choisissent
» (dans les repas) ce qu'il y a de plus gras et de meilleur : les
» vieillards mangent et boivent ce que les premiers ont laissé.
» Il n'y a de nobles et de gens honorés parmi eux que ceux qui
» ont plus de force et de courage que les autres, et il n'y a de
» méprisés que les vieillards et les hommes foibles. Quand un
» père vient à mourir, son fils épouse sa belle-mère. A la mort
» de leurs frères, ils épousent de même les femmes que ceux-ci
» laissent. Leur usage est de n'avoir qu'un petit nom, et point de
» nom de famille ni de titres honorifiques. Les bestiaux dont ils
» ont la plus grande abondance sont les chevaux, les bœufs et
» les moutons. Les animaux rares qu'ils ont chez eux, sont les
» chameaux à sacs, l'âne et différentes sortes de mulets et de
» chevaux (1). »

Ajoutons à ce tableau ce que dit des mœurs des *Tha-tche*

---

(1) *Ma-touan-lin* entre ici dans le détail de ces espèces. Je supprime ce qu'il en dit, comme peu intéressant.

l'auteur de la géographie *Kouang iu ki* (1) : «Les *Tha-tche* suivent
» les rivières et les lieux fertiles en pâturages, en y conduisant
» leurs troupeaux. Ils s'habillent de peaux et de poil. Ils font
» leurs tentes avec de grosses étoffes de laine. Ils sont sujets
» à la colère jusqu'à tuer leurs pères et leurs frères aînés. Ils
» ont commerce avec leurs femmes avant le mariage. Lorsqu'ils
» sont malades, ils font chauffer une pierre, et se brûlent eux-
» mêmes (la partie malade). Aux funérailles, ils accompagnent
» le mort en chantant et en dansant. Quelques-uns placent le
» cadavre sur un arbre, et, trois ans après, ils recueillent les os
» et les brûlent. »

Voilà les peintures que les Chinois font des Tartares, et il faut avouer qu'elles ne manquent pas de justesse et de fidélité; mais si les historiens peuvent confondre, sous le rapport des mœurs, des nations que la conformité du genre de vie doit rendre assez semblables entre elles, il n'en est pas de même lorsqu'il s'agit de l'origine de ces nations, de leur descendance et de leurs rapports mutuels. Les Chinois alors sont très-exacts à marquer les faits qui peuvent éclairer sur ces différens objets, et le traité de *Ma-touan-lin*, par exemple, qui contient l'histoire des Tartares et des autres peuples étrangers, est un modèle en ce genre. Il me semble même, malgré sa brièveté, propre à jeter plus de jour sur ce qui concerne ces nations peu connues, que tout ce que les Occidentaux ont écrit sur les mêmes matières; et il est à regretter que de Guignes et Visdelou, qui en ont tiré presque tout ce qu'il y a de curieux et d'important dans leurs ouvrages (2), ne se soient pas bornés à le traduire purement et simplement, sans y joindre des idées systématiques qui leur étoient particulières, ou des traditions et des détails empruntés d'autres auteurs, et capables d'embrouiller plutôt que d'éclaircir le texte du savant Chinois.

---

(1) Kiouan XXIV, *p. 14.* Voy. l'Appendice, 2.ᵉ partie.

(2) Histoire générale des Huns, des Turks, des Mongols et des autres Tartares occidentaux, par de Guignes. — Histoire de la grande Tartarie, par Cl. Visdelou.

A la vérité, plusieurs auteurs semblent avoir confondu ensemble les différens peuples Tartares pour n'en faire qu'une seule nation ; c'est du moins l'idée qu'on peut se former en lisant les passages suivans : « Les *Tha-tche* n'ont pas été connus » sous les mêmes noms, dit *Lo-ing-yang* (1), par les différentes » dynasties (Chinoises). Sous les *Hia*, on les nommoit *Hiun-yo ;* » sous les *Tcheou*, *Hian-yun ;* sous les *Thsin* et les *Han*, on les » nomma *Hioung-nou ;* sous les *Thang*, *Thou-kioueï*, et sous les » *Soung*, *Khi-tan*. Depuis le temps des *Han*, les *Hioung-nou* » allèrent en s'affoiblissant, et les *'Ou-hoan* s'élevèrent. Depuis » que les *Sian-pi* eurent détruit les *'Ou-hoan*, les *'Weï* et les » *Jouan-jouan* furent seuls maîtres du pays. Après la destruc- » tion des *Jouan-jouan*, les *Thou-kioueï* commencèrent à paroître. » Sous les *Thang*, *Li-tsing* ayant subjugué les *Thou-kioueï*, les » *Khi-tan* devinrent très-puissans ; mais les *Meng-kou* réunirent » sous une seule domination tous les peuples (Tartares), et » succédèrent à la dynastie *Soung*, sous le nom de *Youan*. »

'Ou-jin-tchhin est encore plus formel : « *Hiun-yo*, dit-il (2), » est un des titres des *Hioung-nou ;* on les appeloit ainsi sous les » *Hia*. Sous les *Chang*, on les nomma *Koueï-fang*. » Il rapporte ensuite les différens noms des *Tha-tche*, de la même manière que *Lo-ing-yang*, et il ajoute : « Tous ces titres désignent » un seul et même royaume, et n'en sont que les différens » noms. » Ce n'est point ici le lieu de relever ce qu'il peut y avoir d'inexact dans ces passages : je n'ai point entrepris une histoire de la Tartarie, et je me bornerai, pour le moment, à quelques observations sur les noms des nations Tartares, rapportés par les auteurs que je viens de citer.

Presque tous ces noms donnés par les Chinois à différens peuples ou à différentes dynasties Tartares, sont significatifs et s'écrivent avec des caractères injurieux, dérivés pour la plupart de la clef des *Chiens*. Celui de *Ti*, dont se sert *Ma-touan-lin* dans le passage que j'ai cité plus haut, est de ce nombre, et

(1) *Kouang iu ki*, kiouan XXIV, p. 13. Voy. l'Appendice, 2.ᵉ partie.

(2) *Tseu-'weï*, au mot *Hiun*, cl, CXIV, tr. 14.

Hiu-chin

Hiu-chin (1) en donne pour raison que les peuples auxquels on l'applique, sont une race de chiens. *Hiun-yo* peut signifier esclaves vendus ; *Kouëi-fang*, diaboliques ; *Hian-yun*, canaille ; *Hioung-nou*, mauvais esclaves ; *Thou-kiouëi*, chiens insolens, &c. Ce sont-là autant de monumens de la haine et du mépris que les Chinois ont toujours eus pour les Tartares, à cause de leur ignorance, de leurs brigandages, et des courses qu'ils n'ont jamais cessé de faire sur les terres de l'Empire.

Il ne faut pas croire néanmoins que les Chinois aient arbitrairement fabriqué ces expressions, sans avoir égard aux noms que les nations Tartares se donnoient à elles-mêmes. Plusieurs d'entre elles ne sont, au contraire, évidemment que des noms Tartares transcrits en caractères Chinois, avec les altérations nécessitées par l'emploi de ces derniers et la nature de la langue Chinoise : mais, au lieu de choisir, comme on auroit facilement pu le faire, pour rendre ces sons étrangers, des caractères insignifians, on s'est plu, par une sorte d'annomination ou de jeu de mots, à prendre des caractères dont la réunion formoit un sens satirique et méprisant. *Thou-kiouëi*, par exemple, est bien certainement une transcription aussi fidèle que la puissent faire les Chinois, de *Turk*, nom commun à plusieurs nations Tartares, sur lequel je reviendrai dans la suite de ces Recherches ; mais les Chinois ont à dessein choisi, pour l'exprimer, deux caractères qui peuvent se traduire par *Chiens insolens*. Il ne peut nous rester aucun doute sur ce nom, parce qu'il nous a été apporté dans l'Occident par les Turks eux-mêmes, et que d'ailleurs les écrivains Chinois nous apprennent à quelle occasion cette nation l'adopta, et ce qu'il signifioit dans sa propre langue ; mais s'il s'agissoit de peuples qui, comme les *Hioung-nou*, les *Jouan-jouan* ou les *Khi-tan*, ne nous eussent pas été connus directement, on sent que le nom sous lequel ils auroient été mentionnés par les Chinois, pourroit être regardé dans notre Occident comme un simple sobriquet, sans fondement chez les nations qu'il désigne.

(1) *Choue-wen*, au mot *Ti*.

Une observation vient à l'appui de ce qui précède : souvent, dans les auteurs Chinois, des nations ou tribus unies par les liens d'une commune origine, portent des noms qui ne diffèrent que par la terminaison ou par quelque légère altération dans l'une de leurs syllabes, mais qui, si l'on ne fait attention qu'à l'orthographe Chinoise, n'ont pas entre eux beaucoup d'analogie. Tels sont, par exemple, les *Thou-kiouï*, les *Thou-khi-chi* et les *Tho-kiouï-chi*. Quelquefois le nom d'une même nation a changé à certaines époques, au moins dans la transcription qu'en faisoient les Chinois contemporains. C'est ainsi que les *Hoëi-he*, nation célèbre de la Tartarie, qui descendoit des *Hioung-nou*, sont appelés suivant les temps *Youan-ki*, *'Ou-hou*, *'Ou-ki*, *'Weï-he*, *Hoëi-he*, et enfin *Hoëi-hou* (1). C'est encore ainsi qu'à une époque très-reculée, les Chinois désignoient par les noms de *Hiun-yo* ou de *Hian-yun*, le même peuple qu'ils connurent depuis sous celui de *Hioung-nou*. Ce dernier fut même sujet à quelques révolutions; car *Wang-meng*, célèbre usurpateur sous les *Han*, en envoyant au *Tchhen-iu* des *Hioung-nou* un sceau d'or et des patentes, voulut qu'on changeât le nom de son peuple en *Koung-nou*, *esclaves respectueux*, et le titre du prince en *Chan-iu*. Mais ces barbares ayant commis de nouveaux brigandages, *Wang-meng* ordonna qu'ils seroient appelés *Kiang-nou* ou *Hiang-nou*, ce qui peut signifier *esclaves déchus* (2). La même observation peut s'étendre aux *Jouan-jouan*, dont le nom signifie *insectes qui fourmillent*, si on l'écrit avec un caractère de la clef CXLII répété deux fois, mais perd cette signification quand on l'écrit *Jeou-yan* ou *Jouan-jou*. Elle peut s'appliquer aussi aux ancêtres des Mandchous, appelés d'abord *Niu-tchin*, puis *Niu-tchi*, pour un motif assez léger (3). A travers toutes ces variations, on aperçoit manifestement l'intention de

(1) *Wen-hian-thoung khao*, K. 347, *p. 5, 6 et 14*.
(2) W. h. th. kh. K. 341, *p. 12*. Voy. l'Appendice, 2.ᵉ partie. De Guignes a mal entendu cet endroit dans l'*Hist. des Huns*.

(3) Il s'agissoit d'éviter la syllabe *tchin* qui faisoit partie du *ming* ou *petit nom* de l'empereur des *Khi-tan* alors régnant. On sait que les lois Chinoises défendent de prononcer et d'écrire le *petit nom* des empereurs pendant leur vie.

rendre un son étranger, et l'on peut espérer d'approcher de ce dernier en extrayant de tous les mots qui le représentent, ce qu'ils ont de commun.

On doit donc faire abstraction du sens des caractères Chinois, quand on veut rechercher l'origine des noms étrangers qu'ils expriment: mais on ne peut être sûr d'avoir trouvé cette origine que bien rarement, et seulement quand les peuples dont on s'occupe existent, et parlent encore la langue d'où leur nom a pu être emprunté. Il seroit, par exemple, fort difficile, pour ne pas dire impossible, de rechercher avec quelque espoir de succès l'étymologie, la signification, ou même la prononciation primitive des mots *Hian-yun*, *Hioung-nou*, &c., et l'on ne peut faire à ce sujet que des conjectures vagues et des hypothèses hasardées, quoiqu'il ne soit guère permis de douter que le peuple Tartare, ainsi appelé par les Chinois, n'ait porté lui-même un nom fort analogue. Bayer, Gaubil (1), Visdelou (2) et de Guignes (3), ont vu dans les *Hioung-nou* des Chinois, les Huns des Occidentaux. Le dernier même a regardé comme si bien démontré un rapprochement qui pourtant n'est fondé que sur une légère analogie de sons, qu'il n'a pas craint de présenter Attila comme un descendant de *Pounou-tanjou*, et de combiner ce que nous ont dit de l'origine des Huns, Jornandès, Ammien-Marcellin et Isidore de Séville, avec ce que nous lisons sur les *Hioung-nou* dans le *I-thoung-tchi*, le *Wen-hian thoung-khao* ou le *Thoung-kian kang mou*. Il est vrai de dire pourtant qu'il n'a pas suffisamment prouvé cette identité, qui offre bien quelques probabilités en sa faveur, mais qui ne laisse pas aussi d'être sujette à d'assez grandes difficultés.

Le hasard a voulu que nous fussions mieux informés de l'origine du nom des Turks ; *Ma-touan-lin* la raconte de la manière suivante : « Lorsque *Taï-wou* des '*Wëi* postérieurs, dit-il, eut
» détruit la maison de *Thsiu-kiu*, '*A-sse-na* se retira avec cinq

(1) Traité de la Chronologie Chinoise, p. 58.
(2) Histoire de la Tartarie, p. 44.
(3) Mémoire sur l'origine des Turks et des Huns, *passim*.

» cents familles chez les *Jouan-jouan*, et se cacha dans une ville,
» au milieu des monts d'or. Comme sa forme ressembloit à celle
» d'un casque, et que dans leur langue un casque s'appelle
» *Thou-kiouëi*, ils tirèrent leur nom de cette circonstance (1). »
Effectivement تقية *Tukieh*, dans le turk de Constantinople,
signifie encore un casque, et cette analogie rend l'étymologie
proposée par *Ma-touan-lin* fort vraisemblable. M. de Klaproth
a déjà tiré parti de ce rapprochement (2); mais ce qu'il y a de
plus remarquable, c'est qu'un mot presque semblable a la même
signification en arabe : or, comme il n'est pas possible que les
Turks l'aient emprunté de cette dernière langue, s'il se trouvoit
dans quelque auteur arabe d'une époque antérieure aux émigrations connues des Turks vers l'Occident, ce seul mot présenteroit un problème difficile à résoudre, et pourroit donner
naissance à bien des conjectures.

Il y a dans la Sibirie une nation considérable par l'étendue
des pays qu'elle habite, sinon par le nombre des individus qui
la composent. Plusieurs des tribus de cette nation sont connues
sous le nom de *Tongous*, et il paroît que c'est aussi le nom
qu'elles se donnent elles-mêmes. Presque tous les auteurs qui
ont parlé des Tongous, ont fait dériver leur nom du mot *Tongous*, qui, dans la langue des Turks leurs voisins (et non dans
la leur), signifie *cochon*; et ils ont pensé que ce surnom leur
avoit été donné à cause de leur excessive malpropreté. Mais outre
que dans la Tartarie cette qualité ne peut guère servir de caractère distinctif, il faudroit, dans cette hypothèse, que les Tongous
ne fussent ainsi nommés que par leurs voisins ; car il seroit
absurde de supposer qu'ils eussent adopté eux-mêmes un semblable sobriquet. M. de Klaproth donne de ce nom une étymologie beaucoup plus probable, en le faisant dériver de *Denki*,
qui, dans la langue même de ces peuples, signifie *hommes* (3).
Quoi qu'il en soit, les Chinois ayant à exprimer le nom de ces

---

(1) *Wen-hian-thoung-khao*, K. 342, p. 1. Voy. l'Appendice, 2.ᵉ partie.

(2) Abhandlung über die Sprache der Uiguren. *p. 9*, note.

(3) Abhandlung, &c. *p. 75.*

peuples, l'ont rendu par les deux caractères *Toung-hou* (1), qui signifient *Barbares orientaux*, et expriment la situation des *Tongous* par rapport à l'empire Chinois. Autre exemple de ces allusions ou annominations que les Chinois recherchent en rendant les sons étrangers.

Il n'est pas toujours possible de donner des étymologies satisfaisantes du nom des nations les plus modernes; et mieux vaut alors y renoncer, que de se perdre dans des conjectures hasardées. On ignore entièrement l'origine du nom des Mongols; et puisque les écrivains Chinois ont négligé de s'en instruire ou de nous en informer, ce seroit perdre son temps que de la rechercher dans l'éloignement où nous sommes des temps et des lieux où ces peuples ont commencé à paroître. *Aboul-ghazi* (2) et ceux qui l'ont suivi, ne font aucune difficulté de la rapporter au nom du prince *Moungol-khan*, fils d'*Alentse-khan*, et frère de *Tatâr*. Mais ce que nous avons dit plus haut sur une étymologie de ce genre, attribuée au nom des Tatars, peut s'appliquer à celui des Mongols, avec d'autant plus de raison qu'il est certain, par l'histoire Chinoise, que ces peuples avoient vécu dans une profonde obscurité, et n'avoient eu aucun chef de quelque renom avant l'apparition de *Tchinggis-khan*. *Aboul-ghazi* dit à ce sujet quelque chose de plus digne d'attention, lorsqu'il assure que c'est par corruption qu'on en est venu à écrire et à prononcer *Moghoul*, le nom qui devoit être lu *Moungol*, suivant son orthogaphe primitive (3). Mais je ne sais si ce qu'il ajoute, en faisant dériver *Moungol* du mot *Moung*, qui signifie, d'après lui, *triste*, mérite quelque créance : ce mot ne se trouve pas dans les vocabulaires, à la vérité très-imparfaits, que j'ai consultés pour la langue Mongole. Les différentes nations qui ont parlé des Mongols, nous ont transmis leur nom diversement altéré. Les Chinois

(1) 胡東

(2) Hist. généal. des Tatars, *p. 27.*
(3) *Ibid.* p. 29.

l'écrivent *Meng-kou* (1), les Mandchous ᠮᠣᠩᡤᠣ *Monggo* ou *Mongou*; les écrivains Arabes ou Persans مغول *Moghoul*, et les Occidentaux *Mogol*, *Moalle*, *Mungal*, *Mounghal*. Toutes ces prononciations paroissent corrompues, et il semble qu'on peut, avec certitude, adopter le témoignage du sultan de Kharisme, témoignage qui est fortifié de celui d'un voyageur Européen, distingué par son exactitude et son érudition. « Ce peuple, dit » Pallas (2), se nomme lui-même *Mongol;* ainsi les écrivains » Allemands emploient à tort la prononciation Russe, Mungale, » et c'est encore plus incorrectement qu'ils sont nommés *Mogols* » chez les historiens François. » D'après cette autorité, M. Langlès a essayé de remettre ce mot en caractères Tartares, et il l'écrit مغسل (3). Mais ce ne peut être là l'orthographe native, puisque les Mongols n'ont pas dans leur alphabet le ᡤ *ga* ponctué qui est particulier aux Mandchous. Sans avoir jamais vu ce mot dans les ouvrages originaux, je crois qu'on peut l'écrire avec correction مغنلى ou simplement مغنل. C'est de cette manière qu'il est écrit dans le vocabulaire Chinois-ouigour de la bibliothèque du Roi (4); et cette circonstance, rapprochée du témoignage d'*Aboul-ghazi* et de Pallas, me paroît décider sans réplique la question relative à l'orthographe primitive du nom de cette nation célèbre.

Il est bien singulier que nous ne soyons pas beaucoup mieux instruits du sens original et de l'étymologie du nom des Mandchous, qui ne remonte pas au-delà du commencement du XVI.ᵉ siècle, et sur lequel les Mandchous eux-mêmes auroient pu

(1)

(2) « Das Volk nennt sich selbst Mongol, also gebrauchen deutsche Schriftsteller mit Unrecht die ruszische Aussprache Mungalen, und noch übler werden sie bey den französischen Geschichtschreibern *Mogols* genannt. « *Sammlungen historischer Nachrichten uber die Mongolischen Vœlkerschaften.*» Pétersbourg, 1776, in-4.°, t. I, p. 1.

(3) Alphabet Mantchou, 3.ᵉ édit.

(4) Collection de vocabulaires et de pièces écrites en chinois et en différentes langues des pays voisins ; fonds d'Amiot.

nous conserver quelques lumières. *Bentink* (1) le fait dériver du nom d'un empereur *Mansueu-chan*, qui n'a jamais existé ; Martini (2), de la ville de *Muoncheu*, qu'il croyoit située en Tartarie ; mais, par son récit même, on voit que son opinion n'est fondée que sur un mal entendu assez bizarre, et qu'il a pris le nom du peuple pour celui d'une ville. M. Langlès, qui, dans son *Alphabet Mantchou* (3), rejette ces deux étymologies et quelques autres encore plus insoutenables, finit par proposer *pour racines les mots Mahâ tchoud* [grands Tchoud]. « Il ne nous reste malheu-
» reusement, dit-il, aucun monument historique des *Tchoud ;*
» mais l'existence et la demeure de cet ancien peuple sont assez
» connues ; il habitoit la Sibérie et le nord-est de l'Asie, c'est-
» à-dire le pays d'où les Mantchoux sont originaires. Les nom-
» breux outils de cuivre que l'on trouve chaque jour dans les
» mines de ces contrées, attestent encore aujourd'hui les im-
» menses travaux métallurgiques des *Tchoud*, si soigneusement
» observés et décrits par le savant et illustre M. Pallas. Le nom
» de *Djoudjoudi*, que Strahlemberg donne encore à nos Tatars
» orientaux, semble ajouter un nouveau degré de vraisemblance
» à ma conjecture, contre laquelle je ne connois qu'une objec-
» tion assez spécieuse ; je veux parler ici de la lettre *r* que les
» Ouigours, et d'après eux sans doute plusieurs nations de l'Eu-
» rope, ajoutent à la fin du nom dont il s'agit, et qu'ils écrivent
» ainsi *Tchourtchor.* »

Je dirai franchement toutes les raisons qui m'empêchent de pouvoir admettre cette étymologie. En premier lieu, le nom de *Tchôrtchog* qu'on lit dans le vocabulaire Ouigour (et non pas *Tchourtchor*), cité par M. Langlès, est traduit en chinois par celui de *Niutchi*, auquel il répond exactement. C'est le même nom que celui de جورجه donné aux Tartares de la dynastie des *Kin*, par l'auteur Persan de l'ouvrage attribué à *Abdallah Beidawi* (4) ; et ce nom se

(1) Hist. généal. des Tatars, *p. 458*, note.
(2) Atl. Sin. préf. *p. 19*, et de la traduction Françoise, *p. 26*.
(3) *p. 50*.

(4) *Tarikh Khatai*, vertente Andr. Mullero. Ce mot se trouve mal écrit dans cette édition, خورجه à la *p. 11*, et dans la transcription, *Hurge*, aux *pp. 15 et 63* de la traduction.

retrouve aussi dans un vocabulaire Persan-Chinois, de la bibliothèque du Roi (1); d'où l'on peut conclure que c'est effectivement là le nom sous lequel ces Tartares ont été connus des nations qui habitoient à leur occident; mais il n'a certainement rien de commun avec celui des *Mandchous*, ni pour le son, ni pour l'origine. A la vérité, le P. Visdelou semble avoir démontré, par la comparaison des langues (2), que les Mandchous sont sortis de la même famille Tartare à laquelle avoient appartenu les *Niutchi;* mais il n'a point prouvé qu'ils descendissent directement de ceux-ci, moins encore que deux noms si différens dussent être dérivés l'un de l'autre; et c'est une assertion au moins très-hasardée que celle du P. Amiot, qui, dans l'interprétation Latine qu'il a ajoutée au vocabulaire Ouigour-Chinois dont il est question, a rendu le mot Ouigour *Tchôrtchog* et le Chinois *Niu-tchi* par ceux-ci: *Locus in Tartaria, seu nomen antiquum Tartarorum Mantchou* (3). Ainsi l'objection tirée de la lettre *r* du mot *Tchôrtchour* n'auroit aucune force, quand elle n'y auroit pas été mise par erreur, et si l'étymologie proposée de *Maha tchoud* n'étoit pas d'ailleurs absolument inadmissible.

Je ne m'arrêterai pas à faire remarquer le peu d'analogie matérielle qui existe entre le nom de *Mandchou* et les mots *Maha tchoud,* parce que ce n'est pas là, ce me semble, la manière la plus judicieuse d'examiner une étymologie; souvent les documens historiques démontrent que des mots en apparence très-différens, sont pourtant réellement descendus les uns des autres; et la plus grande analogie des sons ne prouve au contraire qu'un effet du hasard, quand il faudroit, pour y voir autre chose, renoncer aux règles générales de la critique, ou faire violence à l'histoire et à la géographie. Ce n'est donc point parce qu'il manqueroit un *d* final au mot *Mandchou*, ou parce qu'il s'y trouveroit une syllabe nasale, qu'il ne peut dériver des mots

---

(1) جورجى *Djourdji*, voc. et suppliques traduits et envoyés par Amiot.
(2) Hist. de la Tartarie, *p.* 257.
(3) Vocab. Chinois-Ouigour, traduit en latin par Amiot, classe des hommes.
On lit en ouigour ܡܐܢܓܘܪ. La ressemblance du *g* final au *r* est ce qui a induit ici M. Langlès en erreur.

Maha

Maha tchoud; mais c'est que les trois mots *Maha*, *Tchoud* et *Mandchou*, appartenant à trois nations que sépare l'étendue entière de l'ancien continent, n'ont jamais pu être rapprochés ou combinés par aucune circonstance historique connue ou même vraisemblable.

Il est démontré par des témoignages dont on n'a aucun motif raisonnable de suspecter la fidélité (1), que ce fut *Aïsin-giyoro*, fondateur de la nation des Mandchous, qui lui donna le nom qu'elle porte encore, et cela cinq générations avant le règne de *Taï-tsou* (2), et dans la ville d'*Odoli* (3), du gouvernement de *Sakhaliyan-oula*, à cent lieues environ des frontières septentrionales de la Corée. On ne peut risquer de s'éloigner beaucoup de la vérité, en plaçant cet événement vers l'année 1520 : or, à cette époque, et dans l'état d'enfance où se trouvoit encore la nation Mandchou, comment imaginer que son chef ait pu aller chercher une épithète dans la langue Samskrite ; car *maha* [grand] est un adjectif de cette langue, qui n'a pas un seul analogue en mandchou. Ce seroit certainement là le seul exemple d'un semblable emprunt fait par ces Tartares aux Hindous, dont ils n'ont adopté qu'un très-petit nombre d'expressions, et à une époque bien connue, ainsi qu'on le verra plus bas ; mais cette invraisemblance n'est rien, comparée à celle de l'emploi du mot *Tchoud*, inconnu à toute l'Asie orientale, et presque ignoré même à l'autre extrémité de ce continent où il a pris naissance.

Nestor (4), Lomonosow (5), et, d'après eux, tous ceux qui

---

(1) *Dchakôn gôsaï toung dchi soutchounga wëilekhe pitkhe;* Livre de l'origine des huit Bannières, en mandchou, cité par M. de Klaproth, dans son Abhandlung &c. *p. 75.*

Je crois que c'est une traduction de cet ouvrage, qui a été publiée à Pétersbourg en 1784, sous le titre de Обстоятельное описание происхожденія и состоянія Манджурскаго народа и осми знаменахъ состоящаго, 16 vol. in-8.º

(2) Taï-tsou monta sur le trône en 1585.

(3) Notes sur l'éloge de Moukden, p. 327. Abhandlung über die sprache, &c. der Uiguren, p. 68. *Mandchou gisoun - ni poulekou pitkhe*, classe de l'homme, I, ord. I, art. 1.

(4) *Lietopis Nestorova*, dans la *Biblioteka Rossiyskaya*, t. I, p. 4-5.

(5) Nouvelle Histoire de la Russie, p. 53 et suiv. C'est par une erreur du traducteur allemand (d'Holbach), ou du traducteur françois (Eidous), que, dans le chapitre consacré aux *Tchoud*, on lit toujours *Eʒudes*.

ont écrit sur l'histoire ancienne de la Russie (1), parlent d'un peuple nommé *Tchoud*, qui y joue même un assez grand rôle; mais leur témoignage unanime fait de ces Tchoud une tribu Finnoise, qui habitoit en Esthonie, sur le rivage méridional du golfe de Finlande, aux environs du lac Peipus, que les Russes appellent encore aujourd'hui *Tchoudskoye-ozero* [le lac des *Tchoud*] (2). D'ailleurs, cette nation, soumise par Yaroslaw-Wolodimirovitch, l'an 6538 (de J. C. 1030) (3), n'a plus reparu depuis cette époque sous le nom qu'elle avoit porté jusqu'alors. Si, comme l'avance Fischer (4), les Russes se servoient anciennement de ce mot pour désigner en général les *étrangers* ou les *barbares*, la discussion seroit inutile, puisque le mot de *Tchoud*, considéré, non plus comme nom de peuple, mais comme expression générique en usage chez une nation Slave, n'auroit pu donner naissance au nom qui nous occupe. Par la même raison, je crois inutile d'examiner l'opinion de ceux qui, s'égarant sur les pas de Lomonosow, et persistant à trouver une étymologie positive de l'expression la plus vague, et probablement la plus insignifiante que les Grecs aient employée, veulent trouver le nom des *Scythes* dans celui des *Tchoud*. De tels rapprochemens, qui ne reposent sur aucun fait, et pour lesquels on n'a nulle donnée, ne doivent pas occuper long-temps ceux qui, dans des recherches de cette nature, ont en vue la vérité historique, et non de vains systèmes. Il suffira de remarquer que, si c'est beaucoup hasarder que de placer des nations de race Finnoise à une époque quelconque sur la rive orientale du Wolga, ou du moins à l'est des monts *Oural*, à plus forte raison n'y doit-on pas porter celle des tribus de cette race qui paroît avoir constamment habité à l'occident de toutes les autres, et jamais, comme le dit M. Langlès, *la Sibirie et le nord-est de l'Asie*,

---

(1) M. Tooke, Hist. de l'Emp. de Russie, t. II, *p. 19, 20, 213*. — Storch, Tabl. hist. et statist. de l'Emp. de Russie, t. 1.ᵉʳ, *p. 98*. — Pallas, Voyages.

(2) Tooke, *p. 214*.

(3) Nestor, livre cité, *p. 101*.

(4) Sibirische Geschichte, t. I, *p. 129*.

d'où les Mandchous sont originaires (1). Si l'on considère à présent qu'à l'époque où la petite tribu des Mandchous auroit pris le titre Hindo-Finnois de *Maha-tchoud,* depuis cinq cents ans au moins il n'étoit plus question des Tchoud, même à Revel leur ancienne patrie ; que vingt nations avoient balayé l'Asie, de l'orient à l'occident, sans que, ni les historiens Chinois, d'une part, ni, de l'autre, les Arabes et les Persans, qui n'ont pas laissé de rassembler et de conserver un grand nombre de documens historiques sur la haute Asie, eussent une seule fois mentionné ces Tchoud, ce peuple dont on voudroit exagérer la puissance et l'antiquité : on voit que les *Tchoud,* séparés des Mandchous par plus de cinq siècles, de cent degrés de longitude et de dix Empires, n'ont jamais pu rien avoir de commun avec eux, et qu'il faut chercher ailleurs l'étymologie du nom des Mandchous.

M. de Klaproth ne va pas si loin pour la trouver ; il la voit dans le sens des caractères Chinois *Man tcheou,* qui servent à en exprimer la prononciation.

« Il fixa son séjour dans la ville d'*Odoli*, dit-il en parlant
» d'*Aïsin-giyoro*, ville située dans la plaine d'*Omokhoï*, à l'orient
» de la longue montagne Blanche. Il donna au territoire de cette
» ville le glorieux titre Chinois de *Mandschou, Man-dcheou* (2),
» qui signifie *un pays très-peuplé* (3). » C'est effectivement là le sens des mots Chinois *Man-tcheou,* qu'on rendroit pourtant encore plus exactement par *Insula plena*. Comme M. de Klaproth s'appuie, en cette occasion, de l'autorité du *Traité des huit Bannières* (4), je ne doute pas que l'étymologie qu'il propose ne soit celle que l'auteur Mandchou de cet ouvrage, homme apparemment bien instruit des antiquités de sa nation, regarde comme

---

(1) Alph. Mantch. *p. 50.* Voy. aussi les notes sur les Rech. Asiat. t. II, *p. 61,* note ᵇ.

(2) 洲滿.

(3) Abdhandl. &c. *p. 68.*

(4) Voy. le titre Mandchou de cet ouvrage, ci-dessus, *p. 17.*

étant la véritable. Je vois pourtant quelques difficultés qui me font balancer à l'admettre. En premier lieu, je ne comprends pas comment *Aïsin-giyoro*, qui n'avoit encore eu aucune relation avec les Chinois, auroit emprunté de la langue de ces derniers le nom qu'il vouloit faire porter à ses sujets. D'un autre côté, des deux caractères *Man, Tcheou*, le premier, qui signifie littéralement *rempli*, me paroît singulièrement choisi pour désigner un pays fertile; et le second, *Tcheou*, qui signifie proprement *une terre elevée sortant du milieu des eaux*, ou une île (1), est une expression encore plus extraordinaire pour une contrée située en terre ferme. Joignez à cela que *Mandchou* est le nom du peuple et non celui du pays, et qu'enfin les Mandchous l'écrivent ᠮᠠᠨᠵᡠ *Mandchou*, et non pas *Mandcheou*, sans qu'on ait connoissance qu'ils aient été portés par aucun motif à faire cette légère altération. D'après ces raisons réunies, je crois que l'interprétation donnée par l'auteur Mandchou que cite M. de Klaproth, n'a été inventée que par des Mandchous établis à la Chine, qui ont voulu trouver un sens aux caractères dont on s'étoit servi pour rendre le son du nom original, et que le véritable sens de ce dernier est et demeurera inconnu.

Quel qu'ait été l'état ancien et le nombre réel des nations de la Tartarie, il n'est pas difficile de se convaincre, avec le secours des écrivains Chinois, et les notions que les Occidentaux ont acquises sur leur compte, que, dans l'état actuel, les Tartares peuvent être rangés sous quatre divisions principales, qui sont comme quatre grandes familles auxquelles ils appartiennent, et qui diffèrent beaucoup entre elles, soit sous le rapport des langues et par conséquent de leur origine, soit sous celui des usages, des caractères ou des religions. Dans ces quatre familles, on ne fait point entrer les Semoyades, les Kamtchadales, et d'autres tribus barbares qui habitent les rivages de la mer Glaciale, et qui ne méritent aucune espèce d'observations. Il faut en ôter

(1) 也土之出高中水.

aussi les nations des races Permienne ou Sibirienne, telles que les Vogoules, les Tcheremis, les Ouchtiaks, et quelques autres qui, dépassant un peu les limites que j'ai assignées aux Tartares, n'ont avec eux que très-peu de rapports historiques.

La première des quatre familles qu'on rencontre en allant d'orient en occident, est la nation dont j'ai parlé plus haut sous le nom de *Tongous*. La plus grande partie de cette nation, presque entièrement sauvage encore, n'a jamais aperçu la civilisation que dans l'horizon lointain de la Chine : le total des individus qui la composent ne s'élève pas à un million. Ils habitent, sans les occuper, les vastes plaines qui se trouvent entre le fleuve Éniseï et la mer d'Okhotsk, c'est-à-dire un espace de plus de cent mille lieues carrées. C'est du sein de ce peuple que sont sortis, selon toute apparence, les *Jouan-jouan*, les *Khi-tan* ou *Liao*, et quelques autres nations qui sont venues s'établir dans les provinces septentrionales et à l'occident de la Chine. C'est encore à lui qu'il faut rapporter l'origine des *Niu-tchi* ou *Kin* détruits par *Tchinggis-khan*, et celle des Mandchous, actuellement maîtres de la Chine. L'identité des langues de ces derniers avec celle des Tongous, démontrée par la comparaison de leurs vocabulaires, est une preuve suffisante de leur communauté d'origine. Tous les Tongous sont attachés au culte des Esprits; un petit nombre de ceux qui sont établis à la Chine sont devenus Bouddhistes. Leur pays est partagé en deux par la ligne qui fixe les frontières des Empires Russe et Chinois.

La seconde famille est celle des Mongols, si connue depuis les immenses conquêtes de Tchinggis-khan. Cette race paroît originaire des pays qui séparent le lac Baïkal des sources de l'Onon. Les peuples Mongols qui subsistent encore aujourd'hui, sont, pour la plupart, soumis à la domination Chinoise : tels sont les *Kalka*, les Olet ou Kalmouks, les Ortos, les Tourgôt et les Dchoun-gar, les Mongols du Tangôt et du Tibet, et quelques autres tribus qui mènent une vie nomade au nord de la grande muraille. Tous les Mongols suivent le culte de Bouddha.

La troisième famille Tartare, encore plus nombreuse que les précédentes, est la race Turke, dont un démembrement, exilé sur les bords de la mer Glaciale, vit dans les déserts qui sont à l'orient de la Lena, pendant qu'une autre de ses tribus occupe encore le trône de Constantin. Il semble que les Turks aient une origine plus occidentale que les Tongous et les Mongols. Le point central d'où sont parties leurs émigrations paroît être situé aux environs du lac Saïsan et du haut Irtich ; c'est là, ou non loin de là, qu'il faut placer la résidence des Ouigours, les premiers de tous les Turks qui se soient élevés à la connoissance de l'alphabet. C'est de là probablement, ou des pays voisins, que sont partis les Turks, qui se sont, à différentes reprises, avancés vers l'occident, qui ont occupé les trônes de la Perse, ébranlé l'Empire des Khalifes, et fondé dans plusieurs parties de l'Asie des dynasties puissantes. Le pays de Touroufan (1), de Kamoul, de Kotcho ou *Ho-tcheou*, une partie du *Chen-si*, ont été peuplés par des Turks. Ils composoient la plus grande masse des armées de *Tchinggis-khan*, puisqu'ils ont laissé de leurs traces partout où ce conquérant ou ses généraux ont porté leurs armes. Enfin Demour ou Timour (Tamerlan) et ses sujets, improprement appelés Mongols, doivent encore être rangés parmi les Turks, ce prince ne se rattachant que par alliance à la famille impériale des Mongols. Tous les Turks actuellement existans, à l'exception des seuls Yakouts, professent le musulmanisme ; mais ceux qui sont le plus à l'orient y mêlent beaucoup de superstitions Indiennes. Les Chinois, auxquels les Turks de Touroufan, de Khamoul et de Kasigar sont soumis, les désignent sous le nom de *Hoeï-tseu*.

Enfin, la quatrième branche des peuples Tartares diffère encore plus des trois autres que celles-ci ne diffèrent entre elles ; ce sont les Tibetains, *Si-fan* ou *Thou-fan* des Chinois, partagés, suivant ceux-ci, en plus de cent tribus distinctes. Les

---

(1) En ouigour moderne, ܛܘܪܦܐܢ. La lettre *f* ne se trouve presque dans aucun autre mot de la langue de ce peuple.

Tibetains n'ont jamais pris une part très-active aux révolutions de l'Asie : mais la religion de Bouddha, dont leur pays est devenu le centre, leur a donné sur les autres Tartares une influence dont les effets sont assez remarquables ; d'ailleurs, la situation du Tibet entre la Chine et la Perse, l'Inde et la Tartarie, ajoute un grand intérêt aux remarques dont il peut devenir l'objet. Tous les Tibetains sont Bouddhistes ; la moitié même est particulièrement livrée au culte des divinités Bouddhiques, et vouée au célibat. Le chef de cette religion siége dans le Tibet, et a toujours été choisi parmi ses naturels. Les Mongols ont long-temps gouverné cette contrée ; mais l'influence que le gouvernement Chinois y exerce à présent, peut passer pour une véritable domination.

Les historiens et géographes Chinois négligent rarement, quand ils parlent d'une nation Tartare, d'indiquer la souche à laquelle elle appartient, si c'est aux *Hioung-nou*, par exemple, c'est-à-dire aux Turks, ou aux *Toung-hou*, c'est-à-dire aux barbares orientaux. On peut donc, avec leur secours, classer d'une manière assez plausible les différentes tribus dont ils ont eu connoissance. D'un autre côté, les recherches des Européens sur les langues des nations Tartares qui font partie de l'Empire Russe, ont donné beaucoup de lumières sur leur origine, leurs rapports et leurs différences. En combinant ces deux sortes de moyens, et faisant usage aussi de quelques documens qui m'ont été fournis par les écrivains Arabes et Persans, ou, pour mieux dire, par les savans qui les ont lus et traduits, j'ai essayé de rédiger un tableau des différentes tribus qui ont habité la Tartarie, en rapportant chacune d'elles à la famille dont elle paroît avoir tiré son origine (1). Ce tableau n'auroit offert qu'une nomenclature aride et fastidieuse, si je m'étois borné à y rassembler les noms de ces tribus, la plupart presque inconnues ; j'ai donc cru devoir indiquer, le plus succinctement qu'il m'a été possible, l'époque et le lieu de leur première apparition, le nom du peuple auquel

---

(1) Voyez l'Appendice, 1.re partie, n.° 1.

elles ont été soumises et incorporées, et l'état actuel de celles qui subsistent encore aujourd'hui. Comme c'est sur-tout aux résultats tirés de l'examen des langues que je me suis attaché dans cet ouvrage, la classification dont il s'agit peut en être considérée comme le résumé, en même temps qu'elle doit servir de base à un autre traité plus important sur l'histoire de ces mêmes nations Tartares. Les sources où j'ai puisé pour chaque article, et que j'ai eu soin de citer, ne m'ont laissé que peu de chose à desirer. J'ai regretté seulement, pour la race Mongole, de ne pouvoir faire usage, sinon par moi-même, au moins avec le secours de mes amis, du précieux ouvrage de Fadlallah Raschideddin. J'ai tâché d'y suppléer avec Aboul-ghazi, Petis de la Croix, Pallas et quelques autres.

Les preuves matérielles des rapprochemens contenus dans le tableau se trouveroient dans les vocabulaires des peuples qui y sont mentionnés ; mais ce genre de démonstration est désormais impossible pour un grand nombre de tribus qui se sont éteintes ou dispersées, ou qui ont été fondues avec d'autres nations plus modernes. Quant aux tribus encore existantes, et sur-tout à celles qui vivent sous la domination des Russes, il eût été aussi déplacé que superflu d'accumuler ici leurs vocabulaires, qui se trouvent déjà dans d'autres ouvrages fort répandus et aisés à consulter (1). Seulement, la grande division des Tartares en quatre familles m'a paru devoir être soutenue de preuves irréfragables, spécialement pour ce qui concerne les Turks et les Mongols, souvent confondus et réunis ensemble, même par des auteurs originaux, comme Aboul-ghazi. J'ai donc choisi, pour chacune des quatre races, une nation principale dont la langue, fixée par l'écriture, pût offrir l'exemple des langues des autres nations de la même race, et servir ainsi d'appui à ma division. C'est de cette manière que j'ai formé un vocabulaire comparatif

---

(1) Voy. Witsen, Noort en oost Tartarye. — Strahlemberg, Nord und œstlicher Theil von Europa und Asia. — Pallas, Linguarum totius orbis vocabularia comparativa, &c.

de deux cent cinq mots, sans y comprendre les noms de nombre, qui se trouvent dans l'appendice de ces Recherches (1).

En le rédigeant, je n'ai pas cru devoir m'attacher exclusivement aux mots qui désignent des objets physiques ou de première nécessité, et j'en ai admis quelques-uns qui expriment des idées morales ou des choses d'une utilité secondaire, pour faire voir que les différences entre les quatre langues rouloient le plus souvent sur les premiers, et que, quand il y avoit de l'analogie, elle avoit principalement lieu pour les derniers. Ces sortes de tableaux, d'ailleurs, ne sauroient être trop étendus, quand il s'agit d'en tirer des conséquences sur les peuples dont on examine les langues. J'ai extrait le mandchou du dictionnaire d'Amiot, ou plutôt du grand dictionnaire original, intitulé *Miroir de la langue Mandchou*, en mandchou et en chinois. Le mongol est tiré, partie d'un vocabulaire que j'ai fait connoître ailleurs (2), partie d'un traité d'astronomie en langue Mongole, qui est le seul ouvrage de cette langue que nous possédions en France (3). C'est la colonne la plus neuve et la plus importante du vocabulaire comparatif; car cet idiome célèbre n'étoit encore connu que par de mauvaises listes de mots données par Witsen, Strahlemberg et Pallas, où les mots sont dépourvus de caractères originaux, et défigurés par des prononciations provinciales ou par des transcriptions fautives. J'aurai par la suite occasion de reparler de ces vocabulaires, en traitant de l'orthographe Mongole ; je remarquerai seulement ici que les mots marqués d'un * sont ceux que j'ai extraits de l'ouvrage astronomique indiqué ci-dessus, et que par conséquent l'écriture en est sûre ; au lieu que les autres, tirés du vocabulaire pentaglotte, y sont écrits en caractères Mandchous, ce qui donne lieu à quelques variantes d'orthographe. Quelques mots qui me manquoient pour compléter cette colonne, m'ont été fournis

---

(1) Voy. l'Append. I.re partie, n.o 2.

(2) Voy. les *Mines de l'Orient*, où j'ai inséré les premières *portes* de ce vocabulaire, qui est par ordre de matières.

(3) Cet ouvrage est à la Bibliothèque du Roi : on en trouvera plusieurs extraits dans la suite de ces Recherches.

par M. de Klaproth, qui a bien voulu les extraire pour moi des dictionnaires qu'il possède. J'ai eu soin de les distinguer par une note particulière.

La colonne Ouigoure auroit offert le premier exemple de cette langue, si M. de Klaproth n'en eût donné un vocabulaire dans sa *Notice sur l'écriture Ouigoure* (1); mais les quatre-vingt-sept mots qu'il en rapporte ont été recueillis par ce savant de la bouche d'un natif de Touroufan, qu'il eut occasion de voir dans le fort de Oust-Kamenogorsk, pendant son voyage en Sibirie. Ceux qui composent ici la partie Ouigoure du vocabulaire, sont extraits d'un ouvrage qui les présente écrits dans les caractères qui leur sont propres, et qui contient, outre une liste de neuf cent quatorze mots, quinze lettres ou suppliques avec une traduction Chinoise très-exacte (2). Malgré ce secours, il m'a été impossible de compléter le nombre de mots que j'avois fixé, même en recourant au turk de Constantinople et au tatar de Kazan, le but que je me proposois ne me permettant pas d'admettre un seul des termes Arabes et Persans qui, dans ces deux dernières langues, ont remplacé beaucoup d'expressions originales.

La partie Tibetaine est assez complète : les mots de cette langue sont pris du vocabulaire *Si-fan* et Chinois, qui se trouve parmi ceux de la collection d'Amiot (3), du vocabulaire pentaglotte cité ci-dessus, et du dictionnaire du P. Dominique de Fano (4). Ce sont là, comme on voit, des sources authentiques qui donnent un certain prix au vocabulaire comparatif, en ne le considérant que comme un échantillon de langues célèbres, mais peu connues. Les règles de transcription que j'ai suivies pour chaque langue se trouveront dans le chapitre qui lui sera consacré dans la suite de ces Recherches, avec quelques remarques additionnelles, que je dois exclure de ces généralités.

Ce n'est pas ici le lieu de réfuter l'opinion de ceux qui ne

(1) Abhandlung &c. p. *18 et suiv.*

(2) Voyez plus bas, des détails sur ces pièces écrites en ouigour.

(3) Cette collection est à la Bibliothèque du Roi.

(4) Il est aussi à la Bibliothèque du Roi : il en sera reparlé dans le chapitre consacré à la langue Tibetaine.

voient dans la nation Chinoise qu'une tribu Mongole avancée vers le midi, et élevée dans l'échelle de la civilisation de quelques degrés au-dessus du peuple auquel elle doit son origine. Une telle opinion, étayée de l'autorité du plus audacieux et du plus superficiel de tous les dissertateurs, n'a jamais pu être embrassée que par ceux qui n'avoient pas plus d'idée de la langue et de l'histoire des Chinois que de celles des Mongols, et qui, par conséquent, n'étoient pas en état de soutenir un pareil système par des faits historiques ou des rapprochemens d'un certain poids. La seule chose qui soit ici de mon sujet, c'est de faire observer que la différence qui se trouve entre la langue Chinoise et celle des Mongols, est infiniment plus grande encore que celle qui existe entre cette dernière, le turk et le mandchou. Le vocabulaire comparatif offre encore la preuve de ceci; et il démontrera à qui voudra l'examiner avec quelque attention, que le chinois ne ressemble pas plus au mongol qu'au françois. Ce que je dis ici des mots, doit s'entendre aussi du génie de la langue et de ses formes grammaticales, ainsi que je le ferai voir par la suite.

J'ai cru devoir placer ici cet exposé pour servir d'introduction et de base aux remarques qui suivront. Il m'a paru indispensable de fixer, au moins d'une manière générale, les rapports et les différences des peuples dont les langues font l'objet de ces Recherches, avant d'entrer dans le détail des particularités que ces mêmes langues m'ont présentées. Je le terminerai par une observation que je crois nécessaire. Presque toutes les tribus modernes qui appartiennent à la troisième race, le reconnoissent elles-mêmes, et prennent le nom de Turks. Il n'en est pas de même des peuples de race Mongole et Tongouse: le nom sous lequel nous les désignons ne s'applique pas chez eux à la totalité des tribus de la même famille. *Mongol* est le nom particulier de la plus célèbre des petites nations de commune origine qui se réunirent les premières sous les ordres de Tchinggis-khan; mais je crois que ce n'est que par extension, et à raison de l'influence que cette petite nation sut prendre sur les tribus voisines, que son nom est devenu commun aux Olet, aux Ortos, aux Naïman et aux autres nations qui parlent la langue Mongole d'une manière plus ou moins pure. Quant au nom des *Tongous*, la plus illustre des nations à qui nous le donnons, la nation Mandchou le méconnoît entièrement, ou ne l'applique qu'à quelques-unes de ses plus foibles tribus. Ce n'est donc que pour abréger, et par les mêmes motifs qui m'ont fait adopter le nom générique de *Tartares*, que j'ai toujours désigné les deux premières branches de ces peuples par la dénomination de nation Tongouse, nation Mongole; et il ne faudroit pas m'accuser de commettre un anachronisme irréfléchi, si je venois à faire usage de la dernière pour des époques antérieures à Tchinggis-khan, et pour des nations collatérales de la tribu Mongole proprement dite. C'est ce qui m'est aussi arrivé dans ce chapitre même, en parlant de la race Turke, que j'ai nommée ainsi, non que je croie que les Turks soient la tige de cette race, ou la plus ancienne de ses tribus; mais parce qu'elle est devenue la plus célèbre, et que c'étoit le moyen d'être à-la-fois plus court et plus intelligible.

CHAPITRE II.

De l'Alphabet Syro - Tartare.

Il est naturel de commencer ces Recherches sur les langues des Tartares, par l'examen d'un objet qui est commun à presque toutes ; je veux parler de l'alphabet usité chez tous les Turks orientaux, chez tous les Mongols et chez les Mandchous. Cet alphabet, que ces derniers ont emprunté des Mongols, et que ceux-ci avoient reçu des Ouigours, est regardé généralement comme ayant été formé d'après l'alphabet Syriaque, et porté dans la Tartarie par les Missionnaires nestoriens. Rien ne paroît plus vraisemblable que cette origine, qui est établie sur l'autorité de tous ceux qui ont approfondi la matière (1) ; et l'opinion inverse, qui consiste à faire dériver le syriaque et tous les autres alphabets qui lui sont intimement liés, de l'alphabet Ouigour, me paroît n'avoir jamais été soutenue sérieusement, mais avancée comme paradoxe, et embrassée momentanément pour sa singularité, et à cause d'un certain éclat dans les idées extraordinaires qui les rend propres à séduire quelquefois les esprits les plus judicieux.

La ressemblance dans la forme et la disposition de quelques signes de l'alphabet Mandchou avec des signes correspondans des alphabets Devanagari et Bengali, a été l'objet de plusieurs rapprochemens spécieux dans la troisième édition de l'*Alphabet Mantchou* (2). Mais comme M. Langlès n'a positivement énoncé aucune des conséquences qu'il tire de cette conformité réelle ou prétendue, et qu'il se réserve de les exposer dans une dissertation

---

(1) Deshauterayes, Encyclop. élém. Dissertat. sur le mandchou. — M. Langlès, Alphabet Mandchou, 2.ᵉ édition, p. *xviij et xix*. — M. de Klaproth, Abhandlung &c. p. *89*.

(2) Pag. *141 et suiv*.

dont il a depuis long-temps promis la publication (1), il faut attendre cette dissertation, qui ne sauroit manquer d'être intéressante et curieuse, pour apprécier les résultats d'une telle comparaison. En attendant, je ne saurois dissimuler que l'analogie remarquée par l'auteur de l'*Alphabet Mantchou*, entre les lettres Samskrites et celles des Ouigours, des Mongols et des Mandchous, ne me paroît pas de beaucoup assez caractérisée pour autoriser cette proposition, même comme hypothétique : *Que des savans tirèrent, d'une manière plus ou moins directe, l'alphabet Oïgour du dévanâgari* (2). Le nombre des traits arrondis et des lignes droites dont se composent les lettres, est assez borné pour qu'il soit toujours facile de rapprocher, par de légères altérations de formes, celles de deux alphabets différens, sans qu'il soit permis d'en tirer aucune conséquence, si l'analogie n'est pas frappante et générale, telle, par exemple, que celle que M. de Klaproth a fait remarquer entre l'ouigour et le sabéen (3). En renversant et en retournant plusieurs lettres Tibetaines, et en modifiant leurs traits, Georgi est parvenu (4) à en rapprocher plusieurs des lettres Samaritaines et Estranghelo, quoiqu'il n'y ait peut-être pas de systèmes d'écriture qui présentent moins de ressemblance. Il faut convenir que c'est moins à des analogies de figures, qu'à une sorte de conformité dans la série des signes alphabétiques que s'est attaché M. Langlès. Cette conformité est plus remarquable, parce qu'il est plus difficile de l'attribuer entièrement au hasard. En l'admettant comme démontrée, je ferai bientôt voir, en parlant de l'alphabet Mongol, comment on peut l'expliquer, sans avoir recours à l'hypothèse que les Ouigours aient emprunté leur alphabet des Hindous.

Ce qui concerne l'écriture Ouigoure a été si bien exposé dans le mémoire déjà cité de M. de Klaproth (5), et les notions que

---

(1) *Alphabet harmonique Sanscrit, Tangut, Mongol, Stranghelo et Mantchou.* M. Langlès annonçoit cet ouvrage comme fait dès 1789. — Bayer a publié quelque chose de semblable dans les tom. III et IV des *Commentaria Academiæ Petropolitanæ.*

(2) M. Langlès, ouvrage cité, *p. 145.*
(3) Abhandlung &c. pl. I, à la *p. 56.*
(4) *Alphabetum Tibetanum*, p. 584.
(5) Abhandlung über die sprache und

l'auteur de cet ouvrage a réunies sur cette matière, en extrayant les passages des écrivains Turks, Persans et Chinois qui ont parlé des Ouigours, sont si positives, si exactes et si bien présentées, qu'il seroit téméraire à moi de prétendre y rien ajouter. Le résultat des recherches de M. de Klaproth est un *Alphabet Ouigour-Mongol complet*, à l'aide duquel il sera désormais assez facile de lire les différens morceaux qu'on pourra trouver en caractères Ouigours. Ce n'est pas un médiocre service rendu à la littérature Tartare; car, quoique l'alphabet Ouigour soit au fond le même que celui des Mandchous, il présente quelques difficultés de plus, par rapport aux formes variées des lettres; ce qui s'observe également chez les autres peuples qui se servent de manuscrits, et qui, comme les Tartares, ne font que rarement usage de livres imprimés.

L'alphabet Mongol, qui a été formé d'après celui des Turks-Ouigours, et qui a donné naissance à celui des Mandchous, tient pour plusieurs points le milieu entre l'un et l'autre, et l'on n'auroit presque pas besoin du témoignage de l'histoire pour être assuré qu'il a été imité du premier et qu'il a servi de base au second. L'adoption de cet alphabet sous Tchinggis-khan étoit un fait connu depuis long-temps; mais M. de Klaproth donne à ce sujet des détails très-curieux et très-circonstanciés, et je ne puis me refuser au plaisir de les lui emprunter, pour faire mieux entendre ce qui me restera à ajouter à ce qu'il en a dit.

« Sous le règne de Tchinggis-khan, dit-il (1), et des trois
» premiers de ses successeurs, *Ogode-khan, Gouïyou-khan* et
» *Monggou-khan*, on n'écrivoit pas en langue Mongole, mais en
» ouigour, c'est-à-dire en tatare (2). Le désordre étoit encore
» trop grand, et des guerres continuelles avoient rendu la nation

---

Schrift der Uiguren, imprimée d'abord dans les Mines de l'Orient, t. II, p. *167*, puis à part, avec des additions considérables, Berlin, 1812, in-8.°, et dans le second volume de son Reise in den Caucasus und nach Georgien, &c. Halle et Berlin, 1814, in-8.°

(1) Ouvrage cité, p. *58 et suiv.* Voyez aussi Pallas, *Samml. histor. Nachrichten ueber die Mongolischen Vælkerschaften*, t. II, p. *356 et suiv.*

(2) L'auteur se sert ordinairement du nom de *Tatar*, pour signifier *Turk*.

» trop sauvage pour qu'on pensât à y introduire l'écriture et les
» sciences. Ce ne fut que sous le fondateur de la dynastie Mon-
» gole-Chinoise *Youan*, nommé *Koubile-tsetsen-khan* (le *Koublaï*
» des Mahométans, et le *Youan-chi-dsou* des historiens Chinois,
» de 1259 à 1294), que les premières bases en furent posées.
» Deux frères de cet empereur, nommés *Goodan* et *Donda*, qui
» commandoient ses armées en Chine, se souvinrent du dessein
» qu'avoit eu leur arrière-grand-père *Tchinggis-khan*, de rendre la
» religion de Boudda dominante parmi ses sujets. Ils résolurent
» donc de députer au Tibet, vers *Saadja-Bandida* (1), petit-fils
» de celui qui avoit été autrefois créé patriarche des Mongols,
» du grand-prêtre *Sotnam-dsimon*. Cette ambassade consistoit en
» un corps de troupes que le prince *Donda* commandoit lui-
» même, et voici le résumé de la lettre courte, mais substan-
» tielle, dont elle étoit chargée : *Grand-prêtre* Saadja-Bandida,
» *pense à ton âge avancé, et à ce que tu peux acquérir de gloire, en
» t'acquittant des devoirs du sacerdoce pour le bonheur des hommes !
» Ton ame n'est-elle point ravie de te voir désiré et attendu par des
» peuples innombrables, prêts, si tu te refuses à leurs vœux, à se livrer
» aux plus grands désordres. Tout t'engage à prendre un parti, et à
» venir près de nous. Décide-toi, d'après ce que les circonstances
» exigent.*

» *Saadja-Bandida*, enchanté de cette proposition, se souvint
» encore d'une prophétie de son aïeul *Sotnam-dsimon* (2), dont il
» lui sembla que l'accomplissement se rapportoit au moment
» actuel, et il se prépara à partir aussitôt pour le pays des Mon-
» gols. Il se mit en chemin avec une suite innombrable de
» prêtres, et arriva heureusement au campement du prince
» *Goodan*, dans le district Chinois de *Liao-dson*, où il fut reçu
» de la manière la plus solennelle. Quelque temps après, il
» combla les desirs ardens du prince, en le créant prêtre de sa

(1) *Bandida* est le titre d'une grande dignité sacerdotale. (*Note de l'auteur.*)

(2) Il avoit prédit qu'après sa mort, un étranger du nord, avec un bonnet de plumes de faucon, et des bottes semblables à la hure d'un sanglier, appelleroit à lui Saadja-Bandida pour répandre la religion. (*Note de l'auteur.*)

» religion,

» religion, ce qui ne contribua pas peu à la répandre. *Saadja-*
» *Bandida* demeura jusqu'à sa mort, pendant sept années, pa-
» triarche des Mongols-Lamistes. L'une de ses institutions les
» plus remarquables fut l'introduction de l'écriture Ouigoure pour
» la langue Mongole; mais il eut la foiblesse de ne pas vouloir
» avouer qu'il eût emprunté sa nouvelle écriture aux Ouigours.
» Il prétendit, au contraire, qu'il l'avoit inventée lui-même, et
» qu'il en avoit lié les lettres l'une au-dessous de l'autre, d'après
» le modèle d'une *taille* (1); mais il mourut avant d'avoir achevé
» son entreprise, et il laissa sa nouvelle écriture incomplète, y
» ayant néanmoins conservé les quatorze consonnes Ouigoures.

» Son successeur à la dignité de grand-prêtre, nommé *Pakba,*
» qui s'étoit concilié la faveur de la première femme de *Khou-*
» *bile-tsetsen-khan,* et qui étoit parvenu à lui faire embrasser
» la religion Lamaïque, malgré la prévention que l'empereur
» avoit d'abord témoignée à ce sujet, reçut bientôt après l'ordre
» de rédiger un alphabet particulier pour la langue Mongole.
» Par vanité, il ne daigna faire aucun usage du travail com-
» mencé par *Saadja-Bandida,* et il rejeta entièrement l'écriture
» Ouigoure; mais il fit un choix parmi les caractères carrés Tibé-
» tains *sob,* et chercha à les accommoder à la langue Mongole:
» mais, malgré les ordres de l'empereur, qui vouloit qu'on les
» employât en toute occasion, on en fit peu d'usage, à cause
» de leur difficulté. »

Ici, l'auteur rapporte le tableau de ces lettres carrées, et fait
remarquer leur identité parfaite avec celles de l'alphabet Tibétain, et leur grande analogie avec le bali de Siam. L'existence
de cet alphabet Tibétain-mongol étoit un fait peu connu (2), et
l'alphabet lui-même ne se trouvoit encore que dans l'ouvrage

---

(1) *Nach dem vorbilde eines kerb-holzes.* Pallas et Bergman parlent d'un outil de tanneur, en fer. Peut-être veut-on désigner ici les *bois entaillés, khe mou,* qui tenaient lieu de l'écriture chez plusieurs nations Tartares. V. *le ch. III.*

(2) Pallas en a, le premier, donné un alphabet dans ses *Sammlungen histo-rischer Nachrichten,* pl. 22. Voyez cependant Deshauterayes, ouvrage cité, p. 550 et 551. On trouvera des détails circonstanciés sur cet alphabet, dans le chapitre de ces Recherches consacré à la langue Tibétaine.

de Pallas. M. de Klaproth a négligé d'indiquer la source où il a puisé tous les détails précédens ; mais il les aura vraisemblablement extraits en partie des mémoires de Pallas, et en partie aussi de quelqu'un des ouvrages traduits du mongol ou du tibetain, dont il possède une collection avec laquelle nulle autre en Europe ne sauroit entrer en comparaison.

M. de Klaproth cite ensuite un passage du *Thoung-kian kang-mou* relatif à cette écriture inventée par *Phaspha*, et il ajoute que les caractères qui la composoient étoient au nombre de plus de mille ; ce qui ne sauroit s'entendre que d'un syllabaire, et qu'ils servoient parfaitement bien à rendre les sons Mongols.

« L'histoire des *Youan*, écrite en mandchou, continue M. de
» Klaproth, nomme le lama *Phaspa* (1), et contient les mêmes
» choses en d'autres termes. Elle ajoute que son écriture consis-
» toit en quarante et un caractères primitifs, avec lesquels on
» formoit des groupes de deux, trois, quatre et cinq lettres. —
» C'est une nouvelle preuve qu'il s'agit ici de l'écriture Tibetaine
» carrée *sob*, introduite par *Phakpa* (2), et accommodée à la
» langue Mongole, laquelle se composoit de vingt-deux con-
» sonnes, de dix voyelles, de huit finales et d'un trait initial, en
» tout quarante-un signes, qui, comme les caractères Tibetains
» d'aujourd'hui, se groupoient ensemble deux à deux, trois à trois,
» quatre à quatre et cinq à cinq. »

« Les relations Mongoles (3) continuent ainsi : Le successeur de *Khoubile-tsetsen-khân*, nommé *Elsete-khan*, chargea *Tsordji-osir*, parent de *Saadja-Bandida*, de traduire en mongol les livres religieux des Tibetains, et lui ordonna de se servir pour cet objet

---

(1) C'est là le véritable nom de cet homme célèbre ; et *Pakpa*, chez Pallas (*Sammlung. historisch.* th. II, p. *357 et alibi*), et dans le passage cité précédemment, en est une corruption. Je trouve ce même nom transcrit ou traduit de différentes manières dans le *Man han si-fan tsi yao* ; savoir : en samskrit, *Bâschpah* ; en tibetain, *r'Langs-pa* ; en mandchou, *Melken* ; en mongol, *Paspa*, et en chinois, *Pa-sse-pa. (Classe des personnages illustres de la sainte écriture.)*

(2) Lisez *Paspa*, et voy. la remarque précédente.

(3) *Die Mongolischen nachrichten*. M. de Klaproth ne dit pas quelles sont ces relations ; mais elles ont bien certainement la même source que celles que rapporte Pallas (ouvr. cité, p. *357 et suivantes*).

de l'écriture carrée inventée par *Phakpa*. *Tsordji-osir* essaya, mais sans succès, d'exécuter cet ordre : cette écriture n'avoit jamais été mise en usage, et tout le monde se servoit de l'ouigoure. Il rechercha donc l'écriture que *Saadja-Bandida* avoit arrangée pour les Mongols, et y fit autant d'additions qu'il fut nécessaire pour qu'elle pût servir à la traduction du grand ouvrage Tibetain *Bangcha-Raktcha;* mais il se vit contraint d'exprimer un grand nombre de mots avec des caractères Tibetains. »

« Le manque d'une écriture mongole complète se fit sentir jusqu'à *Khaïsoun Killik* (le *Djenesek-khan* des écrivains Mahométans, de 1307 à 1311), qui lui-même étoit un homme instruit, et sous la direction duquel *Tsordji-osir* amena les caractères à leur perfection. Il ajouta les voyelles *a, ou, e* et *i*, qui manquoient encore alors, ainsi que les consonnes *cha, sa, dsi* et *pou;* et les syllabes finales *n, p, k, m, l, r, t, i, ou* et *ng*. De cette manière, il y eut un syllabaire étendu et complet, avec lequel on put rendre parfaitement tous les mots Mongols. Il conserva aussi les chiffres Tibetains, qui sont tirés de ceux des Indiens. »

M. de Klaproth finit par quelques observations sur plusieurs lettres de l'alphabet Ouigour, et renvoie pour le reste au tableau qui contient toutes celles dont les Turks et les Mongols se servent pour écrire leurs langues. Il n'entroit point dans son plan d'admettre au nombre des lettres Ouigoures celles qui sont destinées à exprimer des sons étrangers. Je suppléerai à son silence par quelques remarques sur ces signes additionnels.

On a vu que *Saadja-Bandida*, dans son Essai d'alphabet Ouigour appliqué à la langue des Mongols, avoit conservé les quatorze consonnes primitives que les Turks avoient reçues des Nestoriens, et dont *Ahmed-ibn-Arabschah* parle avec une exactitude peu commune (1). *Bâschpah*, son successeur, emprunta pour le sien les formes des lettres Tibetaines, et porta à quarante-un le nombre des signes qui, par leur groupement, formoient jusqu'à mille lettres ou syllabes. *Tsordji-osir*, en étant revenu à l'alphabet

(1) Voyez le *t. V* des Notices et Extraits des Manuscrits, où M. Langlès a mis un *fac-simile* de la table de l'alphabet Ouigour d'Ibn Arabschah.

Ouigour, diminua le nombre des lettres ; et le tableau que M. de Klaproth nous présente comme le résumé du travail de ce lama, n'en offre que vingt-neuf simples, susceptibles des trois formes, initiale, médiale et finale, et de différentes combinaisons entre elles et avec les voyelles.

Depuis cette époque, l'écriture Ouigoure et Mongole n'a pas éprouvé de changemens considérables ; seulement, il semble que le nombre de lettres fixé par *Tsordji-osir* n'a pas paru suffisant aux lamas qui, depuis lui, ont voulu faire passer en langue Mongole les livres Hindous et Tibetains qui traitent de leur religion, ou à ceux des écrivains Tartares qui ont cherché à faciliter à leurs compatriotes la lecture des formules Samskrites qui servent dans leurs cérémonies. Il a fallu, pour cet objet, enrichir l'alphabet Mongol d'un grand nombre de lettres ; car il ne s'agissoit de rien moins que de le rendre propre à exprimer les sons de la langue Samskrite, l'une de celles dont l'alphabet est le plus riche en signes et en nuances délicates. C'est ce qu'on a exécuté, soit en ajoutant aux lettres primitives Ouigoures, des appendices, des traits ou des points diacritiques, soit en empruntant des lettres Tibetaines ou même Devanagari, et en les incorporant, suivant le système particulier à l'écriture Tartare, au milieu de groupes perpendiculaires. On nomme ces lettres additionnelles *galik* (1).

Ces additions que les lamas successeurs de *Tsordji-osir*, ou peut-être ce dernier lui-même, ont faites à l'alphabet Ouigour, ont porté le nombre de ses consonnes à trente-quatre, lesquelles, multipliées par quinze voyelles ou modifications de voyelles, donnent un syllabaire de cinq cent dix groupes simples, et de trois cent soixante-quinze groupes composés, également susceptibles d'être exprimés avec les lettres de l'alphabet Devanagari, du Tibetain ou de celui des Mongols, comme on peut le voir dans le syllabaire des trois langues que Bayer a fait graver dans les Mémoires de l'Académie de Pétersbourg (2), d'après un ori-

(1) Pallas, ouvrage cité, *t. II, p. 362.*
(2) Sous le titre de *Elementa litteraturæ Brahmanicæ, Tangutanæ, Mungalicæ,*

ginal imprimé à la Chine, et rapporté de Sibirie par le docteur Messerschmidt. C'est de ce syllabaire que j'ai extrait les lettres contenues dans la seconde colonne de mon tableau synoptique (3), en rectifiant les formes et corrigeant la prononciation, souvent très-fautive, que Bayer avoit assignées à ces lettres. De leur ensemble résulte cet alphabet Tartare vraiment complet, qui n'est, à proprement parler, ni ouigour, ni mongol, mais qui, grâce aux additions des lamas, est également propre à écrire le turk oriental, le mongol, le tibetain et le samskrit, propriété dont on n'a pas manqué de faire usage, ainsi qu'on le verra par la suite.

Malgré la confiance qu'il seroit en général injuste de refuser aux travaux de Bayer, et quoiqu'il ne soit pas possible de douter de l'authenticité du syllabaire qu'il nous a fait connoître, je me serois bien gardé d'admettre comme étant exactement rendues, les formes des lettres qui le composent, à cause du peu d'habileté et de l'inexactitude connue des graveurs que ce savant employoit. D'un autre côté, les signes de l'alphabet Tibetain, qui par-tout accompagnent les groupes Tartares, me démontroient que la lecture n'en étoit pas toujours correcte, et que, peu exercé à lire le tibetain, Bayer s'étoit, en cette circonstance, totalement mépris sur la valeur de certaines lettres, comme cela lui étoit arrivé, d'après Fourmont, dans la lecture du fameux *volume* gravé dans les *Actes des Savans de Leipsick*. Pour cet objet, le remède étoit à côté du mal; et les lettres Tibetaines sur lesquelles il pouvoit y avoir matière à quelques erreurs du temps de Bayer, ont été pour moi un moyen assuré de les éviter, en faisant usage, non de l'alphabet aussi volumineux qu'inexact du P. Georgi, mais de l'excellente méthode de lecture du P. Dominique de Fano, placée à la tête du Vocabulaire Tibetain manuscrit de ce missionnaire, dont il existe une copie à la bibliothèque du Roi, et publiée par Deshauterayes dans sa Dissertation sur

---

t. III, p. 389 et suiv., et t. IV, p. 290 et suiv., avec 19 planches.
(1) Voyez la planche, colonne 2.

les langues (1). Un autre moyen de rectification plus sûr encore, et dont je n'ai pas manqué de profiter, étoit la concordance aisée à établir entre l'ordre du triple syllabaire de Bayer, et celui des alphabets Bengali et Devanagari qu'on trouve dans différens ouvrages (2); avec leur secours et celui de M. le professeur Chezy, j'ai pu me former, pour les groupes Devanagari, des règles de transcription qui m'ont en même temps donné, d'une manière aussi certaine que rigoureuse, la lecture des groupes Tartares et Tibetains qui leur correspondent. Quant aux formes des lettres, plusieurs morceaux originaux, tant manuscrits qu'imprimés, que j'ai été à portée d'étudier, m'ont mis en état de les corriger : je les donne ici imitées de ces originaux le plus fidèlement qu'il m'a été possible.

Les signes additionnels dont je viens de parler n'ont point passé dans l'usage ordinaire, et le plus grand nombre n'a été employé que pour l'expression des sons Hindous. Quelques lettres même, inventées pour cet objet, se trouvent remplacées, dans les mots que la religion a répandus, par des lettres du même organe appartenant à l'alphabet Ouigour primitif. C'est ainsi que le *h* doux du mot samskrit *Maha* se trouve quelquefois changé en *kh*, comme dans le nom de ﻣﺨﺴﺎﺗﻮ *Makhasatou* (en samskrit *Mahâsatoua*, l'un des titres de *Bodhisatoua* ou *Phou-sa*) (3), tandis que le même mot Samskrit a conservé son orthographe primitive dans ﻣﻬﺎ ﺷﻮﺍﺭﻱ ﺟﻴﻦ ﺍﻭﺭﻭﻥ *Mahâ chouari-djin ouroun* (en samskrit *Mahâchouarivasamra*, le grand Esprit qui subsiste par lui-même, nom d'une divinité Bouddhique) (4). Néanmoins, beaucoup de termes techniques ou métaphysiques que les Mongols ont empruntés aux Hindous et aux Tibetains, s'écrivent encore avec ces lettres supplémentaires. Les Olet même en ont retenu quelques-unes, et sur-tout des voyelles,

---

(1) Bibliothèque des Artistes, t. *II*, part. *II*, p. *584 et suiv.*

(2) Entre autres, dans la préface du Code des lois des Gentoux, p. *xviij*, et pl. *1 et 2.* — Recherches asiatiques, t. *I*, p. *xlvj et suiv.*, &c.

(3) *Man, han, si-fan tsi yao*, classe de *Phou-sa*.

(4) *Idem*, classe des neuf esprits de la quatrième *extase*.

pour écrire leur langue, qui est un dialecte de celle des Mongols. On s'en apercevra en examinant l'alphabet que j'ai extrait du syllabaire Kalmouk rapporté par B. Bergmann (1). Les lettres *u*, *g* et *p* (n.ᵒˢ 7, 12 et 28) de l'alphabet Ouigour de M. de Klaproth, me semblent également du nombre de celles dont les Tartares se sont enrichis par leur commerce avec les Hindous.

Par tout ce que j'ai dit, on voit qu'il ne seroit pas étonnant que l'alphabet Mandchou, construit sur le modèle des alphabets Mongols, qui eux-mêmes avoient été calqués sur des syllabaires Devanagari, eût conservé quelque chose de ces derniers, et qu'en particulier l'ordre suivant lequel les lettres sont arrangées peut en avoir été pris. On peut ainsi expliquer cette ressemblance, sans avoir recours à la supposition *que les Ouigours ont pris leurs lettres des Hindous* (2), ou à l'hypothèse encore plus insoutenable que ces mêmes Ouigours, ou toute autre nation Tartare, aient été le peuple primitif qui donna la connoissance des lettres et les élémens des sciences, non-seulement aux Hindous, mais encore aux Syriens, aux Persans, aux Arabes et à tous les peuples qui emploient un alphabet dérivé des leurs. Les lettres Ouigoures primitives, qui font la base des alphabets Mongol et Mantchou, ont une ressemblance incontestable avec l'estranghelo dont elles ont été tirées; mais elles n'en ont aucune avec les lettres Devanagari, Bengali ou Tibetaines. Les signes ajoutés depuis à ces lettres primitives ressemblent, soit dans leur forme, soit dans leur disposition, aux lettres correspondantes des alphabets Indiens; mais ils ne présentent aucune analogie avec le syriaque, l'estranghelo, le coufique, &c. Cette distinction lève toutes les difficultés qu'on a voulu faire naître sur l'origine de ces différens systèmes d'écriture, et des peuples qui s'en servent, et ferme la porte aux conjectures hasardées dont elle a été l'objet. C'étoit pour en venir à ce résultat, qui me semble d'une assez grande importance, que je me suis étendu sur ce sujet aride. Je compléterois ce que

---

(1) Nomadische streifereien unter den Kalmüken, *t. I, pl. 10 et suiv.*
(2) Alphabet mantchou, 3.ᵉ édit. *p. 145.*

j'ai dit des lettres Mongoles, en donnant quelques détails sur plusieurs d'entre elles, si le tableau synoptique que j'en ai rédigé n'y suppléoit jusqu'à un certain point, et si les textes Mongols qu'on trouvera dans l'Appendice, et que j'expliquerai plus bas, ne me dispensoient d'entrer, pour le moment, dans des discussions orthographiques. J'aurai occasion de revenir sur les particularités que présente l'écriture Tartare appliquée à l'ouigour, au mongol et au mandchou.

En attendant, on trouvera dans mon tableau comparatif des différens alphabets Tartares, toutes les additions que les Lamas ont faites à l'ouigour pour rendre les sons Samskrits et Tibetains; et ce tableau, à la composition duquel j'ai mis tous mes soins, présentera, j'espère, l'entière confirmation de tout ce que je viens de dire. La première colonne, qui ne contient que seize lettres, offre l'alphabet Ouigour primitif, tel à-peu-près que les Ouigours ont dû l'emprunter des Nestoriens. C'est, à deux lettres de différence, celui que *Ahmed-ibn-Arabschah* dit avoir été en usage chez les Djaghatéens. J'y ai joint les lettres correspondantes de l'alphabet Syriaque, dont j'ai tâché de représenter exactement les formes. J'ai seulement eu soin, pour rendre la ressemblance plus frappante, de leur donner la direction perpendiculaire. J'ai pris aussi, de préférence, les lettres *olaph* et *schin* dans un alphabet Nestorien donné par Deshauterayes, et les lettres *wau* et *tsode* d'après l'alphabet Stranghelo que le même savant a publié (1), et dont il avoit pris les modèles sur les belles inscriptions Syriaques du monument de *Si-'an-fou*. Il est assez probable que l'identité des formes entre les lettres Ouigoures et Syriaques seroit encore plus incontestable, si nous avions des livres Nestoriens très-anciennement écrits; mais, telle qu'elle est, elle ne peut, à mon avis, laisser aucun doute sur la descendance de ces deux alphabets, ni même sur le choix de celui des deux qui a servi de modèle à l'autre.

La seconde colonne, que j'ai simplement intitulée *Alphabets*

(1) Ouvrage cité, *p. 360*, planche.

Tartares, comprend trente-cinq signes, ayant, pour la plupart, les trois formes, initiale, médiale et finale. J'ai pris modèle pour ces lettres sur une feuille de la bibliothèque d'Ablaï-kit, dont je ferai connoître le contenu par la suite. Les lettres marquées d'un * sont celles que les lamas ont adoptées pour rendre les sons Hindous. Quelques-unes ne sont que des modifications de lettres analogues de l'alphabet Syro-ouigour, distinguées par des traits diacritiques, comme les n.os 12, 15, 19, 28, 29, 30 et 31: d'autres sont des variantes de formes de ces mêmes lettres, déterminées, par convention, à rendre des nuances de sons; tels sont les n.os 20, 21 et 22, qui, dans les manuscrits Tartares ordinaires, expriment presque indifféremment le son du *t* ou du *d*. Enfin, les n.os 9, 13, 23, 24 et 35, sont des lettres Tibetaines ou Devanagari, légèrement altérées et accommodées à l'écriture Tartare.

La troisième colonne, moins remplie que la précédente, manque de plusieurs des signes que celle-ci contient, et ne présente que vingt-trois lettres, prises, quant à la forme, sur l'ouvrage Mongol imprimé que nous possédons à la bibliothèque du Roi.

La quatrième est l'alphabet Olet ou Kalmouk; je l'ai extrait par l'analyse des syllabaires Kalmouks publiés par Witsen (1) et Benjamin Bergmann (2).

La cinquième offre l'alphabet Mandchou, qui étoit trop connu pour que je le donnasse en son entier. Je n'ai mis ici que les lettres qui peuvent se comparer avec celles des alphabets précédens, et je n'ai présenté que leurs formes isolées.

La sixième contient les signes des alphabets Syriaque et Devanagari, d'après lesquels ont été formés ceux de la seconde colonne. J'ai placé là ces signes pour rendre sensible et synoptique ce que j'ai dit plus haut sur l'origine mélangée des lettres Tartares.

---

(1) Noort en oost Tartarye, 1.re édit. p. *131*, planche.
(2) Nomadische streifereien unter den Kalmüken, *t. I, pl. 10 et suiv.*

La septième présente les lettres Tibetaines qui correspondent aux trente-sept signes de l'alphabet Tartare complet. Elles ne sont pas tout-à-fait semblables à celles de l'alphabet de Georgi, ni même à celles du P. Dominique de Fano, gravées par Deshauterayes. Le chapitre où j'examinerai le système d'écriture des Tibetains, fera connoître la raison de cette différence.

Enfin, j'ai rejeté dans la huitième la valeur de toutes ces lettres, déduite par comparaison du syllabaire de Messerschmidt, et d'un très-grand nombre de mots Samskrits, écrits, soit en lettres Tartares, dans la Feuille d'Ablaï-kit et ailleurs, soit en lettres tibetaines, dans le dictionnaire pentaglotte intitulé *Man, han, si-fan tsi yao*. Avec les précautions que j'ai prises pour avoir cette valeur d'une manière rigoureuse, je ne crains pas d'avancer que si je n'ai pas entièrement évité toutes les erreurs, je n'en ai pas du moins admis de pareilles à celles de Bayer, qui a pris la lettre *n* (n.º 9) pour un *ts* (1), et qui a confondu ensemble et pris les uns pour les autres les quatre *t*, les quatre *tch*, &c., ni à celles de Georgi, qui, comme je le ferai voir plus bas, n'entendoit rien à l'écriture Tibetaine, et a commis, en en parlant, un grand nombre de fautes inexcusables.

Il pourroit y avoir sujet à discussion sur la valeur du ᚕ que j'ai rendu par *kh*, et que Pallas et M. de Klaproth expriment par *g*, tandis que je donne au ᚕ ponctué le son de *k*, et que les mêmes savans en font un *kh* (ch). Cette distinction est trop minutieuse pour que je m'y arrête long-temps : qu'il me suffise de citer en preuve de la transcription que j'ai adoptée, les mots suivans extraits d'un livre Mongol dont l'orthographe est sûre : *khakan*, prince ; *khan*, roi ; *khan*, du chinois *han* (2), nom d'une dynastie ; *kho djoung*, transcription des mots Chinois *ho tchoung* (3), le milieu du fleuve. Il me semble qu'il y auroit eu peu d'exactitude à transcrire ces mots, *Kakhan, Kan, Ko-djoung*.

(1) Comm. Acad. Petrop. *t. III, p. 19.*

(2) 漢。　　　(3) 中河。

Avant de quitter cette matière, je ne dois pas passer sous silence une observation qui me paroît être de nature à jeter un nouveau jour sur les considérations précédentes. On sait que les lettres *olaph, he, wau, youd* et *ae*, dans l'alphabet Syriaque, comme dans l'hébreu et le samaritain, sont moins des voyelles proprement dites, que des signes d'aspiration, d'anhélation ou d'articulation, qui tiennent une sorte de milieu entre les consonnes et les voyelles, et que les véritables marques de ces dernières, dans les alphabets en question et dans ceux qui en sont dérivés, consistent dans une ponctuation dont le mode varie, mais qui paroît avoir été adoptée postérieurement à l'invention de l'alphabet lui-même. On sait encore que les Syriens ont une double série de points-voyelles: l'une ancienne, attribuée à S. Éphræm, et remontant au IV.ᵉ siècle de l'ère chrétienne; l'autre, plus récente, inventée par Théophile d'Édesse, vers le milieu du VIII.ᵉ siècle (1). Ces deux séries ne diffèrent guère que par la forme des points; elles sont également composées des cinq voyelles *a, e, i, o, ou,* rangées dans cet ordre même, qui démontreroit qu'elles ont été empruntées de l'alphabet Grec, quand bien même la forme de celles de la plus moderne ne représenteroit pas encore avec exactitude les voyelles grecques α, ε, η, ο, υ. Or, l'ordre des voyelles chez les Mongols et chez les Mandchous est encore précisément le même, c'est-à-dire que, dans les alphabets simples et dans les syllabaires, les voyelles se trouvent toujours disposées suivant l'usage Grec, disposition qui ne découle pas assez évidemment de la nature des choses, pour qu'on puisse l'attribuer à une autre cause qu'à la communication des peuples qui l'admettent. Cet ordre des cinq voyelles *a, e, i, o, ou,* est d'ailleurs entièrement différent de celui que suivent les Hindous (2); et comme les Syriens ne l'avoient point dans leur alphabet primitif, et qu'ils l'ont reçu des Grecs dans des temps postérieurs à l'invention de cet alphabet, et à une

---

(1) Abrah. Eccheli. Catal. Hebediesu, p. *179—180.*

(2) *Voy.* Alph. Indic. du P. Paulin;

Rom. 1791. — Code des lois des Gentoux, préf. p. *xviij,* pl. *1,* &c.

époque historiquement connue, il en résulte évidemment, et l'on peut considérer comme démontré par cela seul, que les Ouigours ont emprunté d'eux leur alphabet, et cela postérieurement à l'introduction des réformes alphabétiques amenées dans l'écriture des Syriens par leur commerce avec les Grecs, c'està-dire au plutôt vers l'an 760, où l'on peut supposer que Théophile d'Édesse avoit fait sa traduction d'Homère, qui lui donna lieu d'adopter les voyelles Grecques-syriaques. Ce savant Syrien mourut l'an 784 (1).

Les Mendaïtes ou Chrétiens de Saint-Jean ont, suivant Bayer (2), une écriture où les voyelles se placent comme les consonnes dans les mots mêmes, et non pas, comme dans le syriaque ordinaire, en forme de points, au-dessus ou au-dessous des lettres. De plus, M. de Klaproth a fait voir (3), par un tableau comparatif, une ressemblance frappante entre les consonnes groupées avec les voyelles *i* et *o* chez les Ouigours, et les mêmes lettres chez les Sabéens. Il n'est pas aisé de déterminer à quoi tient cette analogie particulière des écritures Tartare et Sabéenne, puisque ce ne sont pas les Mendaïtes, mais les Nestoriens, qui, suivant l'opinion commune, ont voyagé dans l'intérieur de la haute Asie, et qui ont pu y porter la connoissance des lettres, avec les livres de la religion; mais cela peut tenir à des changemens survenus dans l'écriture Syriaque, dont nous n'avons pas une histoire exacte.

Quoi qu'il en soit, en admettant comme démontrée l'authenticité de l'inscription de *Si-'an-fou*, qui contient un grand nombre de noms Syriens écrits en caractères ronds ou stranghelo, on peut croire que, vers le milieu du VIII.ᵉ siècle de l'ère vulgaire, la connoissance de cette écriture avoit été portée jusqu'à la Chine, et que, par conséquent, elle avoit pu être adoptée par les Tartares, avec quelques modifications nécessitées par la nature de

---

(1) Bar-Hæbr. Chron. p. *134*.
(2) Act. erud. Lips., 1731, jul.
(3) *Voy.* le tableau annexé à la p. 96 de son *Abhandlung, &c.* et le *chapitre IV* de ces Recherches.

leur langue. L'histoire Chinoise ne fournit aucun renseignement sur cette matière.

Ma-touan-lin, le plus savant des lettrés Chinois, dit seulement, en parlant des Ouigours sous le nom de *Tchhe-sse* : « Les insignes des grands officiers sont chez eux conformes à » l'usage des Barbares. Les vêtemens des femmes et leur coiffure » ont un peu d'analogie avec ceux des femmes de la Chine. Leurs » armes sont l'arc, les flèches, le sabre, le bouclier, la cuirasse » et la lance. Leurs caractères ressemblent aussi à ceux de la » Chine ; *mais on se sert encore des caractères des Barbares*. Ils ont » le *Chi-king*, le *Lun-iu*, le *Hiao-king*, les poëtes et les historiens des » dynasties. Les jeunes gens et les fils des magistrats s'instruisent » dans des écoles ; et non-seulement ils apprennent à lire, mais ils » composent des pièces de vers et des poëmes (1). » Ce passage, tiré d'un livre qui n'a été composé que sous les *Soung*, ne nous instruit pas de l'époque où ces *lettres des Barbares*, *Hou chou*, ont été introduites chez les Tchhe-sse. Cependant, par la suite du récit de *Ma-touan-lin*, on peut juger qu'il entend appliquer cette description au temps de *Hiao-wen* des 'Weï, c'est-à-dire, à la fin du v.ᵉ siècle de l'ère chrétienne. Cette opinion peut tirer quelque force d'un passage du Dictionnaire de *Khang-hi*, qui semble avoir rapport à la même écriture (2) : « Sous les *Han*, y est-il dit, » *Hiu-chi* composa son célèbre ouvrage intitulé *Choue-wen* ; dans » ce livre il s'appliqua principalement à expliquer le sens des » caractères, et n'attacha que peu d'importance à leur prononciation ; c'est pourquoi l'on a coutume de dire : *Les lettrés de la* » dynastie Han *savoient les caractères, mais ils ne savoient pas les* » *distinguer en radicaux et en dérivés ; les lettrés de la rive gauche* » du Kiang (3) *savoient marquer les quatre tons, mais ils n'ont*

(1) *Wen-hian-thoung-khao*, k. 336, p. *14*. Tout ce passage, ce qui suit et ce qui précède, a été fort mal entendu, entièrement tronqué et dénaturé par Visdelou, Hist. de la Tart. *p. 274-275*. Voy. l'App. 2.ᵉ partie, n.º *8*.

(2) *Khang-hi tseu tian*, préface, *p. 2-3*.

Appendice, 2.ᵉ part. n.º *9*.

(3) De la dynastie des 'Weï dans le v.ᵉ siècle. On les appelle ainsi, parce que les 'Weï possédèrent les provinces qui sont au nord, ou sur la rive gauche du grand fleuve *Kiang*.

« *pas connu les sept voyelles*. En effet, les sept voyelles sont une
» invention qui a été apportée des pays situés à l'occident. » Ce
passage assez important, comme on voit, pour l'histoire de la
langue Chinoise, ne jette aucune lumière sur l'introduction de
l'alphabet Syriaque chez les Ouigours : ainsi, quoique le fait soit
au fond certain et incontestable, il reste néanmoins, quant à
ses circonstances et à son époque précise, une obscurité que de
nouveaux matériaux peuvent seuls lever entièrement.

La question que je viens d'examiner se rattache à une autre
également importante pour la littérature des peuples de la haute
Asie, et qui, si elle étoit parfaitement résolue, ajouteroit un
nouveau degré de certitude à l'origine Syriaque de l'alphabet Ouigour : je veux parler de la direction perpendiculaire qui forme
le trait caractéristique le plus saillant des différentes écritures
Tartares. Cette direction leur est-elle inhérente, et date-t-elle du
temps même de l'introduction de l'alphabet chez les Turks-
Ouigours ? ou bien a-t-elle été adoptée à une époque plus récente, et seulement par l'effet de quelque circonstance particulière ? Voilà un point sur lequel il me paroît difficile de rien
prononcer, mais qu'il sera bon pourtant d'examiner ici, en
rassemblant les autorités que chacune de ces hypothèses peut
réclamer en sa faveur.

L'opinion commune, celle qu'ont adoptée, presque sans exception, ceux qui ont traité de l'écriture Tartare, est que la
direction perpendiculaire lui est essentielle, et que les Ouigours
ont reçu des Syriens cette manière d'écrire qui leur étoit particulière. « Les Tartares, dit Rubruquis (1), ont pris leurs (des
» Ouigours) lettres et leur alphabet ; ils commencent leur écri-
» ture par en haut, qui, comme une ligne, va finir en bas, qu'ils
» lisent de même façon, et multiplient ainsi leurs lignes du côté
» gauche au droit. » Il ajoute plus bas, « que les Jugures écri-
» vent de haut en bas (2). » Ascelin, Plancarpin, Marc-Pol,
Hayton, gardent le silence sur cet objet. Bayer, dans un mé-

---

(1) *Chap.* 27.   (2) *Chap.* 39.

moire assez insignifiant sur la littérature Mandchou (1), s'exprime de la manière suivante : « On a retenu dans les langues
» Mandjour, Moungale et Calmouque, l'usage de tracer les lignes
» des lettres du haut de la page en bas, à la manière de l'écri-
» ture Syriaque. Un scholiaste de Denys le Thrace et Eustathe de
» Thessalonique ont appelé cette manière d'écrire χαμαιφόρον,
» et je me sers volontiers de cette expression, qui me paroît
» très-convenable. C'est donc ainsi, dis-je, que les Chinois écri-
» vent, mais avec une différence ; car les Chinois commencent
» leurs lignes à la droite, et les Mandjours, comme les Syriens,
» à la gauche; et lorsque ces peuples lisent leurs pages, ils ont
» quelquefois coutume, encore à la manière des Syriens, de les
» retourner pour lire de droite à gauche ce qu'ils avoient écrit
» χαμαιφόρως : ainsi, la manière d'écrire Chinoise est plus pro-
» prement κιονηδὸν, pour me servir d'un autre terme du scho-
» liaste de Denys. Je sais qu'il y aura beaucoup de personnes
» qui s'étonneront de ce que je dis ici des Syriens ; mais je n'a-
» vance que des choses véritables et certaines, et je desire qu'on
» y ajoute foi, car ce n'est pas ici le lieu d'en traiter d'une ma-
» nière expresse. » Et ailleurs il ajoute (2) : « Les Mongales n'ont
» donc pas reçu leurs lignes χαμαιφόρȣς des Chinois, mais
» des Syriens; et les Chinois commencent ces lignes χαμαιφόρȣς
» à droite, tandis que les Mongales, ainsi que les Syriens, les
» commencent à gauche. »

J'ai voulu rapporter ici ces passages auxquels le nom de leur auteur donne un assez grand poids, et qui contiennent la substance de tout ce qu'on a dit depuis sur le même sujet : du reste, je ne sais si le ton magistral que prend Bayer à la fin du premier, en a imposé à ceux qui l'ont suivi ; mais ces derniers n'ont fait que répéter ces assertions sans les discuter, et sans examiner même les passages des auteurs dont il invoque le témoignage. Deshauterayes lui-même paroît avoir déféré à l'autorité de

---

(1) De litteratura Mangiurica. — Comment. Acad. Petrop. t. *VI, p. 330.*
(2) Act. erud. Lips. 1731, jul., *p. 313.*

Bayer (1); et M. Langlès, qui, dans son *Alphabet Mantchou* (2), semble avoir adopté la même opinion, n'a mis au bas des pages où il en parle, que l'indication des auteurs cités par Bayer.

Quoi qu'il en soit, on voit que la question sur la perpendicularité de l'écriture Tartare dépend entièrement d'une autre question sur la même direction attribuée par quelques-uns à l'écriture Syrienne. Je puis encore moins prononcer sur cette dernière que sur l'autre; et ce ne sera qu'après avoir rassemblé les passages qui y ont rapport, que je hasarderai quelques observations sur un fait qui me paroît bien loin d'être démontré.

Le premier auteur qui ait assigné la direction verticale au syriaque, est, je crois, *Theseus Ambrosius*, dans son *Introduction à la langue Chaldaïque* (3). Il adresse à ses lecteurs l'exhortation suivante, écrite dans le style le plus bizarre : « D'abord entré
» du pied droit ou du pied gauche, semblable à un autre Astéropée
» d'Homère, et devenu *amphidexios,* c'est-à-dire ambidextre,
» et saisissant une plume ou un roseau du Nil, écrivez en conduisant
» vos lettres vers la droite, vers la gauche, ou même *du*
» *ciel vers l'estomac,* ou de haut en bas ; et pareil au caméléon
» qui s'attache aux couleurs, montrez-vous ainsi digne d'être le
» compatriote des maîtres et des grammairiens Chaldéens, Hébreux,
» Perses, Carthaginois ou Arabes, Grecs ou Romains, et
» Indiens, et des autres nations qui écrivent de gauche à droite,
» à mesure que chacun d'eux l'exigera (4). »

Ce qu'il dit plus bas est plus positif : « Les Chaldéens, quoique
» lisant leurs lettres de gauche à droite (de droite à gauche)
» comme les Hébreux, les Samaritains, les Arabes et les Carthaginois,
» ne suivent pourtant pas le même mode en écrivant;
» c'est-à-dire, qu'ils ne conduisent pas leur roseau de gauche à
» droite, mais qu'ils tracent leurs lettres *du ciel vers l'estomac,*
» comme quelqu'un l'a dit à ce sujet :

E cælo ad stomachum relegit Chaldæa lituras.

(1) Ouvr. cité.
(2) 1.re édit. p. *10*; 2.e édit. p. xviij.
(3) *Introductio in Chaldaicam linguam,* Syriacam, atque Armenicam et decem alias linguas; 1539, in-4.°
(4) Livre cité, p. *28*, a.

» Je

» Je pense que c'est cette manière d'écrire que Festus Pompeïus
» appelle τὸ ἔποχον, c'est-à-dire, *tombant dessus ou appuyé dessus,
» de haut en bas*, comme on écrit à présent vers la droite. Effecti-
» vement, les lettres ont l'air de tomber ou d'être assises les unes
» sur les autres, en se soutenant réciproquement, quand on les
» considère dans l'ordre de l'alphabet ou dans le texte d'un dis-
» cours....; et pour que les lecteurs conçoivent mieux ce genre
» d'écriture, on place ici la prophétie d'Isaïe, du chap. 45, écrite
» de la manière que les écrivains Chaldéens ont coutume de la
» tracer. »

nbio disaia tesbuhtho Men
Prophetæ Isaiæ cantico Lx

Igel men smayo ethhasmou
desuper cœli stillabunt vel rorate

terhphuthath zadikoutho nersen wagnone
aperietur justitiam pluant et niubes

phurkono wenesge argo
Salvatorem et germinabit terra

teswakhi, wzadikutho
orietur. et justitia

Je m'abstiendrai, pour le moment, de toute réflexion sur ce passage intéressant, et je rapporterai de suite les morceaux du même genre que je trouve dans d'autres auteurs, et qui me paroissent n'être, pour la plupart, qu'une transcription plus ou moins exacte de celui-ci.

André Thevet parle ainsi de l'écriture Syrienne (1) : « Fault
» noter, dit-il, que les Grecs et Arméniens observent la façon
» d'escrire des Latins, là où toutes les autres nations, telles
» qu'elles soient, comme Arabes, Turcs, Persiens, Scythes,

(1) Cosmographie universelle; Paris, 1575, in-fol., liv. XVIII, ch. 14, t. II, p. 813, a.

G.

» Mores, Nestoriens et Chaldéens, commencent à former leurs
» lettres au lieu où nous finissons nos lignes, imitant les Hébreux,
» hormis quelques Syriens qui se tiennent vers la Mésopotamie,
» lesquels ont une autre façon d'escrire, commençant au hault et
» finissant au bas, n'ayant leurs lignes de longueur plus qu'un
» mot en peult emporter. Ce qu'ils ont apprins, comme j'estime
» des Giapanois Indiens, qui disent avoir eu les premiers l'usage
» des lettres Indiennes. Et dict ce pauvre peuple que leur façon
» d'escrire est plus ancienne que toutes les autres qu'on leur
» pourroit alléguer, et que ceux qui font au contraire d'eux,
» sont sans jugement aucun. Leur raison est sçavoir, que tout
» ainsi que l'homme va la tête haulte eslevée, les pieds en bas,
» aussi fault-il tirer son escriture de hault en bas, laquelle ma-
» nière de faire ont apprins d'eux les peuples des royaumes de
» Diapes, Narpes et Cyaldes, qui ont esté les premiers envoyez
» pour habiter et peupler le royaume de Cambalu, qui lors estoit
» desert et sans habitation. »

Duret reproduit en ces termes l'assertion de Theseus Ambrosius : « Cette langue Syriaque s'escrivoit du temps de N. S.
» Jésus-Christ, en caractères Hébrieux, ainsi et comme la langue
» Chaldaïque ; mais depuis, elle a eu les siens à part à elle
» propres et particuliers, lesquels, combien qu'ils se lisent de
» droict à gauche, comme ceux des Hébrieux, Samaritains,
» Chaldéens et Arabes, toutesfois ne sont escrits par les Syriens
» de droict à gauche, comme ceux desdits Hébrieux, Samari-
» tains, Chaldéens et Arabes ; mais du haut en bas vers l'es-
» tomach, ainsi que le dénote ce vers latin,

E cælo, &c.

» Ce qui semble avoir meu Festus Pompeïus d'appeler cette
» sorte d'escriture τὸ ἔποχον, *deorsum versus, sicuti nunc dex-*
» *trorsum versus, quasi scilicet supercadens et incidens; cadere enim*
» *videntur litteræ, et super litteras sedere, atque una alteram dorso*
» *vehere, dum in ordine alphabeti vel dictionis componendæ appli-*

SUR LES LANGUES TARTARES.

» *cantur, ut non injuria ab opifice illo e cœlo dimissæ credantur* (1). »

Éric d'Eisenac, expliquant le passage de Festus, réfute Vossius, qui veut voir une faute dans le mot de *tæpocon* : « Ce mot, » dit-il, me paroît une de ces expressions figurées assez fami- » lières aux grammairiens, et signifioit καταβάδην, *en descen-* » *dant*. Cette manière d'écrire est encore en usage, sur-tout chez » les Syriens et les Chinois (2). «-Vossius, dans le passage cité par Éric, ne s'appuie que de l'autorité d'André Masius, pour dire que les Syriens ont écrit autrefois, non de droite à gauche, comme les Hébreux et les Arabes, ni de gauche à droite, comme les Latins et les Grecs, mais de haut en bas (3). Son témoignage n'ajoute donc rien à celui de ce grammairien, qu'on trouvera plus bas.

J'ai déjà rapporté ci-dessus un passage de Bayer, où ce savant s'appuie des paroles d'Eustathe et d'un scholiaste de Denys le Thrace, pour assurer que les Syriens ont autrefois écrit en lignes perpendiculaires. Dans une autre occasion, il revient encore sur cet objet, et s'explique plus formellement : « Je me rappelle, » dit-il(4), que Salomon Aswadi (on l'appeloit entre nous, *Noir*, » *en italien*), homme très-instruit, né à Damas, me montroit » que les Syriens, quand ils lisent leurs livres, promènent bien » les yeux de droite à gauche ; mais que quand ils écrivent, ils » retournent leur papier, et tracent leurs lettres comme en ligne » verticale, jusqu'à ce qu'ils finissent en bas. C'est ce que dit » aussi Abraham Ecchellensis..... Ce fait a été aussi connu des » Grecs, puisque Eustathe de Thessalonique et le scholiaste de » Denys le Thrace (dont le célèbre J. Albert Fabricius nous a » donné un fragment) présentent des lettres χαμαιφόρυς. Les

---

(1) Trésor des langues, &c.

(2) Mihi vero tæpocon per figuras grammaticis non insuetas esse videtur a καταβάδην, tanquam descendendo. Et hunc scribendi modum præ cæteris adhuc observant Syri et Sinenses... *Renatum a mysterio principium philolog.* auct. J. P. Erico Isenn. Thur. ; Patav. 1686, petit *in-8.°, p. 75-76*.

(3) Etymolog. ling. Lat. sub voce *Tæpocon*. Voyez aussi *Salmas.* in Flav. Vopisc. p. 447.

(4) Act. erud. Lips. 1731, jul., *p. 313*.

» Grecs n'ont eu connoissance de cet objet que relativement aux
» Syriens. »

Deshauterayes, qui savoit si bien recourir aux sources, et qui, dans sa Dissertation sur les langues, a accumulé sans prétention un si grand nombre de notions curieuses et les élémens de plusieurs découvertes philologiques, s'en est rapporté, sur l'objet qui nous occupe, à l'autorité de Duret et de Bayer. « Il paroît, dit-il (1) dans
» son article sur la langue Syriaque, qu'autrefois les Syriens tra-
» çoient leurs lignes du haut en bas, à la manière des Chinois et
» des Tartares-Mouantcheoux.... Les Syriens, ajoute-t-il dans
» un autre endroit, écrivent encore aujourd'hui de cette ma-
» nière (2). »

André Masius s'exprime à ce sujet de la manière suivante :
« Les Syriens, en écrivant, ne conduisent pas la main de la droite
» à la gauche, comme font les Juifs ; mais l'ayant placée en sens
» inverse, ils la ramènent insensiblement à eux sur le papier
» posé de travers, par la raison que de cette manière leurs lettres
» se forment et plus commodément et plus régulièrement. Du
» reste, leur manière de lire est exactement celle que les Hébreux
» suivent (3). »

J'ai réservé pour le dernier, comme étant le plus important, le témoignage d'Abraham Ecchellensis, invoqué par Bayer et par Deshauterayes. « Assurément, dit cet auteur, de plusieurs raisons
» qui prouvent que la langue Syriaque est plus ancienne que
» l'Hébraïque, il suffit de celle-ci : toutes les autres langues écri-
» vent leurs caractères et leurs lettres de droite à gauche, ou
» *vice versâ;* la seule langue Syriaque conduit ses lignes vers la
» poitrine. Les autres ont corrigé ce mode d'écriture qui est très-
» difficile ; elle seule l'a conservé, quoique ancien et gros-
» sier (4). »

Reprenons à présent ces passages, et voyons si, d'après eux,

---

(1) Bibliothèque des Sciences et des Arts, *t. II, part. II, p. 366.*
(2) *Ibid. p. 554.*
(3) Gramm. Syr.

(4) Catal. libr. Chald., autore Hebediesu, lat. don. ab Abrahamo Ecchellensi, *p. 245 et 246.*

SUR LES LANGUES TARTARES. 53

il est possible d'établir quelque chose de certain sur le fond de la question. Premièrement, le mauvais vers Latin rapporté par Theseus Ambrosius, sans nom d'auteur et sans aucune indication qui puisse aider à le faire retrouver, répété depuis par Duret, Deshauterayes, M. Langlès et M. Hager (1), ne prouve que peu ou rien du tout en faveur de la direction verticale : ainsi isolé et vaguement cité, on ne peut l'attribuer qu'à quelque écrivain obscur du moyen âge, dont le témoignage est de peu de valeur. Néanmoins j'expliquerai plus bas comment on peut l'entendre et le concilier avec l'opinion opposée à celle en faveur de laquelle on l'a invoqué.

En second lieu, le passage de Festus que cite aussi Theseus Ambrosius, prouve moins encore que ce vers, si on le considère en lui-même et dégagé des additions systématiques que les modernes y ont jointes : *Tæpocon*, dit le grammairien Latin, *soliti sunt appellare Græci genus scribendi deorsum versus, ut nunc dextrorsum scribimus* (2). Mais rien dans ce passage ne peut s'appliquer aux Syriens ; il ne s'y agit que des Grecs qui, dit vaguement Festus, ont appelé *tæpocon* une manière d'écrire de haut en bas. Theseus Ambrosius, et ceux qui l'ont suivi, ont restitué ce mot τὸ ἔποχον, et l'interprétation qu'en donne le premier (3) me paroît assez satisfaisante : néanmoins, beaucoup de savans n'ont pas trouvé si clair le passage de Festus. Scaliger disoit qu'il falloit un Œdipe pour l'entendre ; Herman Hugo (4) ne savoit ce que le mot de *tæpocon* pouvoit signifier, et Vossius (5) le faisoit dériver de תהפוך [invertes], adoptant la correction de Martinus, qui lisoit *retrorsum*, au lieu de *deorsum*, et qui entendoit par-là la direction de l'écriture des Hébreux, des Chaldéens, et de la plupart des nations orientales. Toutes ces cavillations ont leur origine dans l'incorrection des manuscrits, qui offrent à l'endroit

---

(1) A Dissertation on the newly discovered Babylonian Inscriptions ; Lond., 1801, *in-4.º, p. 51.*

(2) Fest. et Paul. Diac., sub voce *Tæpocon*, dans les *Autores linguæ Latinæ*, p. 460.

(3) Voyez ci-dessus, *p. 49.*

(4) De prima scribendi origine, anc. édit., *cap. 8, p. 81.*

(5) Vossius, Etymolog. ling. Lat.

dont il s'agit, *Tahenpocon*, *Temperon*, *Tempocon*, *Taempoton*, *Tampercon* (1), et laissent ainsi une libre carrière à l'imagination des commentateurs. Tout en adoptant donc la lecture de l'interprétation de Theseus Ambrosius, nous sommes autorisés à penser que Festus n'a point entendu parler des Syriens, et que ce qu'il avance, même relativement aux Grecs, ne se trouvant appuyé par aucun autre grammairien, ne mérite pas une grande attention.

Je ne m'arrêterai pas à ce que dit Thevet, compilateur ignorant, qui, en parlant de tout dans ses recueils indigestes, a tout brouillé et tout confondu. Duret, homme plus instruit, et dont l'ouvrage sur les langues n'est pas d'ailleurs destitué de mérite, n'a fait, dans le passage que j'ai rapporté, que copier très-maladroitement Theseus Ambrosius, en prenant la conclusion de ce dernier pour la suite du morceau de Festus : erreur grave qui prouve que Duret citoit sur parole, et ne s'embarrassoit pas de vérifier les passages qu'il trouvoit indiqués dans d'autres auteurs.

Peut-être pourroit-on adresser un reproche analogue à Bayer, qui, dans cette circonstance, me paroît s'en être rapporté trop pleinement à Fabricius, et n'avoir vu que dans l'ouvrage de ce dernier les passages d'Eustathe et du scholiaste de Denys le Thrace, qu'il ne cessoit pourtant d'invoquer pour l'écriture verticale des Syriens, ou, comme il le répétoit en toute occasion, pour les écritures κιονηδὸν et χαμαιφόρον ; car il ne semble pas qu'il ait connu bien précisément le sens que le scholiaste attachoit au premier de ces mots, ni qu'il ait su qu'Eustathe ne désignoit positivement ni l'une ni l'autre ; ce qui, en isolant leurs témoignages, diminue beaucoup la force qu'ils prêtoient à l'opinion de Bayer. Je vais les transcrire séparément, et l'on jugera s'ils ont le moindre rapport avec l'écriture Syrienne ; je commence par le passage du scholiaste : Τὸ γὰρ ἀρχαῖον, οἱ μὲν σουρηδὸν ἔγραφον... οἱ δὲ κιονηδὸν, δίκην κίονος, ἤτοι παραλλήλως κατὰ γραμμήν· καὶ γὰρ διαμεμερισμένως ἔγραφον.... γράφεται δὲ οὕτω τὸ κιονηδόν·

(1) Dionys. Gothofr. in Fest. *p. 1821.*

SUR LES LANGUES TARTARES.

κ	π	μ	σ	γ	α	ρ	ω	κ	α
υ	ρ	υ	η	ε	ι	ε	σ	λ	ν
ρ	ο	ει	μ	ν	τ	μ	ω	η	σ
ι	ς	σ	ε	ν	ο	σ	ρ	ο	
ο	μ	υ	ρ	η	σ	υ	ο	ο	υ
ς	ε	ε	ο	κ	α	κ	ι	ν	
ει	υι	γ	ν	α	ι	α	τ	ο	
ω	ο	ω	γ	σ	π	ι	η	μ	(1)
ε	ς	ε	ε	α	δ	ν	ι		

« Les anciens écrivoient, les uns circulairement... les autres
» en lignes perpendiculaires comme des colonnes, et parallèles les
» unes aux autres. On écrivoit alors d'une manière disjointe (2).
» Cette écriture en colonnes se faisoit ainsi : κ, &c. »

L'archevêque de Thessalonique vient à parler de l'écriture verticale à propos de ces vers de l'Iliade, où Homère, décrivant les courses de chars, dit que les concurrens tirent au sort, et se rangent sur une ligne, μεταστοιχεί, dans l'ordre que le sort a prescrit (3). Eustathe prétend, contre toute vraisemblance, qu'Homère, par le mot *en ligne*, a voulu dire que les chars étoient placés, non à côté les uns des autres, mais l'un derrière

---

(1) Cod. Vatic. 14, *p. 60*, b. publ. Reg. Paris. Le passage cité en exemple est du ps. II, §§. 7-8. Il doit être ainsi restitué : 7. Κύριος εἶπε πρός με · Ὑιός μου εἶ σύ, ἐγὼ σήμερον γεγέννηκά σε · 8. Αἴτησαι παρ' ἐμοῦ, καὶ δώσω σοι (ἔθνη) τὴν κληρονομίαν σου, κ. τ. λ. Les paragraphes précédens du psaume sont rapportés en exemple des écritures βουστροφηδὸν et σπυριδόν. Fabricius, qui rapporte ces passages et plusieurs autres du même commentateur d'après un manuscrit différent (Bibl. Græc., ed. Harl., *t. I, c. 27, p. 219 — 20*), finit l'exemple du κιονηδὸν avec les mots γεγέννηκά σε. Ce même exemple ne commence dans le manuscrit du Vatican que j'ai consulté, qu'avec les mots ἐγὼ σήμερον. Je fais remarquer cette différence, pour que les lecteurs qui pourront consulter d'autres manuscrits, vérifient s'ils n'en offriroient pas de plus importantes.

(2) Le scholiaste vient de parler de l'écriture βουστροφηδὸν, dans laquelle, en arrivant à la fin d'une ligne, on reprenoit la suivante en sens inverse sans interruption ; il ajoute que, dans l'écriture κιονηδὸν, quand on avoit fini une colonne, on séparoit le mot pour recommencer au haut de la suivante : c'est là le vrai sens du mot διαμεμερισμένως.

(3) Il. Ψ v. 360.

l'autre, comme les lettres d'un même mot dans une sorte d'ancienne écriture : ὃς (ςίχοις), dit-il, οἱ παλαιοὶ οὐχ ὡς νῦν ἡμεῖς κατὰ μέτωπον, ἀλλὰ κατὰ βάθος ἔγραφον, ἓν, φασὶν, εἶτα ἕτερον, καὶ τρίτον, καὶ τέταρτον. Καὶ ταῦτα μὲν οἱ παλαιοὶ, ἐξ ὧν ἐςὶ νοῆσαι, ὡς ὁ κατὰ τὸ λεγόμενον ἐνορδίνως ἵςαντο οὗτοι κατὰ πλάτος, ἀλλ' ὁ μὲν ἔμπροσθεν, ὁ δ' ὄπισθεν, καὶ μετ' ἐκεῖνον ἄλλος, καὶ ἑξῆς, ἕως τȣ κατὰ τὸ ῥᾶθος τελευταίου. Διὸ καὶ ὁ Τυδείδης δυσκληρεῖ, ὡς εἴρηται, λαχὼν ὕςατος, εἰ καὶ τῇ τῶν ἵππων ἀρετῇ προέδραμεν. Ὅτι δέ ποτε καὶ ἡ ἐν βίβλοις γραφὴ οὕτως ἐτάτίετο, ȣ μόνον σπυριδὸν καὶ πλινθηδὸν σχηματιζομένη, ἀλλὰ καὶ πυργηδὸν κατὰ βάθος, ὅθεν ἐξύρυνται καὶ τὰ κοινῶς δίπαγια λεγόμενα καὶ τρίπαγια, ἑτέρωθέν ἐςι γνῶναι. « Les anciens n'écrivoient pas leurs
» lettres horizontalement comme nous, mais en descendant, une
» d'abord, puis une autre, une troisième et une quatrième.
» C'est ce que disent les anciens, par où l'on voit qu'ils (les
» cavaliers) ne se rangèrent pas à la manière ordinaire en lar-
» geur ; mais un devant, un derrière, puis un troisième, et
» ainsi de suite jusqu'au dernier. C'est en quoi le fils de Tydée
» a été maltraité par le sort, ayant, comme il est dit, obtenu le
» dernier rang, quoiqu'il l'emporte ensuite par la vigueur de ses
» chevaux. On sait d'ailleurs que l'écriture dont il s'agit a été
» quelquefois placée ainsi dans les livres, non-seulement cir-
» culairement et en carré, mais aussi en forme de tour et en
» descendant, d'où sont venues les feuilles communément ap-
» pelées *à deux* ou *à trois pages* (1). »

J'ai cru devoir rapporter en entier ces passages, qui ont été cités inexactement, et auxquels on a fait dire ce qu'ils ne disent pas. Fabricius (2) avance que le πυργηδὸν d'Eustathe est la même sorte d'écriture que le grammairien Théodose appelle plus convenablement κιονηδόν. Il renvoie, au reste, à Saumaise (3) pour le κατάβατος d'Eustathe, auquel on donne pour

---

(1) Eustath. Farecb. in Il. Ψ v. 385. (3) Salmas. in Firm. Vopisc. p. 447
(2) Bibl. Græc. et 448.

synonyme

synonyme le mot χαμαιφόρες qui n'est point dans Eustathe; et c'est ce qui a trompé Bayer, qui a cru que χαμαιφόρες étoit l'expression du commentateur d'Homère, tandis que cette expression n'est pas même rapportée par Saumaise, et qu'elle ne se voit que dans Fabricius, sans aucune indication de source (1). Enfin Bayer a mal entendu le passage même de Fabricius, puisque, suivant lui, l'écriture Syriaque, en lignes perpendiculaires de gauche à droite, devoit être dite χαμαιφόρεγν, et que celle des Chinois, dont les lignes sont disposées de droite à gauche, méritoit plutôt le nom de κιονηδὸν. Rien n'autorise cette distinction, ni dans le texte de Fabricius, ni dans les passages qu'il cite, ni dans ceux auxquels il renvoie.

Quoi qu'il en soit, on voit que les Syriens ne sont pas même nommés par les deux commentateurs Grecs, et que ce qu'ils disent vaguement d'une écriture verticale anciennement en usage, ne peut pas plus s'appliquer aux Syriens qu'à toute autre nation de l'antiquité. L'exemple d'écriture en colonnes que présente le premier, et les διπάγια et τριπάγια dont parle le second, pourroient bien n'être que des jeux d'imagination, comme on en voit un exemple dans une inscription de Saint-Denis, expliquée par le docteur Andry, et dont les lignes suivent une direction verticale. Des jeux semblables étoient familiers aux Grecs du Bas-Empire. A des époques reculées, et dans les plus beaux temps de la Grèce, des poëtes, au nombre desquels il faut mettre Théocrite, s'étoient exercés à composer de petites pièces dont les vers, d'une longueur croissante ou décroissante, figuroient des ailes, une flûte ou un autel. Il est d'autant plus naturel d'assimiler à ces compositions puériles le genre d'écriture dont il s'agit, que le σπυριδὸν, ou écriture arrondie en forme de corbeille dont parlent les mêmes auteurs, et dont Théodose rapporte aussi un exemple, est bien certainement un mode d'écrire fantastique, et qui n'a jamais été d'usage chez aucune nation (2).

(1) Comment. Acad. Petrop. t. VI, *p. 330.*
(2) Peut-être doit-on rapporter à cette écriture les très-anciennes inscriptions qui

Nous sommes du moins suffisamment fondés à conclure que le *tœpocon* de Festus, le κιονηδὸν de Théodose, le πυργηδὸν d'Eustathe et le χαμαιϕόρον de Fabricius, n'ont aucun rapport à l'ancienne écriture Syrienne ; et c'est déjà avoir beaucoup fait pour éclaircir la question qui nous occupe, que d'en avoir écarté ces élémens étrangers qui y ont été mal à propos mêlés par Bayer et les auteurs qui l'ont copié.

Ce qu'avance Abraham Ecchellensis dans le passage rapporté plus haut, repose sur le principe que la langue et l'écriture Syriaques sont plus anciennes que la langue et les alphabets Hébreux ou Chaldéens et Samaritains ; mais ce principe, adopté par quelques savans, est rejeté par d'autres dont l'autorité n'est pas moins respectable. Deshauterayes, en particulier, pense « que l'alphabet reconnu aujourd'hui sous le nom d'*alphabet* » *Samaritain*, paroît plus empreint qu'aucun autre des marques » d'une très-grande antiquité ; c'est pour cela, dit-il, que nous » le plaçons au premier rang. Ce caractère étoit commun aux » Juifs avant la captivité ; ou, pour s'expliquer encore avec plus de » précision, c'étoit le caractère en usage dans la Phénicie, avant » que les Hébreux entrassent dans le pays de Chanaan ; de » sorte qu'on le doit plutôt appeler caractère Phénicien que » Samaritain ou Hébreu, comme Richard-Simon en fait la re- » marque (1). » Cette opinion est embrassée plus positivement encore, et soutenue de preuves par les auteurs de la Diplomatique (2). D'ailleurs, sans entrer encore dans une discussion qui nous éloigneroit trop de notre premier but, il nous suffira de remarquer que l'antériorité de l'écriture Syriaque sur les alphabets Chaldéen et Samaritain, n'est pas assez bien établie pour que nous adoptions dans son entier l'assertion du traducteur d'Hebed-Jesu ; car nous nous exposerions à tomber dans un cercle vicieux, si, déduisant comme lui la haute antiquité de cet alphabet

---

se voyoient à Olympie sur le coffre de Cypselus, et que leurs anfractuosités rendoient très-difficiles à lire, au témoignage de Pausanias, l. V, cap. 17.

(1) Ouvrage cité, *p. 342*.
(2) Nouveau traité de Diplomatique, t. I, *p. 594*.

de la direction verticale qu'on lui attribue, nous voulions ensuite expliquer cette direction par la haute antiquité de l'alphabet. De plus, l'idée que l'incommodité d'un mode d'écriture est une marque de son antiquité, appliquée au cas dont il s'agit, me paroît fausse pour deux raisons : il n'est pas sûr qu'on ait d'abord commencé d'écrire de la manière la plus incommode, et il n'est pas vrai que la direction perpendiculaire soit plus incommode que celle où les lignes sont horizontales de droite à gauche ou de gauche à droite ; l'habitude seule peut rendre ces différens usages plus ou moins faciles, et les faire considérer comme plus ou moins naturels.

Les inscriptions Palmyréniennes, celles qu'on a trouvées à Malte, en Sicile et dans le comtat Vénaissin, et qui passent, dans l'opinion des savans, pour être Phéniciennes, l'inscription d'Amyclée et les autres inscriptions en βυςροφηδὸν, les tables Eugubines ; en un mot, tout ce qui nous reste de monumens de l'écriture chez les peuples de l'Asie occidentale, et chez ceux à qui ils en enseignèrent l'usage, nous montre des lignes disposées de droite à gauche, de gauche à droite, ou alternativement de l'une et de l'autre manière, mais toujours horizontales, sauf le très-petit nombre de cas, où la forme de l'objet destiné à recevoir l'inscription, ou quelque particularité locale, a bien évidemment exigé qu'on dérogeât à cet usage universel. L'alphabet Samaritain que je pourrois, à la rigueur, considérer comme bien antérieur à tout ce que nous avons de monumens Syriaques, l'hébreu carré qu'on croit avoir été adopté par les Israélites au temps de la captivité, et qui, par conséquent, doit être l'ancien et primitif alphabet des Chaldéens, se refusent également à la direction perpendiculaire, comme toute écriture dont les élémens sont distincts, ou, pour mieux dire, *discrets.* Enfin, le plus ancien manuscrit Syriaque qui nous soit resté, celui de l'harmonie des quatre Évangiles, écrit en caractères Stranghelo, l'an d'Alexandre 897 (de J. C. 586) (1), et tous ceux des épo-

(1) Bibl. Medic. Laurent. Catal., éd. de Gori, 1742, *p. 2.* — Ant. Mar. Biscioni, Flor. 1752, t. I, *p. 171.*

ques postérieures sans exception, sont en lignes horizontales. Toutes ces considérations, qui ne sont, je l'avoue, que des preuves négatives, me semblent néanmoins d'une si grande force, qu'il ne faudroit à mon avis, pour les contre-balancer, rien moins que l'autorité des plus anciens grammairiens Syriens, tels que Joseph Huzita, Jacques d'Édesse, Élie de Nisibe, J. Bar Chamis ou Jean Stylite.

Expliquons néanmoins comment il a pu se faire qu'on ait attribué à l'écriture Syrienne une direction qu'elle n'avoit véritablement pas. Les Syriens me paroissent être les premiers de tous les Orientaux qui aient lié leurs lettres, soit en les enchaînant les unes aux autres, soit en les apposant le long d'une barre commune, de manière à ne faire de chaque mot qu'une seule ligature. Les Arabes, dont l'alphabet présente la même particularité, peuvent avoir reçu cet usage des Syriens : or, les Arabes, et tous ceux qui se servent de leurs lettres, n'ont pas coutume d'écrire sur un plan solide et fixe, et ne font nullement usage de tables. « C'est sur leur genou gauche, dit Her-
» bin (1), ou sur leur main qu'ils écrivent. Cette manière leur
» semble plus commode, et l'est effectivement, sur-tout lors-
» que l'on veut écrire en gros caractères. » Dans cette position, il est difficile de conserver aux lignes une direction rigoureusement horizontale ; elles se courbent, et la main gauche se trouvant inclinée, elles se dirigent du haut vers la poitrine, ou, suivant le vers Latin rapporté plus haut, *du ciel vers l'estomac.*

Ce que je viens de dire des Arabes est certain et sensible pour quiconque a vu des Orientaux écrire ; mais l'application que j'en fais à l'écriture Syrienne est hypothétique et sans autorité. C'est au lecteur à juger lui-même du degré de vraisemblance de cette explication. Il n'en résulte pas moins, en dernière analyse et relativement à la question que nous avons effleurée plutôt qu'approfondie, qu'il s'en faut beaucoup que la direction verticale, attribuée par quelques-uns au syriaque,

---

(1) Calligr. orient. *p.* 225 et figures pl. 1.

doive être regardée comme un fait indubitable et constant, et que, par conséquent, on ne peut pas affirmer d'une manière bien positive que les Tartares tiennent des Syriens cet usage remarquable, puisque d'ailleurs, en admettant cette filiation, il resterait encore à expliquer pourquoi les premiers, qui ne l'avaient qu'emprunté, l'ont soigneusement conservé, ou pourquoi ceux qui l'avaient primitivement imaginé, l'ont presque immédiatement après abandonné.

Mais si les Tartares n'ont pas reçu des Syriens l'usage de l'écriture verticale, il restera à faire connaître l'origine de cet usage, et à déterminer la nation dont les Tartares l'ont emprunté. Pour cela, nous adopterons, en la modifiant, l'idée de Deshauterayes. Persuadé que l'écriture Tartare avait primitivement la direction perpendiculaire, ce savant ajoute : « Les Tar- » tares-Mancheoux ont conservé cette manière de tracer leurs » lignes, à cause de l'obligation où ils se sont vus de traduire » le chinois interlinéairement, ou d'en mettre la lecture dans » leurs caractères. » Nous ne dirons pas, comme lui, que les Tartares ont *conservé* ce mode d'écrire, puisque nous ne sommes pas convaincus qu'ils l'aient eu primitivement, et que, dans la supposition qu'ils en auroient eu l'usage dès l'origine de leur alphabet, la force de l'habitude suffiroit pour expliquer leur persévérance : mais nous dirons que les Mandchoux, et avant eux les Mongols et les Turks-Ouigours, ayant souvent à traduire des livres Chinois, et voulant imprimer leur traduction interlinéairement, ont pu renverser leur écriture pour s'accommoder à la direction des originaux. Sans vouloir donner cette hypothèse pour un fait, nous remarquerons qu'elle explique en même temps la direction verticale des inscriptions Syriaques du monument de *Si-'an-fou*, écrites dans le VIIIe siècle, c'est-à-dire à une époque où les manuscrits démontrent que cette direction n'était plus en usage chez les Syriens, si tant est qu'elle y ait jamais été. Nous expliquerons aussi par-là pourquoi le seul manuscrit Ouigour que nous possédions en France, écrit, selon les apparences, à Samarkand ou non loin de cette ville célèbre, présente des lignes horizontales : c'est qu'éloignés de l'influence Chinoise, les Turks de ces contrées ont pu conserver à leur écriture la direction qui leur étoit naturelle. Si l'on objecte que du temps de Rubruquis, les Ouigours écrivoient déjà de haut en bas, on peut répondre qu'à cette époque il s'étoit passé cinq cents ans au moins, et peut-être huit cents ans, depuis que les Ouigours avoient reçu l'écriture Syriaque ; que, dans cet intervalle, ils avoient eu de fréquentes communications avec les Chinois, et qu'ils avoient pu, par conséquent, admettre dans leur manière d'écrire le changement de direction dont il s'agit. Ce n'est au reste ici, je le répète encore, qu'une simple supposition qui ne repose que sur des probabilités, et qui peut se trouver démentie, si l'on acquiert des renseignemens ultérieurs sur l'histoire littéraire des peuples de la haute Asie.

C'est du reste une chose assez indifférente à l'écriture Tartare que la direction suivant laquelle elle est tracée ; et les peuples qui s'en servent, la lisent également bien dans tous les sens (1) ; ce qui n'est pas étonnant pour des caractères dont les élémens sont simples, et ne peuvent, étant renversés, figurer des lettres différentes, comme nos caractères d'impression b, d, n, p, q, u. Il étoit donc naturel de coucher, dans les livres Européens, les mots Mandchoux qui se trouvoient cités au milieu d'un texte, pour éviter de laisser autour de chacun d'eux de grands espaces en blanc. C'est ce qu'a fait M. Langlès dans les différens ouvrages qu'il a publiés sur le mandchou. Il a adopté pour les mots de cette langue, ainsi que pour les textes courts, la direction horizontale de gauche à droite. J'ai préféré la direction contraire, ou de droite à gauche, et tous les mots rapportés dans cet ouvrage sont ainsi disposés. J'ai été porté à ce renversement par plusieurs motifs. 1.° Cette direction est celle que l'écriture Tartare avoit, à mon avis, dans son origine ; 2.° c'est celle que l'écriture Syrienne a conservée, et l'analogie entre les caractères des deux langues est mieux marquée quand on les couche dans

(1) Lettres édif., XVII.ᵉ rec. p. 407.

le même sens ; 3.° c'est ainsi qu'est écrit le seul manuscrit Ouigour connu, comme je l'ai déjà dit plus haut ; 4.° les lignes, dans cette direction, se suivent de gauche à droite, en retournant seulement le livre, ce qui est leur disposition originaire, au lieu qu'avec le mode adopté par M. Langlès, l'ordre des lignes se trouve interverti ; 5.° enfin, celui que j'ai suivi est généralement en usage chez toutes les nations de l'Asie, à l'exception des Hindous et des Arméniens, qui écrivent comme les Européens, et chez les Chinois eux-mêmes, qui, lorsque la forme de l'objet sur lequel ils veulent écrire ne se prête pas à la direction verticale, disposent leurs caractères de droite à gauche, et jamais de gauche à droite, quoi qu'en ait pu dire M. de Guignes (1). Voilà, ce me semble, des raisons plus que suffisantes pour autoriser le léger changement que j'ai cru devoir apporter à la disposition des mots Tartares, pour les accommoder aux usages de notre typographie.

(1) Annales des Voyages, XXIX.ᵉ cahier.

CHAPITRE III.

De quelques Écritures anciennement usitées chez les Tartares.

J'AI dit, en commençant le chapitre précédent, que l'alphabet Syro-tartare étoit à présent le seul qui fût usité chez les Mongols, les Turks orientaux et les Mandchoux ; de sorte qu'en exceptant les Tibetains, il est vrai de dire que tous les Tartares qui connoissent l'écriture, font usage d'un système alphabétique d'origine occidentale, plus ou moins altéré seulement et modifié suivant la différence des langues, celle des prononciations, et quelques autres circonstances particulières : mais les documens historiques que les Chinois nous ont conservés sur les nations qui ont régné dans la Tartarie, quelque insuffisans qu'ils puissent être, nous apprennent qu'à différentes époques, différens modes de communications pour les pensées ont été mis en usage. Comme il n'est pas d'objets qui touchent de plus près à l'étude philosophique de l'homme, que l'histoire critique des signes qui lui ont servi à représenter ses idées, je m'arrêterai quelques instans à rechercher les traces de ces anciennes écritures. Celles qui, comme l'alphabet Syro-tartare, nous montreront une origine étrangère, seront pour nous des preuves matérielles d'une communication d'idées dont il restera ensuite à développer les effets moraux, politiques ou religieux : celles qui nous paroîtroient avoir une origine vraiment nationale, présenteroient un intérêt plus vif encore, parce que nous pourrions y observer la marche suivie par des peuples presque sauvages, dans la plus remarquable de toutes les inventions humaines, celle qui a le plus d'influence

sur

sur le sort des nations, puisqu'elle les fait passer en un moment de la barbarie à la civilisation.

Le plus ancien mode d'écriture Tartare dont les Chinois nous aient conservé la mémoire, avoit beaucoup d'analogie avec les runes des peuples de l'Europe septentrionale. Il auroit même été plus grossier encore et plus imparfait, il mériteroit à peine le nom d'écriture, si l'on devoit prendre à la rigueur les passages des auteurs qui en parlent. *Ma-touan-lin*, décrivant les mœurs des *'Ou-houan*, dit que quand un chef de cette nation avoit quelques ordres à donner ou quelqu'un à mander, il faisoit des entailles sur un morceau de bois pour notifier sa volonté (1). Le rédacteur du *Nian-i sse yo phian* attribue le même usage aux *Tha-tche* en général, et *Ma-touan-lin* le mentionne encore relativement à d'autres nations Tartares, assurant au surplus qu'elles n'avoient point de caractères; de sorte qu'il sembleroit que par les mots *khe mou* qu'il emploie en cette occasion, il entendroit moins une écriture proprement dite, qu'un moyen simple et purement arbitraire de communication ou de ralliement, tel qu'en ont les peuples les plus sauvages pour transmettre un petit nombre d'idées ou d'événemens, à l'aide de quelques signes grossiers et de convention.

Mais outre qu'il paroît difficile d'admettre que de grandes et puissantes nations, telles que les *Hioung-nou* ou les *Youeï-chi*, qui dominoient sur presque toute la Tartarie, qui avoient une forme constante de gouvernement, des lois et des usages bien établis, aient pu, pendant plusieurs siècles, s'en tenir à un genre d'écriture aussi vicieux et aussi insuffisant; d'autres passages du même auteur donnent lieu de penser qu'il avoit reçu chez quelques Tartares un assez grand degré de développement. Chez les *Thou-kioueï*, les ordres pour rassembler des troupes, pour lever des chevaux, ou disperser les troupeaux en tel ou tel endroit, étoient donnés avec des morceaux de bois taillés, qui détermi-

(1) *Ta jin yeou so tchao hou, tse khe mou 'weï sin.* Wen hian thoung khao, *k. 342, p. 1.* Voyez les caractères dans l'Appendice, n.° 10 *a.*

noient le nombre de ces différens objets (1). Il falloit donc aussi, quoique l'auteur ne le dise pas, que le genre d'objets fût spécifié dans l'ordre. On y joignoit aussi une flèche à pointe d'or, à laquelle on apposoit un sceau avec de la cire, pour faire *foi et témoignage* (2). Ce sceau devoit porter quelques caractères, conformément à l'usage reçu de temps immémorial chez les Tartares, de prendre des empereurs de la Chine, des sceaux où étoient inscrits les titres de leur dignité. Un peu plus loin, *Ma-touan-lin* ajoute que ces mêmes *Thou-kioueï* avoient des lettres qui ressembloient à celles des autres Barbares (3). Qu'auroient-ils inscrit sur les morceaux de bois, ou sur leurs sceaux, si ce n'est ces mêmes lettres barbares, quelles qu'elles fussent ?

Les runes Tartares étoient-elles des caractères empruntés aux Chinois, abrégés, altérés ou modifiés d'une manière quelconque ? Étoient-ce de simples signes symboliques de convention, ou une écriture alphabétique venue de l'Occident, comme le donneroit à entendre le dernier passage de *Ma-touan-lin !* C'est ce que le défaut de monumens et le vague des données historiques ne nous permettent pas de décider. Nous n'avons point en Europe les ouvrages Chinois où l'on peut espérer de trouver des notions sur de semblables matières : ceux qui y ont été envoyés par les Missionnaires, choisis, pour la plupart, dans le nombre de ceux qui sont classiques à la Chine, sont très-étendus sur tout ce qui concerne cet empire, et se taisent presque entièrement sur les pays étrangers, qui auroient au moins autant d'intérêt pour nous. Le *Pho-kou-tou*, ou le *Fang-chi me pou*, et les autres ouvrages du même genre qui contiennent d'anciennes inscriptions Chinoises avec des traductions en caractères modernes, donneroient peut-être sur l'objet qui nous occupe des renseignemens plus satisfaisans.

---

(1) *Kki tching fa ping ma, ki kho choue tsa tchhou, tchhe khe mou 'Weï sou.* W. h. th. kh. *k. 343, p. 3.* Appendice, 2.ᵉ part. n.° 10 *b.*

(2) *Phing i kin thsou tsian, la foung in tchi, i 'weï sin khi.* Ibid. Append. 2.ᵉ part. n.° 10 *c.*

(3) *Khi chou tseu louï hou.* Ibid. p. 4. Append. 2.ᵉ part. n.° 10 *d.*

On ne doit pas toujours ajouter une foi implicite aux assertions des auteurs Chinois, même de ceux qui, comme *Ma-touan-lin*, méritent d'être nommés parmi les plus instruits, quand ils avancent que tel ou tel peuple ignore entièrement l'usage des caractères : cela doit quelquefois s'entendre seulement des caractères Chinois, qui sont si répandus chez les nations voisines, que les lettrés ont quelque droit de s'étonner, quand ils trouvent un peuple auquel ces caractères sont restés inconnus. Souvent aussi les préjugés nationaux et le mépris pour les étrangers, qui est commun à tous les Chinois, les ont éloignés d'un examen approfondi, et ont causé leur erreur. C'est ainsi, par exemple, qu'on lit dans le *Wen-hian-thoung-khao*, que les *Thou-fan* n'avoient point de lettres, et cela pour une époque où vraisemblablement l'alphabet Tibetain avoit déjà été apporté de l'Inde au Tibet (1). C'est encore par une erreur de ce genre, que l'auteur, dans ce même passage, attribue à ces peuples l'usage des *khe mou*, ou morceaux de bois crénelés, et sur-tout celui des *cordelettes nouées [kiëi-cheng]*.

C'est à la Chine une ancienne tradition, qu'avant de connoître l'écriture, on se servoit de cordes auxquelles on faisoit des nœuds, *pour gouverner*, suivant l'expression du *I-king*. Les saints des siècles suivans, ajoute le même livre classique, changèrent cet usage pour celui des caractères ; de sorte que tous les magistrats eurent les moyens d'administrer, et tous les peuples purent être gouvernés (2). Il n'est guère possible de révoquer en doute ce fait, dont aucun motif raisonnable n'expliqueroit la supposition, et qu'on trouve consigné dans le plus ancien, le plus authentique et le mieux conservé de tous les monumens littéraires de la Chine ; mais, en l'admettant, il faut prendre garde d'en déduire de fausses conséquences, et d'appliquer à des temps modernes et à des peuples étrangers ce qui est dit des Chinois pour une époque reculée.

---

(1) *Thou-fan...wou wen tseu ; khe mou, kiëi cheng 'weï yo.* K. 334, p. 16. Voy. le texte, t. II, et une nouvelle discussion sur ce fait, dans ce volume, p. 384.

(2) *Chang kou kiëi cheng eul tchi ; heou chi ching jin i tchi i chou-khi, pe kouan i tchi, wan min i tchha. I-king*, livre *Ta-tchouan.* Voy. t. II.

Ceux qui ne seroient pas arrêtés par l'obstacle d'une mer de trois mille lieues, et qui voudroient voir dans l'usage Chinois l'usage des *quippo* ou cordelettes nouées du Pérou, doivent remarquer que, dans la tradition du *I-king*, les mots *chang-kou* désignent la plus haute antiquité, les temps antérieurs à *Fou-hi* et à *Hoang-ti*, le XXIX.ᵉ ou XXX.ᵉ siècle avant notre ère. A cette époque, les Chinois, concentrés dans les provinces de *Chen-si* et de *Ho-nan*, n'avoient point encore d'établissemens sur les rivages de la mer orientale ; et quand ils s'en furent approchés, et qu'ils commencèrent de s'essayer à la navigation, il y avoit des siècles qu'ils avoient abandonné et presque entièrement oublié les cordelettes, et qu'ils les avoient remplacées par les caractères qui n'y avoient aucun rapport. Ce n'est donc pas d'eux que les Péruviens, nation moderne, et dont les traditions ne remontoient pas à cinq cents ans, avoient pu tirer l'usage des *quippo ;* et l'on ne sauroit, pour expliquer ce rapport singulier, recourir à des suppositions que le raisonnement et l'histoire nous font regarder comme inadmissibles.

Quant aux *quippo* des *Thou-fan* ou Tibetains, le passage de *Ma-touan-lin*, qui y a rapport, est si peu circonstancié, si fort en contradiction avec ce que nous savons d'ailleurs, que je serois bien tenté de le rejeter entièrement. Je ne doute guère que l'auteur n'ait, en cette circonstance, rapporté une particularité de l'ancienne histoire Chinoise à un peuple qui lui étoit peu connu. Si cependant on veut, sur ce seul témoignage, que l'antique usage des Chinois se soit conservé jusque dans les temps modernes au Tibet, on aura la matière d'un rapprochement curieux avec un usage analogue du nouveau monde ; mais ce rapprochement sera toujours, à raison des distances de temps et de lieux, sujet à de grandes et nombreuses difficultés.

D'autres passages plus péremptoires, quoique aussi peu détaillés pour la plupart, nous démontrent qu'il a existé, chez différentes nations Tartares, différentes écritures qui ne nous sont pas connues. Les *Kouëi-tseu*, peuples qui habitoient à deux cents *li* au midi de la montagne Blanche *[A-kiëi-chan]*, avoient

SUR LES LANGUES TARTARES. 69

des caractères, puisqu'il est dit, au sujet des *Pa-lou-kia* ou *Kou-me*, autre peuple des mêmes contrées, que *leurs caractères ressembloient à ceux des Kouëï-tseu* (1). On a vu plus haut la mention que fait *Ma-touan-lin* des lettres barbares, *hou-chou*, qui étoient en usage chez les *Kao-tchhang*, concurremment avec les caractères Chinois; mais celles-là ne peuvent être réputées inconnues, puisque, sous ce nom, les auteurs Chinois désignent indubitablement les lettres Syro-ouigoures. Il en est probablement de même de celles de *Sa-ma-eul-han* [Samarkand]. « Dans
» ce pays, dit un historien, on écrit les livres sur la peau inté-
» rieure d'un mouton, et l'on y trace des lettres dorées (2). » On pourroit croire pourtant qu'il s'agiroit ici de l'écriture Persane, que les Chinois connoissent bien, ainsi que le prouve le passage suivant : « Dans le pays de *'An-si* (c'est une contrée de la
» Perse, qui est désignée comme produisant des autruches), on fait
» des livres historiques qu'on écrit sur du cuir, en lignes trans-
» versales ; » et la note ajoute : « Maintenant tous les barbares
» des pays occidentaux écrivent en travers et non perpendicu-
» lairement (3). » Les *Hoeï-hou* avoient aussi des caractères qui leur étoient propres, mais sur lesquels nous n'avons aucun renseignement. Ceux qui étoient en usage chez les *Kiëï-kia-sse* ou *Kirgis*, suivoient, comme leur langue, les mêmes règles que ceux des *Hoeï-hou* (4). Je termine là cette énumération, que le défaut de détails rendroit fastidieuse, mais qui a cependant l'avantage de faire voir que l'art de l'écriture n'a pas été aussi inconnu aux différentes nations Tartares qu'on l'a cru jusqu'à présent.

On en sera mieux convaincu encore, si l'on songe qu'à

---

(1) *Pa-lou-kia... wen tseu iu Kouëï-tseu thoung.* Wen hian thoung khao, *k. 336*, p. 24. Append. 2.ᵉ part. n.° 12.

(2) *Sa-ma-eul-han .... i yang li king wen ; wen-tseu ni kin chou.* Nian-i sse yo phian, chapitre *Heou-phian*, p. 78. Append. 2.ᵉ part. n.° 13.

(3) *Hoa ke phang hing 'weï chou-ki.* Wen hian thoung khao, *k. 337*, p. 27. Append. 2.ᵉ part. n.° 46. *a*.

Kin si-fang hou chou kiaï houng hing pou tchi hia, Ibid. Append n.° 14 *b*.

(4) *Kiëï-kia-sse .... khi wen tseu yan iu iu Hoeï-hou tching thoung-fa.* Ib. *k. 348*, p. 8. Append. n.° 14 *c*.

défaut d'écriture particulière, beaucoup de nations Tartares avoient adopté l'usage des caractères Chinois. L'emploi de ceux-ci a éprouvé, à différentes époques, la même extension du côté du nord et du nord-ouest que nous leur voyons de nos jours vers l'orient et vers le midi. Les peuples qui, comme les *Tho-po*, les *Cha-tho*, et plusieurs tribus *Hioung-nou*, possédèrent quelques provinces de l'empire ; ceux qui, comme les *Thou-kioueï*, les *Hoeï-hou*, les *Jouan-jouan*, établirent de puissans États sur les frontières, avoient de fréquentes relations avec les empereurs Chinois. On contractoit des alliances, on s'envoyoit des ambassades mutuelles, et l'histoire fait foi que très-souvent les affaires étoient aussi traitées par écrit. Un grand nombre de Tartares passoient chez les Chinois, et plusieurs de ceux-ci prenoient des charges en Tartarie. La cour des princes Tartares se régloit à l'instar de celle du *royaume céleste*, et les livres de Confucius étoient expliqués au milieu des barbares de la Sibirie, comme chez le peuple qui leur avoit donné naissance. Toutes ces relations diplomatiques, littéraires ou autres, devoient nécessiter et nécessitoient, en effet, l'emploi des caractères. Une chose contribua à le répandre encore ; ce fut l'usage établi à la Chine, et déjà mentionné ci-dessus, de donner aux princes Tartares des titres Chinois, des charges de l'empire, et des sceaux d'or, de cuivre ou de pierre, portant pour inscription le nom de la dignité qui leur étoit accordée. Cet usage se conserva chez plusieurs nations Tartares, même quand elles se furent éloignées de la Chine en passant dans l'occident. Les princes Mongols qui gouvernoient en Perse et dans le Kaptchak, au temps des premiers Tchinggis-khanides, avoient des sceaux qu'ils tenoient du grand Khan ; et c'est un fait assez curieux que des lettres adressées par les princes Mongols aux Rois de France, portent l'empreinte du sceau Chinois en caractères *ta-tchhouan*, c'est-à-dire carrés antiques. Il seroit moins étonnant de retrouver des vestiges de caractères Chinois dans la Sibirie, patrie de la plupart de ces princes Sinico-tartares, et contrée qui fut souvent soumise, en partie, à leur domination.

Je ne doute guère, au reste, que les Tartares, en employant les caractères Chinois, ne leur aient, par ignorance ou autrement, fait subir de grandes altérations. Ces altérations durent sur-tout porter sur ceux des caractères qui, destinés à représenter les formes grammaticales, ne pouvoient s'appliquer exactement à des langues différentes de celle dont ils étoient empruntés. Peut-être voulut-on ensuite simplifier ou abréger d'autres caractères pour les rendre plus usuels. Il est probable qu'on en vint enfin à les employer le plus souvent comme signes alphabétiques. Comme cette idée pourroit paroître hasardée, je vais tâcher de la soutenir par des raisonnemens et par des faits.

Les caractères Chinois, pris en général, sont, comme chacun sait, des images et des symboles destinés à représenter directement les objets matériels par une imitation plus ou moins exacte, et les autres objets par des métaphores plus ou moins ingénieuses. Ils sont, par conséquent, indifférens à toute prononciation, et ne figurent aucun son. Seulement, comme il faut que les livres puissent être lus, on attache par convention à chaque caractère une syllabe simple ou complexe qui rappelle dans la langue parlée la même idée que le caractère dans l'écriture; mais rien dans ce dernier ne figure le son ou la syllabe, et l'on peut très-bien entendre l'un sans connoître l'autre, et *vice versâ.*

Cependant, en certaines circonstances, ce sont des articulations qu'il faut représenter et non des images. Cette nécessité a dû se présenter aux Chinois, d'abord quand il leur fallut faire passer dans l'écriture des noms propres d'hommes ou de lieux; puis, quand leurs connoissances commençant à s'étendre, ils sentirent l'impossibilité de tracer des figures assez exactes, ou de composer des symboles de traits assez caractéristiques, pour désigner, de manière à les faire reconnoître, les différens êtres naturels, les quadrupèdes, les oiseaux, les poissons, les arbres, &c. Plusieurs expédiens s'offroient à cet effet, et furent employés suivant l'occurrence. On pouvoit prendre un symbole dont le son étoit déjà convenu, et, faisant abstraction de sa signification, le restreindre à n'être plus que le signe de ce son. Tous les noms propres sont à la Chine des caractères de cette espèce. Le plus souvent, dans ces caractères, rien n'indique cette sorte d'altération; quelquefois pourtant on ajoute au symbole ainsi dépouillé de son sens, l'image de *bouche*, qui indique qu'il n'est plus que le signe d'un son ou d'une prononciation.

Le second moyen joue un si grand rôle dans l'écriture Chinoise, que, dès les temps les plus anciens, on l'a compté au nombre des six règles d'après lesquelles on doit former les caractères (1). Il consiste à prendre, comme dans le cas précédent, un symbole simple ou complexe comme signe d'un son, en y ajoutant une image qui le détermine à représenter un arbre, un oiseau, &c. Presque tous les noms des objets naturels, et un fort grand nombre d'autres sont ainsi représentés par des caractères formés de deux parties, dont l'une fixe le *genre* par une image, et l'autre l'*espèce* par un caractère qui n'est que le signe d'un son. Que cette dernière partie même, dans beaucoup de caractères, soit habilement choisie pour rappeler en même temps quelque trait caractéristique de l'objet désigné, c'est une chose qui contribue à la perfection de l'écriture Chinoise, mais qui ne fait rien à l'espèce de dégradation que nous étudions, ni à son passage graduel à l'écriture alphabétique.

Enfin ce que des hommes instruits avoient exécuté avec art et méthode, l'ignorance l'a souvent fait sans règle ni précaution. Comme le nombre des symboles est beaucoup plus grand que celui des syllabes, chacune de ces dernières s'est trouvée répondre à plusieurs des premières. Il en est arrivé que les hommes peu versés dans la connoissance des caractères, ont pris les uns pour les autres ceux qui avoient la même prononciation; et l'usage même a consacré chez les gens de lettres plusieurs exemples de cette impropriété, non d'expression, mais d'orthographe. Actuellement même, les marchands, les artisans et autres hommes illettrés, s'embarrassant peu des symboles, se contentent

(1) C'est la règle *Kiaï-in* [expliquant le son], ou *Hing-ching* [figurant la voix].

de savoir un seul caractère pour chaque prononciation, et ce caractère leur sert pour toutes les acceptions de la même syllabe, qui, chez les gens instruits, s'écrivent avec autant de caractères différens. Dans tous ces cas, la nature de l'écriture symbolique a totalement disparu, et ses signes, quelle que soit leur composition, peuvent être considérés comme de véritables élémens syllabiques.

Ce premier pas fait par les Chinois eux-mêmes vers la découverte de l'alphabet, n'a pas manqué d'être imité par les nations voisines, qui, en adoptant les caractères Chinois, se sont trouvées dans l'impossibilité de rendre certains termes de leurs langues. Ce que les premiers avoient tenté occasionnellement et sans avoir de système arrêté, les autres ont pu l'exécuter d'une manière plus méthodique et plus régulière ; c'est-à-dire qu'au lieu de prendre pour un son, indifféremment et au hasard, tantôt un caractère et tantôt un autre parmi ceux qui étoient *homophones*, on détermina l'un d'entre eux pour représenter chaque syllabe, avec cette attention, de choisir de préférence les plus simples, ou d'abréger ceux qui étoient compliqués. Il résulta de cette opération une série de caractères en nombre égal à celui des syllabes de la langue, et servant à les représenter indépendamment de toute idée d'image ou de symbole. Les faits viennent à l'appui de ces probabilités ; car c'est ainsi que les Japonois ont fabriqué, avec des débris de caractères Chinois, deux différentes séries de signes syllabiques, dont on se sert dans les usages ordinaires, et pour l'impression de certains ouvrages destinés aux enfans et aux personnes peu instruites. Il est assez vraisemblable qu'on a formé de la même manière l'écriture usitée chez les Tonquinois, et qui est différente des caractères Chinois, au dire de Marini (1) et du P. Alexandre de Rhodes (2).

Dans cet état, les élémens de l'écriture étoient encore imparfaits et sans analogie; on ne pouvoit, dans le signe *pa*, dis-

(1) Relat. du royaume de Tunquin, *p. 179.*
(2) *Dictionarium annamiticum.*

K

tinguer l'articulation *p* du son *a;* il n'y avoit rien de commun pour l'écriture entre les signes *ma* et *mo*, non plus qu'entre les signes *mo* et *ko;* en un mot, l'alphabet n'existoit pas encore, et les lettres n'étoient point inventées. Il ne falloit pourtant encore qu'imiter les Chinois, qui savent fort bien, quand il s'agit de sons, prendre par abstraction *ko*, *kia* ou *kieou* pour *k; ma*, *mo* ou *mao* pour *m;* ou bien *mo*, *ko*, *lo* ou *'o* pour *o; tcha*, *fa*, *na* ou *'a* pour *a*, &c., en avertissant de cet usage passager qu'ils font de leurs symboles, au moyen du mot *thsieï* 切, qui signifie *analyse*. Il ne falloit que convenir, comme l'ont fait les Indiens, que *pa*, *ma*, *na*, *fa* seroient constamment pris pour *p*, *m*, *n*, *f*, et *ha*, *he*, *hi*, *ho*, *hou*, ou les mêmes finales avec toute autre consonne, pour *a, e, i, o, ou;* de sorte que, pour écrire *mou*, on prendroit le signe *ma* avec le signe *hou*, &c.; par-là on obtenoit de véritables lettres, et l'invention de l'alphabet étoit consommée. Cette conception, à laquelle les Japonois n'ont pas encore su s'élever, malgré l'incommodité de l'écriture syllabique, se retrouve à présent chez les Coréens, peuple moins avancé qu'eux dans la civilisation et les arts qui en dépendent. L'écriture de ces derniers, quoique réellement formée de caractères Chinois entiers ou tronqués, offre un alphabet proprement dit, composé d'élémens distincts pour les voyelles et les consonnes.

Quelque importans que puissent être ces faits, qui confirment et rendent sensibles les hypothèses de quelques philologues et métaphysiciens sur le passage de l'écriture hiéroglyphique à l'écriture alphabétique, je me serois bien gardé de m'y arrêter si long-temps, s'ils étoient entièrement étrangers au sujet qui nous occupe, et s'ils n'étoient de nature à jeter du jour sur un point important de l'histoire de l'écriture chez les Tartares. Cet alphabet Coréen, dernier terme de la dégradation des caractères Chinois, me paroît avoir pris naissance hors de la Corée, au milieu de nations d'origine Tongouse. Ce qui suit fera voir si cette idée doit être considérée comme un paradoxe dépourvu de probabilités.

L'histoire intitulée *Thoung-kian kang-mou*, parle, sous la 5.ᵉ année *Hian-chun* de *Tou-tsoung*, de la dynastie *Soung* (1269), du titre de *Ta pao fa wang* [grand Roi de la précieuse doctrine], accordé au lama *Phaspha*, en récompense des soins qu'il avoit donnés à la composition des nouveaux caractères Mongols. « Cette année, à la seconde lune, y est-il dit, les Mongols » mirent en usage les caractères nouvellement inventés (1). » Le *Toung-kian kang-mou* rapporte en entier l'ordre qui fut donné à ce sujet par *Koubilaï-khan* ; il commence en ces termes : « Notre dynastie a pris naissance dans les pays du nord. Quand » nous avons eu à faire usage de caractères, nous nous sommes » servis des caractères réguliers des Chinois et de ceux du » royaume de *Weï-ou* [Ouigour], pour exprimer les mots de » notre langue maternelle. Si nous examinons les *Liao*, les *Kin*, » et même tous les états situés dans des contrées plus éloignées, » nous trouverons qu'ils ont tous des caractères, &c. (2). » On voit par-là que l'un des motifs de *Khoubilaï*, pour donner des caractères particuliers à ses peuples Mongols, étoit que les *Liao* ou *Khi-tan* et les *Kin* ou *Niu-tchi*, qui avoient dominé en Tartarie avant Tchinggis, avoient fait usage d'une écriture qui leur étoit propre. L'histoire nous offre à ce sujet quelques détails bien imparfaits, mais que nous devons rassembler ici.

A la première année *Siouan-ho* de *Hoeï-tsoung*, de la dynastie *Soung* (1119), à la 8.ᵉ lune, l'histoire contient ce peu de mots : « Les *Kin* fabriquent les lettres *niu-tchin* (3) ; » mais le commentaire les développe en ces termes : « Les *Niu-tchin* n'avoient » d'abord point de caractères. Quand ils eurent connu les *Khi-* » *tan* et les Chinois, ils commencèrent à faire usage des caractères de ces deux nations. Le prince des *Kin* (*A-kou-ta* ou » *Taï-tsou*), ordonna à *Kou-chin* d'imiter les caractères *kiaï-tseu*

---

(1) *Eul youeï Meng-kou hionh sin tseu-siu-phian.* Append. n.° 17. *a.*
(2) *Siu-phian.* Voy. l'Append. n.° 17 *b.*

(3) *Siu-phian. Tchi niu-tchin-tseu.* Append. n.° 17 *c.*

K 2

» des Chinois, en se réglant sur ce qui avoit été fait pour les
» caractères *khi-tan*, et de les accommoder à la langue mater-
» nelle des *Kin*. C'est ainsi que furent composés les caractères
» *niu-tchin* qui furent mis en usage. Par la suite, on fit de nou-
» veaux caractères *niu-tchin* minuscules, et ceux que *Kou-chin*
» avoit composés furent nommés grands caractères *niu-tchin* (1). »

L'auteur du *Houng-kian-lou* est moins formel : « A la troi-
» sième année *Thian-fou*, dit-il seulement, à la 9.ᵉ lune, au
» jour *Wou-tseu*, un ordre (de l'empereur *Taï-tsou* des *Kin*),
» prescrivit de choisir parmi les caractères ceux qui pourroient
» se rapporter bien (à la langue des *Niu-tchin*), pour en faire
» une écriture nationale (2). » *Ma-touan-lin* ne parle point de
ce fait, et l'on ne trouve rien non plus qui y ait rapport dans
le *Nian-i sse yo phian*, le *Ou taï sse-ki*, et autres ouvrages qui
traitent pourtant assez au long de ce qui concerne les *Niu-
tchin*.

A-kou-ta, qui fonda la dynastie des *Kin*, et fut le premier
empereur des *Niu-tchin* sous le titre de *Taï-tsou*, fut porté à
l'adoption d'un système d'écriture quelconque, par les mêmes
motifs qui y avoient déjà déterminé plusieurs autres princes
Tartares ; mais la plupart de ces derniers avoient dû, comme je
l'ai dit plus haut, faire usage des caractères Chinois, seule écriture qui fût connue alors dans ces contrées orientales. *A-kou-ta*
eut à choisir entre ces mêmes caractères Chinois, et l'écriture
déjà adoptée par les *Khi-tan*, dont il emprunta d'ailleurs beaucoup d'autres usages. L'analogie des langues dut même le faire
pencher préférablement vers des caractères, quels qu'ils fussent, beaucoup mieux appropriés que les symboles Chinois au
besoin de son peuple. Dans le silence de l'histoire, nous
devons, avant de proposer des conjectures, examiner le peu
de renseignemens que nous pouvons nous procurer sur cette

---

(1) *Siu-phian*. Ibid. Append. n.º 17.
(2) *Thian-fou* .... *eul nian* ... *kieou youeï wou-tseu chao siouan chen chou wen tche i 'weï koue chou*. *Houng-kian-lou*, k. 214. Append. n.º 18.

autre écriture Tartare qui a pu naturellement servir de modèle aux *Niu-tchin*.

Le traité historique déjà cité ci-dessus donne d'assez nombreux détails sur les peuples de la Tartarie qui ont eu des rapports avec les dynasties qui se sont succédées en Chine depuis les *Thang* jusqu'aux Mongols ; mais son style est excessivement serré, et chaque événement y est exprimé en une phrase très-courte. L'invention des lettres *khi-tan* s'y trouve mentionnée seulement ainsi qu'il suit : « La cinquième année *Chin-thse* » (920), à la 1.re lune, au jour *I-tcheou*, on commença la » composition des grandes lettres *khi-tan*..... A la 9.e lune...... » au jour *Jin-in*, les grandes lettres furent achevées ; on ordonna de les répandre et de les mettre en pratique (1). » Le célèbre et élégant *'Eou-yang-sieou* est un peu plus étendu : « *A-pao-ki*, dit-il (le fondateur de la dynastie des *Liao* ou *Khi-* » *tan*), avoit à son service un fort grand nombre de Chinois ; » ces Chinois lui enseignèrent, en partie, l'usage de ces carac- » tères nommés *li*, qui s'emploient dans les tribunaux. On y fit » des additions et des altérations considérables, et on en com- » posa plusieurs milliers de caractères, qui servirent à remplacer » les morceaux de bois employés jusqu'alors pour les conven- » tions et les contrats (2). » *Ma-touan-lin* a copié tout cet endroit sans y rien changer (3) ; ainsi son témoignage est ici de nulle valeur. Le *Nian-y-sse yo phian* ne dit rien des lettres *khi-tan*, et le *Thoung kian kang-mou* ne les mentionne même pas, apparemment parce que les rédacteurs de ce grand corps d'histoire ont jugé ce fait trop peu important pour lui donner place au milieu des événemens multipliés, des guerres désastreuses et des bouleversemens politiques qui signalèrent les temps des cinq dynasties postérieures, c'est-à-dire, la première moitié du Xe siècle de notre ère.

Voilà donc à quoi se réduisent les documens que les Chinois

---

(1) *Houng-kian-lou*, Hist. des *Liao*, k. 202, p. 7. Append. n.° 19 *b*.
(2) *Ou-taï-ki-sse*, k. 72, p. 3. App.
n.° 20.
(3) *Wen-hian-thoung-khao*, k. 345, p. 6.

nous ont laissés sur l'écriture de ces deux peuples Tartares leurs voisins, les *Khi-tan* et les *Niu-tchin*. Il n'est pas impossible que les pays qui furent soumis à leur domination recèlent encore des *peï* ou monumens de pierre avec des inscriptions destinées à perpétuer le souvenir des traités de paix, des batailles décisives et des actions d'éclat. L'usage en Chine est d'en élever dans ces occasions, et les Tartares s'y sont souvent conformés. Si l'on trouvoit quelqu'une de ces inscriptions en caractères des *Liao* ou des *Kin*, on pourroit en parler avec connoissance de cause, décider si les Tartares avoient adopté les caractères Chinois purement et simplement, ou s'ils les avoient fait passer par quelqu'une des dégradations dont il a été question plus haut; s'ils s'en étoient tenus à ce que d'autres avoient imaginé avant eux, ou s'ils avoient eux-mêmes fait un pas en avant dans cette carrière ouverte au génie d'invention et de perfectionnement. Au défaut de monumens aussi décisifs, privés même des ouvrages Chinois qui pourroient y suppléer en nous offrant des syllabaires, des alphabets ou des mots rendus avec les caractères dont il s'agit, nous sommes réduits à des conjectures sur le système d'écriture suivi par les *Khi-tan* et les *Niu-tchin*. Mais en tirant ces conjectures du texte même des passages invoqués ci-dessus, nous serons assurés de ne pas nous égarer et d'approcher le plus possible de la vérité.

Il est assez probable, ainsi que je l'ai indiqué précédemment, que l'écriture des *Kin* ne différoit en rien d'essentiel de celle des *Liao*. Ces deux dynasties avoient été fondées par des peuples de race Tongouse, parlant des dialectes d'une même langue, et ayant entre eux beaucoup d'autres traits de ressemblance. Sortis à deux époques différentes des mêmes contrées, c'est-à-dire, des montagnes qui sont au nord de la Corée, leur marche vers l'occident et le midi, leurs conquêtes, leur civilisation, l'agrandissement de leur puissance respective, eurent des rapports marqués. Les mêmes causes devoient produire les mêmes effets; seulement, les *Niu-tchin* ne s'étant établis dans le *Liao-toung* et les pays voisins que postérieurement aux *Khi-tan*, ils durent emprunter de ceux-ci tout ce qui leur manquoit ; car il leur étoit plus naturel d'imiter leurs anciens compatriotes que les Chinois, qui leur étoient moins connus, et dont la culture morale étoit trop au-dessus d'eux. Pour l'objet particulier qui nous occupe, l'identité des langues étoit une raison puissante d'imiter ce qu'avoient fait leurs prédécesseurs. Le passage du *Toung-kian kang-mou* relatif à l'invention des caractères *Niu-tchin* ajoute encore à la force de ces considérations. Je me crois donc autorisé pour la suite à ne pas séparer les deux écritures *Khi-tan* et *Niu-tchin*, dont les probabilités indiquent assez le rapprochement, indépendamment de ce que la même obscurité qui les enveloppe également pourroit le rendre nécessaire.

Maintenant, cette écriture *Khi-tan* ou *Niu-tchin* se composoit-elle seulement d'un certain nombre de caractères empruntés aux Chinois, et pris dans leur sens symbolique, ou d'élémens détachés de ces mêmes caractères et restreints à un usage syllabique ou alphabétique ? La première supposition n'est guère probable. Si les choses eussent été ainsi, les Chinois se seroient contentés de dire, comme ils le remarquent en d'autres circonstances, que ces Tartares s'adonnèrent à l'étude des caractères ; mais pour les deux nations dont il s'agit, ils emploient les mots *tchi* ou *tso*, qui signifient *faire* ou *fabriquer*. Ils disent qu'on fit un choix, *siouan*, parmi les caractères Chinois, de ceux qui pouvoient convenir à la langue Tartare ; qu'on y fit des additions, *thseng*, et des altérations ou changemens considérables, *sun* ; qu'on en composa plusieurs milliers, ce qui désigne évidemment un syllabaire ; qu'on en forma enfin une écriture nationale, *koue chou*, et qu'on les accommoda à la langue maternelle, *pen koue iu*. A propos de l'écriture *kin*, ils remarquent qu'on prit modèle sur les caractères *khi-tan* en même temps que sur les Chinois, distinction qu'on ne feroit point, si les premiers n'avoient point différé de ceux-ci. Enfin *Khoubilaï* fortifie encore cette dernière raison, en citant, dans le décret même qui donne une écriture alphabétique aux Mongols, les caractères *khi-tan* et *niu-tchin*, indépendamment des caractères Chinois et des lettres Ouigoures ; et l'on ne doit pas objecter que dans tous ces passages, on s'est servi des mots *wen* et *tseu*, qui désignent les caractères symboliques des Chinois, et non pas les élémens d'un alphabet. Les Chinois n'ont pas d'autres termes ; ils nomment ainsi les lettres Indiennes, Tibetaines, Arabes, et même Européennes : ils disent que le syllabaire Mongol fut composé de mille caractères, que celui des Mandchoux en contient quatorze cents, &c. Ils emploient aussi les mots de *wen* et de *tseu*, pour dire une lettre, une syllabe, et quelquefois un mot. L'impropriété de cette expression, qu'on n'eût pu remplacer que par une périphrase, ne prouve donc rien, sur-tout dans les livres historiques où nous la rencontrons, et où on ne parle qu'en passant de ces sortes de matières.

Mais cette écriture Sinico-tartare étoit-elle alphabétique, comme celle des Coréens, ou seulement syllabique, comme celle des Japonois? Cette question ne sauroit se résoudre sur les seuls documens fournis par les écrivains Chinois. Il paroîtroit d'abord assez naturel qu'on eût procédé graduellement en dénaturant les caractères Chinois, et que les premiers qui l'ont essayé en fussent restés au premier degré d'altération, à celui qui fait des symboles Chinois le signe du son qui y est attaché en chinois. Mais si l'on fait attention à la véritable cause de cette sorte de dégradation, peut-être embrassera-t-on l'opinion opposée. Si l'on n'avoit à rendre avec ces signes syllabiques que des syllabes ou des mots analogues à ceux de la langue parlée des Chinois, on pourroit rester long-temps sans sentir le besoin de changer les caractères, ou de les grouper en syllabes ; on se contenteroit de les écrire l'un après l'autre, en en réunissant pour un mot autant que ce mot auroit de syllabes. Les mots Japonois *yenatsouma* [éclair], *isibasi* [pont], *mousoume* [fille], et presque tous ceux de la même langue, peuvent s'exprimer assez exactement avec les syllabes Chinoises, *ye-na-tsou-ma, i-si-pa-si, mou-sou-me* : mais s'il s'agit d'une langue qui abonde en lettres doubles ou en combinaisons de voyelles ou de consonnes inusitées en chinois, il faudra se borner à les rendre

d'une

d'une manière approximative, ou se servir, pour les représenter, des signes syllabiques analysés et décomposés en consonnes et en voyelles, d'après le système que j'ai précédemment fait connoître. Ainsi les mots Mandchous, *apka* [ciel], *teksilembi* [appareiller], *gildchambi* [ménager], ne sont que très-imparfaitement rendus avec des syllabes Chinoises, qui formeroient les composés *'a-pou-ko, te-ke-si-le-mou-pi, ki-li-tcha-mou-pi,* et qu'on ne peut exprimer convenablement qu'en extrayant les consonnes *p, k, m,* des syllabes *pou, ko, mou,* et ainsi des autres. Or, comme les langues des *Kin* et des *Liao* étoient, de même que le mandchou, des dialectes du tongous, la même nécessité dut se faire éprouver quand on essaya d'en exprimer les mots avec des caractères Chinois. Le même besoin de lettres isolées qu'éprouveroient les Mandchous, s'ils vouloient rendre les mots de leurs langues avec des caractères Chinois, fut sans doute senti par les inventeurs des écritures *Kin* et *Liao*. Il est donc naturel de supposer que ces dernières étoient formées, non pas seulement de signes isolés pour chaque syllabe, mais de véritables lettres susceptibles de groupement entre elles, et ne formant des syllabes que par la réunion de celles qui désignoient des articulations avec celles qui exprimoient des sons ou des *voix*.

Maintenant il existe, dans une contrée jadis soumise à ces Tartares, une écriture qui remplit précisément les conditions ci-dessus, et dont l'origine est inconnue. Cette écriture est celle dont les Coréens font usage, quand ils ne se servent pas des caractères Chinois. Elle n'est point symbolique comme la chinoise, ni syllabique comme la japonoise ; elle est véritablement alphabétique, et se compose de neuf voyelles et de quinze consonnes, qui, pour leur forme et pour la manière de les grouper, n'ont aucun rapport avec aucun autre alphabet connu. Les auteurs Chinois que j'ai pu consulter sur la Corée, gardent un silence absolu sur cette écriture, et ne fournissent aucune donnée pour déterminer l'époque où elle a été inventée. Comme j'ai fait voir plus haut que ce pourroit bien être là l'écriture *Khi-tan* ou *Niu-tchin*, adoptée, sans doute, au temps de la puis-

L

sance de ces Tartares, par les Coréens leurs voisins et leurs vassaux, il me reste à montrer, au défaut de preuves plus positives, que nul fait actuellement connu ne contredit cette conjecture.

Les Coréens ont à l'orient les Japonois, dont ils n'ont certainement pas emprunté leur écriture. Outre la différence radicale que nous avons déjà observée, et qui sépare d'une manière bien tranchée les caractères des deux peuples, les mêmes sons se trouvent rendus chez chacun d'eux par des signes tout-à-fait différens. Pour le prouver, je joindrai au tableau des lettres Coréennes une comparaison de ces dernières avec les signes syllabiques correspondans dans les deux écritures *kata-kanna* et *firo-kanna*. Il ne peut y avoir de comparaison pour la troisième sorte de caractère Japonois, puisqu'elle ne se compose que des caractères Chinois *thsaò* ou cursifs, très-défigurés, il est vrai, mais conservant pourtant leur nature symbolique.

Au sud-ouest de la Corée, se trouve la Chine, dont l'écriture Coréenne ne peut être venue qu'indirectement. Ses inventeurs, s'ils ont pris des caractères Chinois pour base de leur travail, ont dû leur faire subir d'assez grandes altérations; et elles ont été poussées à un tel point, qu'il nous est souvent impossible de reconnoître de quel caractère Chinois a été empruntée la forme assignée à telle lettre Coréenne. En japonois, il n'en est pas ainsi. Le premier signe de l'écriture *kata-kanna* イ *i*, vient bien certainement, par voie d'abréviation, de 伊, ロ *ro* de 呂 *liu*, ハ *fa* de 八 *pa*, ホ *fo* de 保 *pao*, リ *ri* de 利 *li* et ヌ *nou* de 奴 *nou*, &c. Il en est de même de l'autre écriture syllabique nommée *firo-kanna*, où les signes sont plus cursifs et plus déformés, mais pourtant encore reconnoissables. は *fa* est une sorte de *thsao-tseu* ou cursif pour 波

SUR LES LANGUES TARTARES. 83

po; 노 *nou* vient de 奴 *nou*, 가 *ka* de 加 *kia* et 세 *se* de 世 *chi*. Plusieurs de ces signes même ne sont pas si défigurés que certains *thsao-tseu* usités à la Chine; mais l'altération a été plus grande en coréen; et quoique ㄱ *k* paroisse venir de 己 *kì*, et ㅈ *tch* de 初 *tsoû*, comme dans les exemples Japonois ci-dessus, c'est plutôt l'analogie qui nous guide, parce qu'il est plus naturel de penser qu'on a imité des caractères déjà existans, que de supposer qu'on les ait inventés de toutes pièces. Au reste, les altérations décrites par les Chinois, au sujet des caractères *khi-tan*, et celles que les Coréens ont pu y apporter depuis, expliqueroient suffisamment la difficulté que nous avons à retrouver les élémens de l'écriture Coréenne dans sa forme moderne.

L'alphabet Syro-ouigour, modèle commun d'après lequel les Mongols et les Mandchous ont formé les leurs, n'a pas servi de base à l'écriture Coréenne. Il n'y a pas dans les deux systèmes un seul signe semblable, et la manière de grouper les lettres est d'ailleurs tout-à-fait différente; le coréen a, sous ce rapport, des principes qui ne lui sont communs avec aucun autre alphabet, ainsi qu'on pourra s'en convaincre plus bas. Enfin l'alphabet *chonb* ou tibetain carré, que Pallas nous a fait connoître, est le seul qui, sous le point de vue des formes et des règles orthographiques, puisse offrir quelque analogie éloignée avec le coréen. Le ㅂ *b* de cette langue et le ་ tibetain, le ㅍ *p* et le ㅍ *pa*, le ㄹ *l* et le ལ *la*, et quelques autres encore, ne sont pas assurément sans ressemblance. Le ㅇ *ng*, qui a, comme en tibetain, le double usage de former un son nasal quand il est à la fin d'une syllabe, et une sorte de gutturale analogue au

L 2

ع arabe, quand il est au commencement, ressemble assez au
o samskrit, dont l'usage a passé dans l'alphabet Tibetain. Mais ces analogies ne sont ni assez nombreuses ni assez frappantes pour nous engager à passer par-dessus la difficulté que nous trouvons à supposer que les Coréens aient pris pour modèle les Tibetains, un peuple qu'ils connoissent à peine de nom, et qui est éloigné d'eux de toute la largeur de l'empire Chinois. L'écriture *choub* n'a d'ailleurs jamais été très-usitée au Tibet même, et cette dernière raison suffit pour fixer nos idées à ce sujet.

Il reste enfin le nord de la Corée, d'où l'usage de l'alphabet a pu être apporté dans cette contrée, et c'est précisément là le pays des *Khi-tan* et des *Niu-tchin*. On peut donc croire, avec toute espèce de vraisemblance, que dans le XIe ou le XIIe siècle, lorsque les Tartares orientaux exerçoient leur domination sur toute la presqu'île de Corée, les lettres inventées par ces Tartares ont passé chez leurs sujets, peut-être avec quelques changemens qui, joints à ceux qu'on avoit déjà apportés aux caractères Chinois pour en faire des lettres, ont achevé de rendre ces derniers tout-à-fait méconnoissables. J'aime mieux admettre cette supposition, que de croire les lettres Coréennes une invention propre à ce peuple, parce que l'histoire Chinoise n'eût sans doute pas manqué d'en faire mention, comme elle l'a fait pour les *Khi-tan* ; au lieu qu'elle a pu omettre, comme un fait de peu d'importance, l'introduction ou l'extension d'un système graphique déjà inventé.

Une autre considération me fait pencher encore pour la première supposition. Je ne trouve pas chez les Coréens les mêmes motifs que chez les Tartares, pour passer de l'écriture syllabique à l'usage de l'alphabet. Leur langue, autant qu'on en peut juger par des échantillons, à la vérité fort imparfaits, ne paroît pas être dans le cas de celles qui, comme je l'ai expliqué plus haut, exigent la décomposition des signes syllabiques et la formation des lettres. Je crois qu'on en pourroit écrire les mots avec des syllabes Chinoises, ou, pour mieux dire, avec les caractères qui les représentent, sauf de légères altérations du même genre que celles que les Japonois leur ont fait subir. Enfin, l'identité des écritures *Khi-tan* et Coréenne me semble une hypothèse que tout fortifie et que rien ne contredit, et cela autorise les détails dans lesquels je vais entrer pour les faire connoître.

L'alphabet Coréen est jusqu'à présent presque inconnu. Witsen, qui a donné un petit Vocabulaire Coréen, ne dit rien des lettres de cette nation. M. Hager a le premier fourni quelques renseignemens exacts sur cette matière, en publiant ce qu'il appelle un *Alphabet Coréen* de quarante-sept lettres (1) : mais cet alphabet n'est autre chose qu'une transcription du syllabaire Japonois de quarante-sept signes ; il ne contient pas toutes les lettres Coréennes, et elles ne s'y trouvent pas isolées, mais combinées de manière à exprimer les sons Japonois (2). Leurs formes mêmes ne sont pas toutes exactes. Dans la riche collection de livres relatifs aux langues de l'Asie que possède M. Langlès, j'ai trouvé un syllabaire Coréen manuscrit, et une feuille imprimée à Peking en 1790, contenant l'Oraison dominicale en chinois, en mandchou et en coréen, avec des transcriptions en lettres Latines. Cette feuille ainsi que le syllabaire sont l'ouvrage des Missionnaires de Peking, qui avoient reçu de M. Bertin, ministre d'État, une fonte de caractères Européens. Les caractères du syllabaire manuscrit ne diffèrent que pour le style de ceux de l'Oraison dominicale. C'est de ces deux morceaux, les seuls que j'aie eu occasion de voir dans cette langue, que j'ai extrait par une courte analyse l'alphabet Coréen de vingt-quatre lettres simples. On le trouvera dans l'Appendice, n.° 21.

En coréen, chaque syllabe est représentée par un groupe

---

(1) W. Ouseley, Oriental collections, t. III.

(2) Je possède l'ouvrage dont M. Hager a tiré son *Alphabet* : c'est une description extrêmement curieuse des pays voisins du Japon, c'est-à-dire de la Corée, de la terre de Yeso, des îles *Lieou-kieou*, et d'un archipel encore inconnu à nos voyageurs, avec cinq cartes originales et plusieurs planches. L'ouvrage est écrit en japonois.

carré, analogue en cela aux caractères Chinois, et plus ou moins compliqué, suivant le nombre de voyelles et de consonnes qui entrent dans sa composition. Les lettres, en se groupant, n'éprouvent d'autre changement que d'être alongées ou raccourcies suivant qu'elles sont apposées latéralement l'une à l'autre, ou superposées. En général, les voyelles se placent après les consonnes, c'est-à-dire à droite de ces dernières; de sorte que, quoique les groupes s'arrangent dans l'ordre Chinois, les uns au-dessous des autres et de droite à gauche, chaque groupe est pourtant composé de parties qui se lisent de gauche à droite : particularité très-digne de remarque. Les voyelles *o*, *ou*, *e*, leurs composés, et le signe nasal *ng*, se mettent sous les lettres auxquelles ils appartiennent. Quelques mots Coréens, que je joins à la planche où est l'alphabet, serviront d'exemples pour ces règles, et démontreront en même temps ce que j'ai dit précédemment, que l'alphabet Coréen n'a rien de commun avec aucun de ceux que nous connoissons.

Je n'aurois point fait cette digression sur l'écriture des Coréens, et je n'aurois pas ainsi dépassé les limites dans lesquelles j'ai voulu renfermer ces Recherches, si l'origine que je me suis cru fondé à supposer à l'alphabet en question ne le faisoit, en quelque sorte, rentrer dans le domaine de la Tartarie. Si de nouvelles découvertes viennent par la suite faire voir que je me suis trompé dans cette supposition, il n'en restera pas moins démontré que les Tartares ont su par eux-mêmes, et indépendamment de toute influence indienne ou occidentale, parcourir les différens échelons de l'art d'écrire, et que cet art a de tout temps été un besoin pour eux, comme il le sera toujours chez les peuples qui chercheront à faire des progrès dans la civilisation. On voit aussi que quelques-unes des écritures autrefois en usage chez les Tartares, sont restées inconnues jusqu'à présent, et que d'autres sont, suivant toute apparence, destinées à le demeurer toujours. Si l'on joint à l'énumération que nous en avons faite, les différentes écritures Indiennes que la religion de Bouddha a pu y porter dans certaines circonstances, comme elle y a porté l'usage du samskrit dans les prières et les formules d'invocation ; les trois sortes de lettres Tibetaines, dont nous parlerons en traitant de la langue du Tibet, on verra qu'il y a eu dans la Tartarie, à différentes époques, une grande variété dans les signes employés pour représenter les paroles. Et comme l'usage Chinois, d'élever des monumens et de graver des inscriptions pour rappeler des événemens célèbres, a certainement passé chez plusieurs nations Tartares, il ne faudroit pas s'étonner si l'on en rencontroit quelqu'une dont les caractères ne se rapportassent à aucune des écritures qui nous sont connues. Strahlemberg (1) fait mention d'un très-grand nombre d'inscriptions trouvées dans la Sibirie, principalement sur les rives de l'Éniseï, et vers les sources du Tobol et de l'Irtisch. Quelques-unes de ces inscriptions offrent des caractères qui, suivant cet écrivain, approchent des runes. Peut-être est-ce, en effet, cette espèce de caractères que nous avons appelés *runiques*, non qu'ils aient rien de commun pour l'origine avec les anciennes lettres du nord de l'Europe, mais parce que, comme ces dernières, on les traçoit communément en faisant des entailles à des morceaux de bois ; peut-être aussi, ce qui étoit inconnu du temps de Strahlemberg, ne le seroit-il plus à présent, que nous avons acquis tant de notions nouvelles sur l'histoire ancienne de la Tartarie, et les caractères dont il s'agit se rapprocheroient-ils de quelqu'une des écritures que nous avons appris à connoître depuis cette époque. C'est ce qu'il seroit possible de décider, si Strahlemberg avoit joint à son récit un dessin exact des inscriptions dont il parle. On ne sauroit absolument rien tirer des quatre planches représentant de prétendues inscriptions Sibiriennes que Witsen avoit communiquées à Cuper, et dont celui-ci entretenoit tous ses amis (2). Soit que les figures qu'elles présentent aient été tracées au hasard par des mains inhabiles, ou que le dessinateur en ait mal représenté les

---

(1) Description de l'empire Russien, t. II, p. 202 et suiv.

(2) *Voy.* le Recueil des Lettres de Cuper.

contours, ou qu'enfin le graveur employé par Cuper ait achevé de les rendre méconnoissables, on n'y peut voir que des esquisses informes ou des rudimens grossiers de figures humaines, ou peut-être de caractères Chinois. On en peut dire autant des différentes inscriptions rapportées comme Sibiriennes dans les Voyages de Pallas et ailleurs. Mais enfin des observateurs exacts et d'habiles dessinateurs peuvent un jour relever en Tartarie de véritables inscriptions, qu'il sera possible de rapprocher des systèmes d'écriture énumérés dans ce chapitre. Les documens que j'y ai rassemblés d'après les auteurs Chinois, épargneront aux philologues ces expressions de *caractères inconnus, débris d'une langue actuellement perdue, restes de l'écriture du peuple primitif*, et autres dénominations vagues et, pour ainsi dire, mystérieuses, par lesquelles l'esprit de système a souvent suppléé à la connoissance précise des faits. L'écrivain qui préfère les rêves de l'imagination à ce qu'on peut appeler la philologie positive, est exposé à trouver beaucoup d'objets inconnus ; et c'est en suivant ses traces, que certaines personnes qui passent pour instruites, prêtent encore aujourd'hui quelque attention aux rêveries de Bailly sur les Atlantes et les Tchouds de la Tartarie, ou tirent des conséquences sans fin sur l'origine des arts et de la civilisation, des outils Turks ou Mongols qui se trouvent quelquefois dans les mines de la Sibirie.

CHAPITRE

CHAPITRE IV.

De l'Orthographe, de la Grammaire et de l'Étymologie des Mandchous.

DANS l'énumération des races Tartares, qu'on a vue à la fin du premier chapitre de ces Recherches, les Tongous, qui occupent les parties les plus orientales de l'Asie, se sont trouvés occuper la première place. A présent qu'il s'agit d'étudier les langues de ces peuples, dont nous n'avons fait qu'indiquer sommairement les rapports et les différences, nous trouverons quelque avantage à suivre le même ordre. La nation Tartare dont la langue nous est le mieux connue, appartient à cette même race Tongouse, et c'est par elle qu'il convient de commencer, pour avoir de bonne heure des points de comparaison, et procéder régulièrement *du connu à l'inconnu*. L'étude du mandchou est, dès à présent, presque aussi facile que celle d'une autre langue orientale quelconque. Ses règles sont exposées dans la Grammaire du P. Gerbillon; le Dictionnaire du P. Amiot donne l'explication d'un grand nombre des mots qui la composent, et l'on trouve dans le Mémoire sur les langues, de Deshauterayes (1), et dans les trois éditions successives de la Dissertation de M. Langlès, intitulée *Alphabet Mantchou*, des notions très-étendues et très-exactes sur le mécanisme de son écriture, ses caractères, et quelques autres objets du même genre. Ce n'est pas dans un ouvrage de la nature de celui-ci, qu'on peut rectifier les documens contenus dans une grammaire, ou rassembler les matériaux d'un dictionnaire. Je me propose seulement de

(1) Encyclopédie élémentaire, t. II, part. II, p. 546 à 584.

M

réunir ici plusieurs considérations qui étoient peut-être étrangères au plan du P. Amiot et de M. Langlès, mais qui ne me paroissent pourtant pas entièrement dénuées d'intérêt et d'utilité.

Dans toutes les langues qui ont des caractères particuliers, la transcription des mots en lettres Européennes est un puissant moyen d'étude; non qu'on doive, en aucun cas, renoncer à consulter les textes originaux, ou se borner à lire les portions qui en ont été extraites; mais parce qu'en écrivant sur des sujets d'histoire ou de philologie, on a fort souvent occasion de citer des mots ou des phrases, et très-rarement les moyens de les exprimer avec les signes alphabétiques qui leur sont propres. C'est pour cela que plusieurs écrivains ingénieux ou savans ont cherché à établir des méthodes de transcription pour les langues orientales, en assignant certaines lettres de nos alphabets pour rendre celles des alphabets Arabes et Persans. Si ces essais ont été presque entièrement infructueux, et si les mots des langues orientales se sont jusqu'à présent refusés à des transformations qui ne permettent de les reconnoître et de les récrire qu'aux personnes déjà instruites dans ces langues, cela doit être attribué à la complication des alphabets dont il s'agit, et surtout à l'introduction de lettres ponctuées ou altérées dans quelques-unes de leurs parties, lettres qui sont étrangères à notre typographie, et qui n'offrent aucun avantage sur les signes originaux.

Ces difficultés sont beaucoup moindres pour le mandchou, dont l'alphabet simple et régulier peut aisément être rapproché des nôtres. Non-seulement il est possible d'écrire les mots Mandchous en lettres Européennes, de manière à en représenter exactement l'orthographe primitive, mais on rend assez bien aussi leur prononciation, qui ne s'écarte que rarement de cette dernière. Il suffit pour cela de fixer d'une manière constante les lettres dont on se sert pour exprimer les sons Mandchous. Dans cet ouvrage, et dans tous les autres que j'ai publiés ou préparés sur des matières du même genre, je me suis invariablement attaché à un système de transcription que je crois assez convenable pour les François. On en peut voir les résultats dans le tableau des Alphabets Tartares. En expliquant, dans le second chapitre de ces Recherches, les variations qu'a subies l'alphabet Syro-tartare, j'ai rendu compte des motifs qui m'ont guidé dans mes transcriptions en général ; il ne me reste donc qu'à placer ici quelques remarques sur celles qui concernent le mandchou en particulier.

Le P. Amiot, et M. Langlès d'après lui, avertissent, avec raison, que les lettres ± *tcha* et ± *dcha*, doivent prendre un son sifflant devant la voyelle ٮ *i*, et se lire *ts*, *ds*. Cette règle est invariable et ne souffre point d'exception. C'est donc à tort qu'on trouve les mêmes lettres rendues par *tch* dans un assez grand nombre de transcriptions de mots Mandchous, et principalement dans celles qu'a faites le savant Missionnaire. On doit lire les mots suivans ـسدربوي [battre la terre], ـسببروي [être en repos], ـسرك [pesant], ـسربني [véritable], *tsirgembi, tsirgambi, dsingdsi, dsingkini*, et non pas *tchirguembi, tchirhambi, tchengtchi, tchinkini*, comme on le trouve dans le *Dictionnaire Tartare-Mantchou*.

Le même auteur fait perdre au ٮ *sa* devant le ٮ *i*, sa prononciation naturelle, et change la syllabe *si* en *che*. Il lit *cheren* [fil], *cheden* [intervalle], *oucheha* [étoile], *chentâmbi* [mettre], &c. Il vaut beaucoup mieux transcrire régulièrement, et lire ـسربي *siren*, ـسدي *siden*, ـسبيحو *ousikha*, ـسدربوي *sindambi*, &c.

Le P. Amiot fait encore quelques exceptions à la règle générale de prononcer les mots Mandchous comme on les écrit ; il lit *kiu*, le mot ـحوي *dchouï* [fils] ; *yenli*, le mot ـكيلي *yali* [chair], &c. Je pense qu'on doit rejeter ces irrégularités ; elles me paroissent vicieuses, et contraires aux principes actuels de l'orthographe Mandchoue. Tout au plus faudroit-il en tenir compte, s'il s'agissoit de faire connoître l'idiome vulgaire des Tartares qui habitent au nord de la grande muraille, gens peu instruits des règles de leur langue, telles qu'elles ont été établies par les empereurs, et adoptées par les hommes les plus instruits de la nation.

Si l'on me demande sur quoi je me fonde pour critiquer la prononciation des mots Mandchous donnée par un homme qui vivoit à Peking et à la cour même des empereurs Tartares, je répondrai que je suis appuyé pour cela de l'autorité encore plus irrécusable du grand Dictionnaire de la langue, où tous les mots Mandchous sont accompagnés de caractères Chinois qui en fixent la prononciation, et que le son des lettres ﹦ *tcha*, ﹥ *dcha*, ﹢ *sa*, &c. y est toujours rendu comme je viens de le dire, et jamais de la manière fautive adoptée par le P. Amiot.

Je ne dois pas dissimuler pourtant que ces irrégularités et plusieurs autres sont présentées comme étant du bon usage par l'auteur de la Grammaire Mandchoue *Thsing-wen-khi-meng*, qui leur a consacré un chapitre entier (1), ainsi qu'on le verra dans la notice que je donnerai plus bas de cet ouvrage. En particulier, celle qui a trait à la syllabe *si*, y est exposée de cette manière : « La syllabe *si*, placée au milieu d'un mot, ou jointe » à la fin d'autres syllabes, se prononce *chi* ; devant d'autres » syllabes jointes, elle se prononce indifféremment *chi* ou *si*; » quand elle est isolée, elle doit toujours se prononcer *si* (2). » Mais si ces sortes d'articulations anomales ont pu être autrefois d'un usage général, le silence du grand Dictionnaire impérial à leur sujet prouve qu'elles ont été rejetées, et qu'on en est revenu, pour la prononciation, à des règles plus simples et plus judicieuses.

Au reste, quand même ces irrégularités seroient encore du bon usage parmi les Mandchous, je doute qu'il pût être utile d'y avoir égard ici. Autre chose est d'apprendre une langue dans l'intention de la parler, autre chose de l'étudier dans la seule

---

(1) *I-chi thsing tseu*, ou bien ﺍﻳﭽﯽ, ﻣﻮﺩﺍﻥ ﺍﻳﭽﻮﯼ ﻣﺎﻧﺠﻮ ﺧﺮﮔﻦ *Moudan entchou-i Mandchou khergen*, mots Mandchous qui se prononcent autrement (qu'ils ne s'écrivent), t. *I*, p. 45 à 52.

(2) *Thseu si tseu, tsaï lian tseu tchoung-kian, hia-pian, kiu nian si; tsaï lian tseu cheou, nian chi, si, kiu kho; tan young, jin nian si*. Thsing-wen-khi-meng, t. *I, p. 4*.

SUR LES LANGUES TARTARES. 93

vue de lire les auteurs. Dans le premier cas, il est indispensable de s'attacher à atteindre l'exacte prononciation des gens instruits qui la parlent ; dans le second, on doit de préférence suivre l'orthographe et la langue écrite, sans s'astreindre aux différens caprices auxquels la langue parlée est sujette. J'aurai, dans la suite de ces mémoires, occasion de revenir encore sur ce principe de philologie.

En examinant les mots Mandchous qui sont répandus dans cet ouvrage, on s'apercevra que je me suis souvent écarté du P. Amiot dans le choix des lettres Françoises dont je me suis servi pour exprimer le son des lettres Mandchoues. M. Langlès a déjà substitué avec raison au *h* du Missionnaire, le *kh*, aspiration plus forte et plus articulée, qui convient mieux pour rendre la gutturale des Mandchous, et même celle de plusieurs mots Chinois, telle qu'on la prononce dans les provinces septentrionales. Je ne pouvois me dispenser non plus de distinguer le ᠴ *tcha* fort du mot ᠴᠣᡴᠣ *tchoko* [poule], du ᠵ *tcha* doux du mot ᠵᠠᡴᠠ *dchaka* [chose]. Je l'ai fait en écrivant toujours le premier *tch*, et le second *dch*. Le ᡨ *ta* ponctué des Mandchous est aussi mieux exprimé par notre *d*, et le ᡴ *k* ponctué par *g* (1). Le double *pa* ᡦ peut se rendre ainsi *p'h ;* et le double *ka* ᠺ, qui, pour le son, ne diffère pas du ᡴ *ka* simple, et qui peut, comme ce dernier, prendre le point et la gutturale, sera, si l'on tient à une orthographe rigoureusement fidèle, remplacé par les lettres *kk, kg, kkh*. Au moyen de ces conventions, il sera toujours extrêmement aisé de remettre en caractères Mandchous les mots cités en lettres Européennes, ou de chercher le sens de ceux-ci dans les dictionnaires originaux, ce qui n'est pas un médiocre avantage.

Ce système présente pourtant un léger inconvénient, si, comme j'ai cru devoir le faire, on en borne l'application aux

---

(1) Pour éviter l'usage ambigu du *h* ou de *u* joint au *g*, cette lettre est mise seule devant l'*e* et l'*i ;* on doit toujours la prononcer dure, comme dans *dégât, guerrier, guittare.*

langues Tartares, sans l'étendre au chinois ; et cet inconvénient consiste en ce que les mêmes mots se trouveront exprimés différemment, suivant qu'on les aura écrits d'après les caractères Chinois, ou transcrits d'après leur orthographe Mandchoue. Ainsi le titre de l'empereur de la Chine sera, en chinois, 帝皇 *hoang-ti*, et en mandchou عدسبرقى *khôwangdi*, quoique ce mot ne présente aucune variété de prononciation dans les deux langues. Le fleuve Jaune sera nommé, d'après le chinois, *Hoang-ho*, et d'après le mandchou, *Khôwang-kho*, &c. Pour sauver cette incohérence, il falloit se résoudre à écrire les mots Chinois à la manière Mandchoue; il falloit, comme l'a fait M. de Klaproth, braver le préjugé qui refuse aux Chinois les lettres douces *b, d, g, dch,* &c. et écrire *Chang-di* pour *Chang-ti*, *Be-ging* pour *Pe-king*, *Dchoung-gouwe* pour *Tchoung-koue* [la Chine], et *Doo-chi* pour *Tao-sse*. Outre le danger de défigurer et de rendre méconnoissables une foule de mots dont l'orthographe est arrêtée depuis long-temps, et, pour ainsi dire, consacrée par l'usage, on s'expose aussi à altérer la prononciation Chinoise, qui varie suivant les provinces, et qui n'a point dans celles du midi, par exemple, les gutturales de celles du nord, gutturales qui sont fort bien exprimées par les lettres Mandchoues. Ces deux raisons, mais sur-tout la première, m'ont déterminé à conserver pour le chinois un mode de transcription mixte, irrégulière même à quelques égards, mais dont le perfectionnement eût offert plus d'inconvéniens qu'il n'eût présenté d'avantages.

On ne peut contester à l'alphabet Mandchou le mérite d'une assez grande simplicité, et d'une régularité dans ses procédés, qui le rend non-seulement supérieur aux autres alphabets Asiatiques, mais plus aisé même que nos alphabets Européens. Néanmoins, la ressemblance de certaines lettres peut, dans plusieurs cas, mettre en doute sur la véritable prononciation des mots, ou du moins nuire à la rapidité de la lecture. Le ⊥ *a*, le ⊥ *e*, la nasale simple ⊥, le ⊥ *na*, le ⊥ *ka*, le ⊥ *ga*, le ⊥ *kha*, s'écrivent tous avec ces crans simples ou doubles que les Mandchous appellent ᠠ *a*, et les Chinois *tseu-ya* [dents des lettres]. Toutes ces lettres n'offrent de différence que dans la présence ou l'absence du point, du double point, ou du signe guttural. Il y a telle combinaison de crans où il est difficile, quelquefois impossible, de déterminer le véritable son. Rien, dans le mot ﺟﻮﻣﻐﺎﻥ *choumgan* [poudrière], ne détermine qu'il ne doit pas se lire *choumaga*. Le P. Amiot lui-même s'y est trompé : il lit, par exemple, *koutaraha* le mot ﻛﻮﺩﺍﺭﺧﺎﻥ *kôdarkhan* [croupière de cheval], et l'erreur tient évidemment à la forme identique de la voyelle *a* et de la consonne *kh*. Dans le Dictionnaire des deux langues, où la prononciation des mots Mandchous est fixée par des caractères Chinois, on saisit facilement, à l'aide de ces derniers, le son de ces mots qui embarrassent dans la lecture. Singularité remarquable, qu'il faille avoir recours aux caractères Chinois qui n'ont point de son intrinsèque, et qui ne se lisent que par une convention isolée pour chaque signe, afin de suppléer aux imperfections d'un système alphabétique.

Mais ce sont-là de bien légers reproches en comparaison de ceux qu'on peut, à bon droit, faire à la langue des Mandchous sous le rapport de sa méthode et de ses règles grammaticales. Comme c'est ici un point important, et que mon opinion sur ce sujet diffère de celle des auteurs qui en ont parlé jusqu'à présent, je dois entrer dans quelques détails pour la justifier. Je ne saurois trop me prémunir contre le reproche de témérité, si, dans ce qui va suivre, j'ose être d'un avis diamétralement opposé à celui du respectable Amiot, Missionnaire si profondément versé dans la connoissance des deux langues Chinoise et Mandchoue.

Ce savant Missionnaire, dont la plupart des traductions ont été faites sur des versions Mandchoues, et le laissent quelquefois trop apercevoir, dit, en parlant de l'excellence de ces versions : « Pour moi, j'avoue que si je n'avois su que mon chinois, » je n'aurois pu me tirer d'affaire dans ce que j'avois entrepris. » La langue Mandchoue est dans le goût de nos langues d'Eu-

» rope; elle a sa méthode et ses règles ; en un mot, on y voit
» clair (1). » Ce témoignage, trop souvent invoqué depuis, n'est
pas le seul que les Missionnaires aient rendu à la langue Mandchoue, en tentant de l'élever au-dessus du chinois, pour la clarté
et la facilité. On trouve une opinion pareille énoncée par le P.
Parennin, dans le récit d'une conversation ou discussion littéraire que ce Jésuite eut avec le fils aîné de l'empereur *Chingtsou* (2). Le discours étant tombé sur le mérite des différentes
langues qui étoient connues de ce prince, le Missionnaire, tout
en reprochant au mandchou un assez grand nombre de défauts,
conclut en lui accordant, par condescendance à la vérité, la première place ; mais en réclamant, *pour les langues d'Europe*, la
supériorité sur la langue Chinoise. Je remarquerai que le prince
Tartare reproche avec raison au P. Parennin, *de chicaner la
langue Mantchoue sur des bagatelles.* Ce sont effectivement de bien
légers défauts que ceux que relève le Missionnaire ; et je crois
pouvoir en signaler de plus importans, en examinant successivement la théorie grammaticale du mandchou, sa clarté comparée à celle du chinois, sa richesse, les acquisitions de mots
nouveaux qu'elle a faites sous le règne des trois derniers empereurs, et la manière bizarre dont on a procédé à ces acquisitions, soit en empruntant des expressions aux langues des peuples
voisins, soit en en composant d'entièrement nouvelles.

Les *Elementa linguæ Tartaricæ* (3) sont le premier ouvrage qui
ait paru en Europe sur la langue Mandchoue : son auteur, le
P. Gerbillon, avoit acquis à Peking et dans les voyages qu'il
avoit faits avec l'empereur en Tartarie, une connoissance approfondie de cette langue, qu'il parloit et écrivoit de manière
à mériter les suffrages du prince et de sa cour. On peut donc
avoir la plus grande confiance aux règles que ce savant Missionnaire donne dans sa Grammaire, règles qu'il a soin d'appuyer
d'un grand nombre d'exemples. Je ne doute même pas qu'avec

(1) Éloge de Moukden, *préf. p. vj.*
(2) Duhalde, édit.ⁿ *in-4.°, t. IV,*
p. 82.

(3) Collection de Melch. Thevenot,
t. *II, seconde partie.*

ce seul secours, on ne puisse venir à bout d'apprendre le mandchou ; mais il faudra pour cet objet plus de temps et de travail qu'il n'en seroit besoin avec une autre grammaire, même moins complète, parce que l'auteur, ainsi qu'il en prévient lui-même dans son Avertissement, a pris soin de calquer son ouvrage sur les méthodes Latines, dont il croyoit que le plan devoit servir de base aux grammaires de toutes les langues. Ce système, vicieux pour le mandchou, étoit assez généralement suivi à l'époque où écrivoit le P. Gerbillon, et il se montre avec bien plus d'inconvéniens encore dans la *Grammatica Sinica* de Fourmont, ouvrage savant, mais peu judicieux, qui, grâces à cette servile imitation des grammairiens Latins, présente, sous plusieurs points, l'exposition de règles et de principes presque étrangers à la langue qu'il est destiné à faire connoître.

La *Grammaire Tartare-Mandchoue* qu'on a mise, je ne sais pourquoi, sous le nom du P. Amiot, dans le recueil des Mémoires concernant les Chinois (1), n'étant qu'une copie Françoise de la précédente, ne mérite aucune observation particulière ; seulement, les mots Mandchous y sont orthographiés d'une manière plus correcte et plus régulière, ce qui les rend plus faciles à reconnoître : mais on a eu grand tort de supprimer dans cette traduction les quarante-six derniers paragraphes du P. Gerbillon, où se trouvent des façons de parler particulières à la langue Mandchoue, avec des notions et des remarques d'une aussi grande importance que tout ce qui précède. Au reste, on a lieu de croire que l'éditeur de ce t. XIII de la collection des Mémoires des Missionnaires, étoit une personne étrangère à ces sortes de matières, puisqu'elle ne s'est pas aperçue de cette suppression, ni du larcin qu'on faisoit au P. Gerbillon, en attribuant son ouvrage au P. Amiot, et en offrant au public comme neuve et attendue depuis long-temps une grammaire dont il pouvoit jouir depuis près de cent ans. Il n'est pas à ma connoissance que ce fait ait été remarqué par aucune des per-

(1) *Tom. XIII*, p. 39 et 73.

sonnes qui ont eu occasion de parler des ouvrages dont il s'agit (1).

Quelques dissertations de Bayer, insérées dans les Actes des savans de Leipsick, dans les Mémoires de l'Académie de Pétersbourg, et ailleurs ; des notes de Hyde et de Lacroze relatives au mandchou, et répandues dans les ouvrages de ces auteurs ; des détails sur le même sujet qui se lisent dans la compilation de Duhalde, et que M. Langlès a reproduits dans la troisième édition de son *Alphabet Mantchou*, ne méritent qu'une simple mention dans l'énumération des travaux dont la langue des Mandchous a été l'objet. Leurs résultats ne sont ni importans ni suffisamment développés. Il n'en est pas de même de l'excellent article de Deshauterayes sur le *Tartare-Mancheou*, inséré ou plutôt enfoui dans les *Tablettes sur les sciences et les beaux-arts*, de l'abbé Petity (2). On y trouve réunis en trente-huit pages in-4.° tous les documens qu'on peut desirer sur l'alphabet, l'orthographe et les autres objets qui concernent l'écriture Mandchoue, et l'on peut dire que ce savant modeste avoit assez bien approfondi la matière pour laisser peu de chose à faire à ceux qui s'en occuperoient après lui ; aussi ce morceau, et la Grammaire de Gerbillon, étoient-ils, avant que M. Langlès publiât le Dictionnaire du P. Amiot, les plus importans qu'on possédât en Europe sur la langue Mandchoue.

Dans ce mémoire (3), Deshauterayes fait mention de matériaux qu'il possédoit, et d'après lesquels, dit-il, on auroit pu rédiger une grammaire trois fois plus étendue que celle de Gerbillon. J'ignore si ces matériaux sont les mêmes que M. Langlès avoit intention de faire imprimer avec un autre ouvrage grammatical de M. Raux, dans la *Collection de Grammaires* qu'il comptoit publier à la suite du Dictionnaire d'Amiot. Suivant ce plan utile et simple, on auroit eu dans un seul volume trois ou quatre

---

(1) Voy. cependant l'*Alphabet Mantchou* de M. Langlès, 3.ᵉ édition, *p. 5*. Remarquez aussi que Hyde attribue au P. Verbiest la grammaire que nous avons, dans la collection de Thévenot, sous le nom du P. Gerbillon.

(2) *Tom. II, part. II, p. 546.*

(3) *Pag. 581.*

grammaires Mandchoues, les *Elementa linguæ Tartaricæ*, du P. Gerbillon, l'*Essai de Méthode pour apprendre le tartare*, du P. Domenge, et la première partie de l'ouvrage de M. Raux. Je ne connois ce dernier que par l'indication qu'on en trouve dans la préface de l'*Alphabet Mantchou* (1); mais, d'après cette seule indication, je pense qu'il donneroit de la langue une plus juste idée que tous les autres, puisque c'est la première partie de la traduction d'une grammaire originale Mandchoue. M. Langlès regrette la perte de la seconde partie, qui a été enlevée dans la traversée, et transportée au *British Museum* à Londres. Mais rien n'est plus aisé que de suppléer à cette perte, puisqu'on possède à la Bibliothèque du Roi l'original même d'un ouvrage semblable, intitulé ࠉࠉࠉ *Mandchou nikan khergen-ni Thsing wen ki meng*, et en chinois, *Man han tseu Thsing wen khi meng* [les Principes de la langue des *Thsing* ou *Mandchous*, en mandchou et en chinois]. Une courte analyse de cet ouvrage ne sera point déplacée ici; elle fera connoître la méthode que les Mandchous suivent dans l'enseignement de leur langue, et servira de base aux réflexions dont cette même langue sera l'objet dans la suite de ce chapitre.

Le *Thsing wen khi meng*, imprimé, comme l'indique son titre, en caractères Chinois et Mandchous, est réellement une grammaire de la dernière de ces deux langues, composée dans la première. Toutes les règles y sont écrites en chinois, et tous les exemples y sont en mandchou. L'édition dont la Bibliothèque du Roi possède un exemplaire est en quatre volumes, et de l'année *Young-tching, Jin-tseu* [1733]. Suivant la préface qu'on lit à la tête du premier volume, elle fut composée par le docteur *Cheou-phing*, dont le nom propre étoit *Wou-ko*, du pays de *Tchang-pe*, pour l'usage des écoles; et l'éditeur nommé *Tchhing-ming-youan*, du titre de *Peï-ho*, du pays de *Thsian-thang*, s'annonce, dans la préface en question, comme s'étant chargé du soin de la publication, en sa qualité d'ami de l'auteur. Il y a

(1) 3.ᵉ édition, *p. xiv* et *xv*.

100 RECHERCHES

probablement eu depuis cette époque un grand nombre d'éditions de cet ouvrage estimé des Mandchous, et je suis trèsporté à croire que le titre Tartare (1) donné par le P. Raux à sa traduction, pourroit bien n'être que celui d'une édition postérieure à celle que j'ai sous les yeux. L'ouvrage lui-même est divisé en quatre *Kiouan*, ﺳﻮﺑﺘﻠﻴﻦ *deptelin*, ou livres. Le premier contient les objets suivans (2):

1.° *Man, han, chi eul tseu-theou tan tseu lian tseu Tchi-nan*, ou bien ᠪᡳᡨᡥᡝ *mandchou khergen-i dchouwan-dchouwe oudchou emteli khergen kholbokho khergen-i Dchi-nan* [la Boussole des douze classes des caractères Mandchous, soit isolés, soit groupés]. Cet article comprend les douze classes du syllabaire, telles qu'on les trouve dans un grand nombre d'ouvrages originaux, et telles que M. Langlès les a publiées, d'après un manuscrit du Père Amiot, dans la troisième édition de son Alphabet (3). Mais ce qu'elles offrent ici de remarquable, c'est que chaque syllabe y est successivement présentée comme initiale, comme médiale et comme finale, et accompagnée d'un exemple pour chacun de ces trois états. De plus, on trouve après chaque classe une remarque en chinois, où les syllabes sont analysées et décomposées en lettres, et réduites à leurs élémens simples. Par exemple, après la seconde classe du syllabaire, dont toutes les syllabes sont terminées en *i*, on trouve la phrase suivante, que je traduis fidèlement du chinois, sans rien changer aux lettres Mandchoues : « Les syllabes de la classe précédente, ᠠᡳ᠈ᡝᡳ᠈ᡳ
» *(aï, eï, ü)*, ne sont que des composés des lettres ᠠ᠈ᡝ᠈ᡳ
» *(a, e, i)*, auxquelles on ajoute un ᡳ *(i final)*, si la syllabe
» est finale, et un double ᡳ *(i doublé)*, si elle est suivie de quel-
» que autre. Ainsi la lettre ᠠ *a* (initiale), en y ajoutant ᡳ *i*
» (doublé), fait ᠠᡳ *aï*, comme dans ᠠᡳᠨᠠᡴᠠ *aïnakha*, *comment*.

(1) Alphabet Mandchou, *lieu cité*.
(2) Je rapporte le titre des chapitres dans les deux langues. On remarquera que plusieurs mots ont été transcrits et non traduits en mandchou, ce qui rend ces titres inintelligibles pour une personne qui ne sauroit que cette dernière langue.
(3) *Pag. 100 à 133.*

» Ainsi ᠊ᡝ *e* (initial), en y ajoutant ᠊ᡞ *i* (doublé), fait ᠊ᡝᡞ *eï*,
» comme dans ᡝᡞᠮᡝᡥᡝ *eïmekhe*, *prévenu défavorablement*. Ainsi
» ᠊ᡧ *o* (initial), en y ajoutant ᠊ᡞ *i* (doublé), fait ᠊ᡧᡞ *oï*, comme
» dans ᡧᡞᠯᠣ *oïlo*, *surface*, et ainsi des autres dans tous les cas
» où la syllabe est groupée avec d'autres. »

Après la troisième classe, celle des syllabes terminées en *r*,
on lit : « Les syllabes ᠊ᠠᠷ᠈ ᠊ᡝᠷ᠈ ᠊ᡞᠷ *(ar, er, ir)*, ne sont que
» les voyelles ᠊ᠠ᠈ ᠊ᡝ᠈ ᠊ᡞ *(a, e, i)*, auxquelles on ajoute un ᠊ᠷ
» *r* (final), si la syllable est finale, et un ᠷ *r* (médial), si la
» syllabe est groupée. Ainsi ᠊ᠠ *a*, avec un ᠷ *r*, fait ᠊ᠠᠷ *ar*,
» comme dans ᠠᠷᡴᡞ *arki*, *eau-de-vie*. Ainsi ᠊ᡝ *e*, avec un ᠷ *r*,
» fait ᠊ᡝᠷ *er*, comme dans ᡝᠷᡥᡝ *erkhe*, *grenouille*. Ainsi ᠊ᡞ *i*, avec
» un ᠷ *r*, fait ᠊ᡞᠷ *ir*, comme dans ᡞᠷᡤᡝᠨ *irgen*, *peuple*; et de
» même pour les autres. » Les douze classes du syllabaire qui
font passer successivement sous les yeux du lecteur les lettres
dans leurs formes isolées, médiales, &c. contiennent de pareilles
analyses. Il suffit d'avoir cité les deux passages précédens, pour
qu'il demeure prouvé que les Mandchous savent, quand cela leur
paroît nécessaire, décomposer les syllabes dont se forment les
mots de leur langue. Nous aurons bientôt occasion de revenir
sur ce fait, quand nous ferons l'histoire de la décomposition de
l'alphabet Mandchou.

2.° *Thsieï yun thsing tseu*, ou bien ᠮᠠᠨᠵᡠ ᠠᠴᠠᠨ ᠮᡠᡩᠠᠨ ᡞ ᡥᡝᠷᡤᡝᠨ
mandchou atchan moudan-i khergen [c'est-à-dire, Syllabes mandchoues groupées ou groupement des syllabes]. Cet article comprend les syllabes complexes ou les dissyllabes, tels que *kowa*,
piya, *touwan*, *kiyao*, &c. C'est une table analytique rédigée
d'après un article analogue que l'on trouve dans les dictionnaires Chinois, et qui montre la manière de décomposer les sons
des mots Chinois, autant que le permettent leur nature presque
monosyllabique et le défaut de signes alphabétiques. Les Mandchous auroient pu, sans inconvénient, se dispenser d'adopter un
mode d'analyse si vicieux; et c'est un puéril esprit d'imitation
qui a engagé l'auteur du *Thsing wen khi meng* à conserver des
règles qui deviennent inutiles, quand on peut faire usage d'une

102   RECHERCHES

écriture alphabétique. Ce n'est pas là, au reste, la seule circonstance où ils ont fait preuve d'une servile exactitude à copier leurs maîtres.

3.° *Man-tcheou waï tan tseu*, ou ﺴـــﺒـﻮ ﺟﻤﺒﺒﺮ ﺩﻭﻟﺮﮔـــﻰ ﺍﻣﺘﻠﻰ ﻛﺮﮔﻦ *mandchou doulergi emteli khergen* [c'est-à-dire, Caractères (syllabes) isolés étrangers à la langue Mandchoue]. Cet article contient les syllabes qui sont Chinoises, ou qui ne se trouvent que dans des mots d'origine Chinoise, et par conséquent fort courts ou même monosyllabiques, tels que *nioung, lioung, iu, siu, liu, tsiu*, &c. Sur quoi je remarquerai que les Mandchous, n'ayant pas l'*u* pur des Chinois et des François, le représentent par *oï* ﻭ , mais seulement quand il est précédé d'un *i*; après toute autre lettre, ils lui substituent leur ﻭ *ou*.

4.° *Man-tcheou waï lian tseu*, ou ﺴـــﺒـﻮ ﺟﻤﺒﺒﺮ ﺩﻭﻟﺮﮔـــﻰ ﻛﻠﺒﻜﻮ ﻛﺮﮔﻦ *mandchou doulergi kholbokho khergen* [Syllabes groupées étrangères au syllabaire Mandchou]. Ce sont, par exemple, les syllabes complexes *saïn, daïn, douïn*, &c.

5.° *Thsing tseu thsieï yun fa*, ou bien ﺴـــﺒـﻮ ﺍﺗﺸﺎﻥ ﻣﻮﺩﺍﻥ ﻧﻰ ﻛﺮﮔﻦ ﺑﻪ ﺍﺗﺸﺎﺑﻮﺭﻩ ﺍﺭﮔﺎ *mandchou atchan moudan-ni khergen-be atchaboure arga.* [Règles pour réunir les syllabes Mandchoues]. On y trouve l'exposé des principes orthographiques sur le groupement des lettres et des syllabes. Les voyelles ne peuvent pas être indifféremment jointes entre elles: *a* et *e*, *i.* et *a* ou *e*, veulent être séparés par un *ya*; *o, ou, ô*, suivis d'un *a* ou d'un *e*, demandent l'interposition d'un *wa*; l'*i* doit, dans certains cas, être redoublé; &c. *Atchan moudan-ni khergen* est la phrase adoptée pour rendre ce que les Chinois appellent *thsieï tseu*, caractères de division ou d'analyse. On peut voir, sur ce que c'est que le *thsieï*, les *Meditationes Sinicæ* et le *Museum Sinicum*.

6.° *I-chi thsing tseu*, ou ﻣﻮﺩﺍﻥ ﺍﻧﺘﺸﻮ ﻯ ﻣﻨﺪﭼﻮ ﻛﺮﮔﻦ *moudan entchou-i mandchou khergen* [Mots qui se prononcent autrement qu'ils ne s'écrivent]. Le nombre de ces mots seroit fort grand, si l'on s'en rapportoit à ce qui est dit ici. J'ai exposé plus haut les raisons qui me donnent lieu de penser qu'on n'admet plus ces irrégularités embarrassantes, au moins dans la langue des gens instruits.

7.° Enfin, *Thsing chou yun pi sian heou*, ou bien ڛڛڛڛ ڛڛڛڛ ڛڛڛڛ ڛڛڛڛ ڛڛڛڛ *mandchou khergen arara-de fi nikere nenden ilkhi* [Ce qu'il y a d'*antérieur* et de *postérieur* en conduisant le pinceau pour écrire les caractères Mandchous]. C'est encore un article imité, sans discernement, des écrivains Chinois, qui enseignent par quel trait on doit commencer, continuer et finir leurs caractères. On sent que ces règles sont à-peu-près inutiles dans une écriture alphabétique.

Le tome II, et le second chapitre qui le remplit tout entier, ne contiennent qu'un seul article intitulé *Kian han man-tcheou thao-hoa*, et en tartare ڛڛڛڛ ڛڛڛڛ ڛڛڛڛ ڛڛڛڛ *nikan gisoun kamtsikha mandchourara fyelen-i gisoun* [Discours Chinois, accompagné de sa traduction en mandchou]. C'est un morceau considérable, où les phrases des deux langues sont disposées en lignes alternes et parallèles. Le chinois est en style vulgaire, et les formes grammaticales y sont marquées par les particules propres au *kouan hoa*, c'est-à-dire, à la langue parlée. La matière offre une sorte de dialogue où l'auteur a cherché à ramener toutes les tournures familières dont peut avoir besoin un homme qui veut apprendre à parler l'une des deux langues.

Le chapitre III, qui forme le troisième tome, a pour titre, *Thsing wen tsou-iu hiu tseu*, ou bien ڛڛڛڛ ڛڛڛڛ ڛڛڛڛ ڛڛڛڛ *mandchou pitkhëi gisoun-de aïsilara moudan-ni khergen* [Mots auxiliaires et particules de la langue Mandchoue]. C'est effectivement un traité des particules, et en même temps la partie vraiment grammaticale du *Thsing wen khi meng*. Les marques des cas, les prépositions, et même les différentes formes des verbes, y sont considérées comme *mots vides*, *hiu tseu*, ou particules, présentées d'abord séparément, puis examinées avec un grand détail dans toutes leurs différentes acceptions, et appuyées d'une foule d'exemples. Toutes les explications sont en chinois, fort bien rédigées et d'une grande clarté. On y voit, à la vérité, que les Mandchous n'ont pas encore pu s'élever à la hauteur des abstractions grammaticales, ni généraliser leurs idées, en réunissant tous les cas semblables sous l'expression de principes simples ; mais enfin c'est-là une grammaire composée sur un plan parfaitement convenable au génie de la langue ; et je ne crois pas qu'on puisse prendre de ce dernier, en étudiant les grammaires des Missionnaires, une aussi juste idée que par la seule lecture de ce traité. On en jugera par l'extrait que j'en rapporte dans l'Appendice (1). J'ai choisi l'une des marques des cas, la particule *de*, qui désigne le datif, suivant la grammaire de Gerbillon. Les Mandchous ont bien une notion confuse de ce que nous entendons par ce cas, ainsi que par les autres, puisqu'ils désignent toujours chacun d'eux par la même forme ; mais il ne semble pas que l'idée de déclinaison se soit encore présentée à leur esprit. Cela prouve que les abstractions sont moins difficiles à faire qu'à rendre ; et, en effet, les peuples les plus barbares en ont une foule dans leurs idiomes ; mais ils se distinguent des nations savantes, parce qu'ils manquent de termes pour les exprimer.

Le tome IV comprend le quatrième et dernier *Kiouan*, qui est divisé en deux parties : l'une est intitulée *Thsing tseu pian sse*, ou bien *adalichara mandchou khergen-be ilgaboukhangge* [Distinction des mots Mandchous qui se ressemblent]. C'est encore un article imité de ceux qui se trouvent dans les grammaires et à la tête des Dictionnaires des Chinois ; mais cette distinction, utile ou même indispensable pour éviter de confondre ensemble des caractères Chinois qui ne diffèrent que très-peu dans l'écriture et qui ont cependant des significations très-éloignées, ne me paroît pas d'une grande importance en mandchou, ou dans toute autre langue alphabétique, où elle ne peut rouler que sur l'orthographe, à-peu-près comme dans nos tables de mots improprement appelés *homonymes*, ou sur des ressemblances de lettres qui ne

(1) Voyez l'Appendice.

SUR LES LANGUES TARTARES.

peuvent embarrasser ou tromper que ceux qui ne savent pas l'alphabet.

La seconde partie de ce quatrième chapitre a pour titre, *Thsing iu kiaï sse*, ou ᠰᡠᠪᡠᡥᡝᠨᡤᡝ ᡤᡳᠰᡠᠨ ᠪᡝ ᠠᡩᠠᠯᡳᠴᠠᡵᠠ ᠮᠠᠨᠵᡠ *adali-chara mandchou gisoun-be soukhengge*. C'est un véritable dictionnaire de synonymes, où les nuances des mots Mandchous dont la signification diffère peu, sont exprimées en chinois avec beaucoup de précision et de clarté. Celui qui voudra bien entendre les livres Mandchous ou les versions des livres Chinois, doit faire une étude particulière de cet article, qui lui sauvera bien des méprises, en l'éclairant sur la véritable valeur des mots.

On voit qu'il y a dans le *Thsing wen khi meng* plusieurs morceaux dont la traduction et la publication seroient d'une grande utilité pour l'avancement de la littérature Mandchoue. Les dialogues familiers du tome II, imprimés tels qu'ils sont, en chinois et en mandchou, en y joignant une version Françoise, prêteroient un assez grand secours aux étudians de ces deux langues, si jamais elles acquéroient en Europe une importance autre que celle qu'elles ont l'une et l'autre en littérature. Le traité des particules du tome III et la table des synonymes du tome IV formeroient une excellente grammaire, si, comme il seroit aisé de le faire, on les publioit avec une version Françoise. Les autres morceaux sont moins importans, ou se trouvent déjà dans des ouvrages imprimés. Du nombre de ces derniers est le syllabaire Mandchou que M. Langlès a publié tout entier dans la troisième édition de son Alphabet, et qu'il est très-nécessaire de connoître, non-seulement pour apprendre à lire le mandchou, mais encore pour pouvoir rechercher les mots, soit dans le dictionnaire d'Amiot, soit dans quelqu'un des dictionnaires originaux. En effet, dans l'un comme dans les autres, les mots ne sont point arrangés dans un ordre simplement alphabétique, mais d'après une sorte de système syllabique fort incommode, dont l'emploi embarrasse beaucoup les commençans. On lit à ce sujet des détails utiles dans l'*Alphabet Mantchou* de M. Langlès (1).

(1) 3.ᵉ édition, *p. 170*. Voy. aussi Deshauterayes, ouvrage cité, *p. 555*.

O

On ne trouve pas, dans toutes les copies du syllabaire Mandchou, les groupes syllabiques analysés comme ils le sont dans les exemples que j'ai rapportés plus haut, d'après le *Thsing wen khi meng;* et c'est ce qui avoit persuadé aux premiers auteurs qui ont parlé de la langue des Mandchous, que ce peuple n'avoit aucune idée de l'alphabet, et que les syllabes étoient pour eux comme autant de signes isolés dont les élémens n'avoient jamais fixé leur attention. Ce seroit sans doute une bien grande singularité et un fait sans exemple qu'une nation n'eût pu s'aviser d'exécuter elle-même une analyse si simple et si facile, et qu'elle eût attendu qu'on vînt des bouts de l'univers l'avertir qu'elle avoit depuis deux cents ans des lettres sans s'en apercevoir : encore si les formes de ces lettres s'altéroient dans la composition, ou perdoient par leur groupement quelqu'un de leurs traits, comme cela paroît avoir lieu dans la plupart des alphabets Indiens, l'ignorance ou l'inattention qui n'eût pas permis de les retrouver dans les syllabes, pourroit être justifiée, jusqu'à un certain point, chez un peuple guerrier, qui n'a montré jusqu'à ce jour que très-peu de dispositions pour les travaux littéraires; mais aucune écriture au monde ne se compose de signes plus simples et plus réguliers. Quel est, nous ne dirons pas l'homme, mais l'enfant doué de quelque perspicacité, qui, dans les syllabes ᠮᠠ, ᠮᡝ, ᠮᡳ, ᠮᠣ, ᠮᡠ *ma, me, mi, mo, mou,* ne reconnoîtra sur-le-champ la forme de la consonne *m*, ᠮ et des voyelles ᠠ, ᡝ, ᡳ, ᠣ, ᡠ *a, e, i, o, ou?* Qui, dans les groupes ᠨᠠ, ᠨᡝ, ᠨᡳ, ᠨᠣ, ᠨᡠ *na, ne, ni, no, nou,* ne s'aperçoit tout de suite que la consonne *n* est figurée par le point initial ? Il n'est pas un seul des groupes du syllabaire, même parmi ceux qui sont formés de trois ou quatre lettres, qui présente de véritables difficultés. Aussi n'est-ce pas un mérite que je cherche à revendiquer pour les Mandchous dans l'analyse de leurs syllabaires, mais un fait que je veux rétablir, et que je crois suffisamment prouvé par les exemples rapportés précédemment.

En Europe, Deshauterayes est le premier qui ait fait connoître *l'Alphabet Mandchou*. Ne pouvant, dans l'Encyclopédie

SUR LES LANGUES TARTARES. 107

élémentaire de l'abbé Petity, faire graver en entier le syllabaire, il se borna à en représenter les vingt-neuf élémens, dans les formes qu'ils prennent au commencement, au milieu et à la fin des mots : ainsi un motif d'économie fut la première cause de cette découverte, si une pareille analyse peut mériter ce nom. La planche qu'il en forma est à la page 546 de sa Dissertation sur les langues (1); elle a été copiée dans l'Encyclopédie de d'Alembert (2). Deshauterayes y a omis les lettres ponctuées et celles qui sont marquées du signe guttural; mais il donne à part, et ce signe, et le point dont il connoissoit fort bien l'usage, comme on le voit par les transcriptions de mots qu'il rapporte.

Comme la collection de Petity est assez rare, elle a pu rester inconnue aux auteurs qui ont traité, depuis cette époque, de l'écriture des Mandchous. Aucun d'eux au moins ne l'a citée (3); et c'est ce qui donne lieu de croire qu'ils ont exécuté, indépendamment du travail du savant François, l'analyse dont celui-ci nous avoit donné le résultat. J'ai eu connoissance d'une feuille manuscrite, de la main du célèbre professeur Buttner, où l'on voit l'alphabet Mandchou, extrait, suivant une note qui s'y trouve jointe, d'un syllabaire Mandchou accompagné d'une transcription Russe, faite par un interprète nommé *Soson Karpow*. Le syllabaire, faisant partie d'un petit ouvrage élémentaire Mandchou-chinois, appartenoit à Breitkopf, imprimeur distingué à Leipsick; et c'est probablement chez ce dernier, et dans la même source que Buttner, que M. Wahl a puisé l'alphabet Mandchou *analytique* qu'il a donné dans la seconde planche de son *Histoire des langues orientales* (4), sous le titre d'*Alphabet Ouigour*. Au titre près, la planche de M. Wahl est exacte, et elle représente assez bien les lettres Mandchoues.

(1) Bibliothèque des artistes et des amateurs, &c. Paris, 1766, in-4.º t. II, part. II, p. 546 bis.

(2) Planches, t. II, au mot *Caractères*.

(3) Il faut excepter M. Langlès, qui parle avec éloge de la dissertation de Deshauterayes, dans son *Alphabet Mantchou*, 3.ᵉ édition, p. 92.

(4) Allgemeine Geschichte der morgenlændischen Sprache. Leipzig, 1784; pl. *I* et *II*.

Trois ans après, M. Langlès mit le sceau à ces différens essais, en présentant à l'Académie des inscriptions et belles-lettres, sa dissertation intitulée *Alphabet Mantchou* (1), avec un tableau des vingt-neuf lettres simples, et un exemple du procédé analytique suivant lequel elles ont été extraites du syllabaire. Mais ce qui rend particulièrement ce travail remarquable, c'est que c'est le premier ouvrage qui ait été imprimé avec des types Mandchous mobiles; et c'est en quoi M. Langlès l'a emporté sur ses prédécesseurs, qui n'avoient jamais donné de lettres ou de mots Tartares que sur des planches de cuivre gravées en taille douce. L'application des procédés de notre typographie à l'écriture Mandchoue est un véritable service rendu à la littérature orientale, puisqu'elle a fourni les moyens de publier le Dictionnaire d'Amiot et quelques autres ouvrages utiles, et qu'elle a ainsi ouvert une carrière nouvelle aux amateurs de l'histoire et de la philologie.

Deshauterayes avoit entrevu la possibilité de fondre des caractères Mandchous, et de s'en servir pour éviter l'usage embarrassant et dispendieux des planches de cuivre (2); mais il s'en est tenu sur cet objet à la spéculation. Les caractères gravés en 1787, sous la direction de M. Langlès, n'ont pas tout-à-fait le *style* des imprimés originaux : quelques lettres sont un peu trop alongées, d'autres offrent des sinuosités trop marquées; toutes sont en général un peu trop grêles. Ces défauts s'observent à un plus haut degré dans la copie qu'en a faite à Parme le célèbre imprimeur Bodoni, et dont on trouve un exemple dans la collection des Oraisons dominicales qu'il a publiée. M. Langlès a été mieux servi par ses dessinateurs ou par ses graveurs dans un second *corps* plus petit qu'il a fait exécuter il y a quelques années (3). J'apprends qu'un des premiers typographes de l'Alle-

---

(1) 1.re édition, Paris, 1787, in-4.º
(2) Ouvrage cité, *p. 581*.
(3) C'est ce *corps* qu'on a employé dans ces *Recherches*, après qu'une quinzaine de poinçons, qui se trouvoient défec- tueux, ont été corrigés ou regravés. A ma demande, M. Anisson-Duperon, directeur de l'Imprimerie royale, plein de zèle pour tout ce qui peut intéresser le bien des sciences, y a fait ajouter un certain

magne, M. Tauchnitz, auquel on doit déjà de très-beaux caractères Grecs, vient de faire graver à Leipsick un petit *corps* Mandchou et Mongol. Les dessins, qui lui ont été fournis par M. de Klaproth, ont été pris sur une belle édition des *Ordonnances de l'empereur* Young-tching, *adressées aux huit bannières*. J'ai vu des épreuves de ces caractères, qui sont fort élégans : il est à souhaiter que quelque savant les mette en usage, en publiant de bons ouvrages Tartares, et contribue ainsi à répandre en Allemagne ce genre de littérature, si peu cultivé jusqu'à nos jours.

Si l'on a conçu des Mandchous une idée trop désavantageuse, en ne les croyant pas capables de distinguer les élémens de leur propre langue, on les a dédommagés de cette injustice en leur supposant un système grammatical assez judicieux, une phraséologie régulière et claire, une connoissance approfondie de la théorie du langage. C'est au moins ce qu'on peut inférer des expressions des Missionnaires que j'ai citées plus haut, expressions par lesquelles ils placent le mandchou fort au-dessus du chinois, sous le rapport de la clarté et de la méthode. On a déjà vu, par l'analyse du *Thsing-wen khi meng*, que cette opinion est au moins fort hasardée ; mais puisque nous avons occasion de rectifier les idées qu'on a pu concevoir sur la langue de ces Tartares, il est bon de nous arrêter à discuter les principaux points par lesquels on prétend assurer leur supériorité sur les Chinois.

Les Mandchous ont des signes pour désigner les cas et distinguer les nombres ; leurs verbes ont des terminaisons pour marquer les temps, les modes, les conjugaisons. Quelques désinences sont affectées aux adverbes, et à plusieurs formes dérivatives des verbes ; outre cela, on ne manque ni de pronoms pour déterminer les personnes, ni de particules pour indiquer

---

nombre de poinçons nouveaux, qui ont été gravés d'après mes dessins, et avec lesquels on peut imprimer non-seulement le mandchou, mais l'ouigour, le mongol, l'ölet, et toutes sortes d'écritures Tartares ; on peut même représenter les *galik*, ou additions faites par les Lamas à l'alphabet Ouigour, et transcrire en tartare les mots Samskrits, ainsi qu'on le voit dans le cours de cet ouvrage.

les rapports de temps ou de lieu des objets les uns avec les autres, ou ceux que les différentes propositions peuvent avoir entre elles ; c'est-à-dire qu'il y a en mandchou des prépositions et même quelques conjonctions, espèce de mots qu'on peut regarder comme la plus abstraite de toutes. Au premier coup-d'œil, la langue des Mandchous semble l'emporter sur celle des peuples voisins, et même sur quelques idiomes Européens, puisqu'elle paroît placée à ce point précis de combinaison grammaticale, où la simplicité des formes ne nuit pas à la netteté de l'expression, et où leur multiplicité et leur trop grande complication n'apportent ni confusion dans les phrases, ni difficultés excessives dans l'étude.

Mais en y regardant de plus près, on s'aperçoit que tous ces avantages sont à-peu-près illusoires, et que quelques-uns même, par l'abus qu'on en fait, deviennent de véritables imperfections.

Effectivement, des quatre particules qui désignent les cas ᡳ *i* ou ᠨᡳ *ni* pour le génitif, ᡩᡝ *de* pour le datif, ᠪᡝ *be* pour l'accusatif, et ᠴᡳ *tsi* pour l'ablatif, la première répond au 之 *tchi* et au 的 *ti* des Chinois, et la seconde à leur 于 *iu* ou 與 *iu*. La troisième manque en chinois, où l'on ne distingue ordinairement l'accusatif par aucun signe particulier ; mais elle correspond souvent aussi au signe de relation 之 *tchi*. Quant à l'ablatif, les Chinois ont beaucoup de particules destinées à l'exprimer différemment, suivant ses diverses significations. Ici donc, déjà, loin de le céder au mandchou, le chinois l'emporte par le nombre de ces petits mots accessoires, et bien plus encore, à mon avis, par la faculté de s'en passer, et de les omettre entièrement, quand ils sont inutiles.

Quelques mots Mandchous peuvent prendre le signe de pluralité *sa*, *se*, *ta* ou *te ;* mais leur nombre est peu considérable ; et les Mandchous, qui, dans leur grammaire, n'ont pas encore

SUR LES LANGUES TARTARES.

su généraliser leurs idées, ni s'élever à l'idée abstraite de *pluriel*, les rangent dans les dictionnaires comme s'ils étaient des mots différens. Pour ceux qui n'ont pas cette sorte de pluriel, on se sert de la particule ﻳﺴﺐ *geren*, mise avant les substantifs; mais il y a en chinois une vingtaine de mots indiquant la pluralité qu'on peut employer ainsi, avec cette différence, qu'aucun d'eux n'étant parfaitement synonyme des autres, il résulte de leurs significations particulières, des nuances délicates suivant la nature des objets. Du reste, il faut faire pour ces signes de pluriel la même observation que pour ceux qui servent à marquer les cas : on ne les emploie que quand on ne peut s'en passer pour s'entendre. De là naît en partie ce style grave, aphoristique et sentencieux qu'on admire dans les bons livres Chinois, et que les traducteurs Mandchous ont presque toujours su faire disparoître. Le chinois exprime dans un sens vague et indéterminé ces phrases : 日子君 *kiun-tseu youeï* ... 日賢先 *sian hian youeï* ... *le sage dit* ... *les anciens philosophes disent* ... Les Mandchous, se piquant mal à propos d'une précision inutile, mettront : ﺑﺴﻤﻴﺮ ﺳﺎﻳﺴﺎ ﺳﻮﻣﺒﺎ *ambasa saïsa khendoume* .... ﻧﻨﻜﻬﻰ ﻭﺍﻧﻎ ﺳﺎﻯ ﺧﻨﺪﻭﻛﻬﻨﻐﻐﻰ *nenekhe wang-saï khendoukhengge*, phrases où l'on sent une redondance de pluralité fatigante, sur-tout après la simplicité de l'expression originale.

Les genres ne se distinguent en mandchou par aucune marque particulière; il n'y en a pas non plus en chinois, et je ne sais si c'est-là un défaut essentiel. Le genre des mots qui désignent des êtres animés se découvre presque toujours de lui-même; et quant aux objets qui n'ont point de sexe, c'est une distinction oiseuse et superflue que de leur en donner un en grammaire. Les Mandchous cependant ont adopté pour quelques mots certaines modifications de voyelles et de consonnes qui servent à marquer, non pas précisément les genres masculin et féminin, mais plutôt la force et la foiblesse, la supériorité et l'infériorité, en un mot tout ce qui est susceptible de plus ou de moins, ou d'une opposition quelconque. C'est principalement le changement de l'*a* en *e*, et des consonnes qui veulent la première de ces voyelles pour celles qui exigent la seconde, qu'on emploie à cet effet. Les exemples feront mieux entendre ce dont il s'agit : ᠠ *a*, en mandchou, signifie le principe actif et lumineux que les Chinois nomment *yang* ; ᡝ *e* sera le nom de l'autre principe passif et ténébreux qui s'appelle en chinois 陰 *yen*. Et d'après ce premier changement, qui est comme la base des autres, ᡥᠠᡥᠠ *khakha*, mâle, formera ᡥᡝᡥᡝ *khekhe*, femelle. De ᡤᠠᠩᡤᠠᠨ *gangan*, esprit ferme, fort (en chinois 剛 *khang*), on fait dériver ᡤᡝᠩᡤᡝᠨ *genggen*, esprit foible, complaisant (en chinois 柔 *jeou*). De ᠠᠮᠠ *ama*, père, on forme ᡝᠮᡝ *eme*, mère. ᡤᠠᡵᡠᡩᠠᡳ *garoudaï* est un mot nouveau, dérivé du samskrit, et adopté par les Tartares pour désigner un oiseau fabuleux qui joue un grand rôle dans la mythologie de Bouddha. Les Mandchous ont choisi ce mot pour rendre le nom d'un autre oiseau fabuleux, célèbre chez les Chinois, qui l'appellent *foung-hoang*, et ils en ont tiré le féminin ᡤᡝᡵᡠᡩᡝᡳ *geroudeï*, qui est le nom qu'ils donnent à la femelle du même oiseau, en chinois *hoang*, &c. ; mais ces distinctions sont peu communes, sujettes à beaucoup d'irrégularités, et par conséquent d'une utilité fort médiocre.

Il n'y a rien de particulier à remarquer sur les pronoms, dont le système est également simple et facile chez les Chinois et chez les Mandchous. Je viens donc aux verbes, sur lesquels il y a quelques observations assez importantes à faire, et qui sont la partie foible de la grammaire Mandchoue.

On peut, en général, distinguer deux sortes de modes dans les verbes : les uns servent à marquer la nature affirmative, impérative ou optative des propositions, et ce sont ceux-là qui méritent véritablement le nom de modes ; les autres, ne désignant que des rapports techniques, et n'étant que la forme
convenue

convenue du régime de certaines conjonctions, ou le résultat de certaines dispositions purement grammaticales ; et ceux-ci sont moins des modes que des espèces de cas, auxquels les verbes sont assujettis par le génie de plusieurs langues. En passant par ces derniers, il peut arriver que le verbe reste toujours à celui des premiers qu'on nomme *infinitif* ou impersonnel, c'est-à-dire qu'il soit toujours pris sans acception de temps ni de personnes, et sur-tout sans qu'il serve à rendre aucun des mouvemens de l'ame, aucune des opérations de l'esprit, auxquels sont affectés les modes proprement dits (1).

Or il en est précisément ainsi, non-seulement des modes, mais encore des désinences que le P. Gerbillon a présentées comme des marques de temps dans les verbes Mandchous. Toutes les formes dont ils sont susceptibles peuvent se réduire à sept principales, savoir, les terminaisons *mbi, me, ra, kha, fi, tsi* et *ki*, dont quelques-unes varient suivant la conjugaison. On ne peut comprendre dans cette énumération les désinences des verbes passifs, collectifs, transitifs, &c. qui sont de véritables verbes dérivés ; mais il faut y joindre quelques expressions verbales composées avec certains verbes auxiliaires, et les terminaisons adjectives *khangge, rangge*, &c. Les nuances exprimées par ces différentes modifications, sont, pour la plupart, vagues et peu prononcées ; ce qui fait qu'il n'est pas rare de les trouver

---

(1) « On doit observer que les modes » dans les verbes ont une destination » analogue à celle qu'ont les cas dans » les noms : les cas indiquent les rap- » ports que les noms ont dans une pro- » position avec les autres mots qui la » composent ; les modes déterminent de » même dans quels rapports sont entre » elles les propositions qui forment une » phrase ou une période. Comme les cas » sont souvent aidés dans leurs fonc- » tions par les prépositions, les modes » aussi ne remplissent, dans bien des » occasions, leur destination qu'à l'aide » des conjonctions. Enfin, par un der- » nier trait de ressemblance, les prépo- » sitions suppléent aux cas dans les lan- » gues qui n'en admettent point, et les » conjonctions peuvent aussi remplacer » les modes. Par une suite de cette ob- » servation, on pourrait appliquer aux » modes la distinction de *modes absolus* » et *modes relatifs*, comme je l'ai appli- » quée aux cas. Il y a des modes qui » sont nécessairement relatifs, comme les » modes conditionnel, suppositif, &c. ; » il y en a d'autres qui sont tantôt ab- » solus, tantôt relatifs. » *Principes de grammaire générale*, par M. de Sacy, p. 203.

employées les unes pour les autres. Je me contente de les indiquer ici, et de renvoyer pour de plus grands détails aux *Elementa linguæ Tartaricæ* et au *Thsing wen khi meng*. On s'y convaincra facilement qu'elles ont des usages trop multipliés pour ne pas produire beaucoup de confusion.

L'impératif est le thême des verbes ; de ce mode, on forme tous les autres modes et leurs différens temps, par l'addition de quelques syllabes. Il est bien digne de remarque que cette même propriété de l'impératif se retrouve dans un grand nombre d'idiomes très-différens au reste les uns des autres. Un pareil rapprochement est plus singulier que le plus grand nombre de ceux des étymologistes, et c'est un fait qui tient de plus près à la nature de l'esprit humain.

De l'impératif se forme le temps en *mbi*, qui marque indifféremment le présent et le futur dans un sens positif ; c'est donc un indicatif. Ce temps est indéclinable, c'est-à-dire qu'il ne peut être suivi des particules ᠪᡝ *be*, ᡩᡝ *de*, ᠴᡳ *tsi*. Il ne change pas suivant les personnes, non plus que les autres temps ou modes ; mais on distingue ces personnes par l'addition des pronoms de la première et de la seconde, de ceux de la troisième ou d'un sujet substantif quelconque.

Le temps en *me* est un infinitif indéclinable ; il sert, quand une période est composée de plusieurs membres ayant chacun son verbe, à distinguer celui qui est l'avant-dernier. Il ne désigne par conséquent aucune modification particulière, et son emploi n'est déterminé que par la place qu'un verbe se trouve occuper dans la phrase.

Les temps en *kha, khe, kho*, et en *ra, re, ro*, sont appelés par Gerbillon *parfait* et *futur* ; mais ils ne désignent réellement ni passé ni futur ; ce sont des gérondifs déclinables, qui conviennent indifféremment à toutes les personnes, et qui s'éloignent en cela de ceux des autres langues, où les gérondifs n'admettent point de pronoms, au moins sans l'entremise d'un autre verbe.

Le temps en *ki, kini*, est un optatif dont on ne se sert qu'avec l'auxiliaire *seme [dicere]* pour la première personne, et *sekhe [dictum]* pour les autres. C'est un véritable mode, qui marque le desir ou la volonté de faire quelque chose. Mais l'expression complexe qu'il constitue a quelque chose de singulier, puisqu'à la rendre mot à mot, *weïleki-seme*, par exemple, *[utinam faciam]*, ou *weïlekini sekhe [utinam facias, faciat,* &c.*]*, signifie exactement *faciam dicere*, ... *facias* ou *faciat dictum*.

Le temps en *fi* a la force du participe actif passé des verbes Latins *déponens*, et du participe moyen des Grecs. On le met à tous les verbes d'une même phrase dont le sens est suspendu, et l'on n'en excepte que l'avant-dernier, qui se met au temps en *me*, et le dernier qui se met au positif en *mbi* ou au temps en *kha, khe, kho*, ou en *ra, re, ro*, auquel on ajoute la désinence finale et insignifiante *pi*. Aucune idée de temps, de personne, aucune modification dans la nature des propositions, n'est marquée implicitement ni repoussée par ces trois formes; elles n'ont absolument rapport qu'à la situation du verbe dans la phrase; elles ne méritent donc pas le nom de modes.

Les temps en *khangge* et *rangge* sont de véritables adjectifs verbaux, que représente assez bien le participe actif présent des François, ou le participe en μενος des Grecs; avec cette différence, peu avantageuse au mandchou, qu'on les emploie aussi dans le sens passif, et même pour marquer les noms d'action, de sorte que *tatsikhangge*, par exemple, signifie, suivant l'occurrence, étudiant, étudié, étude; *khendoukhengge* peut s'entendre de la personne qui dit, de la chose qui est dite, et de l'action de dire. C'est déjà là sans doute une grande source d'obscurité; mais ce n'est pas la plus abondante qu'on puisse dès à présent entrevoir dans le système des verbes Mandchous. Presque tous sont susceptibles de cinq formes dans la voix active. Ainsi de *tatsimbi*, apprendre, on fait dériver régulièrement *tatsinambi*, aller apprendre, *tatsindsimbi*, venir apprendre, *tatsinoumbi* et *tatsindoumbi*, apprendre ensemble, et *tatsiboumbi*, faire apprendre. Mais cette dernière forme, que l'on peut faire prendre à tous les verbes, outre le sens transitif, marque encore le passif; et c'est ce qui produit, dans un grand nombre de cas, une ambiguïté aussi fâcheuse qu'inévitable: par exemple, de *tantambi*, frapper, on forme *tantaboumbi*, qui signifie également *être frappé* ou *faire frapper ;* de *dakhambi*, suivre, *dakhaboumbi*, faire suivre, ou être suivi, &c.

En voilà, je pense, assez pour faire juger dans la théorie ces conjugaisons, par lesquelles les Missionnaires ont avancé que le mandchou devoit l'emporter sur le chinois. On peut déjà s'apercevoir qu'il n'y a rien dans les verbes Tartares qui approche *du goût de nos langues d'Europe ;* et l'on s'en convaincra bien mieux encore, si, laissant-là les abstractions grammaticales, on examine le rôle que jouent dans la pratique ces prétendus temps et modes. Pour faciliter cet examen au lecteur, j'ai cru devoir, à cause de la rareté des textes Mandchous, en rapporter un de quelque étendue (1). Celui que j'ai choisi a l'avantage de se rattacher, par la matière qui y est traitée, à l'objet même de nos recherches, puisque c'est l'un des livres sacrés de cette religion de Bouddha, portée de l'Inde dans la Tartarie à des époques historiquement connues, et qu'on a voulu, nonobstant les renseignemens les plus positifs, considérer tantôt comme originaire du *plateau de la grande Tartarie*, et tantôt aussi comme antérieure dans l'Indoustan au culte de Brahma lui-même. Le livre que je donne ici en mandchou, d'après une édition originale Chinoise et Tartare, est réellement composé de deux parties : la première est une sorte de texte qui ne consiste qu'en un petit nombre de lignes, et dont l'original, écrit en samskrit, paroît avoir fait partie d'un grand ouvrage intitulé *la Fleur de majesté* (2). La seconde est un commentaire composé suivant toute apparence en chinois, par quelque Bonze indien, ou du moins par une personne instruite dans les sciences de l'Inde, et capable de transcrire les mots Samskrits en caractères Chinois. Il semble aussi, d'après ces transcriptions, que le traducteur Mandchou ait été en état de le rectifier sur les originaux ; ce qui nous autorise à

---

(1) Voyez l'Appendice, 1.re et 2.e parties.

(2) En chinois, *Hoa yan king*. Voy.

sur ce livre la *note 1* dans l'Appendice, 1.re partie.

supposer qu'il avoit au moins quelque connoissance de l'alphabet Devanagari.

Le sujet de ce petit ouvrage est fort obscur, et la manière dont il est traité est on ne peut pas plus éloignée du cercle ordinaire de nos idées. Il s'agit en effet du dogme le plus sublime de la doctrine secrète de Bouddha, de celui qui enseigne aux initiés les moyens par lesquels l'intelligence humaine peut s'élever jusqu'à la divinité, ou, pour parler leur langage, sortir du fleuve de la vie et de la mort, de cette émanation de l'esprit universel où nagent tous les êtres créés, et *arriver au rivage opposé*, c'est-à-dire, rentrer dans le sein de Bouddha. Il n'est donc pas surprenant que la version Mandchoue d'un pareil ouvrage présente de grandes difficultés. Je n'inférerai même rien de cette partie du texte qui est traduite du samskrit : on paroît s'y être scrupuleusement conformé à la construction de l'original, dont plusieurs fois même on a transcrit les expressions sans les traduire. Mais le commentaire pouvoit et devoit être clair : or, indépendamment de l'obscurité qui naît du fond des idées, il en résulte une plus grande encore de l'emploi de ces verbes déclinés, de ces nominatifs sous-entendus, de ces désinences grammaticales toujours vagues et ambiguës qui tiennent au génie particulier de la langue. Le livre dont il s'agit est sans doute un des plus difficiles à entendre qu'il y ait en mandchou ; mais qu'on le compare au texte Chinois, et l'on verra si celui-ci, tout dépouillé qu'il est de formes et de particules, n'est pas, dans sa construction simple et naturelle, beaucoup plus intelligible que la version Tartare. Ce que j'avance ici est bien opposé à l'opinion émise par le savant Amiot ; mais j'ose dire qu'il n'est pas une personne qui, sachant les deux langues, et lisant une de ces éditions Chinoise et Tartare, où les phrases du texte sont disposées en lignes parallèles à celles de la traduction, ne jette beaucoup plus souvent les yeux sur l'original que sur la copie (1). Quel peut donc être le mérite de cette dernière ?

(1) On trouvera l'un et l'autre dans l'Appendice.

Dans les livres historiques, le style Mandchou n'a pas au même degré le vague et l'ambiguité que je viens de signaler : c'est qu'il n'est rien de plus clair et de plus simple que celui des originaux Chinois sur lesquels on les a calqués. On ne trouve donc là encore aucun avantage à consulter le tartare préférablement au chinois. Si l'on passe à des compositions dont la nature prête plus d'essor au style, on y trouvera la même obscurité jointe à la construction la plus monotone, la plus fatigante et quelquefois la plus embarrassante. C'est un trait bien caractéristique du mandchou que la règle phraséologique à laquelle il est astreint, et il est étonnant qu'on n'en ait pas encore fait la remarque. Rien n'est libre dans cette langue, et l'élégance y est impossible. La place de chaque mot est invariablement marquée dans chaque phrase, et toutes les phrases sont comme sorties du même moule. Le terme conséquent, quoique marqué d'un signe de cas, est toujours placé avant son antécédent, l'adjectif avant le substantif, le substantif régi avant le mot recteur, le complément avant le verbe. Les phrases sont soumises à la même loi; et s'il se présente quelqu'une de ces propositions incidentes que nous rattachons au mot de la phrase principale qui en est le sujet, il faut de rigueur en mandchou la placer au commencement. Tout ce qui, dans les autres langues, est subordonné au choix de l'écrivain, et peut devenir entre ses mains un moyen de varier les phrases et de leur donner plus de mouvement et d'expression, est ici déterminé par la règle et d'une manière toujours uniforme. Il s'ensuit qu'une période un peu longue, une énumération, une division quelconque, quand elle tiendroit, comme cela arrive souvent, plusieurs pages, n'est entendue qu'au moment où l'on atteint le dernier mot, et n'est soutenue jusque-là que par le retour périodique et fastidieux des participes en *fi*. C'est-là, plutôt que la longueur des mots, la cause pour laquelle les Mandchous n'auront jamais de poésie. Ils ne sauroient même avoir d'éloquence ; car leurs plus beaux morceaux ne sont que des séries de propositions arides et décharnées, toutes formées régulièrement d'un sujet, d'un régime et d'un verbe. L'adverbe même ne paroît pas naturel à leur idiome ; ils le remplacent souvent par un adjectif ou un substantif suivi de la marque du génitif. Les seules expressions véritablement adverbiales qu'ils possèdent, se réduisent à quelques centaines de mots bizarres, la plupart onomatopées, qui sont trop évidemment créés par le caprice pour avoir jamais cours chez les gens instruits, et qui n'ont pas même le mérite médiocre de rendre passablement un son quelconque. Tels sont *fir-fiyar-seme* [en agitant l'air comme une femme qui marche], *firfin-fiyarfin* [en sanglotant], *kangour-kingour-seme* [comme des murs qui s'écroulent], &c. Toutes ces expressions dont nous rejetons les analogues dans le style le plus vulgaire et le plus familier, sont des beautés dans les livres Mandchous : ce sont du moins les seuls mots qui en rompent un peu la monotonie.

Si le *wen-tchhang* ou le style des livres surpasse déjà en clarté et en précision celui que les Mandchous ont adopté pour le représenter dans leur langue, à plus forte raison peut-on assurer la même chose du *siao-choue* ou *style familier* que les Chinois emploient dans la conversation, et aussi dans les romans, dans les drames, et dans les autres compositions du même genre. Une simplicité quelquefois enfantine, mais le plus souvent une inimitable naïveté, forment le caractère distinctif de ce langage, qui est peut-être plus éloigné du chinois littéral, que celui-ci ne l'est du latin ou du françois. Ici tous les rapports sont marqués, toutes les nuances sont exprimées ; les sujets ne sont plus sous-entendus, ni les particularités de nombre ou de temps abandonnées à la sagacité du lecteur ou de l'auditeur. Les mots groupés en forme de polysyllabes, les substantifs affectés de désinences spéciales, les conjonctions et les prépositions soigneusement mises à leur place, les adverbes distingués par des terminaisons, une foule d'auxiliaires et de mots analogues aux particules tant séparables qu'inséparables dans les verbes Allemands, une construction enfin toujours conforme à l'ordre naturel des idées, font du chinois familier ou du *kouan-hoa*, la plus claire comme la plus facile de toutes les langues. C'est une chose qui n'étonnera pas ceux qui sentiront combien il est absurde de supposer qu'une nation habile et éclairée ait inventé, adopté ou conservé un système aussi vicieux que celui qu'on s'obstine à lui prêter ; un système qui exposeroit d'une manière inévitable à de perpétuelles équivoques et à de fâcheux malentendus.

Mais si, grâce aux formes grammaticales, dont, contre l'opinion vulgaire, on est toujours maître de faire usage en chinois, la conversation est loin de présenter l'obscurité qu'on lui a supposée, il pourroit n'en pas être de même du style des *King*, dont la principale beauté consiste peut-être à s'être entièrement refusé ce secours, et dont au moins l'énergie et la sublimité tiennent en grande partie à ce que chaque phrase, et pour ainsi dire chaque mot, renferment un sens absolu, et à ce que les auteurs et rédacteurs de ces antiques monumens, aussi riches d'idées qu'avares de mots, se sont bien gardés d'en prodiguer à l'expression des relations grammaticales, auxquelles il est presque toujours si facile de suppléer.

On ne sauroit nier pourtant que cet excès de concision ne produise quelquefois du vague et de l'obscurité ; mais cela même a lieu moins souvent qu'on ne l'imagine, et l'embarras ne roule presque jamais sur le fond des idées, mais plutôt sur des particularités de personnes, de temps, &c. Or on a pu voir plus haut que la fausse richesse grammaticale des Mandchous n'est guère propre à lever des difficultés de ce genre. Aussi peut-on, dans chacune des traductions qu'ils ont faites des livres Chinois, trouver la preuve qu'elles n'éclaircissent rien de ce qui est obscur dans le texte ; ce qui provient aussi, à la vérité, de la manière servile dont on les a calquées sur les originaux. Certains tours que le génie d'une langue admet et rend intelligibles, deviennent obscurs ou dépourvus de sens quand on les transporte dans une autre langue sans y faire les modifications nécessaires. C'est ce qui rend insoutenable la lecture des anciennes traductions Latines où l'on s'est trop strictement attaché à rendre la lettre des auteurs Grecs. On éprouve le même dégoût et le même embarras en lisant les Psaumes ou tout autre livre de l'ancien Testament dans la

version

SUR LES LANGUES TARTARES. 121

version interlinéaire de *Sanctes Pagninus*. Rien de tout cela pourtant ne sauroit donner une idée de l'insipidité des versions Tartares. On peut dire qu'elles ne sont formées que des phrases Chinoises, dont on a, à l'aide d'un dictionnaire, remplacé chaque mot par le mot Mandchou correspondant. On a même été jusqu'au point de respecter l'ambiguité qui résulte quelquefois de la multiplicité des acceptions d'un même mot; et ne trouvant pas toujours dans les expressions Mandchoues cette espèce d'amphibologie, on la leur a procurée exprès, prenant pour être obscur et inintelligible, autant de peine qu'on s'en donne ailleurs pour écrire avec clarté et précision. Ainsi 色 *che* ou *sse* signifiant en chinois *couleur* et *volupté*, on a étendu le mot Tartare ᠪᠣᠴᠣ *potcho*, qui n'avoit primitivement que la première de ces deux acceptions, à exprimer aussi le sens de la seconde. 行 *hing* ayant successivement acquis les significations de *marcher, pratiquer, agir, faire*, ᠶᠠᠪᡠᠮᠪᡳ *yaboumbi* a été artificiellement doué de tous ces divers sens. Le mot Tartare ᡤᡳᠶᠠᠨ *giyan* ne signifie à-la-fois *morale, disposition, règle, raison*, que parce que 理 *li*, en chinois, pouvoit s'entendre de toutes ces manières. Système bien vicieux, puisque si l'on est embarrassé dans un passage ambigu d'un texte, et qu'on ait recours à la traduction, on y trouve précisément la même sorte d'ambiguité amenée là, non par la force des choses et la pauvreté de la langue, mais par une vaine recherche de fidélité et une servile imitation de la part des interprètes (1). On s'est quelquefois, il est vrai, écarté de ce mode de traduction: mais c'est quand on auroit dû peut-être s'y attacher plus soigneusement, ou du moins quand son emploi n'auroit pas eu d'inconvénient. Ainsi dans les anciens livres, tels que le *Chou-*

---

(1) Je ne rapporte aucun passage à l'appui de ce reproche, parce que j'en ai consigné plusieurs dans ma notice sur les quatre livres moraux de Confucius et sur leurs traductions; notice qu'on trouvera dans le 10.ᵉ volume des *Notices et extraits des manuscrits*.

Q

king, les personnages célèbres, et les empereurs eux-mêmes, sont toujours désignés par leur nom; usage qui tient à la simplicité des mœurs antiques. On dit *Yao, Chun, Iu, &c.* Les Mandchous joignent à ces noms le mot de *Khan,* titre Tartare doublement déplacé quand il s'agit des anciens souverains de la Chine. Si le *Chou-king* rapporte le discours d'un empereur, il l'annonce simplement par les mots suivans : 曰 帝 *Ti youeï* [le prince dit...], 曰 尧 *Yao youeï* [*Yao* dit...], &c. Les versions Tartares remplacent ces mots par la formule actuellement usitée à la cour de Peking : *L'empereur ordonna du haut de son trône...* Si l'on adresse la parole au prince, elles emploient cette autre formule : *Les grands adressèrent avec un profond respect leur discours de bas en haut.* Il y a en chinois deux cycles, l'un de dix, et l'autre de douze caractères, tous insignifians et servant seulement à la supputation des jours et des années. Les Mandchous ont adopté, pour remplacer le premier, les noms des dix couleurs et nuances principales, et pour l'autre ceux de douze animaux, depuis long-temps employés dans la Tartarie à cet usage, et dont la réunion en cycle sera l'objet de nos recherches dans la suite de cet ouvrage. Et comme les deux cycles se combinent ensemble pour former un cycle de 60, on réunit à cet effet le nom d'une couleur à celui d'un animal, et il en résulte à chaque date les expressions les plus grotesques, telles que celles de *bœuf rouge, cheval vert, chien violet,* et autres semblables.

Il y a peu de livres où l'infériorité du mandchou, et l'impossibilité de rendre dans cette langue les beautés des écrivains Chinois, se fassent sentir d'une manière aussi remarquable que dans la version du *Meng-tseu.* Cependant le style de cet auteur n'a point l'énergique simplicité ni l'inimitable laconisme du *Chou-king* ou des livres de Confucius; il est plus brillant et plus fleuri; ses descriptions sont vives et animées, ses tableaux riches et remplis de figures et de comparaisons pittoresques : en un mot, c'est peut-être de tous les écrivains Chinois d'un rang distingué, celui dont la tournure d'esprit est le moins éloignée du goût Européen, et qui a le plus de ce *mixt wit* qu'Addisson attribue aux auteurs Latins du second ordre (1). Il semble donc que ce devoit être un de ceux qui perdroient moins à changer de langue, et dont une version quelconque représenteroit moins mal le genre de mérite. Cependant j'ose assurer, sans crainte d'être démenti par ceux qui entendent les deux langues, que la traduction Tartare n'a conservé aucune des beautés de l'original; elle est, comme toutes les autres, pesamment fidèle, et, loin de pouvoir dispenser de la lecture du texte, elle n'est bonne qu'à en faciliter l'intelligence.

Après avoir énuméré les défauts des versions Mandchoues, il seroit injuste de passer sous silence les avantages qu'elles peuvent offrir aux lecteurs des ouvrages Chinois. Premièrement elles représentent le sens littéral de ces derniers avec une exactitude dont rien n'approche, et qu'on peut seulement trouver excessive, ainsi qu'on l'a vu précédemment. En second lieu, il n'est pas rare qu'on se trouve arrêté, en lisant un texte Chinois, par des mots qui peuvent être pris ou comme verbes ou comme substantifs. Un coup-d'œil sur la version Mandchoue a bientôt levé une difficulté de ce genre. La même chose peut se dire des noms propres d'hommes ou de lieux qui sont presque tous significatifs en chinois, et qui peuvent exposer un lecteur à faire de graves contre-sens. Les Mandchous se bornent dans leurs livres à transcrire la prononciation de ceux des caractères Chinois qui servent à représenter un nom, de sorte qu'on les a bientôt reconnus au milieu de ceux qui ont été non transcrits, mais traduits. La ponctuation qui est toujours soigneusement marquée dans les traductions Tartares, et qui d'ailleurs y est presque superflue à cause de la régularité des phrases, et des terminaisons qui les caractérisent, est un autre avantage par où elles l'emportent sur les originaux. Enfin, quelque servile que soit la copie, on gagne toujours à la comparer à l'original, et la différence de construc-

(1) Spect. 62.

tion peut quelquefois rendre clair dans l'une ce qui ne l'étoit pas dans l'autre. Mais tout cela ne sauroit justifier l'assertion exagérée de quelques zélateurs du mandchou, qui ont été jusqu'à dire qu'avec le secours de cette langue on pourroit désormais se passer de la connoissance du chinois, et lire dans les traductions les bons livres Chinois, parmi lesquels, suivant eux, il n'en est pas un seul qui n'ait été traduit en tartare. Quand ce dernier fait seroit vrai, il n'en demeureroit pas moins indispensable d'étudier la langue des originaux, soit pour pouvoir apprécier le mérite littéraire de ceux-ci, soit même pour avoir seulement l'intelligence des versions Tartares; car, sans le chinois, il est absolument impossible de les comprendre. C'est ce qu'il est aisé de démontrer en peu de mots.

Il y a en chinois une foule prodigieuse d'expressions collectives, de figures techniques, de phrases tellement consacrées par l'usage, et si bien restreintes dans leur signification, qu'on doit les entendre et qu'on les prend en effet toujours dans le sens qui leur a été affecté par convention, et non dans celui qu'elles auroient, si on les traduisoit littéralement. Les Mandchous les ont toutes conservées dans leur langue ; on les retrouve chez leurs auteurs à chaque page ou plutôt à chaque ligne, et par-là ils ont transporté dans leur idiome ce qu'il y a de plus difficile dans celui de leurs maîtres en littérature. Or, comme les dictionnaires Tartares n'expliquent pas ces sortes de difficultés, et qu'on n'en peut trouver l'interprétation que dans les livres Chinois, si l'on ne consulte ces derniers, il est impossible à l'homme qui sauroit le mieux le mandchou, d'entendre une phrase où se trouve une seule expression de ce genre. Rendons ceci sensible par des exemples. Les Chinois ont une métaphore très-usitée et prise de la chaîne et de la trame qui composent un tissu ou un filet. Ils nomment la première *kang*, et s'en servent pour désigner ce qu'il y a d'essentiel dans un ouvrage invariable en morale, en politique, &c. Ils appellent la chaîne *ki*, et en font l'emblème de ce qui est moins important, moins constant. Ainsi ils nomment *san kan [les trois chaînes]*, les rapports qui existent

SUR LES LANGUES TARTARES. 125

entre le prince et le sujet, le père et le fils, le mari et la femme, rapports qui, dans leurs idées, sont la base de l'ordre social. Par une figure semblable, une histoire composée d'un texte où les événemens sont racontés sommairement, et d'un commentaire destiné à en développer les circonstances, se nomme *kang-mou*, ou *la chaîne et les mailles*. Les Mandchous ont fait passer ces différentes expressions dans leurs livres. Ils disent ﺧﺴﻦ ﺍﻳﻼﻥ *ilan khechen*, *les trois chaînons*, pour les trois principaux rapports moraux, et ﺧﺴﻦ ﺧﺮﮔﻴﻦ *khechen-khergin*, *trame et chaînon*, pour *annales* (1). C'est même là le titre qu'ils donnent au traité historique connu en Europe sous le nom de *Thoung kian kang mou*.

Depuis la plus haute antiquité, on nomme 六書 *lou-chou* [six caractères], les six règles d'après lesquelles sont construits les caractères Chinois, les six classes sous lesquelles on peut les ranger, et par métaphore l'écriture en général. Les Mandchous ont traduit ces mots par ﻧﻴﻨﮕﻮﻥ ﺧﺎﺗﺴﻦ ﻱ ﭘﺘﺨﻪ *ninggoun khatsin-i pitkhe* [écriture de six sortes ou les six sortes d'écriture]. Mais si l'on ne connoît pas le terme Chinois, on pourra traduire par *le livre de six chapitres*, comme l'a fait M. Langlès (2); et cette faute assez grave ne devra être attribuée qu'à l'emploi d'une expression étrangère, empruntée d'une langue qu'on aura cru pouvoir se dispenser d'étudier. Ainsi l'on peut très-bien, à la rigueur, entendre les livres Chinois sans le secours des traductions Mandchoues; mais pour lire celles-ci, on est forcé presqu'à chaque pas d'avoir recours aux livres Chinois. Cette conséquence, qui résulte des faits rassemblés dans ce chapitre, est bien opposée aux assertions des Missionnaires.

---

(1) Cette expression se trouve dans la préface du Dictionnaire Mandchou-Chinois, dont on lit quelques fragmens dans l'Alphabet Mantchou *(pag. 66)*. M. Langlès, qui a écrit deux fois par inadvertance ﺧﺮﮔﻦ *khergen* [lettre, caractère], au lieu de ﺧﺮﮔﻴﻦ *khergin* [trame], n'a pu reconnoître dans cette expression le titre du *Thoung-kian kang-mou;* aussi a-t-il traduit vaguement les mots ﺧﺴﻦ ﺧﺮﮔﻴﻦ ﻱ ﭘﺘﺨﻪ *khechen khergin-i pitkhe*, par *grands ouvrages de morale et de politique*, au lieu de *Traité historique* ou *Annales*.

(2) Alph. Mandchou, 3.ᵉ éd. *p. 63 et 67.*

La richesse et la multiplicité des expressions sont un autre avantage que les mêmes auteurs ont réclamé pour la langue Mandchoue, et sous le rapport duquel ils ont cru lui voir une certaine supériorité sur le chinois. On cite en faveur de cette opinion le nombre prodigieux de synonymes des mots *chien*, *cheval* et autres semblables. D'ailleurs, en lisant quelques chapitres du grand dictionnaire Chinois-mandchou par ordre de matières, on remarque un assez grand nombre de mots simples en mandchou, et rendus en chinois par des phrases explicatives, comme si le mot correspondant avoit manqué. De plus, le *Miroir de la langue Mandchoue*, en quarante-huit *deptelin* ou livres (1), avec des supplémens, le dictionnaire du P. Amiot lui-même, en 3 volumes *in-4.°*, promettent une abondance de mots assez considérable, puisque le dernier, qui est bien éloigné d'être complet, ne peut contenir moins de douze mille articles. Enfin, et c'est-là le point le plus important, les Mandchous, si l'on en croit les mémoires de Gerbillon, n'ont point de ces mots vagues et serviles qui s'appliquent à tout, tels que les verbes François *faire*, *prendre*, *mettre*, dans la plupart de leurs acceptions secondaires, tels que le sont en chinois les mots 打 *ta*, 爲 *'weï*, 得 *te*, &c. Mais ils changent de verbes autant de fois qu'ils ont à exprimer des actions différentes, et que les substantifs régis viennent à changer eux-mêmes.

La multiplicité des mots synonymes ou à-peu-près synonymes est-elle bonne ? est-elle mauvaise ou inutile ? Voilà ce que Gerbillon n'a pas osé décider, et ce sur quoi, à mon avis, il n'y a guère à balancer. Si cette multiplicité roule sur des idées ou des sentimens susceptibles d'une foule de modifications et de nuances, de variétés et de combinaisons, nul doute qu'elle ne contribue infiniment à l'énergie du discours, et qu'elle ne soit une véritable richesse, qui offre d'inappréciables ressources aux bons auteurs. Mais quelle langue au monde, même parmi celles

(1) Chaque *deptelin* contient environ 50 ou 60 feuillets ou doubles pages.

dont le champ est le plus vaste et le plus fertile, pourroit disputer un pareil avantage à la langue Chinoise, qui, par le nombre presque infini et l'admirable composition de ses caractères, prête à chaque instant au génie les souvenirs les plus intéressans, les allusions les plus piquantes, les images les plus sublimes? Que si la variété des expressions tombe sur des objets de la nature de ceux que cite Gerbillon, le chinois peut sans regret céder au mandchou un mérite aussi futile. Ce n'est pas à l'expression de particularités si frivoles qu'une langue symbolique doit prodiguer ses signes, et c'est une faculté qui n'est pas à envier que de pouvoir exprimer en un seul mot, *qu'un chien a au-dessus des sourcils deux flocons de poil blond ou jaune*, qu'il a *toute la peau marquetée comme un léopard*, ou *seulement le museau marqueté et le reste d'une couleur uniforme, &c.* Remarquons seulement que, sous ce point de vue même, on doit admirer la prodigieuse distance d'une langue alphabétique comme le mandchou, à une langue pittoresque comme le chinois; puisque ces différentes qualités extérieures ne sont indiquées en mandchou que par des syllabes sans analogie, dont la réunion ne signifie absolument que ce qu'il a plu au caprice de leur faire exprimer : tandis qu'en chinois, ceux des caractères qu'on peut appeler *descriptifs*, parce qu'ils sont destinés à faire connoître les objets par leurs qualités extérieures, sont composés de traits figuratifs qui peignent ce qu'ils ont d'essentiel. Beaucoup d'entre eux constituent même de véritables définitions, qui représentent si bien l'objet figuré qu'on est tenté de dire en les analysant, *ipsum est nomen ejus.*

Relativement aux mots simples rendus dans le *Miroir des mots Mandchous* par des phrases Chinoises, il y a deux choses à dire : l'une, que les auteurs de cet excellent dictionnaire n'ont peut-être pas apporté dans leur travail toute la bonne foi nécessaire, et que dans le desir, commun à tous les Mandchous, de faire briller leur langue maternelle, ils ne se sont pas toujours souciés de rechercher les caractères qui eussent exactement correspondu aux mots Tartares ; l'autre, que ces caractères étant presque toujours susceptibles de plusieurs interprétations, ils ont fait prudemment de leur préférer des phrases sur le sens desquelles il n'y avoit lieu à aucun embarras.

Le *Dictionnaire Tartare-mandchou* d'Amiot n'est assurément pas tel qu'il auroit été, si l'auteur eût prévu qu'on livreroit son travail à l'impression, sans lui faire subir une rédaction préalable. Le savant Missionnaire nous en avertit lui-même; et M. Langlès a toujours été si bien convaincu de ses imperfections, qu'il a annoncé au nombre des additions qu'en sa qualité d'éditeur, il comptoit joindre à l'ouvrage du P. Amiot, un lexique Mandchou-françois avec des augmentations considérables. En effet, on peut dire que ce dictionnaire auroit besoin d'être réduit de moitié et augmenté d'un tiers : réduit sous le rapport des explications ; augmenté quant au nombre des expressions. Il suffit de jeter les yeux sur les explications de quelques mots pour sentir combien elles sont vagues, insuffisantes, contradictoires. Par-tout la définition vient remplacer le terme propre ; et en un grand nombre de circonstances, les exemples sont fondus dans l'interprétation. Si, dans quelques articles, le fond de l'idée n'est pas altéré, dans tous du moins la forme est vicieuse et la rédaction incorrecte. Je ne rapporterai pas ici les interprétations prolixes de quelques mots qui laissent au commençant le choix d'une vingtaine de sens tous différens et quelquefois opposés ; mais je me contenterai d'indiquer parmi les plus choquans les articles ᡤᠣᠴᡳᠮᠪᡳ *gotsimbi* (1), ᡦᠠᠨᡩᠰᡳᠪᠣᡠᠮᠪᡳ *pandsiboumbi* (2), ᡨᠠᡨᠠᠮᠪᡳ *tatambi* et ᡨᠠᡨᠠᠪᠣᡠᠮᠪᡳ *tataboumbi* (3), ᡤᡳᡩᠠᠮᠪᡳ *gidambi* (4) &c.

Outre cela, le nombre de douze mille articles que je suppose contenu dans les trois volumes du dictionnaire, seroit peut-être diminué de la moitié, si l'on en retranchoit les phrases et expressions complexes qui devroient rentrer comme exemples sous les mots simples. La réduction seroit plus forte encore, si l'on y supprimoit les verbes passifs, transitifs, collectifs, les participes ;

---

(1) Dict. Tartare-mantchou-françois, t. I, p. 440.
(2) Ib. p. 520.
(3) *T. II, p. 176.*
(4) *T. III, p. 63.*

les

les pluriels, quelques cas obliques qui se forment régulièrement. C'est dans la grammaire qu'on doit donner les règles qui président à leur dérivation, et ils occupent une place usurpée dans un dictionnaire. Peut-on concevoir une idée favorable de la rédaction d'un ouvrage de ce genre, quand on y trouve quatre-vingt-neuf formes ou expressions complexes dérivées du verbe ينبوجي *genembi* [venir], rapportées comme autant de mots différens (1) ?

Au reste, un dictionnaire rédigé d'après un meilleur plan, où les explications seroient plus exactes, plus analytiques, mieux raisonnées, qui comprendroit un grand nombre de mots nouveaux, insérés dans les éditions récentes et dans les supplémens du *Miroir de la langue Mandchoue ;* un tel dictionnaire, dis-je, qui contiendroit réellement un nombre de mots bien plus considérable que celui qui a servi de texte au savant Missionnaire (2), fourniroit la preuve que le mandchou ne peut, en aucune manière, entrer en comparaison avec le chinois sous le rapport de la richesse et de l'abondance des expressions.

Pour ce qui est des mots vagues et indéfinis, dont l'usage est, suivant Gerbillon, presque inconnu aux Mandchous, j'observerai qu'il en est au contraire un fort grand nombre dont les acceptions ne sont pas rigoureusement circonscrites, et qui, si je puis m'exprimer ainsi, servent à plusieurs fins. Tels sont les verbes سنڊمبي *sindambi*, داخمبي *dakhambi*, گوتسمبي *gotsimbi*. Le mot چاكا *dchaka* [chose], qui exprime une idée plus générique et plus vague encore que celui d'*être*, n'est pas d'un usage moins fréquent ni moins général en mandchou que dans tout autre idiome.

---

(1) Voyez *t. III, p. 12-17.*

(2) Le titre de cet original est *Thsing wen 'weï chou*, ou مانچو يسابوخا پتخه *Mandchou isaboukha pitkhe.* Il est de la 16.ᵉ année *khian-loung* (1750), et forme 12 *kiouan* ou chapitres. Les explications des mots sont en chinois, et conçues dans un style assez lâche, ce qui eût dû faire un devoir au P. Amiot de les retoucher. M. Adelung (Mithridate, *t. I.ᵉʳ, p. 522*) fait un crime à M. Langlès d'avoir traduit trop littéralement du chinois les explications des mots Mandchous. Ce reproche n'a aucun fondement, puisque M. Langlès s'est contenté de publier la traduction qu'en avoit faite le P. Amiot.

Si les Tartares, comme l'assure Gerbillon, se mettent à rire lorsqu'on leur lit un de nos livres, en entendant la répétition des mots *que, qu'ils, qu'eux, quand, quoi, quelquefois* (1), ils devroient faire la même chose en lisant les leurs, puisqu'on n'y rencontre pas moins souvent les particules ﺑﻪ *be*, ﺩﻩ *de*, ﺳﺮﻩ *sere*, ﺳﻤﻪ *seme*, ﺩﺟﺎﻛﺎﺩﻩ *dchakade*, &c. Ce n'est pas là un reproche à faire au mandchou; et dans toute langue qui a consacré des mots à l'expression des rapports grammaticaux, il n'est pas étonnant que ces mots reviennent fréquemment dans le discours. Quant à ce que dit le Missionnaire que le retour du même verbe ou du même substantif dans deux lignes voisines ne leur est pas supportable, c'est ce qui ne s'observe pas du tout dans les ouvrages ordinaires. Mais c'est peut-être à une fausse délicatesse de cette espèce qu'on doit attribuer le verbiage languissant et contourné des préfaces mises par *Khian-loung* en tête des différentes traductions d'auteurs chinois, morceaux qui peuvent passer dans l'esprit des Tartares pour des chefs-d'œuvre d'éloquence ou de goût, mais qui surpassent, à mon avis, en insignifiance et en affectation, les compositions les plus médiocres des autres langues.

En la réduisant à ses véritables possessions, la langue des Mandchous est encore assez riche pour être un sujet d'étonnement, quand on pense que le peuple qui la parle étoit encore, il y a deux cents ans, une petite tribu Tongouse que rien ne distinguoit du reste de cette nation demi-sauvage. La langue d'un peuple pareil, sans besoins, sans lettres et sans rapports avec ses voisins, ne sauroit être que très-bornée. On a donc lieu d'être surpris de la voir en si peu de temps parvenue à un tel point d'abondance, qu'elle puisse presque le disputer à la langue chinoise, l'une des plus anciennes du monde, qui doit ses trésors à une accumulation de plus de quarante siècles. Avant de se récrier sur un tel phénomène, il convient d'examiner ce rapide accroissement de la langue Mandchoue, de voir si ses

---

(1) Gerbillon, chez du Halde, *t. IV, p. 78.*

richesses sont bien acquises, de vérifier enfin si les emprunts de mots que les Mandchous ont dû faire aux autres peuples, ont été exécutés avec goût, avec nécessité, avec choix, en un mot suivant certaines règles que le bon sens et la raison prescrivent en pareilles circonstances.

Je distingue trois sortes de mots dans la langue Mandchoue : les premiers lui sont communs avec celle des Tongous ; ils expriment des idées simples, ou désignent des objets de première nécessité. Quoiqu'ils soient en assez petit nombre, ils n'en forment pas moins le fond de la langue, et c'est d'après eux et ce qui les concerne qu'on doit juger son génie. Une petite liste de mots essentiels, rédigée d'après les Vocabulaires de Pallas (1) et de M. de Klaproth (2), mettra hors de doute l'identité du mandchou et des différens dialectes des Tongous, même de ceux qui habitent le plus à l'occident, aux environs de Touroukhansk et d'Éniseïsk. Comme mon intention, avant de terminer ce chapitre, est de revenir sur les principaux dialectes connus de la langue Tongouse, je me contenterai d'observer ici que la ressemblance d'un petit nombre de mots dans les langues des Mandchous et des Tongous, est d'un tout autre poids pour prouver leur communauté d'origine, que ne pourroient l'être les différences d'un plus grand nombre d'autres mots, si l'on vouloit en déduire la conséquence opposée ; car outre que la ressemblance porte en général sur les mots les plus nécessaires, et les différences au contraire sur des expressions secondaires, on doit songer que les Mandchous sont issus de cette portion de la race Tongouse qui habite depuis deux mille ans au nord de la Chine et de la Corée, d'où sont sortis plusieurs peuples qui ont fait des conquêtes dans des pays policés, et ont eu par-là occasion d'agrandir la sphère de leurs idées, et d'augmenter leurs idiomes d'une foule de mots nouveaux. Ces mêmes peuples, repoussés ensuite vers le nord, ont rapporté dans leur ancienne

(1) Linguarum totius orbis Vocabularia comparativa.
(2) Abhandlung, &c. *p. 73*.

patrie leurs langues altérées et enrichies. Ainsi les *Sian-pi*, les *Jouan-jouan*, et les autres nations désignées dans l'antiquité par le nom de *Toung-hou*, et plus récemment les *Khi-tan* et les *Niu-tchi*, ont dû, après leurs courses en Chine et la destruction de leurs établissemens dans l'Empire, avoir des idiomes plus riches que ceux des Tongous, qui étoient restés sauvages, et perfectionnés sous d'autres rapports. C'est de ces idiomes que s'est formée la partie Tongouse de la langue Mandchoue.

La seconde espèce de mots Mandchous comprend ceux qui sont empruntés du mongol. Elle est fort nombreuse, et rien n'est plus faux que l'assertion de Gerbillon (1), *que dans les deux langues* (Mongole et Mandchoue) *il n'y a guère que sept ou huit mots semblables*. Il est bien certain, au contraire, que la plus grande partie des objets d'une importance secondaire sont désignés par des expressions prises du mongol. On en sera bientôt convaincu en jetant les yeux sur le vocabulaire comparatif; et je ne doute pas que les exemples ne fussent encore bien plus nombreux, si nous avions un dictionnaire Mongol complet. Il ne peut du reste y avoir aucun doute, quoi qu'en dise Gerbillon, sur la véritable origine des mots communs aux deux langues. Les Mongols étoient réunis en corps de nation, ils avoient un alphabet et des livres, leurs armes leur avoient soumis les trois quarts de l'Asie, trois cents ans avant qu'il fût question de l'existence des Mandchous. Depuis l'établissement de la puissance de ces derniers, ils n'ont exercé sur les Mongols qu'une influence légère, courte et très-indirecte, influence qui n'a pu apporter que de bien foibles modifications à leur idiome. D'ailleurs, et ceci est plus concluant, beaucoup de ces mots sont sans analogie en mandchou, et trouvent leur radical dans le mongol. C'est ainsi que ᡵᠣᠰᠣ *yoso* est évidemment dérivé du mongol ᠶᠣᠰᠣᠨ *yousoun* [mœurs], ᠸᠠᠶᠢᠯᠠᠮᠪᠢ *weïlembi* [faire] de ᠤᠶᠢᠯᠠ *ouïla* [action], ᡩᠣᠷᠪᡝᡩᠴᡝᠨ *dourbedchen* [quadrilatère] de ᠳᠥᠷᠪᠠᠯᠵᠢᠨ *dôrbaltsin*, régulièrement formé du radical ᠳᠥᠷᠪᠡᠨ *dôrban* [quatre]. De même plu-

---

(1) Mémoire de Gerbillon, dans la compilation de du Halde, *t. IV, p. 80*.

SUR LES LANGUES TARTARES. 133

sieurs noms de nombres dénaires en mandchou sont dérivés des noms simples Mongols, comme ᠣᠷᡳᠨ *orin* [vingt], qui vient certainement de ᡣᠣᠶᠠᠷ *khoyar* [deux, en mongol], ou de son décuple ᡣᠣᠷᡳᠨ *khorin* [vingt, dans la même langue], et non de ᡷᡠᠸᡝ *dchouwe* [deux, en mandchou]; ᡤᠣᠰᡳᠨ *gosin* [trente, en mandchou], est formé de ᡤᠣᠷᠪᠠᠨ *gorban* [trois, en mongol], ou de ᡤᠣᡨᠰᡳᠨ *gotsin* [trente, *idem*], et non de ᡳᠯᠠᠨ *ilan* [trois, en mandchou], &c.

Il faut ajouter à cette seconde classe les mots que les Mandchous ont empruntés des *Khoïse* ou Turks musulmans, des Olets, des Tibetains et des Hindous. Ces derniers sont en fort petit nombre, et désignent tous les objets relatifs au culte de Bouddhah. Tels sont les mots suivans, dont aucun ne se trouve dans le dictionnaire d'Amiot, et que j'extrais du *Miroir de la langue Mandchoue* (1): ᡦᡳᠯᠣᡨᡠ *philoutou*, sorte de bonnet que portent les *Ho-chang*, et sur lequel est la figure d'un Bouddhah nommé en samskrit *Philou*; ᠰᠠᠮᠠᠨ *Saman*, Samanéen, prêtre, formé d'un mot Samskrit, qui, suivant les Chinois, signifie *diligent et relâché*, parce que le Saman doit être diligent pour toutes les bonnes actions, et s'abstenir de toutes les mauvaises (2); ᡦᠠᡩᡳᡵᡳ *padiri* [*patera*], sorte d'écuelle avec laquelle les *Ho-chang* font leurs purifications; ᡨᠠᡵᠨᡳ *tarni*, les mystères de la loi de *Fo*; ᠰᠠᠮᠠᡩᡳ *samadi*, extase; ᠮᠠᠨᡩᠠᠯ *mandal*, terre ou lieu où l'on fait les cérémonies. Il est essentiel de remarquer que tous ces mots, et quelques autres de la même origine, sont demeurés renfermés dans

(1) XIX.ᵉ *deptelin*, classe des Bonzes, chapitre sur *Fo*. Je pourrois tirer un bien plus grand nombre de mots Samskrits en caractères Mandchous des livres Tartares qui traitent de la religion de Bouddhah; mais il y a lieu de croire qu'ils ne sont pas introduits dans la langue usuelle, puisque le dictionnaire classique publié sous le dernier règne ne les contient pas. On remarque chez plusieurs d'entre eux des sons étrangers à l'alphabet Mandchou, rendus avec les signes adoptés par les Lamas.

(2) C'est la définition que donne le *Ju-kia sse ti lun* [Discours sur la patrie des *Joghi*], au chapitre 29. On en trouve une à-peu-près semblable dans le *Ta tsang i lan* [Aperçu du grand mystère]. Je prends ces deux citations dans le *San tsang fa sou*.
Le mot *saman* est dans le dictionnaire d'Amiot, mais incorrectement écrit ᠰᠠᠮᠠ *sama*, et plus mal traduit encore par *enchanteur*.

le cercle des Mandchous qui suivent la religion de Bouddhah, sans se fondre réellement avec les autres mots de la langue. Aucun d'eux sur-tout ne s'applique au culte des esprits, qui est la croyance nationale et primitive des Mandchous comme de tous les autres Tartares. Il faut en excepter le mot *Saman*, *Samanéen*, qui s'est répandu, non-seulement chez les Mandchous, mais encore chez les Tongous, et jusque chez les tribus les plus sauvages de la Sibérie. C'est une remarque importante à faire, pour ne pas intervertir l'ordre des choses, et ne pas prendre l'effet pour la cause, en expliquant le peu de rapport qui se trouve entre quelques mots Tartares et ceux de la langue sacrée des Brahmanes.

Les mots que les Mandchous ont reçus des Chinois, forment la troisième classe, et ce n'est pas la moins curieuse à examiner. Les monosyllabes de la langue parlée des Chinois, sont peu propres à passer dans d'autres langues, eux qui sont en si petit nombre, qui tirent toute leur clarté des intraduisibles caractères auxquels ils tiennent lieu de prononciation, eux enfin qu'il suffit de transporter dans une écriture alphabétique quelconque, pour les rendre absolument inintelligibles. On sait d'ailleurs que le même mot sert à prononcer un très-grand nombre de caractères, tous désignant des objets différens. Les quatre tons Chinois peuvent bien, en modifiant la prononciation, augmenter le nombre réel des mots ; mais on ne sauroit les représenter en lettres alphabétiques qu'à l'aide de signes de convention ; et les Mandchous n'en ont adopté aucun pour cet objet. Afin d'obvier aux inconvéniens qu'eussent présentés des prononcés Chinois dépouillés de leurs caractères symboliques, et habillés, si j'ose ainsi parler, à la mandchoue, on a imaginé de leur donner diverses terminaisons d'une ou de plusieurs syllabes arbitraires et insignifiantes, au moyen de quoi on les a défigurés de la manière la plus étrange, comme s'en vantoit le jeune prince Tartare dont le P. Parennin nous a transmis les opinions littéraires. Par exemple, de *tou* [degré céleste] on a fait *doulefoun* ; de *khe* [quart ou plutôt huitième partie d'une heure] *kemou* ; de *miao* [seconde] مِيُورِ *miouri ;* de *foung* [élever en charge] فُونْنبِوِ *foungnembi ;* de *hiao* [respect filial] خِيُوچُون *khiyoochoun ;* de *tchoung* [cloche] دچُونگِن *dchounggen* , &c. &c. Ce système d'adoption, tout vicieux qu'il est, paroît avoir pris faveur dans ces derniers temps, puisque presque tous les mots nouveaux admis dans les éditions récentes du *Miroir de la langue Mandchoue*, augmenté et rédigé par ordre de l'empereur, sont formés de cette manière. Ils se sont multipliés sur-tout dans les matières scientifiques, au point qu'ils forment bien un cinquième de la totalité des mots de la langue. Mais la précaution qu'on a eue de les altérer, les rend tellement méconnoissables, que Deshauterayes a cru que les Mandchous n'avoient presque point emprunté de mots Chinois. « Dans plusieurs milliers que j'ai » parcourus, dit-il (1), à peine en ai-je rencontré une douzaine. » Le petit nombre que je viens de citer suffit pour mettre sur la voie et faire reconnoître les autres. Les noms des vingt-huit constellations ou mansions de la lune, qu'on trouvera ci-après, dans l'uranographie Mongole ont été formés par le même procédé, c'est-à-dire qu'on s'est borné à transcrire les noms Chinois en y ajoutant certaines terminaisons ; et quand deux constellations se sont trouvées avoir en chinois des noms *homophones*, on les a distingués en tartare par des syllabes différentes. On verra en même temps que les Mongols ont agi d'une manière plus judicieuse, en se contentant d'emprunter les noms de ces mêmes constellations aux astronomes Hindous, et en s'efforçant de les rendre le moins mal possible avec leurs caractères. On pourra juger par-là du génie des deux peuples, et de la manière dont ils ont procédé à l'accroissement de leurs langages particuliers.

Il importoit de faire connaître cette méthode bizarre adoptée par les Mandchous pour la fabrication des mots nouveaux, afin de réduire à une juste valeur les inductions étymologiques qu'on pourroit tirer de la considération de leur langue, et de prémunir les systématiques contre les rapprochemens erronés auxquels

---

(1) Ouvrage cité, *p. 564.*

plusieurs mots pourroient donner lieu. Il pourroit arriver qu'on fît quelque attention à une expression qui n'en mériteroit aucune, et qu'on allât bien loin chercher l'origine d'un mot qui ne seroit qu'un vocable Chinois défiguré à plaisir. Il est évident que le hasard doit avoir eu plus d'influence sur la formation du mandchou que sur celle de toute autre langue. C'est bien certainement à cette cause qu'on doit attribuer la ressemblance singulière de quelques termes Mandchous avec des termes correspondans des langues Européennes. Cette ressemblance a fait avancer à quelques personnes qui n'avoient pas assez approfondi la matière, que la langue Mandchoue *contenoit des racines Européennes*. Mais ce seroit, à mon avis, avoir un goût bien décidé pour les systèmes, que d'en vouloir hasarder un sur l'analogie accidentelle de quatre ou cinq mots Mandchous avec des mots Latins, Grecs ou même François. *amouran*, amour; *aniya*, année; *ilenggou*, langue; *emou*, un, ἄμος; *karaki*, corbeau, κόραξ; *kaka*, *stercus infantile*; *garsa*, fille ou garçon qui parle et marche de bonne heure; *senggi*, sang; *toksin*, cloche qui sert de signal, peut-être trois ou quatre autres encore, forment la totalité de ces mots étranges. Il y a bien aussi quelque espèce d'analogie entre certains pronoms et ceux de nos langues Européennes : *mini*, *minde*, mei, mihi; *meiner*, me; *si*, *sini*, tu, tui, σύ, σοι, *du*, *deiner*, *thee*, &c. Mais de tels rapprochemens, entre les langues de peuples auxquels on ne peut supposer une communauté d'origine ni des rapports quelconques, sont stériles ou ne peuvent conduire qu'à des conséquences absurdes : ils me paroissent même plus propres à guérir de la manie étymologique, qu'à servir de base à des hypothèses contre lesquelles la masse entière de la langue militeroit invinciblement.

En écartant ces considérations étymologiques destituées de fondement, qui ne sont jamais présentées avec plus de confiance que par ceux qui n'ont aucune teinture des langues auxquelles on les applique, on ne doit pas fermer les yeux sur des rapprochemens

SUR LES LANGUES TARTARES. 137

chemens plus réels, que leur singularité ne peut faire rejeter, quand ils sont appuyés, non sur de vains rapports de son, mais sur des faits historiques, et accompagnés de circonstances plausibles. Ainsi, quoique ce soit un fait extraordinaire et presque incroyable que l'existence de mots Grecs à la Chine, ou dans le fond de la Tartarie, au nord de la Corée, il en est pourtant deux ou trois en mandchou auxquels il est difficile de ne pas accorder cette origine. Tel est le mot de دپتلین *deptelin* [section, division d'un livre], qui vient du mongol دپتر *daptar*, et probablement du chaldéen דפטרא, livre, *volumen*, comme l'a remarqué M. de Klaproth (1) : d'un autre côté, Διφθέρα [parchemin pour écrire] paroît venir de la même source, et conserve dans notre Occident un sens analogue à celui du mot Mandchou. نومون *nomoun*, mot récemment adopté pour rendre le 經 *king* des Chinois, terme qui signifie *doctrine certaine, constante, livre classique*, est dérivé du mot Mongol et Ouïgour نوم *noum*, qui a le même sens. Le grec νόμος, d'où s'est formé en chaldéen נמסא, en arabe ناموس et en syriaque ܢܡܘܣܐ, paroît être la racine de ces mots Tartares qui ont gardé la signification primitive. Il y a sûrement quelque confusion dans le récit que fait Aboulfaradje (2) d'une controverse ordonnée par Tchinggis-khan, entre les prêtres idolâtres des Ouïgours nommés *Kami*, et ceux du Khatai qui, dit-il, avoient apporté avec eux le livre de leur loi qu'ils nommoient *Noum*. Suivant toute apparence, l'auteur Syrien attribue aux Khitayens ou Chinois ce qui appartenoit aux Ouigours. De tels mots sont de ceux qu'il est naturel qu'une nation emprunte de celle dont elle reçoit son écriture et ses livres ; et si l'on en découvroit par la suite quelques autres du même genre, il faudroit les ajouter aux faits qui prouvent que les Tartares sont redevables de ces objets aux Syriens.

(1) Abhandlung, &c. *p. 66.*
(2) Chron. Bar. Hebr. text. Syr. *p. 441*, vers. Lat. *p. 451 et 452.*

Un assez grand nombre de mots qui sont communs au mongol, au turk et au mandchou, ne peuvent surprendre ceux qui ont une idée des bouleversemens, des révolutions et des transmigrations dont la Tartarie a été le théâtre. Ce sont des mots dont il est vraiment difficile d'assigner l'origine avec certitude, mais qu'il est naturel d'attribuer à celui des trois peuples dont l'existence politique est la plus ancienne, c'est-à-dire aux Turks ; et leur passage chez les deux autres est un témoignage constant du mélange qui s'est fait à plusieurs reprises entre les trois races. Il est plus singulier qu'on rencontre des mots qui sont communs aux Turks et aux Mandchous, sans l'être aux Mongols ; car, comme ceux-ci habitent toute la circonférence du Gobi ou de la mer de Sable, ils sont un intermédiaire naturel pour les autres qui occupent des pays situés à quelque distance de ses deux extrémités. De ce nombre sont *gachan*, qui signifie *bourgade* en mandchou et en turk, et qui n'a point d'analogie avec le mongol ايل *aïl ;* انا *ana,* mère, en turk, qui diffère moins du mandchou ەنىيە *eniye* que du mongol ᠡᠬᠡ *eke ,* et quelques autres.

Mais la ressemblance de quelques expressions Turkes, Mongoles et Mandchoues entre elles, ne doit pas faire penser qu'il existe entre les trois langues une analogie essentielle et fondamentale. Il est au contraire facile de se convaincre qu'à l'exception d'un très-petit nombre de mots communs, et d'une légère conformité dans quelques règles grammaticales, il y a entre elles plus de différences qu'il n'y en a entre le russe, l'italien et l'allemand, et qu'ainsi, loin d'être des dialectes d'une même langue, elles sont au fond des idiomes tout-à-fait distincts : je renverrai encore pour la preuve au vocabulaire, qui fournira un nombre suffisant de points de comparaison. On ne sauroit nier pourtant qu'en choisissant pour le rédiger ceux des dialectes Turks, Mongols et Tongous qui appartiennent à des nations modernes et à des peuples policés, je n'aie favorisé, autant que possible, l'hypothèse du rapprochement des trois races ; car si les langues restent encore différentes après tant de points de contact, de si fréquentes communications, et des emprunts de mots si multipliés, on peut juger qu'elles devoient avoir encore moins d'analogie dans l'antiquité.

Ainsi s'est formée, par des emprunts variés et des accroissemens successifs, cette langue devenue célèbre par les conquêtes du peuple qui la parle, et répandue maintenant avec les individus de ce peuple dominateur, depuis les frontières du Tonking et du Bengale, jusqu'à l'embouchure du fleuve Noir, et depuis la Corée jusqu'aux confins du Kechemir et de la Perse. Mais, malgré son extension, ou plutôt par un effet de l'excessive disproportion qui existe entre le nombre des Tartares et l'immensité des contrées qu'ils ont soumises, le mandchou n'est devenu dominant nulle part, pas même à la Chine, où toutes les fonctions sont remplies conjointement par les Mandchous et les Chinois. On observe à Peking même et jusque dans la ville Tartare, les effets de l'irrésistible influence que les Chinois ont toujours exercée sur les barbares qui sont venus établir parmi eux un pouvoir militaire et passager. Malgré les soins des empereurs et leurs ordres réitérés, les Mandchous oublient leur langue, pour apprendre celle de la multitude au milieu de laquelle ils sont comme perdus; et l'on ne voit pas les Chinois apprendre le mandchou, qu'ils regardent comme un idiome barbare, et qui ne leur est absolument indispensable que quand de grandes charges les rapprochent des *degrés du trône*. Il ne peut du reste y avoir aucune fonte entre les deux langues à cause de la différence radicale des écritures. Aussi depuis vingt ans le mandchou est-il à la Chine dans une véritable décadence. Les traductions faites à grands frais par les derniers empereurs ne sont pas lues des Chinois, qui leur préfèrent, avec grande raison, les originaux. Il ne reste pour les étudier que les Mandchous, dont ce n'est pas là l'occupation favorite. Aussi n'est-il pas difficile de prévoir ce qui arrivera, si les Mandchous sont tôt ou tard chassés de la Chine. Les livres Tartares et les planches qui auront servi à les imprimer, seront, avec soin, recherchés par-tout et livrés aux flammes, comme l'ont été les livres Mongols après l'expulsion des princes de la famille de Tchinggis-khan; et il seroit possible que les exemplaires de ces livres qui ont été apportés en Europe échappassent seuls à cette proscription. Les Mandchous rentrés dans leurs déserts, y reprendront leurs habitudes nomades; leur langue perdra les acquisitions qu'elle a faites, et peut-être oublieront-ils eux-mêmes que leurs ancêtres ont eu une écriture, des livres, et presque une littérature. Tel est en Tartarie l'ordre constant des événemens.

Quelques personnes en Europe ont pensé, au contraire, que la langue des Tartares finiroit par remplacer la langue Chinoise, ou qu'au moins les Chinois adopteroient l'écriture Mandchoue pour représenter les sons de leur idiome. Quant à la première opinion, elle n'est guère d'accord avec ce qu'on peut observer dans l'histoire de tous les pays. Un peuple conquérant, à moins qu'il n'extermine la nation qu'il a soumise ou qu'il ne vienne en nombre supérieur s'établir au milieu d'elle, ne parvient pas à déraciner une langue défendue par les habitudes et les localités. Le plus souvent, comme cela est arrivé dans les Gaules, par les conquêtes des Romains, puis par celle des Francs, on se fait des concessions mutuelles ; il s'établit une balance de pertes et d'emprunts, et il en résulte un idiome mixte, où longtemps après les mots de différente origine se retrouvent encore dans la même raison, pour ainsi dire, que le nombre des dominateurs par rapport à celui des individus soumis. Mais ce mélange est impossible à la Chine, tant, comme je l'ai déjà dit, par la nature de la langue Chinoise, qu'à cause de l'excessive disproportion qui s'y trouve toujours entre le nombre des vainqueurs et celui des vaincus.

Relativement à l'autre supposition, c'est mal connoître le fanatisme des Lettrés et leur admiration ou plutôt leur enthousiasme pour leurs antiques symboles, que d'imaginer qu'aucune cause au monde puisse jamais les obliger à y renoncer, à les remplacer par les *lettres des barbares,* comme ils les appellent avec mépris. Il faut voir dans leurs livres comme ils tournent en ridicule nos lettres et celles des Indiens, qui, suivant eux, ressemblent à des vers entortillés, et comment ils s'étonnent qu'on applique des signes graphiques à exprimer des sons plutôt que des idées. Ils ne sentent point les trois quarts des inconvéniens que nous remarquons dans leurs caractères, et ils méconnoissent les avantages du triple nœud que les autres peuples ont établi entre la pensée, le langage et l'écriture. Les engager à quitter les symboles de *Fou-hi*, de *Hoang-ti* et des autres *anciens Saints*, pour employer leurs expressions, ce seroit à leurs yeux une aussi grande absurdité que si on leur proposoit de renoncer aux principes moraux de Confucius, d'embrasser le régime des Tartares, et de remplacer leurs institutions politiques par les agitations turbulentes des barbares de l'occident qui n'ont ni mœurs, ni lois, ni gouvernement; car c'est-là l'idée qu'ils se font de nous et de nos sociétés. Ceux qui ne s'indigneroient pas, souriroient à une pareille proposition, et il faut convenir qu'ils en auroient quelque sujet; car indépendamment du mérite que peuvent avoir les caractères Chinois, considérés comme signes symboliques et pittoresques, que croit-on que deviendroit la langue, si l'on en écrivoit les mots en lettres alphabétiques? On lui ôteroit par-là tout ce qui en fait la clarté; on lui procureroit dans l'écriture bien plus d'obscurité qu'on ne lui en reproche dans la conversation; on feroit du texte Chinois le plus court et le plus simple une énigme absolument inintelligible. Prenons le mot *pâ* pour exemple: écrit de la manière la plus simple (1), il forme le nom d'une ville, le signe d'un son, et n'a pas de signification particulière. Si l'on y ajoute la clef des *plantes*, on en fera le nom du *bananier*; qu'on la remplace par celle des *roseaux* en conservant le signe radical, ce sera une sorte de *roseaux épineux*.

(1) 巴 芭 笆 鈀 蚆 羓 齛 疤 吧

La clef du *fer* en fera un *char de guerre ;* celle des *vers*, une coquille ; et celle du *mouton*, une préparation particulière de *viande sèche*. La clef des *dents* lui donnera le sens de *dents de travers ;* celle des *maladies*, lui fera signifier *cicatrices ;* et celle de la *bouche*, un *cri*. Ainsi, par le changement des clefs, voilà neuf idées différentes bien distinctement exprimées dans l'écriture, quoique le son reste le même quant à la prononciation. Si l'on renonce aux avantages de la première pour s'attacher à celle-ci, et qu'on écrive *pâ* avec les lettres d'un alphabet quelconque, il y aura huit à parier contre un qu'on se trompera en assignant la signification de ce mot. Or il y a bien des syllabes en chinois dont les sens sont infiniment plus variés, et il n'en est pas une seule qui ne puisse avoir deux ou trois acceptions, parce qu'elle répond à deux ou trois caractères. Qu'on juge maintenant s'il est possible aux Chinois d'admettre jamais l'usage d'une écriture alphabétique quelconque, et s'il seroit raisonnable de le leur proposer.

Après avoir indiqué la destinée probable qui attend le plus célèbre des dialectes Tongous, occupons-nous un instant de quelques tribus qui, pour briller avec moins d'éclat sur la scène du monde, n'en sont pas moins sœurs de la nation Mandchoue, maintenant maîtresse de la plus belle, de la plus grande et de la plus riche partie de l'Asie.

Le *Liao-toung*, province moitié Chinoise et moitié Tartare, qui, depuis les temps les plus reculés, a été le théâtre des guerres des Chinois avec les *Toung-hou*, paroît être à présent peuplée d'un grand nombre de Mandchous. C'est dans cette contrée que les princes, fondateurs du nouvel empire Tartare, ont jeté les bases d'une véritable puissance, en réunissant une soixantaine de petites tribus (1), dont l'ensemble constitue la nation Mandchoue. La partie de la Tartarie qui est au N.-E. du *Liao-toung*, ayant les frontières de la Corée et le *Soungari* pour limite au midi et au nord, est aussi peuplée de Tongous qui n'ont pas

(1) On verra les noms de ces tribus dans le tableau des nations Tartares.

d'autres noms que celui de Mandchous. C'est même dans ce pays, comme on l'a pu voir ailleurs, que le nom de *Mandchou* a pris naissance. Mais ceux qui vivent plus au nord, en tirant vers l'occident, sur les rives de l'Ergoné et du fleuve Noir, sont connus sous les noms particuliers de *Solon* et de *Dahour :* ce sont les derniers Tongous soumis aux Mandchous; ceux qui les avoisinent au nord sont sous la domination de la Russie. Ils sont répandus dans les contrées situées au midi et à l'orient du Baïkal, où on les désigne par le nom d'*Ewenki* (1). De là le pays occupé par les Tongous s'étend vers l'orient, en suivant la rive septentrionale du fleuve Noir, jusqu'à la mer d'Okhotsk; le long des rivages de cette mer habite une nation Tongouse, connue sous le nom de *Lamouts,* d'un mot de leur langue, *lama* (en mandchou ﻧﺎﻣﻮ *namou*), qui signifie mer. On retrouve les Tongous, sans désignation particulière, le long de l'Aldan, jusqu'au pays des *Yakoutes,* sur la Léna, et les deux rivières Tongouska, qui ont reçu leur nom du peuple qui habite leurs rives. Ils s'étendent en cet endroit jusqu'au fleuve *Eniseï* et à la ville de *Touroukhansk.* Là semble placée la borne assignée par la nature à la race Tongouse, puisqu'on ne trouve plus sur la rive gauche de l'Eniseï, que des Ostiaks vers le nord et des Tatars, c'est-à-dire des Turks vers le midi.

Les langues de tous ces peuples ne nous sont connues que par des vocabulaires, plus ou moins incomplets, que nous ont donnés Witsen (2), Strahlemberg (3), Pallas (4) et quelques autres. Les premiers sont fort imparfaits; ceux de Pallas paraissent mériter plus de confiance; les dialectes qu'ils nous font connoître sont au nombre de neuf, sans compter le mandchou, savoir : les dialectes des Tongous méridionaux qui habitent dans les environs de Nertchinsk, celui de Bargouzinsk sur le lac Baïkal, et

---

(1) Storch, Tableau historique et statistique de l'empire de Russie, *t. I,* p. 219.

(2) Noort en oost Tartarye, *t. I,* p. 68.

(3) Description de l'empire de Russie, *t. II.*

(4) *Vocabularia totius orbis comparativa,* sous les numéros 138 à 146.

celui qui est parlé sur le haut Angara, du côté d'Irkoutsk ; les dialectes septentrionaux ou orientaux, qui sont celui des environs de Yakoutsk, celui d'Okhotsk, et celui des Lamouts et des Tchapogirs ; et enfin deux dialectes occidentaux, appartenant aux Tongous qui habitent les bords du fleuve Eniseï, et dans les environs de Mangazeisk. L'analogie la mieux caractérisée, ou, pour mieux dire, une identité parfaite, est le résultat incontestable de l'examen qu'on peut faire de ces vocabulaires, pris, comme on voit, à de grandes distances, et aux extrémités du pays occupé par les Tongous. Je me suis contenté, dans l'appendice (1), d'offrir les élémens d'une comparaison sommaire, en ne distinguant que trois dialectes, non compris le mandchou, et en ne choisissant qu'un petit nombre de mots essentiels.

Mais on ne doit pas se dissimuler que des matériaux de cette espèce sont très-insuffisans, quand il s'agit de juger des langues peu connues, et de prononcer sur les rapports et les différences qu'elles peuvent avoir entre elles. Que sont ce petit nombre de mots isolés, sans suite et sans liaison, pour faire connoître l'ensemble d'un idiome, son génie, sa grammaire et sa phraséologie ? D'ailleurs, il s'en faut beaucoup que les voyageurs qui rédigent des listes de mots, prennent en les recueillant toutes les précautions qui seroient nécessaires pour en assurer l'exactitude. Que de malentendus entre l'Européen qui interroge et le naturel qui répond, que de méprises sur la nature des objets dont on demande les noms, sur la prononciation des mots, sur les formes dont ils peuvent être affectés ! et s'il s'agit d'idées abstraites, ou de termes qui servent à désigner des choses qu'on n'a pas sous les yeux, que de chances d'erreurs viennent se joindre aux précédentes ! Aussi n'y a-t-il pas un vocabulaire, même dans les recueils les mieux soignés, où ne se trouvent un grand nombre de mots tronqués, altérés, dénaturés, quelquefois jusqu'à en être méconnoissables. Aussi l'utilité de ces sortes de listes est-elle assez bornée pour les langues des peuples qui n'ont pas

(1) Première partie.

de livres, ou quand elles n'ont pas été rédigées d'après des dictionnaires originaux.

Il faut pourtant remarquer une chose ; c'est que les inexactitudes et les altérations de toute espèce dont je viens de parler, n'agissent guère qu'en multipliant les différences qui peuvent se trouver entre deux dialectes, et qu'il faudroit un bien singulier effet du hasard pour qu'elles produisissent des exemples de similitude et d'analogie ; de sorte que les rapports doivent être évalués plus que les différences, et qu'avec des vocabulaires insuffisans et imparfaits, tels que le sont ceux de Pallas lui-même, on peut se trouver fondé à affirmer que deux idiomes se ressemblent, sans pouvoir pour cela conclure, avec la même certitude, que deux autres idiomes sont différens. Or, dans le cas qui nous occupe, c'est une conséquence de similitude que nous avons à tirer ; et l'analogie est assez forte, et roule sur un assez grand nombre de mots, pour que nous puissions le faire sans hésiter.

A en juger par les documens que nous transmettent les écrivains Chinois, la Tartarie n'a guère changé depuis les temps les plus reculés : les pays que nous avons indiqués comme habités par des tribus Tongouses, l'ont toujours été, si l'on s'en rapporte aux Chinois, par des nations de la même race. Les rapports d'origine et de langage, qui sont assez exactement marqués par les historiens, nous fournissent les moyens de remonter de peuple en peuple, depuis nos jours jusqu'au second siècle avant notre ère, et de retrouver par cette marche rétrograde la généalogie de la plupart des tribus qui ont figuré dans la Tartarie.

Les Mandchous, dont nous venons de constater l'identité d'origine avec les Tongous, sont bien certainement sortis de la même souche que cette nation qui, sous le nom de *Niu-tchi*, avoit soumis au douzième siècle une grande partie de la Tartarie, et tout le nord de la Chine. Suivant les missionnaires, les Mandchous reconnoissent eux-mêmes cette descendance (1). Le chef

---

(1) Amiot, notes sur l'Éloge de Moukden, *p. 322.* Gaubil, Hist. de la dynastie des Mongous, *p. 87.* &c.

de leur dynastie portoit le surnom d'*Aïsin* (*Or* dans leur langue), qui étoit aussi celui de la famille royale des *Niu-tchi*. Les deux peuples sortoient des mêmes contrées, c'est à-dire des environs de la grande montagne Blanche, à l'est du fleuve *Khôntoung* et aux sources du fleuve *Ya-lou* (1). Enfin, on est fondé à supposer que la langue des *Niu-tchi* avoit beaucoup d'analogie avec celle des maîtres actuels de la Tartarie, quoique le P. Gaubil ait avancé précisément le contraire (2). Ce savant missionnaire ne se fonde que sur un petit nombre de mots de la langue des *Niu-tchi*, qu'il avoit trouvés dans l'histoire de la dynastie de *Kin*, et qui ne ressembloient point aux termes correspondans en mandchou ; or la preuve négative est ici d'un moindre poids que la preuve positive. Un autre missionnaire nous a conservé une petite liste de mots *Niu-tchi*, qui ont la plus grande analogie avec ceux de la langue Mandchou, qui ont la même signification (3). Le vocabulaire d'où ils ont été extraits, placé, suivant Visdelou, à la fin d'une histoire des *Kin*, en contenoit plus de quatre-vingts. Le missionnaire n'en a pris qu'une trentaine, les autres ne lui ayant paru avoir aucun rapport au mandchou. Je me suis empressé de réparer une omission aussi malentendue, aussitôt que j'ai eu entre les mains, non l'ouvrage historique dont il parle, mais une collection très-précieuse que possède la bibliothèque du Roi, et qui est intitulée *Tseu hio tien*, ou Histoire des langues (4). Je ne crois pas, au reste, que des différences même considérables, quand elles ne portent que sur une cinquantaine de mots, puissent balancer la ressemblance frappante qu'on observe dans ceux que Visdelou a rapportés. Ces derniers sont assez bien choisis, et désignent des objets de première nécessité ; d'ailleurs, les différences qui l'avoient frappé dans les autres, peuvent très-bien,

(1) C'est ce qu'attestent, pour les Mandchous, l'empereur Khian-loung, dans l'Éloge de Moukden, *pag. 13*, et pour les *Niu-tchi*, tous les auteurs qui en ont parlé, mais en particulier *Ma-touan-lin*, k. 327, p. 6.

(2) Ouvrage cité, *p. 88*.

(3) Visdelou, Hist. de la Tartarie, *p. 257*.

(4) *Voy*. l'Appendice, où j'ai inséré ce vocabulaire en entier, ainsi que le peu de mots *Khi-tan* qui nous ont été conservés dans la même collection, k. 143, p. 1-5.

comme le dit Visdelou lui-même, s'attribuer aux changemens qu'une langue qui n'est pas fixée par l'écriture, ne manque guère d'éprouver dans un espace de cinq cents années (1).

Les Chinois font des *Niu-tchi* une tribu originairement nommée *He choui Mo-ko*, c'est-à-dire *Mo-ko du fleuve Noir*. Les *Mo-ko* en général avoient la plus grande ressemblance avec les *Khi-tan*. Or ces derniers, ainsi que les *So-teou*, les *Thou-kou-hoen* et les *Jouan-jouan*, étoient les descendans des *Sian-pi* et des *Ou-hoan*, deux branches de la grande famille des *Toung-hou*, qui furent repoussées vers l'orient par les Turks *Hioung-nou*, vers le second siècle avant notre ère, et confinées dans le Liao-toung et le pays qui est actuellement celui des Mandchous. Voilà le nœud qui lie ces *Toung-hou* de l'antiquité avec les modernes Tongous. On peut voir dans le tableau des nations Tartares le détail de toutes les subdivisions de ces peuples. Je me bornerai à remarquer ici que l'identité d'origine de ceux que je viens de nommer, est toujours, chez les auteurs exacts, soutenue de particularités qui prouvent celle du langage, et l'on peut y avoir d'autant plus de confiance, qu'ils ne sont pas moins attentifs à marquer les différences qui se trouvent, à cet égard, entre les nations de diverses races, ainsi qu'on pourra l'observer dans le tableau des nations Tartares. Les *Chi-'weï*, par exemple, sont indiqués par *Ma-touan-lin* comme parlant la même langue que les *Khi-tan*, et leur situation géographique répond en effet à celle des Tongous de la Léna et de l'Énisëï. Mais plus loin se trouve une nation dont on n'entend pas la langue, et qui par cette particularité semble s'écarter de la race Tongouse, et se rapprocher des Semoyades ou des Koriaks. Les *Mo-ko*, suivant le même auteur, sont les premiers

---

(1) Le P. Visdelou ajoute qu'il n'avoit jamais bien su le mandchou, et qu'il l'avoit tout-à-fait négligé depuis vingt ans, quand il fit la comparaison dont il s'agit ; de sorte que, comme il le remarque aussi, les mots correspondant aux termes *Niu-tchi*, pouvoient très-bien se trouver dans le corps de la langue Mandchoue, sans être du nombre des plus usités. En effet, l'analogie entre deux dialectes d'une même langue ne porte pas toujours sur des expressions de tout point correspondantes ; et l'on est quelquefois obligé de la suivre et de la rechercher dans les dérivés : mais il faut pour cela une connoissance approfondie de la langue, et un dictionnaire bien complet.

Tartares dont la langue ait quelque analogie avec celle des habitans du *Liao-toung;* au midi de leur pays on parle un idiome tout-à-fait différent. Ce fait est exact, puisque le coréen n'a effectivement aucune analogie avec le tongou. Le long des rivages de la mer du Japon, il y a des peuples qui parlent une langue que les Mandchous n'entendent pas : là se trouvent en effet des tribus étrangères à la Tartarie, et qui, à en juger par les échantillons qu'on a de leur langage, appartiennent ou à la race Kourile, ou à celle de Jéso et de l'île Tchoka, à l'embouchure du Sakhaliyan-oula. J'ai eu soin de conserver toutes les notes de cette espèce, parce qu'elles prouvent l'exactitude des Chinois, et qu'elles ont d'ailleurs un rapport direct avec l'objet spécial que je me suis proposé dans cet ouvrage.

A plusieurs reprises, les peuples de race Tongouse sont sortis des contrées dont ils constituent la population naturelle, et ont porté leurs armes assez loin dans différentes contrées de l'Asie. Il est impossible de compter leurs invasions en Chine. La partie septentrionale de l'Empire a toujours été exposée à leurs incursions, et plusieurs fois soumise à leur domination. Plusieurs tribus ont fondé des dynasties dans le Chen-si, et même à l'occident de cette province. Avant le huitième siècle de notre ère, une portion du Tibet, et tous les pays qui avoisinent la mer Bleue jusqu'à *Iu-thian*, étoient au pouvoir des Tongous nommés *Thou-kou-hoen.* Les *Khi-tan*, maîtres d'abord de la Chine septentrionale, s'avancèrent plus loin encore vers l'occident, quand ils furent repoussés de leur pays natal par les *Niu-tchi.* Le siége de leur empire fut alors transporté à Khasigar et jusque dans le Kharisme. De pareilles extensions de la race Tongouse ont peut-être eu lieu vers le nord, et l'on peut attribuer à des causes semblables l'existence des Tongous sur l'Éniséï, à peu de distance de la mer Glaciale.

C'est à des faits de cette nature, bien constatés par le témoignage d'écrivains contemporains, qu'on pourroit avoir recours si l'on venoit à trouver au Tibet, ou sur les bords de la mer Caspienne, des mots Tongous, ou d'autres marques du passage de ces peuples. Mais je ne crois pas qu'on ait jamais occasion de faire usage de ce moyen d'explication. Les Tartares, dans leurs expéditions militaires, n'abandonnent jamais tout-à-fait le lieu de leur origine, et il n'arrive pas souvent que des nations entières changent de résidence; ordinairement l'émigration n'a lieu que pour une armée, qui, conduite par un chef, va s'établir dans un pays éloigné et y fonder une principauté. Une telle armée trouve dans ce pays un peuple qu'elle subjugue, mais qu'elle ne détruit pas; ces sortes d'excursions laissent les langues déjà établies dans l'état où elles se trouvoient auparavant, ou n'y apportent que de bien légères modifications. Aussi, si nous voulions, à l'exemple de quelques philologues modernes, tracer sur une carte d'Asie les limites assignées à chaque langue et à ses dialectes, comme à la race et aux peuples qui en sont sortis, la partie de cette carte qui seroit affectée aux Tongous, représenteroit également bien l'extension qu'ils ont dans l'état actuel des choses, et celle qu'ils ont eue aux différentes époques que l'histoire nous fait connoître.

CHAPITRE V.

De la Langue Mongole et de ses Dialectes.

Les considérations générales qui ont été rassemblées dans l'un des chapitres précédens, au sujet de l'alphabet Syro-tartare, ne nous laissent à examiner ici que quelques particularités relatives à l'écriture Ouigoure appliquée au mongol, et un petit nombre de règles orthographiques qui ont été adoptées pour l'expression des mots de cette langue. Nous commencerons par rectifier deux ou trois assertions de Pallas, dans sa *Collection de traditions historiques sur les peuples de race Mongole*.

Pour le dire en passant, cet ouvrage utile, dont le second volume sur-tout renferme un si grand nombre de renseignemens sur la partie mythologique du bouddhisme (1), est composé de parties qui ne méritent pas toutes une égale confiance. Tout ce qui, dans les différens morceaux qu'on y a insérés, appartient à l'interprète Jæhrig (et c'est la partie la plus considérable comme la plus importante de l'ouvrage), peut être envisagé comme authentique, et extrait des auteurs originaux, puisque c'est le fruit du travail d'un homme qui paroît avoir été versé dans la

---

(1) Comme tous les autres systèmes Indiens, le bouddhisme est partagé en plusieurs doctrines, dont chacune est le partage d'une classe de sectateurs. Tout ce qu'on trouve chez Pallas, chez Bergmann et les autres auteurs qui ont parlé du lamisme d'après les Tartares, se rapporte à la mythologie Bouddhique. Jusqu'à présent, la doctrine philosophique ou métaphysique qui est l'apanage exclusif des initiés, n'a été connue que bien vaguement, d'après de simples notes fournies par les Missionnaires. Le livre qu'on trouvera dans l'Appendice en donnera le premier échantillon authentique : il sera, j'espère, suivi de plusieurs autres du même genre que je possède en original, et que je compte traduire et publier incessamment.

connoissance du mongol, de l'ôlet et du tibetain, qui avoit lu un grand nombre de livres écrits dans ces différens idiomes, et qui avoit vécu pendant plusieurs années avec les naturels et conversé avec leurs lamas. Mais ce qui a été ajouté par-ci par-là à ces précieux documens par le rédacteur, qui n'avoit point appris les langues de la Tartarie, et qui avoit embrassé, en fait d'histoire et d'antiquités, des opinions fort paradoxales, ne sauroit avoir la même valeur aux yeux des savans ; il faut donc lire cette *Collection* avec critique et discernement, pour en démêler les différentes portions, et savoir les rapporter à leur véritable auteur.

Dans le second volume de cette collection, on trouve un chapitre assez étendu (1) sur la littérature moderne des Mongols et leurs connoissances scientifiques. Après avoir raconté l'introduction de l'art d'écrire chez les Mongols, à-peu-près de la même manière que nous l'avons fait plus haut, l'auteur avance que, depuis cette époque jusqu'à nos jours, on a, dans différentes circonstances, employé cinq sortes d'écritures pour le mongol ; savoir : l'écriture Samskrite, les trois alphabets Tibetains (2), et l'écriture commune des Mongols, qui n'est autre chose que l'ouigour ou le syro-tartare, quoique ce ne soit pas là l'opinion du célèbre naturaliste, ainsi qu'on le verra plus bas.

Quant au dévanagari ou à l'*enetkek* (3), comme le nomment les Tartares, on ne peut le ranger parmi les systèmes d'écriture naturalisés chez les Mongols, puisqu'on ne l'emploie jamais pour écrire les mots de leur langue, mais seulement pour exprimer certaines formules Samskrites, dont on craint d'altérer la prononciation en les transcrivant. Quel que soit le nombre des mots Grecs ou Hébreux qu'on citera dans un livre François, les alphabets Hébraïques ou Grecs ne seront pas pour cela réputés écriture Françoise. Le caractère dévanagari ne pourroit être compté

---

(1) Il commence à la *p. 356* et finit à la *p. 375.*

(2) On trouvera par la suite de grands détails sur ces trois alphabets.

(3) Voyez sur ces mots les notes du *Pradjña Paramita hridaya*, dans la première partie de l'Appendice.

parmi les systèmes graphiques en usage chez les Mongols, qu'autant qu'on s'en serviroit pour la langue vulgaire, comme cela paroît avoir lieu dans certaines parties de la Tartarie.

Il n'en est pas tout-à-fait de même des trois alphabets Tibetains, dont un, au moins, celui qu'on désigne par le nom d'écriture *sob* (1), de *khoordsik* (2), *char* ou *akchour* (3), a été autrefois adopté momentanément, comme écriture nationale, par les Mongols. Quoique l'extrême incommodité du système Tibetain lui ait fait, à une époque plus récente, préférer l'écriture Syro-tartare, les Mongols ont cependant continué d'appliquer le premier, non-seulement aux prières et aux formules d'invocation en langue Tibetaine, mais même dans certains cas à leur propre idiome. Suivant Pallas, l'écriture cursive des Tibetains, que ceux-ci nomment *d'wou-min*, est aussi en usage chez les Mongols, mais comme écriture secrète, que tout le monde, même parmi les lamas, ne sait pas lire, ni tracer. Ceci ne paroîtra pas très-vraisemblable, si l'on fait attention à ce que l'auteur lui-même a raconté plus haut. « Chez les Mongols et les Kalmouks, dit-il (4),
» toutes les prières que l'on récite devant les idoles, et beaucoup
» d'autres pièces relatives à la religion, sont écrites avec les
» caractères et la langue Tibetaine, que, pour cette raison, tous les
» étudians de théologie doivent apprendre. » Le même auteur attribue une plus grande ignorance encore aux Olet, chez lesquels, dit-il, il n'a pas trouvé un seul lama qui osât se flatter de lire ou de traduire une feuille en tibetain. Cependant, je puis citer un fait qui prouve qu'au moins l'écriture Tibetaine est fort usitée parmi eux. Le célèbre George Keith, si connu sous le nom de lord-maréchal d'Écosse, avoit à son service un jeune Kalmouk nommé Solam-ôden, que le frère du lord, officier dans les armées de l'impératrice Anne, avoit acheté à Astrakhan. Ce jeune homme, que, suivant son récit, on avoit élevé pour en faire un

---

(1) Sammlung. histor. Nachrichten, t. II, *p. 155*. — Abhandlung ueber die Sprache, u. s. w., der Uiguren, *p. 60*.

(2) Sammlung. u. s. w. *t. II, p. 359*.
(3) *Ibid. p. 361*.
(4) *Ibid. p. 360*.

SUR LES LANGUES TARTARES. 153

lama, avoit été pris aux environs de Saratchin, sur les confins du gouvernement de Saratof, c'est-à-dire dans une contrée fort éloignée de l'influence Tibetaine. Milord Maréchal ayant desiré avoir un échantillon de la langue des Kalmouks, écrivit sous sa dictée un petit vocabulaire Kalmouk-anglois, et voulut qu'il y ajoutât lui-même les mots Kalmouks en caractères originaux. C'est ce que fit le jeune lama, mais en se servant exclusivement des caractères Tibetains *d'wou-djen*, comme s'il eût ignoré que ses compatriotes en connussent d'autres. Les détails que je viens de rapporter sont extraits d'une lettre que le marquis de Caumont, correspondant de l'académie des inscriptions, écrivit, en 1736, à Fourmont, en lui envoyant le vocabulaire; j'ai fait de ce dernier une copie que je rapporterai dans l'appendice, moins comme un morceau propre à faire connoître la langue des Olet, que comme un exemple des règles que suivent ces peuples quand ils écrivent en caractères Tibetains.

Je serois encore porté à regarder comme une preuve du fréquent usage que les Mongols font de l'alphabet Tibetain, les noms vulgaires qu'ont reçus chez eux les lettres qui le composent. Pour les graver plus facilement dans la mémoire des jeunes étudians, on a coutume de donner à ces lettres une dénomination prise de leur figure (1): ainsi l'on nommera le ཚ *ths* et le ཆ *tchh*, *khouyar-getsen*, ou *les lettres à deux ventres*; le ང *ng*, *eboudouktou* (2) ou *la lettre qui a un genou*; le ཇ *dja* et le ཟ *za*, *khourougoun*, ou *digitées*; le ད *da*, *soumoun*, ou *la flèche*; le ཐ *tha*, *tementabak*, *la trace du chameau*; le ཏ *ta*, *bôgen*, *la robuste*; པ *pa*, *angarkha*, *l'ouverte*; བ *ba*, *bouttôh*, *la fermée*; ཆ *cha*, *makhale*,

---

(1) Sammlung. histor. Nachrichten, t. II, p. 360.
(2) Je rectifie, autant que possible, les prononciations données par Pallas, et j'ajoute les lettres Tibetaines, pour mieux faire sentir le rapport de leur forme et de leur nom.

V

l'utile ; ᠶᠠ *ya*, *la rayée redressée*, *ourotattaksan*, et ᠾ *h* (ou plutôt le signe des voyelles longues) *ohlinge* ou *la crochue ;* ainsi des autres. Nous reviendrons plus tard sur les trois écritures Tibetaines, parce que, malgré leur application passagère et accidentelle à la langue Mongole, la place convenable pour en développer les propriétés, se trouvera dans le chapitre où nous traiterons spécialement de la langue à laquelle ils appartiennent.

En parlant de la cinquième espèce d'écriture Mongole, qui est l'écriture Syro-tartare, généralement usitée chez tous les Mongols, le savant naturaliste commet une de ces erreurs qu'il est si difficile d'éviter quand on traite des sujets qu'on n'a point approfondis. On a vu plus haut (1) que *Tsordji-osir* avoit été chargé de compléter l'écriture carrée Tibetaine et de l'accommoder au mongol ; mais que, rebuté par les difficultés qu'il avoit rencontrées dans ce travail, il en étoit revenu à l'alphabet Ouigour, déjà introduit en Mongolie par *Saadja-Bandida*. Pallas raconte le même fait d'après un ouvrage Mongol (2), dont la traduction lui avoit sans doute été communiquée par Jæhrig. Le texte cité est bien conforme à la traduction que nous avons rapportée, mais le rédacteur a voulu le corriger. « L'écriture *Tangutaine*, dit-il, *qu'on nomme oïgour*, étoit alors en grand usage. » Il ajoute même en note ; « qu'*oïgour* doit avoir été alors la dénomination » du *tangutain* (3) ; » et quand il rencontre ensuite le mot *ouigour* dans son auteur, il y ajoute, entre parenthèses, *tangutain*, confondant ainsi ce qu'assurément l'interprète qui lui fournissoit ses matériaux ne pouvoit confondre. Cette première faute le conduit à cette conséquence absurde, que puisque l'écriture Tibetaine n'est pas dérivée du syriaque, ce que personne, à l'exception peut-être de Georgi, n'est tenté de soutenir, l'écriture

---

(1) *Pag. 34.*

(2) *Brulba Saagdja Bandida-yin gargaksan Mongol Usuk*, ou la Littérature Mongole, inventée par le divin *Saagdja Bandida ;* ouvrage publié en Chine dans les années *Nairal-toub* (nommées en chinois *Young-tching*, de 1723 à 1735).

(3) Die tangutische Schrift die man *Oigur* nannte, in vœlligem Gebrauch war.—Oigur soll dazumahl die Benennung der Tybetaner gewesen seyn. Samml. &c. *t. II, p. 359.*

SUR LES LANGUES TARTARES.

Ouigoure, avec laquelle lui seul veut réunir l'écriture Tibetaine, n'en est pas dérivée non plus. De là les hypothèses philosophiques, que l'analogie du syriaque et du mongol peut provenir plutôt d'une communauté d'origine, venir de l'ancien persan ou du parthe, *peut-être même d'un alphabet encore plus ancien*. Enfin, il est si bien convaincu de la fausseté de l'opinion de Bayer, qu'il va jusqu'à dire qu'on pourroit trouver autant d'analogie entre l'hébreu, le tangutain et le samskrit ; qu'on pourroit dire que Moïse a été, comme Pythagore, chercher sa sagesse dans l'Inde, où il y a encore, près de Benarès, un pays nommé Madian (1), &c. Ces absurdités, que je ne m'arrêterai pas à réfuter, font voir au moins à découvert le fond du système, et la cause de l'importance qu'attachent ceux qui l'ont embrassé, à nier l'origine Nestorienne de l'ouigour, et à la chercher par-tout ailleurs qu'en Syrie, dans le Tibet, dans la Tartarie, dans l'Inde : mais, comme on a vu, Pallas n'appuie son opinion que sur une bévue ; et quant aux autres, la ressemblance matérielle et fondamentale du syriaque et de l'ouigour, cette ressemblance si prononcée qu'il faut fermer les yeux pour ne pas la voir, n'en reste pas moins incontestablement démontrée par la simple comparaison qu'on en peut faire dans la première colonne de mon tableau des alphabets Tartares.

Les détails que nous fournit Pallas sur les accroissemens suc-

(2) Man kœnnte eben so viel Aehnlichkeit zwischen den Hebræischen und Tangutischen oder Enetkek finden ; man kœnnte sagen, Moses habe seine Weisheit, wie Pythagoras, aus Indien, wo noch jetzt die Landschaft um Benares, Madian genannt wird, geholt, und was dergleichen mehr ist. Sammlung. &c. t. II, p. 362.

Malgré l'ironie qui règne dans cet endroit, on peut croire, d'après beaucoup d'autres passages du même auteur, qu'il n'étoit pas fort éloigné d'embrasser ces idées mêmes, qu'il présente ici comme presque aussi insoutenables que l'opinion de Bayer. Qu'on en juge par la première phrase de son second volume : Je mehr wir Hindostan kennen lernen, desto mehr finden wir Ursach zu glauben, dass die Indianische Nation, wenigstens ihrem Hauptstam, den Bramanen nach, die ælteste und ursprünglichste, *nicht nur von Asien, sondern vielleicht auf dem ganzen Erdboden*, und frueher als alle andre zu politischer und moralischer Cultur, Kuensten, Wissenschaften und feierlichen Religionsgebræuchen gekommen sey. Ouvrage cité, p. 3-4.

cessifs du syllabaire Mongol, sont curieux et authentiques : il les tenoit sans doute de la même main que tant d'autres morceaux précieux dont il a enrichi son ouvrage. Mais la manière dont il les a mis en œuvre est loin d'être claire et intelligible. Il semble même qu'il ne se soit pas aperçu que tous les élémens dont il parle sont des signes syllabiques et non des lettres. Tous les groupes gravés en bois sont d'ailleurs mal dessinés, comme Bergmann lui en fait le reproche (1), et la planche en cuivre qui termine le volume (2), n'est pas mieux exécutée, au moins en ce qui concerne l'écriture Syro-tartare. Pour cette raison, et aussi pour ne pas répéter inutilement ce qui a dû trouver place dans les considérations générales sur l'alphabet Ouigour, je me bornerai à extraire ou à rectifier un petit nombre de faits qui se rattachent plus immédiatement au sujet de ce chapitre (3).

On porte à quarante-quatre le nombre des *isagouhr*, c'està-dire, des groupes syllabiques *[grundbuchstaben]*, admis par *Saadja Bandida*, comme base de l'écriture Mongole. A s'en rapporter au tableau qu'en présente Pallas, le lama n'auroit emprunté à l'alphabet Ouigour que trois voyelles *a*, *e*, *i*, et quatorze consonnes. Ce dernier nombre n'est pas surprenant, puisque c'est celui des consonnes qui existoient alors chez les Ouigours; mais on ne voit guère pourquoi il auroit négligé de leur emprunter également la voyelle *o*, qui se trouve dans un grand nombre de mots Mongols, et dont le signe existoit certainement en ouigour, puisque c'est l'un de ceux dont il est le plus difficile de nier la parfaite conformité avec le signe correspondant Syriaque. Au reste, comme on l'a vu précédemment, Saadja-Bandida étoit mort avant d'avoir achevé son travail; il l'avoit même laissé bien imparfait, puisqu'il n'avoit jamais imaginé qu'une seule combinaison de deux lettres ensemble, celle où la consonne est placée avant la voyelle. La combinaison inverse, celles de trois lettres groupées ensemble, la distinction

(1) Nomadische Streifereien, *t. I*, *p. 111.*
(2) *Pl. XXI.*

(3) Voyez Pallas, ouvr. cité, *t. II*, *p. 363 et suiv.*

des finales et des initiales; toutes ces choses qui nous paroissent de peu d'importance, mais qui exigent un certain degré d'attention chez des peuples qui n'étudient que des syllabaires, manquoient absolument dans celui de Saadja-Bandida.

Après l'infructueux essai de *Bâschpa*, pour l'introduction de l'écriture carrée dans la langue Mongole, *Tsordji-osir*, que Pallas nomme *Bogdo-Gdjægdji Otsir*, ayant repris pour base les essais commencés par Saadja-Bandida, y ajouta, sur le même plan que celui-ci, cinquante-six syllabes qui ne sont que des variations de celles de l'ancien syllabaire, ou les combinaisons des quatorze consonnes radicales, avec quatre nouvelles voyelles *o, ou, œ, u*. La gravure de Pallas est si imparfaite, qu'elle n'établit aucune différence régulière entre ces quatre voyelles; mais on peut la voir bien représentée dans l'alphabet Olet de Bergmann (1), et, d'après lui, dans mon tableau des alphabets Tartares. Elle ne consiste qu'en une légère altération dans la forme de la voyelle radicale Ouigour ᴀ, *o*, altération que peut-être les Ouigours avoient déjà imaginée eux-mêmes, ou imitée des Syriens. Par une raison que j'expliquerai en parlant des dialectes de la langue Mongole, les quatre modifications de l'*o* se sont réduites à deux dans l'écriture des Mongols orientaux au nord de la Chine, tandis qu'elles se sont conservées dans l'alphabet Olet. Les syllabes se sont donc trouvées portées, par cette addition, au nombre de cent. Dans les cinquante-six syllabes nouvelles, il y en a vingt-huit qui sont réputées *légères* ou *vives* [en mongol, *tchanga*]; ce sont celles qui ont pour initiales les consonnes b, g, l, s, t, ts, ou la voyelle elle-même: vingt-huit autres sont nommées *pesantes* ou *dures* [*kunda*]; ce sont celles qui sont formées des consonnes n, kh, m, r, d, y, et *dj* ou *s*. Les Mongols placent dans la classe de l'*a*, celles qui se terminent en *o* ou bien en *ou*, et dans celle de l'*e*, celles qui finissent par *œ* ou par *u*, ce qui fait quatorze dans chaque classe.

On fait le même lama inventeur des consonnes nouvelles,

---

(1) Ouvrage cité, *pl. 1.re et suivantes.*

formées par l'addition de quelques traits ou points diacritiques aux anciennes consonnes Ouigoures. Suivant Pallas, Tsordji-Osir ne fit cette opération que sur trois consonnes seulement; savoir, *ba, sa* et *ya*, ce qui produisit encore vingt-une nouvelles syllabes ; mais il fut bientôt imité par ses successeurs, qui, comme je l'ai dit en parlant des *Galik*, appliquèrent ce procédé simple et commode à l'expression des sons Samskrits ou Tibetains.

Enfin, ce qui compléta le syllabaire Mongol, ce fut l'invention des *debesker usuk*, ou simplement *debesker*, c'est-à-dire des finales, qui sont aussi distinguées en *tchanga debesker*, finales légères (1), en *kunda debesker*, finales pesantes (2), et en *debesker orkitsa*, ou finales avec addition, qui sont formées des précédentes avec une voyelle brève additionnelle, et qu'on distingue aussi en légères et en pesantes (3). On y joint encore quatre autres finales du même genre (4), et quatorze syllabes nommées *saarmak* ou *ærso*, qui sont toutes formées de la voyelle *i;* on distingue ces dernières en *mâles*, qui viennent après les voyelles, et en *femelles*, qui se mettent après les consonnes. De cette manière sont formés soixante-deux groupes finaux qui, joints aux cent vingt-cinq groupes médiaux, constituent un syllabaire de cent quatre vingt-sept signes, beaucoup moins composé, comme on voit, que celui des Mandchous.

La manière d'arranger les élémens du syllabaire varie chez les Mongols : les uns les distribuent en trois classes, plaçant dans la première les *egechik*, ou les voyelles avec leurs combinaisons; dans la seconde, les *gegoolouktchi* ou les consonnes; et dans la troisième, les *debesker* ou les finales, qui sont composées des unes et des autres. Tel est l'ordre du syllabaire donné

---

(1) Elles sont au nombre de onze, savoir : *an, as, ip, at, ak, aï, am, oou, al, ar* et *ang*.

(2) Il y en a aussi onze, qui sont : *e, œ, u, em, el, er, es, ed, i, ou* et *eng*.

(3) Les légères sont : *an-a, ab-a, am-a, al-a, ar-a, as-a, at-a, aou-a, ak-a* et *ang-a*. — Les pesantes sont : *em-a, el-a, er-a, eb-a, e-ta, i-a, ou-a, ek-a* et *eng-a*.

(4) *An-ou, an-i, en-ou, en-i.*

par Pallas. D'autres suivent le système Indien ou Tangutain, comme on le voit dans la planche 21 du même Pallas et dans le syllabaire de Messerschmidt. Enfin celui de Bergmann est assez conforme à l'ordre que nous avons adopté en Europe : on y voit les sept voyelles, seules d'abord, puis jointes successivement aux différentes consonnes. C'est-là l'ordre sur lequel paroissent s'être réglés les Mandchous, dont les douze classes sont empruntées des onze *debesker* Mongols (1). Tout est ainsi rempli d'analogies dans les deux écritures, de sorte qu'il doit être aisé pour un Mongol instruit de se mettre au fait du matériel des livres Mandchous, quoi qu'en puisse dire Pallas, qui prétend au contraire que les lettres en sont tout-à-fait illisibles pour les Mongols (2).

Il y a une sorte d'écriture négligée que les Olet nomment *khoudmou*, et qui est fort difficile à lire, parce qu'on l'écrit sans points diacritiques, et sans s'attacher à donner aux lettres la forme exacte qu'elles doivent avoir. Cette écriture a été en usage dès les temps les plus anciens; car c'est d'elle qu'on s'est servi dans les lettres adressées au roi de France par les empereurs Mongols de Perse, *Argoun-khan* et *Oldjaïtou-souldan*, en 1289 et 1305. Ce sont-là, pour le dire en passant, les plus anciens monumens d'écriture Mongole que nous possédions en original. Les monnoies qui nous sont restées des temps voisins de cette époque, offrent un genre d'écriture assez analogue. Pour la faire connoître, je donnerai dans l'Appendice le *fac-simile* d'une ligne de chacune des lettres dont je viens de parler, et quelques médailles prises parmi celles qui m'ont paru les plus curieuses (3).

---

(1) Il n'y a en mongol que onze *debesker*, parce qu'on n'y comprend pas la voyelle pure, ou précédée d'une consonne simple. Les onze classes sont les mêmes que dans l'alphabet Mandchou, savoir : *aï, ar, an, ang, ak, as, at, ap, aou, al* et *am*.

(2) On jugera par ses expressions, s'il étoit bien instruit de l'identité de ces deux écritures : Das jetzt in China im gemeinen Leben sehr gewœhnliche Mandschurische wird mit einer dem Mongolischen dem Anschein nach æhnlichen, in senkrechten Linien zusammenhængenden Schrift ausgedrückt. Allein die Züge derselben sind für die Mongolen vœllig unlesbar. *Ib.* p. *363*.

(3) Voyez l'Appendice, 2.ᵉ partie, et l'explication des monnoies dans la 1.ʳᵉ partie.

Les Mongols orientaux ont adopté pour l'impression de leurs livres un style d'écriture plus régulier et plus sévère que celui des manuscrits : ils en ont repoussé plusieurs lettres, aux nuances desquelles leur prononciation n'est point assujettie. Dans les livres modernes, on observe une très-grande analogie de formes avec le mandchou ; quelquefois même, les lettres Mongoles sont remplacées par celles de l'alphabet Mandchou qui leur correspondent (1). J'ai suivi cet exemple, en imprimant les mots Mongols répandus dans cet ouvrage avec un caractère dont le fond est Mandchou, mais auquel on a ajouté les poinçons des lettres qui sont particulières au mongol (2). Mais comme il falloit aussi faire connoître le genre d'écriture usité chez les Mongols, je me suis attaché à le représenter dans les extraits de l'ouvrage astronomique qui servent d'exemple pour la langue de ce peuple (3). Le même style se retrouve, sans aucune différence, sur quelques feuilles arrachées des livres de la bibliothèque d'*Ablaï-yin kied*, et qui sont imprimées en caractères d'or sur un papier bleu-foncé.

Enfin les Olet, qui sont arrivés plus tard à la connoissance de l'alphabet (4), ont reçu d'un lama nommé *Arandjimba Khou-douktou* (5), un mode d'écriture qui est au fond le même que le mongol, mais qui en diffère pour quelques lettres, et par un genre particulier d'élégance. On en trouve un exemple dans un passage du livre *Go-djikitu*, que Bergmann a fait graver à la fin du premier volume de ses *Promenades nomades*. Le syllabaire qu'il en donne ensuite est fort bon, et j'en ai tiré l'alphabet qui est à la quatrième colonne de mon tableau. J'ai pu en rectifier les formes sur une autre feuille de la bibliothèque d'*Ablaï-yin kied*, qui présente des caractères noirs sur un fond blanc, et

(1) *Man han si fan tsi yao*, ou vocabulaire Mandchou, Chinois, Tibetain, où se trouve de plus le Mongol et le Samskrit. Ouvrage déjà fort souvent cité, qui est à la bibliothèque du Roi.

(2) Voy. la note de la p. 108.
(3) Voyez l'Appendice, 2.ᵉ partie.
(4) Sammlung, &c. *t. II, p. 356.*
(5) *Ibid. p. 362.*

dont

dont le contenu avoit d'abord vivement piqué ma curiosité.
L'alphabet Tartare s'y présentoit enrichi de toutes les *galik* ou
additions des lamas, et les mots que j'y pouvois déchiffrer ne me
paroissoient ni Tibetains, ni Mongols, ni Turks, ni Chinois.
Après m'être assuré, par les moyens que j'ai énumérés plus haut,
de la valeur exacte des *galik*, j'ai reconnu que cette feuille offroit
des phrases sans suite, répétées plusieurs fois, et qui devoient
être des formules de prières, puisqu'elles commençoient toutes
par la syllabe mystique ON. Des mots évidemment Samskrits,
tels que ceux-ci, *On radna hridaya abradja hoon, on barmma sid-
dhi*, &c. y sont suivis de syllabes barbares qui ne sembloient
pouvoir appartenir à aucune langue, comme *dra, kra, dra, kra,
sa, ra, dha,* &c. Je ne pouvois mieux m'adresser, pour l'explication de cette singularité, qu'à M. de Chézy, chargé d'enseigner,
au Collége royal, l'idiome sacré des Brahmanes, qu'il a su,
sans secours et presque sans moyens d'étude, approfondir dans
notre occident, au point de rivaliser avec les savans Anglois les
plus illustres, ou plutôt avec les pandits de Calcutta eux-mêmes.
J'ai appris de lui que les syllabes qui m'avoient embarrassé, formoient un mode d'invocation usité chez les Hindous, qui le
nommoient *kavatcha* [cuirasse], parce qu'en prononçant successivement les différentes lettres de l'alphabet, ils ont dessein
de *cuirasser* toutes les parties de leur corps contre la perni-
cieuse influence des mauvais génies. Le peuple qui entend ces
syllabes insignifiantes sortir avec effort de la bouche du Brah-
mane exorciste, leur prête sans doute un sens mystérieux et
un pouvoir surnaturel, et redouble d'admiration et de respect,
à proportion de la bizarrerie des sons qui viennent frapper son
oreille.

Quoi qu'il en soit, ce morceau Samskrit, écrit en caractères
Tartares, m'a paru propre à faire juger les règles de transcription suivies par les lamas, et à montrer l'emploi des *galik* dans
toute son étendue. Je l'ai donc inséré dans l'Appendice, avec la
lecture approximative en françois. On y remarquera l'emploi
d'un signe Indien tout-à-fait étranger à l'écriture Tartare, dont

il interrompt même l'ordre naturel : c'est le ° ou signe nasal qui se trouve ici, comme dans l'alphabet Dévanagari, placé au-dessus de la syllabe qu'il affecte, tandis qu'en tartare il devrait être mis au-dessous. La même observation peut s'appliquer au ∨ Tibetain, qui, situé de la même manière, fait d'un *a* un *o*, d'après une règle Tibetaine, entièrement contraire aux premiers principes de l'écriture Tartare. La feuille dont il s'agit, arrachée d'un livre d'*Ablaï-yin kied*, est numérotée en mongol *khorin-taboun*, vingt-cinq : l'original fait partie de la collection de M. l'abbé de Tersan.

Malgré tous les soins qu'on s'est donnés pour perfectionner l'écriture Mongole, elle offre encore bien des défauts, dont les principaux consistent en ce que plusieurs lettres n'ont pas de forme bien arrêtée, tandis que plusieurs autres, dans les manuscrits, prennent ou perdent des points dont l'absence ou le déplacement peut embarrasser un lecteur. La consonne ᠊ representé indifféremment le *ya* et le *dja* : on écrit avec la même lettre ᠶᠠᠷᠯᠢᠭ *yarlikh* [bonne doctrine, et, par une extension Chinoise, ordre de l'empereur] (1) ; ᠶᠣᠰᠤᠨ *yousoun* [mœurs], en mandchou ᠶᠣᠰᠣ *yoso* ; ᠶᠢᠷᠦᠬᠡᠨ *yirouken* [cœur], et ceux-ci, ᠵᠠᠳᠵᠢᠬᠤᠷ *djadjikour* [joue] (2), ᠵᠣᠪᠠᠯᠠᠩ *djoubalang* [malheur], en mandchou ᠳᠴᠣᠪᠣᠯᠣᠨ *dchobolon* ; aussi bien que les mots Hindo-mongols ᠵᠢᠨᠠᠢ *djinaï* [doctrine qui instruit, qui corrige], ᠵᠢᠳ ᠴᠠᠰᠲᠢᠷᠲᠴᠢ *djit chastirtchi* [lettré, savant], &c. Je ne remarquerois pas cette particularité, si elle ne se retrouvoit encore dans d'autres langues, sans qu'il soit trop possible d'en rendre raison, *y* et *dj* n'ayant pas une grande ressemblance dans la prononciation (3). Il n'y a de doute, au reste, que quand la consonne est initiale ; car, au milieu des

---

(1) Ce mot est d'usage en ouïgour et en turk ; on le trouve même dans Aboul-faradje, qui l'écrit ܝܪܠܝܓ

(2) En mandchou ᠴᠠᠺᠴᠠᠺᠠ *chakchakha* ; en russe, *chtchoki*.

(3) Dans quelques opuscules, où j'ai cité des mots Mongols transcrits, et notamment dans mon *Uranographia Mongolica* (insérée dans le t. III des Mines de l'Orient), j'ai lu *djin*, la particule *yin*, marque du génitif : j'ai été trompé par l'emploi ambigu de la lettre dont je parle ici.

mots, elle prend la forme particulière du ‎ـﭻ‎ *dcha* Mandchou, et doit toujours se prononcer *dj*; exemples : ‎سوݝجݣوري‎ *soundjigouri* [honte, ignominie]; ‎خاجر‎ *khadjar* [terre, pays]; ‎ٶجل‎ *ôdjal* [vue, vision], &c. Le *ya* médial s'exprime en mongol par le *i* simple ou redoublé, comme dans ‎نويان‎ *nouyan* [prince]; ‎بويان‎ *bouyan* [richesse, puissance, honneur]; ‎كوريا‎ *kôriya* [jardin, enceinte], &c.

Mais ce ne sont pas-là les plus grandes difficultés de la lecture du mongol. En s'attachant à comparer les mots qui ont été cités par Witsen, Strahlemberg, Pallas, Bergmann et autres auteurs, dans leurs transcriptions et dans les ouvrages originaux, on s'aperçoit d'une différence telle qu'on a peine à croire d'abord qu'on ait sous les yeux les mêmes expressions. La prononciation ne répond point à l'orthographe, et celle-ci, qui, dans les langues alphabétiques, n'est, à peu d'exceptions près, que la représentation de la première, paroît ici former un idiome tout différent. Le *k*, placé au milieu d'un mot, se change en simple aspiration, ou disparoît tout-à-fait avec la voyelle qui devoit en soutenir l'articulation; les nasales se suppriment ou s'ajoutent presque indifféremment. ‎كوباكون‎ *kôbakoun* [fils], se prononce *keubeun*; ‎سيباكون‎ *sibakoun* [oiseau], fait *sibbun*; ‎ماكو‎ *makou* [mauvais], *mou*; ‎ەكولان‎ *ekoulan* [montagne], *aoula*; ‎اوسكي‎ *akouski* [poumon], *ouschki*, &c. Laquelle de ces deux langues est le véritable mongol, et quelle est celle qu'on doit s'attacher à représenter dans des recherches historiques ou étymologiques ? C'est la question que nous devons résoudre avant d'aller plus loin, puisque, de sa solution, dépendra l'orthographe que nous devrons adopter par la suite.

Écartons d'abord de ces considérations le dialecte Olet ou Kalmouk, qui a ses règles orthographiques à part, et qui s'écrit à-peu-près comme il se prononce; et bornons-nous à examiner le mongol oriental dont nous possédons ici quelques échantillons, peu considérables, il est vrai, mais suffisans pour l'objet qui nous occupe. C'est dans ce dialecte que nous observerons la plus grande divergence entre l'orthographe et la prononciation, si cette dernière nous a été fidèlement transmise par les voyageurs qui ont parcouru certaines parties de la Mongolie, et s'ils n'ont point achevé d'altérer, en se servant de nos caractères, des articulations que peut-être ils avoient mal saisies en les recueillant.

Tout peuple qui adopte des lettres, c'est-à-dire des signes de sons, a pour but unique d'exprimer ceux des mots de son idiome. L'embarras qu'il éprouve dans l'emploi d'un moyen encore nouveau pour lui, peut quelquefois l'écarter de ce but, et les premières exceptions à la règle générale et naturelle d'écrire ce qu'on prononce, doivent être des fautes d'orthographe. Le nombre en est bientôt grossi par les fluctuations de la langue parlée que l'écriture ne peut et ne doit pas toujours suivre. Il s'augmente, si la nation est considérable, partagée en plusieurs tribus, disséminée sur un grand terrain, et plus encore, si elle s'adonne aux arts, à la poésie, à l'éloquence. De là, plusieurs sortes d'irrégularités dans l'orthographe : les unes fautives, ou provenant de l'ignorance, et par conséquent arbitraires ; les autres, étymologiques, produites par le temps, qui altère le langage et respecte l'écriture ; d'autres encore qui dépendent directement de certaines dispositions particulières dans les organes de la parole, ou de considérations euphoniques, qu'on peut, si l'on a les données nécessaires, assujettir à certaines lois, et dont il est facile, en conséquence, d'apprécier l'effet sur les mots de la langue qu'on étudie. Mais, dans aucun cas, on ne peut supposer que les inventeurs de l'écriture aient, à dessein, représenté des mots différens de ceux que journellement ils entendoient articuler (1).

Il n'est pas d'idiome où l'on ne puisse faire l'application de ces principes ; et l'on peut en déduire cette règle générale, que toutes les fois qu'on étudie une langue, dans la vue d'y puiser

---

(1) Le tibetain offre des règles orthographiques qui paraissent en opposition avec ce principe. On verra, plus bas, qu'elles n'ont aucun rapport avec les anomalies que nous observons en mongol.

SUR LES LANGUES TARTARES.

des notions historiques, ou pour la comparer à d'autres langues déjà connues, on doit tenir peu de compte des irrégularités de sa prononciation, et s'attacher de près à son orthographe, et à son orthographe la plus ancienne. Ainsi donc, si nous voulons prendre une idée juste de la langue de Tchinggis-khakan et de ses premiers successeurs, nous n'irons pas la chercher dans les vocabulaires recueillis à la hâte par un voyageur moderne, de la bouche d'un Mongol ignorant ; mais ne pouvant nous transporter, pour avoir la prononciation primitive, au temps où elle n'avoit pas encore été altérée, nous la retrouverons, jusqu'à un certain point, dans les mots écrits par les Mongols avec leurs caractères ; car il faut supposer de deux choses l'une : ou bien l'orthographe Mongole restoit la même pendant que la langue parlée s'adoucissoit, s'altéroit ou s'efféminoit ; ou bien, quand on commença d'écrire en mongol, on se plut, par des motifs qu'il seroit bien difficile d'énoncer, à orthographier les mots autrement qu'on ne les prononçoit, en ajoutant de temps en temps des voyelles inutiles, et quelquefois une ou plusieurs syllabes entières. Cette dernière hypothèse paroît si insoutenable, que je ne balance point à adopter l'autre sans restriction.

On ne peut que se confirmer dans l'idée que c'est là, en effet, la seule manière raisonnable d'expliquer les différences dont il s'agit, quand on examine ces dernières, et qu'on voit qu'elles rentrent presque toutes dans la classe des altérations euphoniques dont j'ai parlé plus haut. Le plus souvent, c'est la consonne *k* ou *kh*, qui, changée d'abord en simple aspiration, finit par s'élider, et permet de contracter les deux voyelles devenues voisines. Ainsi de ﻨﺎﻏﻮﺭ *nagour* [lac], se forme *naour*, que les Mongols eux-mêmes écrivent quelquefois ﻧﻮﺭ *noor*; de ﺗﻮﻏﻮﻻ *Tougoula* [nom d'un fleuve de la Tartarie], se forme *Tooula* ou *Toula*, nom sous lequel ce fleuve est plus connu. L'addition ou la suppression des nasales (1), le changement de l'*ou* en *i* (2), de la consonne

---

(1) ﺍﻭﺳﻮﻥ *ousoun* [eau], se prononce souvent *ousou*; ﺍﻛﻮﻻﻥ *ekoulan* [montagne], *oula*; ﻧﻴﻜﻦ *niken* [un], *nike*, &c.

(2) Comme dans ﻛﻮﻣﻮﻥ *koumoun* [homme], qui se lit *koumin*; ﺗﻤﻮﺭ *tamour*, qui fait *temir*, &c.

m en *b* (1), du *tch* en *ts* ou en *s*, et beaucoup d'autres permutations qui véritablement n'ont pas toujours lieu dans des cas semblables, mais qui d'autres fois agissent simultanément et défigurent totalement les mots, ne sont pourtant évidemment que des adoucissemens apportés par l'usage à l'ancienne prononciation.

Nous avons toujours supposé, jusqu'à présent, que les anomalies de prononciation s'observoient effectivement chez les peuples dont le mongol est la langue naturelle ; mais les vocabulaires, d'après lesquels nous avons raisonné, ne la constatent que pour cette partie de la nation qui habite sur la frontière Russe, au midi du Baikal, ou, tout au plus, pour quelques Kalkas des sources de l'Onon ou du Keroulen (2). Le langage usité chez les Mongols méridionaux, celui des célèbres tribus des *Naïman*, des *Toumet*, des *Dourbet* et des *Ouirat;* celui même des *Ortos*, des *Tourgôt* et des *Khochot*, nous sont jusqu'à présent tout-à-fait inconnus. C'est pourtant chez ces peuples que s'est entretenu, par un effet de la politique Chinoise, quelque goût pour les sciences, et qu'on a conservé quelques moyens de les cultiver. Depuis que les Mandchous sont maîtres de la Chine, ils ont, comme on le verra plus bas, fait imprimer à Peking ou ailleurs beaucoup de livres en langue Mongole : ce sont, pour la plupart, des traductions d'ouvrages Chinois. Le Traité d'astronomie, que j'ai cité plus haut, a été traduit sur un ouvrage écrit en chinois par un Missionnaire. La forme de l'ouvrage, la disposition des calculs, en offrent la preuve la plus certaine. Par-tout ailleurs, les livres sont la propriété presque exclusive des lamas, et leur sujet est le plus souvent théologique ou liturgique. Chez les Mongols méridionaux, ils paroissent s'étendre à des matières d'un intérêt plus général, et devoir, par conséquent, passer entre les mains des laïques. Il ne seroit donc pas étonnant qu'il y eût ici moins de discordance entre la langue orale et la langue des livres.

(1) خَبَر *khabar* [nez], se lit *khamar*.
(2) C'est le fleuve qui est nommé *Kerlon* sur nos cartes.

SUR LES LANGUES TARTARES. 167

On peut objecter que les Kalkas qui habitent les sources de l'Onon et du Keroulen, c'est-à-dire, le théâtre même des premiers exploits de Tchinggis-khakan, sont les descendans de ces mêmes Mongols qui suivirent ses successeurs en Chine, et qui, expulsés de cet empire, sont revenus s'établir dans les mêmes lieux d'où ils étoient originaires; qu'ils doivent avoir conservé, plus que les autres tribus de la même race, la tradition de la prononciation primitive; et que cependant il paroît qu'ils parlent le mongol corrompu dont nous recherchons l'origine. Mais la vie nomade à laquelle ce peuple s'est attaché plus que jamais depuis son retour en Tartarie, son éloignement de toute occupation littéraire, la rareté des livres, l'influence Chinoise affoiblie par la distance, et celle des Olet exercée pendant près d'un siècle de guerre et presque de domination; toutes ces causes réunies suffiroient pour expliquer le fait, s'il venoit à être tout-à-fait constaté.

En attendant, nous sommes autorisés à penser que la prononciation des Mongols méridionaux est plus nette, plus énergique et plus pure, qu'elle porte par conséquent un plus grand caractère d'antiquité que celle qu'on attribue au langage des Kalkas, et qu'on observe chez les Olet. Ils ont rejeté ces voyelles ambiguës que les autres ont conservées. L'*o* ou plutôt *ou* et *œ*, tiennent lieu chez eux des deux sons douteux, *u*, *eu;* et l'*e* y est toujours remplacé par l'*a*. Ils écrivent *tousimâl*, au lieu de *touchimel* [magistrat]; *etcha*, au lieu d'*etse* [marque de l'ablatif]; *souldaniksan* pour *soldeniksen* [fatigué], &c. Tous les participes en *ksan* s'écrivent de même; et comme les Mongols emploient le � *e* quand ils ont à rendre des mots étrangers, on a la certitude que l'*a* chez eux conserve bien sa prononciation naturelle. On a la même assurance, quant aux consonnes, par les transcriptions de mots Chinois en mongol, et de mots Mongols en chinois, qu'on trouve dans les livres des deux nations.

Ainsi le mongol méridional nous paroît plus empreint de ces marques d'ancienneté que doit porter un dialecte primitif, et ceux qui ne sont évidemment que la même langue altérée et efféminée peuvent être regardés comme dialectes secondaires. L'invention de certaines lettres appliquées à des sons particuliers de ces derniers, prouve seulement que dès le règne de *Khoubilaï-khan*, la langue Mongole étoit déjà partagée, comme elle l'est aujourd'hui, en trois ou quatre dialectes principaux.

Chez les Mongols occidentaux, qui portent à présent le nom d'Olet ou de Kalmouks, l'altération paroît avoir été plus ancienne et plus profonde. Presque tout ce qui nous est connu de mots Mongols par la voie des Arabes, des Persans ou des autres Occidentaux, au temps même de Tchinggis-khakan et de ses premiers successeurs, porte les traces de cette altération(1); mais cela ne contrarie nullement les principes que j'ai rappelés plus haut, ni même les conséquences que j'en ai tirées sur les caractères qui doivent distinguer le plus ancien dialecte Mongol. Il n'est pas étonnant que la partie de la nation qui s'étendoit le plus à l'occident ait parlé dès-lors la langue qu'elle écrivit depuis, quand l'alphabet Mongol fut mis en usage chez elle : cela même fortifie notre raisonnement ; car la différence dans l'orthographe en suppose naturellement une autre dans la prononciation ; et puisque les Olet écrivent comme ils parlent, on peut en inférer que les autres Mongols parlent comme ils écrivent.

C'est donc là la principale différence qu'on observe entre le mongol proprement dit et l'ôlet ou le kalmouk. Ici, on a conservé les nuances de voyelles affoiblies que l'on a repoussées là-bas : *a, e, i, o, ou, eu, eu*. On a consacré dans les livres ces syncopes et ces contractions qu'on attribue à la langue orale des autres tribus ; et plusieurs consonnes perdant tout-à-fait leur

―――――――

(1) C'est ainsi que, dans Aboulfaradje, la ville de Bamian est surnommée *Mau-balik*, au lieu de *Makou-balik* [ville de malheur]. Le même mode d'altération a changé le titre de *Khakan* en ceux de *Khan* et de *Kaan*, quoique ces deux derniers mots aient, par la suite, acquis des significations particulières. Le roi de Perse, Houlagou (ou mieux *Khoulakou*), est nommé par les Grecs Χαλαυ ; par nos historiens, *Olaon*; par les Arméniens, *Houlav*. Ces derniers appellent *Aba*, le prince que nous connoissons sous le nom d'*Abaga*. *Batour* est une corruption fort ordinaire de *Bakhadour*, &c.

SUR LES LANGUES TARTARES. 169

son primitif, représentent régulièrement d'autres articulations, ordinairement moins fortes. Ainsi l'on écrit,

كەمەن *kemên*,	au lieu de كەمان *keman*	[parole];
كەبەئىن *kæbæiin*,	— كوباقون *kôbakoun*	[fils];
ەدزە *édze*,	— ەتچا *etcha*	[ex];
دوندادو *doundadou*,	— دومدادو *doumdadou*	[milieu];
ئزەسكۇلەنگتەى *uzeskulengteï*,	ئوتچاسكولانگتاى *outchaskoulangtaï*	[brillant],

et ainsi des autres. A la vérité, ce n'est pas là la seule différence du mongol et de l'ôlet. On trouve dans ce dernier beaucoup d'expressions radicalement étrangères au premier ; mais tous les mots qui forment le fonds des deux langues, ont évidemment une dérivation commune. Sous le rapport de la grammaire, les deux dialectes ont beaucoup d'analogie ; seulement, l'occidental paroît avoir des formes moins compliquées pour la déclinaison des substantifs, et être en même temps plus savant sous le rapport de la conjugaison des verbes. Le mongol va donc en se simplifiant, à certains égards, à mesure qu'il s'éloigne des lieux de son origine. Nous aurons occasion d'observer une marche inverse et moins naturelle, en traitant des dialectes de la langue Turke.

Quand je parle de la complication des formes grammaticales en mongol, ce n'est que par comparaison avec celles de l'ôlet : le système Mongol n'est pas, à la vérité, tout-à-fait aussi dépourvu de combinaisons que l'a pensé Thévenot ; ce savant compilateur donne, d'après un manuscrit Arabe de la bibliothèque de Gaulmin, une demi-douzaine de règles assez exactes, en ajoutant que ce sont peut-être les plus simples qui puissent suffire à la communication des hommes les uns avec les autres (1). On s'imaginera facilement qu'un si petit nombre de règles ne sauroit être suffisant pour une langue dans laquelle on a beaucoup écrit, et composé des livres sur des sujets très-abstraits. Je re-

---
(1) Collect. de Thévenot, *3.ᵉ partie.*

grette bien que l'imperfection des matériaux que j'ai entre les mains ne me permette pas de donner une grammaire complète. Ce que je vais dire ici suffira du moins pour faire juger du génie de la langue, et des principaux moyens qu'elle emploie dans la construction des phrases.

Les substantifs Mongols, ainsi que les Mandchous, n'ont aucune marque qui distingue les genres; mais ils en ont une pour le pluriel : elle consiste en un *t* qui s'ajoute à la voyelle finale, ou remplace la consonne *n*; exemples : ܘܕܘܢ *oudoun* [l'étoile]; ܘܕܘܬ *oudout* [les étoiles]; ܢܘܝܢ *nouyan* [le prince]; ܢܘܝܬ *nouyat* [les princes]. Cette marque paroît aussi peu usitée qu'en mandchou; elle se rapproche beaucoup plus du pluriel irrégulier en *ta, te,* de cette dernière langue, que du pluriel Turk régulier en *lar*. Ce que dit Thévenot sur cette manière de former le pluriel est exact; mais il a tort quand il ajoute que c'est le seul changement que les mots reçoivent dans leur déclinaison.

Les signes des cas sont assez variés en mongol; le génitif en a trois qu'on n'emploie pas indifféremment, mais suivant la terminaison des substantifs. Après un mot qui finit par une voyelle, on se sert de ܝܢ *yin* (1); exemples : ܬܓܪܝ ܝܢ ܐܘܬܟܐ *tagri-yin outkha* [science du ciel, astronomie], en chinois, *thian wen* (2); ܡܘܕܔܝ ܝܢ ܢܘܝܬ *moudji-yin nouyat* [princes de province, vassaux], en chinois, *tchou-heou* (3). Si le mot est terminé par un *n*, le génitif se marque par l'addition de la voyelle *ou*; exemples : ܬܫܢܓܝܣ ܟܐܟܐܢ ܘ ܐܘܪܘܟ *Tchinggis-khakan-ou ouroukh* (4)

---

(1) Et non pas *djin*, voyez la note de la *page 162*.

(2) 天文

(3) 諸侯

(4) Voilà l'orthographe originale du nom de ce conquérant, orthographe bien authentique, puisqu'elle est prise dans la lettre adressée par un de ses successeurs au roi de France. La prononciation en est assurée par la transcription qu'en ont faite les Chinois contemporains, de la manière suivante :

成吉思可汗

Tchhing - ki - sse kho - han.

Ainsi les différentes manières de l'écrire usitées chez les Européens, *Gengiscan, Gentchiskan, Zingiscan,* &c. sont toutes

SUR LES LANGUES TARTARES.

[les descendans de *Tchinggis-khakan*] ; ادوس‍‍ی و ‍‍‍یرم *aman-ou yabadji* [les coins de la bouche]. Enfin, si le mot finit par toute autre consonne, on ajoute la particule ‍‍‍وم *oun*, qui est exactement la même que la caractéristique du génitif Turk ; exemples : ‍‍‍یرمدعث مر ‍‍‍‍‍‍‍‍ـاسـح *tcharig-oun nouyan* [général d'armée] ; ‍‍‍یرمسر مر ‍‍‍ـمدعث *aïmak-oun darouga* [chef d'une tribu] ; ‍‍‍یلع مر ‍‍‍سح *kôl-oun oula* [la plante du pied], &c. Dans tous les cas, le mot qui est au génitif se place avant celui qui le gouverne ; cette règle ne souffre pas plus d'exceptions en mongol qu'en mandchou. Souvent même, comme en chinois, la position respective des mots est la seule marque de construction ; exemples : ‍‍‍یرمدعث ‍‍‍ـمیـح *souldan ôken* [la parole du roi] ; ‍‍‍ـعـثدس‍‍ـمعث ‍‍‍دددس‍‍ـا *ariki khoutal-douktchi* [vendeur de vin], &c.

Le datif s'exprime par l'addition des particules ‍‍‍ـاس *yar* ou ‍‍‍ـاوص *tour*, qui ont un usage aussi étendu que le ‍‍‍‍ـح *de* Mandchou ; exemples : ‍‍‍ـو‍‍ـتـلبا ‍‍‍ـاس مر‍‍ـعث *kourdoun-yar balketou* [qui ressemble à un *kourdoun*, sorte d'arme en forme de roue, que les Hindous nomment *tchakra*](1) ; ‍‍‍ـا‍‍ـاتلاتلات ‍‍‍ـوعث *akoüi-tor taltalakou* [se cacher dans un antre], &c.

L'accusatif, pour les mots qui finissent par une consonne, s'exprime, comme en turk, par l'addition de la voyelle *i* : ‍‍‍ـوعوران ‍‍‍ی مر‍‍ـس‍‍ *taïn-i taroukou* [vaincre les ennemis] ; ‍‍‍ـو‍‍ـاعلبا ‍‍‍ی مر‍‍ـع *kem-i arilkakou* [effacer les péchés] ; ‍‍‍ـو‍‍ـاعلدلبا ‍‍‍ی مر‍‍ـعذ‍‍ *oudout-i sindjilakou* [observer les étoiles], &c. Pour ceux qui se terminent par une voyelle, l'*i* s'articule et s'écrit ‍‍‍ـحب *dji* ; ex. ‍‍‍ـوعو‍‍ـو‍‍ـا مر‍‍ـحب ‍‍‍ـاحوث *toukha-dji boudoukou* [supputer un nombre], &c.

L'ablatif se forme en ajoutant la particule ‍‍‍ـحس‍‍ *etcha*, qui répond au *tsi* des Mandchous ; exemples : ‍‍‍ـوعاعتلباعث ‍‍‍ـحس‍‍ مر‍‍ـتلدس‍‍ـسعث *kouritchal-etcha kaktchakou* [s'abstenir des passions] ; ‍‍‍ـحس‍‍ مر‍‍ـسث ‍‍‍ـاعس‍‍ـع‍‍ـدس‍‍ *aman-etcha tôrouksan* [né de la bouche] (2). Voilà

---

fautives ; celle même sous laquelle on a coutume de le désigner à présent, *Djenguiz-khan*, n'est pas plus exacte, parce qu'elle ne représente le mot Mongol qu'altéré par les écrivains Arabes et Persans.

(1) *Man han si-fan tsi yao*.
(2) Né de la bouche (de Bouddha).

les seuls cas que j'aie observés dans le petit nombre de textes Mongols qui se sont offerts à mon examen. On doit remarquer qu'aucun des exemples que j'en rapporte n'est arbitrairement construit, mais que tous sont textuellement extraits des livres Mongols.

Les adjectifs n'ont rien de particulier, et ne sont pas plus susceptibles qu'en mandchou de changemens ou de modifications. On dit indifféremment : ﺳﯿﻦ ﺍﺗﭽﯿﻜﮫ *saïn etchike* [un bon père]; ﺳﯿﻦ ﺍﻛﮫ *saïn eke* [une bonne mère]; ﯾﮭﮫ ﺧﺎﻛﺎﻥ *yahe khakan* [un grand roi]; ﯾﻜﮫ ﺧﺎﺗﻮﻥ *yake khatoun* [une grande reine]; ﺗﭽﯿﻜﻦ ﺧﺘﻦ *tchæken khotan* [une petite ville]; ﺗﭽﯿﻜﻦ ﺧﺎﻛﺎﻟﺨﺎ *tchæken khakalkha* [une petite porte], &c. Outre cela, plusieurs substantifs peuvent prendre la signification adjective, par l'addition de la syllabe ﺗﻮ *tou*; exemples : de ﻛﺮﺍﻝ *keral* [éclat], on fait ﻛﺮﺍﻟﺘﻮ *keraltou* [éclatant]; de ﺍﻟﺠﺎﯼ *œldjaï* [richesse, bonheur], ﺍﻟﺠﺎﯾﺘﻮ *œldjaïtou* [riche, heureux] (1); de ﺧﻮﺩﻭﻙ *khoudouk* [sagesse, sainteté], ﺧﻮﺩﻭﻛﺘﻮ *khoudouktou* [sage, saint] (2), &c. Ces sortes d'adjectifs signifient *doué de, qui a*, comme ceux qui, en mandchou, ont la terminaison *inga, anga*.

Les degrés de comparaison ne paroissent marqués en mongol que par des particules placées avant l'adjectif, comme en turk et en mandchou. Le superlatif s'exprime par ﻣﺎﺳﯽ *masi*, en mandchou ﺍﻭﻣﺴﯽ *oumesi* ou ﻣﺎﺳﺘﯽ *masita*; exemples : ﻣﺎﺳﺘﯽ ﺍﯾﻼﻛﻮﻛﺘﭽﯽ *masita ilakouktchi* [très-victorieux]; ﻣﺎﺳﯽ ﺗﭽﺎﻏﺎﻥ *masi tchagan* [très-blanc]. Les adjectifs affectés de ces particules se construisent avec les substantifs de la même manière qu'en mandchou.

Les pronoms ont aussi beaucoup d'analogie avec ceux des

C'est le nom qu'on donne à *Bodhisatoua* ou à la *Voix voyante*. Il sera parlé de cette divinité dans les notes sur le *Pradjña paramitâ hridaya*, Appendice, *1.re partie*.

(1) C'est le titre qu'ont porté plusieurs princes Mongols. Il a été diversement altéré par les différentes nations qui l'ont connu.

(2) On a coutume de désigner ainsi les lamas provinciaux. C'est sans doute par erreur que ce mot est écrit *khoutoukta* dans les *Sammlungen historischer Nachrichten*, t. II, p. 436 et ailleurs.

SUR LES LANGUES TARTARES.

Mandchous ; et la ressemblance est d'autant plus remarquable, qu'elle porte en partie sur les irrégularités. On en jugera par le petit tableau suivant :

En Mongol.	En Mandchou.			En Mongol.	En Mandchou.	
bi,	bi,	moi, je.		mini,	mini,	de moi, mon.
tchi,	si,	toi.		tchini,	sini,	de toi, ton.
tere,	tere,	lui.		ta,	tereï,	son.
bida,	be,	nous.		mendou,	minde,	à moi, à nous.
ta,	souwe,	vous.		tchimdou,	sinde,	à toi.
tedet,	tese,	ils.		tedendor (1).	terede,	à eux.

Les nombres ont cela de remarquable en mongol, qu'ils diffèrent radicalement de ceux des autres Tartares, à l'exception de quelques-uns qu'ils ont, comme je l'ai dit plus haut, visiblement communiqués aux Mandchous. Comme le vocabulaire comparatif offre les noms des premiers nombres, je n'ai pas besoin de les répéter ici ; il faut seulement remarquer que les nombres dénaires sont régulièrement formés des unités, ce qu'on n'observe pas en mandchou, pour une raison déjà énoncée plus haut. Ainsi l'on dit :

khouyar, 2.	khorin, 20.		dsirkoukan, 6.	djaran, 60.
korban, 3.	kotchin, 30.		douloukan, 7.	delan, 70.
dœrban, 4.	dœtsin, 40.		naïman, 8.	nayan, 80.
taboun, 5.	tabin, 50.		yisoun, 9.	yeren, 90.

Les nombres se groupent à la manière Mandchoue, en mettant l'unité après la dixaine : *arban-niken* [*dix-un*, onze] ; *arban-khouyar* [*dix-deux*, douze], &c.

Les ordinaux ont une terminaison particulière qui n'a point d'analogie avec celle qu'on observe en turk et en mandchou.

---

(1) Presque tous ces pronoms sont pris dans les Vocabulaires de Pallas ou de Witsen. J'ai eu peu d'occasions d'en rencontrer dans les livres originaux, parce que les Mongols, comme les Mandchous et les Chinois, en font assez rarement usage.

Dans ces deux dernières langues, on ajoute *tchi* ou *tsi* au nom primitif. En mongol, on change la consonne finale de celui-ci en *doukar* ou *douker*, suivant qu'il se trouve un *a* ou un *e* dans le nombre générateur. De cette manière, on dit :

nikedouker,	1.ᵉʳ	*dsirkoudoukar*,	6.ᵉ
khouyadoukar,	2.ᵉ	*douloudoukar*,	7.ᵉ
korbadoukar,	3.ᵉ	*naïmadoukar*,	8.ᵉ
dœrbadoukar,	4.ᵉ	*yisoudoukar*,	9.ᵉ
taboudoukar,	5.ᵉ	*arbadoukar*,	10.ᵉ

Dans les nombres complexes, l'unité seule prend la marque de l'ordinale : *arban khouyadoukar*, 12.ᵉ ; *arban korbadoukar*, 13.ᵉ, &c.

Les nombres distributifs paroissent avoir aussi une forme à part, comme on en peut juger par celui-ci : *korbakat korbakat* [trois à trois]. Il faudroit en trouver quelques autres pour en déduire la règle générale (1).

Les Mongols ont eu le bon esprit d'adopter les figures numériques des Hindous, ce que les Mandchous n'ont pas encore su faire; et comme les premiers en doivent probablement la connoissance aux Tibetains, ils ont adopté aussi la forme que ceux-ci donnent aux chiffres. La voici assez fidèlement représentée :

0 ŋ ʔ ʓ ᴄ ч ϭ ᴎ ⟨ ρ (2).

Une autre richesse que les Mongols doivent aux Hindous,

---

(1) On dit cependant ڪھويار ڪھويار *khouyar khouyar* [deux à deux].

(2) Je me sers ici de poinçons que M. Langlès a fait graver d'après des calques pris dans l'ouvrage astronomique déjà cité.

Sur des dessins tirés du même livre, on a commencé à graver un corps de mongol ; mais quoique ce corps soit déjà composé de plus de soixante poinçons, il est encore bien loin d'être complet, parce qu'il faut défalquer de ce nombre quelques ligatures et plusieurs lettres ou combinaisons de lettres qui ont été gravées deux ou même trois fois. Ceci vient de ce que le livre qui a servi de modèle, imprimé à la manière Chinoise, n'offre pas toujours la même lettre avec des formes rigoureusement identiques. On eût pu se dispenser de représenter ces sortes de variétés, qui ne sont que des caprices d'écriture.

et dont nous ne pouvons sentir les avantages, c'est la progression décuple des nombres, poussée depuis mille jusqu'à la 61.ᵉ figure. La même chose s'observe chez les Tibetains, où elle a la même source. Les Chinois et les Mandchous ont aussi adopté les expressions particulières pour désigner chaque anneau de ces extravagantes séries, qui ne sont d'usage que dans les fables Bouddhiques. Elles n'y servent pas seulement, comme on l'a cru jusqu'ici, à supputer des périodes astrologiques, mais aussi à représenter le nombre des mondes existans, celui des génies ou esprits dont on peut se former l'idée en s'élevant à tel ou tel degré d'abstraction, celui des prières ou formules qui sont renfermées dans un livre, et autres choses du même genre (1). Comme les séries de ces nombres n'ont pas encore été publiées en chinois et en mandchou, je les donne dans l'Appendice, en y joignant celles des Mongols et des Tibetains, qui vont beaucoup plus haut. J'extrais les deux premières du *Grand Miroir des langues Chinoise et Mandchoue*, et les deux autres de l'ouvrage de Pallas et de celui du P. Georgi (2).

Les verbes Mongols ont l'infinitif en *kou;* de cet infinitif se forment assez régulièrement un indicatif, un participe, un nom d'agent, un nom d'action, et quelques autres expressions verbales, comme les exemples suivans le feront voir.

Kemakou, appeler; *kemamou*, et plus souvent *kemamouï*, j'appelle, on appelle, on a appelé, on appellera; *kemaksan*, appelé, ayant appelé, appelant; *kemaktchi*, qui appelle, appeleur; *kemakouï*, l'action d'appeler; *kemabasou*, que j'appelle, qu'on appelle, avec le sens conjonctif, et précédé d'une conjonction, ou régi par un verbe subséquent. Voici un exemple de chacune de ces terminaisons ; comme ces exemples sont pris dans le Traité uranographique, et comme cet ouvrage est le seul de cette

---

(1) On en trouvera un exemple ou deux dans les notes du *Pradjña Paramitâ hridaya*. Appendice, 1.ʳᵉ partie.

(2) *Mandchou Gisoun-ni poulekou pitkhe*, classe de la littérature, ordre des nombres. — Sammlungen histor. Nachrichten, t. *II*, *p. 373.* — Alphabetum Tibetanum, *p. 640*.

langue que j'aie pu consulter, on ne sera pas surpris qu'il m'ait été impossible de trouver le même verbe dans toutes les formes dont il est susceptible.

Kou : ﺗـﭼﺎﺭﻳﮒ ﺗﺎﺭﻳﻜﻮﻻﻛﺘﭼﻰ ﺧﺎﻛﺎﻟﻜﺎ ﻛﻤﺎﻛﻮ ﺳﻴﺮﺍ ﺍﻭﺩﻭﻥ ﺍﻭﺩﻳﺮﺍﺑﻬﻠﻜﻮﻧﻰ ﺍﻭﺩﻭﻥ ﺩﻭﺭ ﺍﻭﻳﺮﺍ *tcharig tarikoulaktchi khakalka* kemakou *sira oudoun Oudirabhalkouni oudoun-dour ouïra*, les étoiles jaunes (brillantes), *qui sont appelées la porte du général d'armée, viennent après la constellation Oudirabhalkouni*. Dans cet exemple, l'infinitif forme le sens relatif, comme le temps en *ra, re, ro*, des Mandchous.

Mou, moui : ﺯﻭﻫﺮﺍ ﻗﻤﻌﻤﺮ ﻣﻘﻬﺮ ﻭ ﻗﺼﺴﻮﺭ ﺩﺱ ﺍﻭﻳﺎ . ﺩﺩﺭ ﺩﻳﻢ ﻻﻳﺎ ﺯﻫﺮﺍ ﻣﻘﻬﺮ *kôke doboutchoukh oudoun-ou dooraki-dji, saba-yin yamoun oudoun* kemamouï ; *nous nommons ville des vases, la constellation qui est au-dessous du tombeau bleu*.

Ksan : ﺗـﭼـﻮﻛـﺘـﭼـﺎﻻﻛـﺴـﺎﻥ ﺧﻮﺗﻮﻥ *tchouktchalaksan khoton*, ville entourée, ceinte de murailles ; ﺗﺎﻳﻦ ﻯ ﺗﺎﺭﻭﻛﺴﺎﻥ *taïn-i tarouksan*, qui a vaincu les ennemis (1).

Ktchi : ﺑﻮﺭﻭﻛﻮ ﺩﺟﻰ ﺍﺩﺟﺎﻻﻛﺘﭼﻰ *bouroukou-dji edjalaktchi*, celui qui préside aux injustices.

Kouï, terminaison qui n'est proprement que l'accusatif du temps indéfini ; ﻛﻮﺭﺩﺍﻛﻮﻯ *kourdakouï*, l'action de toucher ; ﺳﺎﺭﺍﻛﻮﻯ ﻳﻦ ﺗـﭼـﻮﻛـﺘـﭼـﺎ *sarakoui-yin tchouktcha*, amas de réception [accumulation formée en nous par les perceptions] (2).

Basou : ﺑﺪﻧﻴﺎ ﻝ ﺩﻳﺮ ﻡ ﻗﺮﺳﺎ ﻝ ﻋﻤﺴﻠﻮﺭﻳﻪ ﻣﻌﻴﻤﻮﻳﻪ *sira yam-oun dakera ôdjabasou ouloumouï*, *il n'est rien qu'on voie au-dessus de la voie jaune* ; pour, *de ce côté on ne voit pas d'étoiles au-dessus de l'écliptique*.

D'après ce court exposé, il semble que les formes grammaticales du mongol n'ont pas avec celles du turk et du mandchou une analogie matérielle très-prononcée. Le participe en *tchi*, pourtant, commun aux trois langues, mais détourné par les

---

(1) Cet exemple du sens actif du participe en *ksan* est pris du *Man han si-fan tsi yao*, où l'on en trouve un grand nombre de semblables.

(1) *Man han si-fan tsi yao*.

Mandchous de son usage primitif, a également chez les Turks et chez les Mongols la force d'un nom d'agent, et sert à former les noms d'arts, de métiers, de professions, &c. On dit en mongol ﻮﻧﻜﻮﺗﭽﺎﭼﻰ *ongkotchatchi* [rameur]; ﺧﻮﻻﺧﺎﻳﭽﻰ *khoulakhaï-tchi* (1) [voleur], en mandchou ﺧﻮﻟﺨﺎ *khôlkha* ; ﺗﺎﺭﻳﺎﭼﻰ *tari-yatchi* [laboureur], &c. , comme on dit en turk, *eutmeuktchi* [boulanger] ; *kalpaktchi* [marchand de bonnets] ; *tchiftetchi* [laboureur], &c.

Avec des matériaux aussi imparfaits que ceux que nous possédons, il serait téméraire de rien avancer de positif sur la nature de la phraséologie du mongol oriental. Ce n'est pas d'après quelques centaines de phrases courtes, éparses dans un vocabulaire, ou d'après le style technique et monotone d'un livre scientifique, qu'on peut se former une idée suffisante des ressources d'une langue dans des compositions plus relevées. A s'en rapporter à ces échantillons, la construction inversive du mandchou se retrouveroit dans le mongol avec toute sa rigueur, et même avec plus d'inconvéniens encore, à raison du petit nombre de formes qui servent à distinguer les temps des verbes. Ce seroit alors un fait curieux, et dont il vaudroit la peine d'approfondir les causes, que cette existence simultanée chez plusieurs nations peu avancées dans la culture littéraire, d'un système qui nous paroît l'inverse de l'ordre naturel des idées, et qui sembleroit, par conséquent, ne pouvoir être introduit dans une langue que par les efforts successifs des écrivains et l'influence prolongée de leurs compositions, sur les habitudes du vulgaire. Mais, je le répète, nous n'avons pas de documens suffisans sur ce fait, qu'il faut constater avant de chercher à

---

(1) Cette qualité est estimée chez les Mongols, qui veulent qu'un homme accompli réunisse les neuf perfections suivantes, et qu'il soit :

Ousoun, adroit ;
Bakhadour, brave ;
Tsetsen, éloquent ;
Belïetchi, bon juge ;
Khabouraï, bon archer :
Mordetchi, habile à la piste ;
Beukeu, vigoureux ;
Oustchi, bon nageur ;
Khoulakhaïtchi, larron.

Pallas, Samml. histor. Nachrichten, t. II, p. 373.

Z

l'expliquer. Nous ne savons pas si la même construction s'observe dans tous les livres, si elle se retrouve chez toutes les tribus Mongoles, et si elle y a été usitée dans tous les temps: l'usage peut en être borné aux ouvrages classiques ou techniques, imités des Mandchous ou des Chinois ; il est peut-être rejeté de ceux que les Mongols ont traduits en bien plus grand nombre du samskrit ou du tibetain; il peut sur-tout être tout-à-fait exclu de la conversation ; enfin il peut être borné aux tribus qui sont depuis un siècle sous la domination des Mandchous. En un mot, il nous faudroit, pour prononcer sur la phraséologie Mongole, avoir un plus grand nombre d'ouvrages écrits en cette langue; et jusqu'à ce que nous les ayons acquis, tout jugement seroit hasardé ou prématuré.

Le dialecte Olet n'est pas resté jusqu'à présent aussi complétement inconnu que le mongol oriental, ou plutôt c'est par lui qu'on a pu juger de ce dernier. Les Mongols, par une suite d'événemens dont les conquêtes de Tchinggis-khakan sont la première cause, ont envoyé dans notre occident des émigrations considérables. Un grand nombre de familles, et des tribus presque entières, se sont trouvées assujetties à la Russie, et ont fixé sur le Wolga, dans le gouvernement de Saratof, leurs mobiles établissemens. Ce sont ces Mongols, plus connus sous le nom de Kalmouks, qui ont été le plus étudiés. Leur histoire, la généalogie de leurs princes, leur économie morale et domestique, leur manière de vivre, leurs maladies, leur régime politique, leur religion et la hiérarchie de leurs lamas, nous sont très-bien connus par les Mémoires historiques publiés sous le nom de Pallas (1). Les lettres de B. Bergmann (2) offrent aussi des renseignemens curieux sur les Kalmouks. On trouve répandus, dans ces deux ouvrages, un très-grand nombre de mots Olet; mais on y cherche en vain des détails suivis sur la grammaire, ou des textes propres

---

(1) Sammlungen historischer Nachrichten über die Mongolischen Vœlkerschaften.

(2) Nomadische Streifereien unter den Kalmuken.

à y suppléer. Seulement Bergmann a inséré, à la fin du premier volume de ses *Promenades*, un texte assez court, extrait d'un ouvrage mythologique Mongol, avec la transcription des mots en lettres Latines, et la traduction littérale en allemand. Ce morceau, la partie Kalmouke du vocabulaire universel de Pallas (1), et les recueils de mots et de phrases qu'on trouve dans Witsen (2), ne m'eussent pas fourni les documens nécessaires pour juger le système grammatical des Olets; je ne compte même pas le *Vocabulaire Calmuque et Mungale* de Strahlemberg (3), où les mots Mongols sont en assez grand nombre, mais trop défigurés pour mériter aucune confiance.

Heureusement, un ouvrage récemment publié est venu me tirer d'embarras, et me fournir les renseignemens dont j'avois besoin. Je veux parler de l'évangile de S. Matthieu, traduit en ôlet par les soins de la société de la Bible, établie à Pétersbourg (4). J'ai considéré comme authentique une traduction qui, destinée à la conversion des Mongols, a sans doute été composée ou du moins revue par des Kalmouks néophytes. En la lisant, ou plutôt en l'analysant pour en déduire les principes grammaticaux qui étoient l'objet de mes recherches, je n'y ai trouvé qu'un très-petit nombre de points où sa correspondance avec le texte Grec ne m'a pas paru rigoureusement exacte. Elle est, au reste, d'une grande fidélité; non pourtant qu'on se soit astreint à la faire absolument littérale et mot à mot, car on a préféré, avec beaucoup de raison, suivre la construction Mongole, et intervertir, quand cela étoit né-

---

(1) Le kalmouk y est placé sous le n.° 137.

(2) Noort en oost Tartarye.

(3) Description historique de l'empire Russien, t. II, p. 322-363.

(4) *Evangelium S. Mathæi, in linguam Calmucco-mongolicam translatum ab Is. Jac. Schmidt, cura et studio societatis Biblicæ Ruthenicæ, typis impressum.* Petropoli, apud Frider. Drechslerum, 1815; in-4.ª de soixante-six pages, imprimé en caractères mobiles.

Ce précieux ouvrage n'a été mis entre mes mains qu'après que l'impression de ces *Recherches* a été commencée. Je me suis empressé de m'en servir pour étendre et pour rectifier l'article très-insuffisant que j'avois consacré au dialecte Olet.

cessaire, l'ordre des versets, ou en fondre deux ou plusieurs en un seul.

Pour suivre l'ordre qui nous a dirigé dans l'examen du mandchou et du mongol, nous devrions, en traitant du dialecte Olet, parler d'abord de l'orthographe qui lui est particulière. Mais ce que nous aurions à en dire rentreroit dans les considérations auxquelles nous avons déjà été conduits par nos recherches sur l'étymologie du dialecte oriental. Ainsi que nous en avons fait la remarque, on ne trouve pas chez les Olets ces anomalies qui nous ont frappés en mongol, parce qu'ils ont pris la prononciation pour règle unique de leur orthographe; mais il en résulte dans celle-ci une assez grande irrégularité et beaucoup de variantes, ou manières différentes d'écrire les mêmes mots. La langue parlée étant, de sa nature, mobile et sujette au changement, on ne peut, quand on la prend pour guide, atteindre à ce point d'uniformité et de régularité qui est le partage exclusif des langues savantes.

Nous avons eu occasion de remarquer aussi que la prononciation Olet étoit plus douce, ou, si l'on veut, plus efféminée que celle des Mongols. Aux voyelles claires et ouvertes de ceux-ci, à leurs consonnes fortement articulées, les Kalmouks ont substitué des nuances sourdes et des sons plus foibles et moins francs. En général, ils remplacent le *dch*, par *dz;* le *tch*, par *z;* l'*a*, par *e;* les deux voyelles *ou* et *ô*, par les quatre voyelles adoucies ⌐ *o*, ⌐ *ou*, ⌐ *eu*, ⌐ *u*. Et ce n'est pas l'euphonie qui paroît les avoir dirigés dans ces altérations; car les prononciations sonores du mongol sont, au moins pour nous, plus agréables que les voyelles douteuses et monotones, et les articulations affétées des Kalmouks. On observe le même genre de dégradation dans le turk occidental, qui, sous le rapport de la netteté des articulations, est à l'ouigour comme l'ôlet est au mongol des Toumets et des Naïmans.

Les Kalmouks ont deux terminaisons pour le pluriel. La première, qui leur est commune avec les Mongols, est le changement du *u* final en *d:* ᡆᠺᡅᠨ *okin,* la fille; ᡆᠺᡅᡑ *okid,* les filles;

SUR LES LANGUES TARTARES. 181

خان khân, le roi ; خاد khad, les rois. L'autre marque, qui se rapproche davantage de celle du pluriel Turk, consiste dans l'addition de *nar* ou *ner* aux mots qui finissent par une voyelle : چابى chabi, le disciple ; چابىنر chabinar, les disciples ; اخا akha, le frère aîné ; اخانر akhanar, les frères aînés ; دوى deuü, le frère cadet ; دوىنر deuüner, les frères cadets ; et ainsi des autres.

Il y a deux terminaisons pour le génitif. L'une, semblable à celle des Mandchous, ne se met qu'après les mots terminés en *n* : كمن kumun, l'homme ; كمنى kumuni, de l'homme ; خان khan, le roi ; خانى khani, du roi. L'autre, qui est du nombre des trois dont les Mongols font usage, sert après les mots de toute terminaison, à l'exception de ceux qui finissent en *n* : ددو Dédou, Dieu ; ددوىن Dédouyin, de Dieu ; كوكد kuuked, les enfans ; كوكدىن kuukedyin, des enfans ; زوبولنك zobolong, la douleur ; زوبولنككىن zobolonggiyin, de la douleur, &c.

Le datif se marque par تو tou, après une consonne, et دو dou, après une voyelle pure ou suivie d'un *n* : دزاك تو dzak-tou, au temps ; اونكودزو دو ongodzo-dou, au vaisseau ; اورن دو oron-dou, au lieu. Il faut remarquer que cette particule, exactement correspondante avec le ده *de* mandchou, sert aussi à marquer la place, la situation, le temps, le régime des verbes passifs, et à former avec les participes les propositions absolues ou adverbiales, que les Latins expriment par l'ablatif : اولن دو oülendou, dans les nuages ; بالغات تو balgat-tou, dans la ville ; ترە دزاك تو tere dzak-tou, en ce temps ; اولن دو اوزكدبى olondou ozekdebeï, ils furent vus par plusieurs ; ادكوى كيكد اوووكوى ادزە كدزكسن دو idekuï kikêd Ouükhuï edze kidzeksen-dou, comme il s'abstenoit de manger et de boire ; كمكسن دو kemeksen-dou, comme il parloit. On n'observe ici aucune analogie matérielle avec le mongol oriental.

L'accusatif, au contraire, se forme de la même manière par *i* après une consonne, et *yi* ou *giyi* après une voyelle, supprimant le *n* finale dont celle-ci peut être suivie : اولوس oulous, populus ; اولوسى oulousi, populum ; زارليك zarlik, jussio ; زارلىكى zarligi,

jussionem; ܘܝܠܕܘܟܕܝ *uiledukdzi-yi, actionem;* ܐܕܙܟܗ *ed-*
zike, pater; ܐܕܙܟܝܝ *edzikeyi, patrem;* ܐܘܟܘܠܟܣܢ *eukuuleksen,*
loquens; ܐܘܟܘܠܟܣܝܓܝ *eukuulekseïgi, loquentem.*

L'ablatif, proprement dit, se marque par l'addition de ܐܕܣܗ
édse, quelle que soit la terminaison du substantif : ܕܕܘܝܢ
ܓܓܢܝ ܒܘܠܒܘܣܘܪܘܠܘܟܕܙܝ ܟܘܕܙܘܢܐܕܣܗ *Dédouyin gegeni bulbusuroülukdzi kud-*
zun-édze, de vi spiritûs sancti Dei; ܐܘܓܪܐܕܣܗ *uger-édse, ex vacca;*
ܬܪܗܐܕܣܗ *tere-édse, ab hoc,* &c.

L'instrumental s'exprime par ܝܪ *yer :* ܦܘܪܘܦܗܕܝܢ ܐܡܐܢܝܪ ܕܕܘ ܙܐܪܠܝܟ *Pouruphédyin aman-yer Dédou zarlik, Prophetarum*
ore mandatum Dei; ܙܘܘܕܢܝܪ *zeuüden-yer,* en songe, &c.

Le vocatif s'exprime par ܐ *â* placé avant le nom : ܐ
â Davidyin keubeuün, ô fils de David ! ܐ ܝܣܘܥ
â Yésus, ô Jésus !

Le conjonctif par ܕܢ *dén :* ܕܙܝܢܝ ܢܐܝܙܝܢܐܪ ܡܐܪܝܐܓܝ ܒܝܕܢ ܐܒܟܗܘܝܕܘ ܣܙܝܟ ܒܘ ܬܘܪܘ *dzini naïzinar Mariagi beyeden abkhuï-*
dou sezik bu teureu, tuam uxorem Mariam tecum accipere noli
timere.

Les noms de nombre Ôlet sont, à un petit nombre d'altérations près, les mêmes que ceux des Mongols ; et, ce qu'il y a de remarquable, ils forment les ordinaux de la même manière, mais avec moins de régularité :

nike,	un.	*ouridou,*	premier.
khoyor,	2.	*khoyodugâr,*	2.ᵉ
gurban,	3.	*gutugâr,*	3.ᵉ
deurbeun,	4.	*deuteukeur,*	4.ᵉ
taboun,	5.	*dabatagâr,*	5.ᵉ
zourgan,	6.	*zourgadugâr,*	6.ᵉ
dolon,	7.	*dolodugâr,*	7.ᵉ
naïman,	8.	*naïmadugâr,*	8.ᵉ
yese,	9.	*yesedugêr,*	9.ᵉ
arban,	10.	*arbadugâr,*	10.ᵉ
arban nike,	11.	*arban nikedugâr,*	11.ᵉ &c.

Les pronoms ont en ôlet, comme dans presque toutes les

SUR LES LANGUES TARTARES.

autres langues, une déclinaison fort irrégulière, mais dont les irrégularités suivent à-peu-près celles des pronoms Mandchous et Mongols, et ne se rapprochent aucunement des pronoms Turks. Voici les principaux :

bi, moi.	*bida*, nous.
mini, de moi, mon.	*mani*, de nous, notre.
nada, à moi.	*bidandou*, à nous.
namaï, moi.	*bidani*, } nous.
nada-édze, de moi.	*manaïgi*,
dzi, *dzima*, toi.	*ta*, vous.
dzini, de toi.	*tani*, de vous.
dzimadou, à toi.	*tandou*, à vous.
dzimaï, toi.	*tanaïgi*, vous.
dzima-édze, de toi.	

Le pronom de la troisième personne est, comme en mandchou, un véritable article démonstratif, qui varie suivant la proximité et l'éloignement de l'objet indiqué : *ene*, celui-ci ; *tere*, celui-là ; *tede*, ceux-là ; *tedeni*, de celui-là ; *teuüni*, de lui, son ; *teden-dou*, à lui ; *teden-édze*, de lui ; *tende*, ceux-là, &c.

Les adjectifs pronominaux possessifs se rendent par le génitif du pronom personnel, comme cela a lieu dans plusieurs autres langues Tartares. On les place ordinairement avant le substantif : ﻣﺎﻧﻲ ادزكه *mani edzike*, notre père ; ﺩﺯﻳﻨﻲ ﻧﻴﺮﻩ *dzini nere*, ton nom. Quelquefois pourtant on le met après : ﺇﺯﻥ ﻣﻴﻨﻲ *ezen mini*, mon seigneur. Ce fait, dont on trouve aussi des exemples en mongol, tendroit à prouver que la nature inversive du mandchou ne se retrouve pas dans les autres idiomes Tartares avec la même inflexibilité.

La conjugaison des verbes est la partie de la grammaire qu'il est le plus difficile de reconstruire *à posteriori* sur des textes dont on n'a pas une version bien littérale. La difficulté est plus grande dans les langues qui n'ont pas des règles bien sévères et un système bien arrêté. Les nuances y sont moins marquées, les terminaisons, affectées ailleurs à certains temps, s'y prennent facilement les unes pour les autres, ou servent à plusieurs fins. Un obstacle de plus se trouve dans les langues Tartares; c'est le mode de déclinaison qui s'y combine avec la conjugaison des verbes. Il faut y démêler les marques des temps et des modes, d'avec celles qui sont affectées aux complémens des prépositions, ou appropriées à des particularités de construction. Pour éviter une partie des erreurs auxquelles ces difficultés exposent, j'ai cherché à opérer mon analyse sur une base constante; j'ai choisi le verbe *venire*, qui se trouve cent trente-quatre fois dans S. Matthieu, et qui doit donner, à peu de chose près, toutes les variations dont un même verbe est susceptible. Malgré cette précaution, je ne donne le résultat de mon travail sur cette partie de la grammaire Olet que comme une approximation. Les considérations que je viens de rappeler feront excuser l'imperfection des règles suivantes, auxquelles il y a sans doute beaucoup à ajouter, et peut-être beaucoup à rectifier.

En prenant pour thème du verbe, ainsi qu'on y est conduit dans toutes les langues Tartares, l'impératif qui se trouve dans toutes les formes dérivées, il faut observer que la voyelle de la dernière syllabe devient une sorte de caractéristique, qui modifie les différentes terminaisons des temps et des modes. Ainsi le verbe ܐܝܪܐ *ire*, venir, fait ܐܝܪܟܘܠܐ *irekule*, ܐܝܪܕܘܢ *irebeï*, ܐܝܪܟܣܢ *ireksen*, &c.; ܐܘܟ *euk*, donner, ou plutôt, donne, fait ܐܘܟܣܘܢ *eukseun*, ܐܘܟܒܘܝ *eukbeuï*, &c. Voici des exemples de cet impératif: ܐܘܣܘܢ *ousoun deré derkedê ire keme*, dic, veni *super faciem aquarum*; ܬܐ ... *ta ...* ire, vos... venite; " ܟܪܒܐ ܢܝܓܢܕܢ *kerbe nigendên* od *kemén euguulekule, zakiksan metou odani; daroükindou* ire *kemén euguulekule, zakiksan metou ireneï*: *si uni dicens loquor*, vade, *statim et vadit; si alteri dicens loquor*, veni, *statim et venit*.

Le prohibitif se forme en plaçant ܒܘ *bu* avant l'impératif: ܡܘ ܟܘܡܘܢܝ ܓܪܬܘ ܒܘ ܐܘܪܘ *moü kumuni ger-tou bu oro, pravi hominis domum*

domum ne ingrediaris : ܒܘ ܣܢܐ *bu sana*, ne cures : ܒܘ ܒܘܠ *bu bul*, ne judices, &c.

De l'impératif se forme le participe présent en *n* : ܐܝܪܢ *iren*, veniens, au pluriel ܐܝܪܕ *iréd*, venientes ; exemples : ܒܝ ܕܙܝܢܝ ܓܪܬܘ ܐܝܪܢ ܕܙܝܢܝ ܟܘܬܐܘܕܙܝ ܝܝ *bi dzini gertou iren, dzini kuteudzi-yi...* *Ego tuæ domui veniens, tuum servum.....* ܡܐܟܝ ܐܝܪܕ ܐܝܢ ܟܡܢ ܐܘܓܘܠܒܐܝ *Machi... iréd eün kemen oguulebeï, Magi... venientes, sic loquendo dixerunt*; ܬܘܝܢܝ ܟܘܒܐܘܢ ܐܝܪܕ ܐܝܕܕ ܐܘܪܟܝܒܘܝ *toüni chobeuün iréd idéd orkibuï, tunc aves venientes, comedentes manducaverunt*.

Le présent de l'indicatif est marqué par la terminaison *muï* : ܒܝ ܐܘܓܘܠܡܘܝ *bi euguulemuï*, je dis. La troisième personne paroît être en *neï* ou *ni* : ܐܝܪܢܐܝ *ireneï*, il vient ; ܐܘܕܐܢܝ *odani*, il va ; ܐܘܝܠܕܘܢܐܝ *üileduneï*, il fait.

Le temps passé est en *baï, beï* ou *buï*, selon la caractéristique de l'impératif : ܟܝ ܟܝܕܪ ܐܝܪܒܐܝ ܐܘܢܓܘܕܙܘ ܕܘ *ongodzo - dou chidar irebeï, venit in navim* ; ܟܘܕܙܘ ܐܘܟܒܐܘܝ *kudzu eukbeuï, dedit potestatem* ; ܐܒܪܡ ܐܕܙܐ ܐܝܣܐܟ ܓܪܗܐܝ *Abaram-edze Isak garhaï*, *ex Abrahamo Isaac ortus est*.

L'infinitif est en *ku* ; il se décline, et prend, par l'addition d'un *i*, la valeur d'un nom d'action ; joint au verbe substantif, il forme le futur. Voici quelques exemples : ܕܙܐܟ ܐܝܪܟܘ ܒܘܝ *dzak ireku buï, un temps viendra*, mot à mot, un temps est à venir. ܕܙܝ ܐܝܪܟܘܝ ܟܝܪܝܣܬܘܣ ܡܘܢ ܝܘܘ *dzi irekuï Kiristous mun-you! esne venturus Christus!* ܐܘܟܬܘܪܓܘܝ ܐܘܝܘܠܢ ܕܘ ܐܝܪܟܘܝܓܝ ܐܘܙܟܘܠܐ *oktorgoï euülen-dou irekuïgi uzekule, videmus venire in nubibus cœli*.

Le mode conjonctif, complément d'une conjonction exprimée ou sous-entendue, se marque par les terminaisons *kulé* et *bedzu*. Nous avons vu cette dernière forme usitée dans le dialecte oriental ; l'autre paroît particulière à l'ôlet : ܬܕܐ ܟܘܢܝܢܝ ܓܕܪ ܐܘܡܘܣܘܢ ܐܝܪܒܕܙܘ *tede khonini gadar umusun irebedzu*, quoiqu'ils viennent habillés comme des brebis ; ܬܪܐ ܝܘܝܢܝ ܬܘܠܐ ܟܡܒܣܘ *tere yoüni toula kemebesu, puisqu'il est dit* ;

ܬܐܪܐܠܐܢܓܓܝܢ ܐܙܢ ܐܝܢܘ *taralanggyin ezen inu* irekule, lorsque le maître du champ sera venu ; ܚܝܒܪ ܠܘ ܛܠܡܢܝܠܢ ܪܚܕܬܢ ܚܕܘܕܘ ܪܐܝܒܡ ܐܘܠܘܢ ܕܙܘ ܟܗܘܕܐܠܕܙܝ ܓܪܕܙܝ *olon dzu khudaldzi geredzi* irebedzu *chilta ese olbuï*, quoique beaucoup de faux témoins fussent venus.

Le participe passé se termine en *ksan*, *ksen*, *kseun*, suivant la conjugaison : ce participe est déclinable ; et joint au verbe substantif, il forme un prétérit indéfini analogue à celui des verbes françois. Voici des exemples : ܚܛܘܢ ܚܢܝ ܐܝܪܟܣܢ *ireksen khani khatoun*, la reine étant venue ; ܐܘܓܗܐܠ-ܕܘ ܟܘܡܘܢ ܐܝܪܟܣܐܝܓܝ ܐܘܙܕ *kumun oughal-dou* irekseïgi *uzéd*, voyant ceux qui étoient venus au baptême ; ܒܘܝ ܐܝܪܟܣܢ *ireksen buï*, je suis venu. Avec ܕܘ *dou*, qui est la marque du datif, ce temps forme les expressions adverbiales ou absolues, et revient à notre *ayant été*, *ayant fait*, &c. : ܟܡܟܣܢ-ܕܘ *kemeksen-dou*, ayant parlé ; ܐܣܐܓܘܟܣܢ-ܕܘ *asagoksan-dou*, ayant interrogé, &c. On a vu qu'en mandchou, la marque du datif servoit aussi à cet usage.

Le nom d'action paroît avoir deux terminaisons, l'une en *zi*, et l'autre en *kdzi*. Cette dernière, qui est la plus régulière, est aussi la plus fréquemment employée. Dans les exemples suivans, cette forme remplit la fonction d'un véritable participe : ܬܟܕ ܐܝܪܙܝ ܬܐܟܝܠ ܝܢ ܬܐܟܝܢ ܐܘܝܠܕ *tekéd* irezi *takil yen takin uiléd*, étant venu alors, vous ferez votre offrande, ܡܝܢܝ ܟܗܘܝܢܘ ܐܕܙܐ ܐܝܪܟܙܝ *mini khoïno edzé irekzi*, celui qui viendra après moi. De ܟܗܘܕܐܠܕܐ *khudalda*, vendre, on fait ܟܗܘܕܐܠܕܐܙܝ *khudaldazi*, marchand ; de ܙܐܪܓܐ *zarga*, juger, ܙܐܪܓܐܕܙܝ *zargadzi*, juge, &c.

L'interrogatif se marque par la terminaison *bouï* : ܐܝܢܐܟ-ܡܝܢܝ ܕܙܝ ܝܘܝܢܝ ܬܘܠܐ ܐܝܪܒܘܝܝ *inak-mini, dzi yoïni toula* irebouï, mon ami, pourquoi êtes vous venu ? ܕܙܝ ܢܐܡܐܝ ܝܘܝܢܝ ܬܘܠܐ ܣܐܝܢ ܟܡܢ ܕܘܝܕܐܢܘܝܝ *dzi namaï yoïni toula saïn kemén doüdanouï*, pourquoi m'appelez-vous bon ?

La voix passive s'exprime par l'interposition de *to*, *te*, *tu*, entre le thème du verbe et la terminaison : ܟܗܝܢܕܙܠܐܟܘ *chindzelaku*, tenter ; ܟܗܝܢܕܙܠܟܕܟܘ *chindzelekdeku*, être tenté ;

sonosôd, entendant ; ﻣـﺴـﺘـﻨـﺻـﯩ *sonostoksan*, qui est entendu ; ﻮﺗﻧﻣ *uzebeï*, il a vu ; ﻮﺗﻧﺣﺳﻣ *uzekdebeï*, il a été vu, &c.

Le transitif s'exprime aussi par une infixe, de cette manière : ﻮﻧﺳﺮﻏ *garbaï*, il est sorti ; ﻮﺗﺳﻐﺮﻏ *gargabaï*, il a fait sortir.

Telle est, sinon la totalité, au moins la plus grande partie des modifications qui peuvent affecter les verbes Ölets. Les autres formes, dont il m'est impossible de rendre compte, sont certainement en fort petit nombre, et très-peu usitées, et je doute que, dans toute l'étendue de l'évangile de S. Matthieu, on puisse citer plus de quatre ou cinq terminaisons verbales qui ne rentrent dans quelqu'une des précédentes, soit comme variations de conjugaisons, soit comme exceptions ou comme irrégularités. Comme j'ai eu soin de citer, pour exemples de toutes ces formes, les paroles mêmes de la traduction Mongole de l'évangile, on peut croire, sur la foi de M. Schmidt et de ses collaborateurs, qu'elles représentent assez exactement les formes des verbes Latins ou Grecs auxquels on les a fait correspondre. Toutefois, l'espèce de liberté qu'ont prise et qu'ont dû prendre les traducteurs, de couper les phrases de leur version, et de les construire conformément au génie de la langue dans laquelle ils écrivoient ; cette liberté, dis-je, ne nous permet pas de nous en tenir à l'exposition que nous venons de faire de la signification isolée de chaque terme verbal. Nous devons, ainsi que nous l'avons fait pour le mandchou, observer dans la pratique la valeur de ces temps et de ces modes, dont nous avons esquissé la théorie. Tel temps peut, dans l'usage habituel, tenir la place de celui que nous emploierions en circonstance pareille. Le participe en *n*, par exemple, revient en ôlet beaucoup plus souvent que le participe présent des Latins ou des Grecs, au sens duquel il correspond : c'est que les Mongols s'en servent pour marquer la suspension dans les périodes composées de plusieurs membres de phrases, de la même manière que les Mandchous emploient le temps en *fi*. Les premiers disent : ﺣﻣﺴﺒﺘﻣ ﺑﺗﺗﻧﻬﻦ ﻓﻰ ﻓﺘﺣﻓﺘﺣﺗﻣ ﺳﺮﻟﺟ ﺳﻨﺘﺳﺮﻣ ﺮﺗﺻﻰ ﻮﺗﻐﺴﻧﯩ ﻣﺳﺘﯩﺟﺴﺗﻣ ﺳﺣﺘﺣﻨﺴﻧﺳ ﻮﺗﺗﺻﺗﻣ ﻣﻮﻫ *Iöüsep serekui-dou*, *dédouiyn anggel zakiksan metou* uiledun, *naïzinari beieden* aboun, *uieledbei , Joseph , postquam expergefactus fuit , Domini Angeli jusso consentanee* agens, *uxorem sibi* adjungens, *fecit*. Les Mandchous diroient de même : ᠺᡝᠮᠪᡳᡨ ᠶᠣᡴᠰᡳᠶᠠ ᠰᡝᠮ, ᡝᠯᠪᡳᠮ ᡩ ᡥᠠᠰᡠᠮᡩᡠᠰᡳᠶᡳᠮ, ᠰᠠᠺᡳᠶᠠᠰᡳ ᠷᡠᠶᡠᠰᡠ ᡥᠠᠰᡝᠯᠰᡝᠮ ᠺᡠᠶᡝᡩᠠᠰ , ᡝᠰᡠᠰᡩᠠᠰᠠᡠᡝᠮ ᠸᠠ ᡤᠠᠰᡩᡩᡠᠰᠠ ᠸᠠ ᡩᡠᡥᡝᠶᠠᠪᠸᠠᡝᠰ *Yosef getekhede, edchen-ni takôrakha endouri kheseï songkoï* yaboufi, *sarganbe* gaïfi, *yaboukhapi.*

Cet emploi particulier des temps et des modes, dont l'usage est la seule règle, que la grammaire n'apprend pas, et qu'il est pourtant nécessaire de connoître pour juger la phraséologie, ne peut être apprécié que par la lecture des textes. J'en ai donc réuni quelques-uns dans l'appendice : le premier est le même morceau que Bergmann a déjà donné, avec une version littérale en allemand ; il est extrait d'une histoire fabuleuse, d'origine Indienne, intitulée *Gho dzikitu*, ou l'Ami de la justice, en quatre livres. Bergmann en a inséré la traduction dans son 4.ᵉ volume (1). N'ayant pu me procurer d'autres textes originaux, j'ai été forcé de joindre à ce fragment trop peu étendu, quelques extraits de la version de l'évangile, par M. Schmidt, version sur la fidélité de laquelle je crois qu'on peut compter entièrement. J'ai choisi l'oraison dominicale, qui diffère, pour plusieurs endroits, de celle que M. Adelung a publiée d'après M. Neiz de Sarepta (2), et que je crois plus exacte que cette dernière. Enfin, j'ai cru devoir transcrire un chapitre entier de S. Matthieu, sur la version de M. Schmidt, et j'ai préféré le chapitre IV, qui n'est ni trop court ni trop étendu, et qui, par l'absence des noms propres et la variété des matières, m'a paru plus propre à servir d'exemple du dialecte Olet. J'ai cru ces trois morceaux suffisans pour faire connoître la langue des Kalmouks, sous les rapports qui sont l'objet de mes recherches. Mais on a lieu d'espérer que, dans quelque temps, le mongol, et particulièrement le dialecte occidental, sera, par les travaux de la société de la Bible établie en

(1) Nomadische Streifereien unter den Kalmuken, *t. IV.*
(2) Mithridate, *t. I, p. 507.*

Russie, et avec le secours des interprètes, aussi facile à étudier que le mandchou, et que des ouvrages élémentaires se joindront aux versions des livres saints. On conçoit, sans que j'aie besoin de le faire sentir, de quelle utilité seroient ces ouvrages, pour la recherche des antiquités historiques, religieuses et géographiques de la Tartarie. Les raisons particulières que j'ai de compter sur leur publication prochaine, me dispensent d'insérer ici de plus longs morceaux en ôlet, et m'obligent de renoncer au projet que j'avois d'abord conçu, de joindre à ce volume un lexique de l'évangile de S. Matthieu, auquel j'aurois ajouté un vocabulaire Mongol, dont j'ai rassemblé les élémens, non sans beaucoup de peine, dans le petit nombre de monumens que nous possédons en cette langue.

Mais si l'espérance de posséder bientôt des grammaires, des dictionnaires et des livres entiers en ôlet, nous permet de réserver pour des idiomes moins connus, le seul genre de secours que nous serions en état d'offrir, il n'en est pas de même du dialecte oriental, pour lequel je n'ai pas cru pouvoir présenter trop d'exemples. Aucun texte Mongol, à ma connoissance, n'a encore été publié en Europe; aucun extrait, aucun vocabulaire, n'a été tiré des sources authentiques, c'est-à-dire des livres des Mongols. Il falloit mettre le lecteur en état de juger du génie de la langue, et sur-tout du système phraséologique, en plaçant sous ses yeux le plus grand nombre possible de textes Mongols, et des textes de genres différens. S'il eût dépendu de moi de faire un choix, il n'auroit pas été dirigé sur d'autres objets que ceux que le hasard m'a présentés dans les seuls ouvrages Mongols que j'aie eus à ma disposition.

Le premier de ceux que j'ai réunis dans l'Appendice, est une lettre du roi de Perse Argoun, écrite en l'an du *Bœuf* (1289) à Philippe-le-Bel, et apportée en Europe par *Mar-bar-scuma*. L'original existe dans les archives royales. Le second, que j'ai tiré des mêmes archives, est encore une lettre d'un roi Mongol de Perse, écrite l'an du *Serpent* (1305) au même roi de France. Ces deux morceaux sont, comme on voit, fort remarquables par leur ancienneté; mais je n'oserois pas assurer qu'écrits dans la partie la plus occidentale des possessions Mongoles, ils nous présentassent le dialecte primitif dans toute sa pureté. J'ai joint aux deux lettres leur traduction en françois, mais sans trop insister sur leur contenu, qui doit être l'objet d'un travail à part, plus historique que grammatical (1). Je remarquerai seulement ici deux choses : ces lettres écrites en Perse, et long-temps après Tchinggis-khakan, sont revêtues de toutes les formes de la chancellerie Chinoise, et scellées du grand sceau des empereurs *Khoubilaï* et *Temour*, qui régnoient à *Khan-balik*, à présent Peking. Le style en paroît simple, et les verbes n'y présentent point les formes régulières qui ont été exposées plus haut. Enfin, il est certain que les copistes Mongols employés en Perse, suivoient encore, à cette époque, l'alphabet Ouigour dans toute sa simplicité; car on ne trouve dans les deux pièces aucune des lettres Mongoles inventées par les lamas, même de celles qui servent à rendre plus exactement les sons Tartares. On n'y voit que les quatorze lettres de l'écriture Ouigoure rapportées par Arabschah, écriture dont elles offrent un exemple aussi précieux qu'authentique.

Le second morceau est d'une date plus récente, mais aussi il nous offre le véritable dialecte oriental de la langue Mongole; je l'ai extrait d'un ouvrage astronomique déjà cité, imprimé à la Chine en douze volumes, et dont un exemplaire se trouve dans la bibliothèque du Roi. La plus grande partie de ce traité consiste en tables et en calculs, accompagnés seulement de courtes explications où l'on ne sauroit prendre aucune idée du style. J'ai cherché, dans la description des étoiles, un article un peu étendu, dans la vue de réunir un plus grand nombre de combinaisons grammaticales. Toutefois, la nature du sujet et le plan de l'ouvrage ne m'ont pas permis d'en comprendre autant

---

(1) C'est sous ce rapport que j'ai étudié ces deux lettres, dans la seconde partie d'un mémoire que j'ai lu à l'Académie, sur les *Relations politiques des princes Chrétiens, et particulièrement des rois de France, avec les empereurs Mongols.*

SUR LES LANGUES TARTARES. 191

que je l'aurois souhaité. J'ai donc tâché de compenser par un autre genre d'utilité, l'imperfection forcée de l'échantillon que j'avois à présenter ; et continuant d'analyser l'ouvrage uranographique que j'avois sous les yeux, j'en ai extrait les noms Mongols de toutes les constellations. Puis, comme ces noms se trouvoient, pour la plus grande partie, correspondre aux noms Chinois, dont le P. Noël nous a fait connoître la synonymie (1), j'en ai rédigé une table où se trouvent les noms de toutes les constellations en mongol, leur traduction en françois, et leur rapport avec les constellations Européennes (2). On y trouvera encore quelques phrases composées, propres à faire connoître de plus en plus la grammaire Mongole, et beaucoup de mots qui serviront à enrichir le vocabulaire de la langue. Mais la plus grande utilité qui en peut résulter, c'est la preuve manifeste qu'il n'y a pas dans le ciel des Mongols une seule constellation dont l'idée leur appartienne. Ils ont pris des Hindous les noms qu'ils ont donnés aux vingt-huit mansions de la lune et à leurs astérismes, se bornant à les transcrire avec leurs lettres. Ils ont emprunté des Chinois l'idée des trois *palais* ou espaces célestes hors du zodiaque, et les noms de toutes les constellations secondaires : or, quand on connoît l'astrologie Chinoise, on n'est guère tenté de lui supposer une origine antique. Jamais amas de dénominations puériles, absurdes ou insignifiantes, ne manifesta plus clairement l'ouvrage de l'ignorance, du hasard ou de l'aveugle superstition. Les constellations Chinoises ne forment pas un système suivi dont les parties se lient et se correspondent : ce ne sont pas des figures d'hommes ou d'animaux, placées dans le ciel à la même époque ou du moins par le même esprit, et servant à consacrer des souvenirs religieux ou politiques ; ce ne sont pas même des fables dont on

---

(1) *Observationes mathematicæ in India et in China factæ.* Prag. 1710, p. 67 seq.

(2) Cette table, accompagnée de quelques remarques, a déjà été publiée en latin dans le tome III des *Mines de l'Orient*, sous le titre de *Uranographia Mongolica, sive nomenclatura siderum quæ ab astronomis Mongolis agnoscuntur et describuntur*. Mais il s'y est glissé beaucoup de fautes qui sont corrigées dans cette seconde édition.

ait cherché à perpétuer la mémoire ; ce sont, à un très-petit nombre d'exceptions près, des groupes d'étoiles réunies arbitrairement par des lignes auxquelles on a imposé un nom qui n'est pas moins arbitraire, qui n'a nul rapport avec la forme de l'astérisme, ni avec sa situation dans le ciel (1), ni avec l'histoire, ni avec les différentes croyances des Chinois. Voilà ce que les Mongols ont transporté dans leur astronomie, achevant, par ce déplacement, de rompre les foibles liens qui pouvaient rapprocher les constellations des localités Chinoises. Ainsi l'uranographie Mongole ne tient à aucun système, et ce seroit peine perdue que d'y chercher des traditions historiques ou des idées mythologiques quelconques. C'est une chose assez remarquable qu'on n'y trouve même pas un seul nom ou une seule notion relative à la religion de Bouddhah, religion dominante à présent chez les Mongols, mais entièrement ignorée au temps où les Chinois ont adopté les astérismes que les Tartares leur ont empruntés tout récemment.

Quant aux vingt-huit constellations zodiacales, les Mongols n'ont fait, comme je l'ai déjà dit, que transcrire les noms Indiens devenus insignifians dans leur langue. Cette transcription doit avoir été faite au temps où le bouddhisme et les sciences de l'Inde furent introduits chez les Tartares, à la fin du XIII.e siècle ou au commencement du XIV.e Les noms Samskrits sont à peine altérés, et ce sont exactement les mêmes que W. Jones a fait connoître (2), d'après les deux astronomes *Râmatchandra* et *Vinâyaka*. Les Mongols ont pris en même temps les douze signes du zodiaque Indien qui se rapportent à ceux du nôtre, et présentent à-peu-près les mêmes symboles. D'un autre côté, ils doivent aux Kirgis le cycle des animaux qui s'est répandu dans toute la Tartarie, et qui ne paroît avoir de point de contact

(1) Ce n'est pas non plus du lever ou du coucher des constellations, ni des aspects des planètes, ou de leur situation dans les maisons célestes, que les astrologues Chinois tirent leurs présages, mais de la vivacité ou de la foiblesse de la lumière des étoiles, des nuages ou des vapeurs qui les obscurcissent, &c.

(2) Recherches asiatiques, trad. fr.e t. *II, p. 335.*

avec

avec les zodiaques d'aucun autre peuple connu. Ils ont pris des Chinois tout ce qui tient à la morale et à la philosophie politique. La traduction des livres sacrés des Bouddhistes, écrits originairement en samskrit ou en tibetain, a achevé d'enrichir la littérature Mongole; mais tous ces emprunts n'ont eu lieu ni dans les mêmes contrées, ni à la même époque, ni par l'effet des mêmes circonstances. Les Mongols établis à la Chine y ont pris les idées Chinoises presque sans aucun mélange étranger. De tout temps ce fut la politique des lettrés, d'attaquer, par la force de leurs principes philosophiques et de leurs institutions littéraires, ceux dont les armes leur avoient imposé un joug passager. Cette conduite leur réussit avec les Mongols, comme nous la voyons réussir encore sous les Mandchous.

En ordonnant l'introduction d'une écriture Tibetaine pour le mongol, Khoubilaï avoit permis qu'on se servît, dans chaque pays, des caractères qui y étoient usités, afin de rendre la promulgation de ses décrets plus prompte et plus générale (1): c'étoit favoriser d'anciennes habitudes, déjà assez fortes en elles-mêmes pour empêcher les peuples soumis d'adopter un alphabet nouveau, dont le mécanisme étoit peu commode, ainsi que nous le verrons plus bas, et ne pouvoit s'appliquer, sans de grands inconvéniens, à des langues différentes du Tibetain. Aussi l'écriture de *Pa-sse-pa* ne fut-elle jamais employée hors du Tibet, malgré les ordres réitérés des empereurs; et les peuples revinrent, comme d'eux-mêmes, à l'usage de l'alphabet Ouigour ou des caractères Chinois.

La 9.ᵉ année *Tchi-youan* [1272], à la 7.ᵉ lune, le jour *jin-'ou*, *Ho-li-ho-sun* offrit un placet dans lequel il représenta qu'à la vérité les nouveaux caractères Mongols étoient enseignés dans le collége impérial, mais qu'il ne se trouvoit encore aucun fils de mandarin Chinois qui vînt les étudier. Il faisoit observer qu'à l'avenir les ordres de toute espèce devant être expédiés, non-seulement en

(1) *Jan ko i khi koue tseu fou-tchi.* Voyez le décret de l'empereur Khoubilaï sur l'écriture Tibetaine.

Bb

caractères Ouigours, mais aussi dans les caractères Mongols, il devenoit indispensable d'admettre dans les colléges les enfans des mandarins qui viendroient y étudier la nouvelle écriture (1). L'historien qui rapporte cette supplique de *Ho-li-ho-sun*, ne nous apprend pas quel en fut le succès. Suivant toute apparence, on obtempéra à sa demande ; car l'invention de *Pa-sse-pa* étoit encore trop récente pour qu'on eût eu le temps d'en sentir les inconvéniens.

Trois ans après (2), *Wang-phan*, *Teou-me*, et quelques autres, demandèrent qu'on établît dans le collége des *Han-lin* une section distincte où se traiteroit tout ce qui avoit rapport à l'écriture Mongole. L'empereur y consentit, et nomma pour la présider un certain *Sa-ti-mi-ti-li*.

La 19.ᵉ année *Tchi-youan* [1282], à la 4.ᵉ lune, le jour *ki-yeou*, on publia l'édition Mongole-ouigoure du livre historique intitulé *Thoung-kian* (3). Il est probable que le mot *Ouigour*, employé en cet endroit, doit s'entendre de l'écriture et non de la langue ; car il seroit peu naturel de supposer que l'on eût fait alors à la Chine une histoire en langue Ouigoure. Remarquons, comme un effet de l'ascendant que les lettrés avoient su prendre sur l'esprit de Khoubilaï, que cette même année on ordonna à *Tchang-i* et à quelques autres de faire une recherche exacte des livres mystiques de la religion des *Tao-sse*. Quand on les eut rassemblés, on les livra tous aux flammes, à l'exception du seul *Tao-te-king*, ouvrage qui, comme on le sait, a toujours trouvé grâce aux yeux des plus rigides observateurs de la doctrine de Confucius (4). La proscription ne s'étendit pas aux livres des Bouddhistes, que les lettrés ne haïssoient pas moins que ceux des *Tao-sse*, mais qui étoient défendus par le crédit dont les lamas commençoient à jouir à la cour des Mongols.

---

(1) Hist. des Mongols, sous le règne de *Chi-tsou. Tseu hio tian*, k. 1, p. 31.

(2) La 12.ᵉ année *Tchi-youan*, à la 3.ᵉ lune, le jour *keng-tseu*, en 1275.

(3) *Sou Houng kian lou*, k. 3, p. 7. — *Tseu hio tian*, k. 1, p. 32.

(4) *Sou Houng kian lou*, k. 3, p. 7.

SUR LES LANGUES TARTARES.

La 21.ᵉ année *Tchi-youan* [1284], en été, à la 4.ᵉ lune, le jour *meou-'ou*, il y eut un décret qui enjoignit aux présidens et examinateurs de cesser à l'avenir l'usage de l'écriture Ouigoure dans leurs requêtes, dans les sujets de composition qu'ils donnoient aux étudians, ainsi que dans leurs registres; ils devoient, soit dans les requêtes qu'ils pouvoient offrir à l'empereur, soit dans les ordonnances destinées à être rendues publiques, se servir des caractères Mongols (1). Ainsi, Khoubilaï persistoit encore à vouloir répandre l'écriture de *Pa-sse-pa*, et ses ordres multipliés à ce sujet prouvent la difficulté qui s'opposoit à son introduction. Deux ans après (2), l'empereur, sur la proposition du collége des *Han-lin*, fut obligé de se relâcher de la sévérité de ses premiers décrets. Il avoit ordonné à *Sa-li-man*, l'un des officiers du tribunal de l'histoire, de faire un résumé de la vie de *Taï-tsou*, c'est-à-dire de *Tchinggis-khakan*, en y ajoutant les éclaircissemens et les tables nécessaires. Les *Han-lin* lui présentèrent une requête, pour demander qu'il fût permis de mettre cet ouvrage du chinois en caractères Ouigours; et l'on attendit, pour commencer le travail que Khoubilaï avoit ordonné, qu'il eût pris connoissance de cette supplique. Les raisons qui y étoient exposées lui parurent sans doute d'un assez grand poids, puisque l'histoire fut, par sa permission expresse, composée, rédigée et *traduite* en caractères Ouigours (3).

La 26.ᵉ année *Tchi-youan* [1289], les présidens des cours suprêmes demandèrent qu'il leur fût permis de faire usage des caractères *I-sse-thi-feï*. Il se trouvoit alors, dans le collége des *Han-lin*, un étranger, qu'à la forme de son nom nous pouvons regarder comme Musulman; c'étoit *Ha-lou-ting*, ou Alaeddin, surnommé *I-fou-ti*, ou le Bienheureux (4), qui avoit une connoissance profonde de cette sorte d'écriture. L'histoire des Mongols n'offre ici aucune mention de ce fait, et le *Tseu hio tian*

---

(1) *Tseu hio tian*, k. 1, p. 32.

(2) La 23.ᵉ année *Tchi-youan*, c'est-à-dire en 1286, à la 3.ᵉ lune, le jour *meou-'ou*.

(3) *Id. ibid.*

(4) Mot à mot: *Celui dont le bonheur est augmenté.* C'est peut-être la traduction de quelque surnom Arabe.

qui le rapporte ne cite pour garant que le supplément à la *Bibliothèque* de *Ma-touan-lin*, supplément fort important, et que, malheureusement, nous n'avons point en Europe (1). Nous ne sommes donc pas en état de déterminer l'espèce d'écriture qui fut alors mise en usage sous le nom d'*I-sse-thi-feï* ou *Isthifi*. Peut-être a-t-on voulu désigner par-là l'écriture Mongole proprement dite, ou l'alphabet Ouigour accommodé à la langue Mongole. Il est au moins certain qu'on ne tarda guère à s'en servir, au lieu de celle que *Pa-sse-pa* avoit empruntée aux Tibetains : peut-être aussi le nom d'*Isthifi*, qui paroît aussi étranger au mongol qu'au chinois, trouveroit-il sa racine dans quelque idiome plus occidental, et s'appliquoit-il à l'écriture Arabe, que les Musulmans, alors chargés de la rédaction du calendrier de la Chine, pouvoient avoir besoin d'introduire dans leurs calculs astronomiques, ou dans les opérations astrologiques qui s'y rattachent (2). La chose paroîtra plus vraisemblable, si l'on fait attention au nom du docteur chargé d'enseigner les caractères *I-sse-thi-feï*. Il n'est pas non plus inutile de remarquer que, cette même année, à la 5.ᵉ lune, le jour *ki-haï*, on établit à *Taï-tou* (3) un collége impérial pour les *Hoeï-hou* (4), c'est-à-dire, dans le langage des historiens de cette époque, pour ceux des Turks occidentaux qui avoient embrassé l'islamisme. Une institution de ce genre, si contraire aux principes Chinois qui

---

(1) On sait que *Ma-touan-lin* composa son *Wen hian toung khao* dans le temps que les Mongols attaquoient la dynastie des Soung, et que pour cette raison il finit son précieux recueil aux années *Kia-ting*, c'est-à-dire en 1207. Lui-même mourut en 1322. Les recherches savantes qu'il avoit faites sur tous les points de l'histoire, tant de la Chine que des autres contrées voisines, ne s'étendent donc pas aux Mongols ; mais on a fait depuis, sous le titre de *Sou Wen hian thoung khao*, un supplément qui vient jusqu'au temps de la dynastie des Ming, et qui, autant qu'on en peut juger par les citations des auteurs de nos jours, contient des notions fort curieuses sur l'état de l'Asie depuis le XIII.ᵉ siècle.

(2) M. de Sacy, à qui j'ai soumis cette conjecture, la fortifie en m'apprenant que le mot *ystifi*, par sa forme même, semble indiquer une origine Arabe, et n'est pas sans analogie avec celui de *istifal*, qui signifie *tirer au sort*, ou plutôt *prendre des augures*, en cherchant au hasard un mot ou une phrase dans l'Alcoran ou les poésies de Hafez.

(3) Gaubil, Hist. de la dynastie des Mongoux, p. 210.

(4) *Sou Houng kian-lou*, k. 3, p. 26.

commençoient à prévaloir chez les Mongols, est la meilleure preuve qu'on puisse souhaiter, pour montrer l'influence que les occidentaux Musulmans avoient prise à la cour de Khoubilaï. Celle des lamas Tibetains ne se manifesta pas moins clairement l'année suivante (1), par l'achèvement d'une entreprise à laquelle ils devoient attacher beaucoup d'importance. Je veux parler de la rédaction des livres sacrés de la religion de Bouddhah qu'on finit d'écrire en lettres d'or, et pour lesquels on employa plus de trois mille deux cents onces d'or (2). Cette dépense assez considérable (3) ne paroîtra pas exorbitante, si l'on pense à la prodigieuse quantité de livres qui sont réputés sacrés par les Bouddhistes (4). Nous ne pouvons guère nous faire une idée de cette littérature des peuples de la haute Asie, qui nous est encore entièrement inconnue ; son immensité surpasse tout ce qu'on peut imaginer. J'essaierai d'en donner un aperçu dans les notes qui serviront d'éclaircissemens au fragment Mandchou rapporté dans l'Appendice.

Sous le règne de Khoubilaï, un grand nombre d'étrangers vinrent en Chine, attirés par différens motifs. Les Tibetains et les Indiens y apportèrent une grande quantité de ces livres religieux que les Mongols firent traduire dans leur langue. Le premier de ces ouvrages fut un résumé de la morale Bouddhique, en cinq cents chapitres, qui fut traduit par le grand lama *Pa-sse-pa* lui-même, et répandu dans tout l'empire (5). Un Ouigour nommé *Kia-lou-na-ta-sse*, habile dans les doctrines de l'Hindoustan, et sachant plusieurs langues, fut ensuite employé pour rédiger en mongol des traductions des livres Indiens et Tibetains (6). L'empereur employoit dans le même temps un peintre de Nipol, nommé *A-ni-ko*, homme fort versé dans le

(1) 27.ᵉ année *Tchi-youan*, à la 6.ᵉ lune, le jour *ping-tseu*.
(2) *Sou Houng kian-lou*, k. 3, p. 29.
(3) Elle revient à près de 400,000 fr. de notre monnoie, en évaluant l'once d'argent, ou *liang*, à 8 fr. 30 c., et la proportion du prix de l'or à celui de l'argent, comme 15 à 1.
(4) Voyez *San tsang fa sou*, k. 36, p. 13.
(5) K. 41, p. 16.
(6) Ibid. p. 35.

sens mystérieux des livres de Bouddhah(1), ainsi qu'un étranger, nommé 'Aï-sie, né dans les pays les plus reculés de l'occident, dans le royaume de *Fou-lin* (2), homme habile, non-seulement en astronomie et en médecine, mais dans les langues de l'Asie, et en particulier dans la littérature du Tibet (3). Une foule de Musulmans, de Tibetains, de Tartares, d'Hindous, occupoient des places, même littéraires, dans l'empire, et jusque dans le collége des *Han-lin*. Cet usage continua sous les successeurs de Khoubilaï, et ne contribua pas peu à enrichir la littérature des Mongols. Quant aux Chinois, dédaignant ces productions étrangères, ils ont pris le plus grand soin pour les exclure de leurs livres; par ces derniers, on s'aperçoit, en effet, que les étrangers n'ont exercé qu'une influence bien légère sur les connoissances des lettrés, et presque nulle sur leur manière de raisonner. La raison en est facile à concevoir, si l'on fait une remarque qui a, je crois, échappé à Gaubil et à de Guignes : c'est que les livres d'occident ne furent presque jamais traduits en chinois, mais mis immédiatement en mongol pour l'usage de ceux qui les faisoient venir, et l'instruction d'hommes grossiers et ignorans, à la vérité, mais exempts de ces préventions et de cet orgueil qui sont souvent plus nuisibles aux progrès des sciences que l'ignorance et la grossièreté.

Les livres Chinois avoient pourtant mérité l'estime de Khoubilaï, avant même qu'il montât sur le trône. Il s'étoit attaché un lettré de la ville de *Hoaï-jin*, nommé *Tchao-pi*, et l'avoit établi dans son palais avec dix jeunes Mongols, auxquels il avoit enjoint de recevoir les leçons du lettré sur les livres Chinois. *Tchao-pi* apprenoit en même temps la langue de ses élèves, et le fruit de ces leçons réciproques fut la traduction du *Taï-hio* et de son commentaire (4), et, selon d'autres, celle du *Lun-iu*,

(1) Ibid. *p. 34.*
(2) *Fou-lin* est le même pays qu'on appelle ailleurs *Ta-thsin*. On ne peut douter que les Chinois n'aient connu l'empire Romain sous ces deux dénominations ; mais il ne s'agit peut-être ici que de la Perse ou de l'Arménie.
(3) *Sou Houng kian lou,* k. 41, *p. 32.*
(4) k. 11, *p. 11.*

du *Tchoung-young*, du *Meng-tseu*, et de quelques autres ouvrages (1). Khoubilaï avoit aussi chargé le célèbre *Hiu-heng* de traduire en mongol plusieurs ouvrages de sa composition (2). L'éducation de celui de ses fils qu'il destinoit à l'empire étoit toute Chinoise, et ce prince même engageoit ses officiers à lire les King en chinois, et à laisser là les livres Mongols, qui, disoit-il, étoient peu propres à les instruire (3). Khoubilaï savoit donc apprécier les philosophes Chinois; mais il trouvoit peut-être leur doctrine trop pure et trop dégagée de superstitions pour ses peuples de Tartarie, puisqu'il fit tous ses efforts pour soumettre ceux-ci à cette secte naissante du bouddhisme, que nous appelons lamisme, parce qu'elle est fondée sur l'idée de l'incarnation durable de Bouddha dans la personne du grand Lama.

La protection que Khoubilaï avoit en conséquence accordée aux étrangers, et en particulier aux Bonzes Indiens, l'attention qu'il donnoit à la doctrine de ces derniers, ont été l'objet des déclamations des lettrés, qui, soumis une fois à un prince barbare, auroient voulu qu'il adoptât pleinement et sans restriction leurs principes de philosophie et leur religion politique. Son successeur Temour fut au contraire à leurs yeux un prince accompli, parce qu'il n'imita pas son aïeul dans son amour pour les lamas, et qu'il fit rendre, dans toutes les parties de l'empire, les honneurs qui sont dus à Confucius. Un historien Chinois, nommé *Ning-hian-wang*, va jusqu'à dire que si Khoubilaï avoit fait brûler les livres des *Tao-sse* de la Chine, c'étoit uniquement par un effet de la confiance qu'il avoit dans les folies des *Sang-men* ou chamans; il ajoute qu'il enveloppa dans le même mépris les deux sectes des *Tao-sse* et des lettrés, et que, regardant la doctrine des *sang-men* comme véritable, il abaissoit Confucius au rang des

---

(1) *Iu tsi tao youan chi i*, cité là-même.

(2) Vie de *Hiu-heng*, k. 31, p. 13.

(3) Histoire générale de la Chine, t. IX, p. 425.

sages du second ordre (1). L'auteur du *Sou Houng-kian-lou* (2) rectifie ce que cette assertion peut avoir d'outré, et remarque qu'en faisant brûler les livres des *Tao-sse*, Khoubilaï ne donna aucune marque de ce prétendu mépris pour Confucius. Il n'en loue pas moins Temour, pour avoir, à son avénement au trône, ordonné de rendre à Confucius des hommages universels. Sous ce règne, les traits caractéristiques des Mongols commencèrent à s'effacer, et leur histoire prend, si j'ose ainsi parler, une physionomie Chinoise. Les mots Mongols qui servent à désigner les dignités, les charges, les cérémonies, sont remplacés par des expressions Chinoises. On peut, à partir de cette époque, étudier dans la partie biographique de l'histoire des Mongols un autre effet de cette révolution, propre à en augmenter encore l'influence. On y voit les familles Chinoises rentrer successivement dans tous les emplois, et y remplacer les Tartares, dont les noms étrangers, sous les règnes des premiers successeurs de Tchinggis, rendoient en quelque sorte sensible le joug qu'ils avoient imposé à la Chine.

La 11.ᵉ année *Taï-te*, première année du règne de *Wou-tsoung*, *Phou-lo Thieï-mou-eul* ou *Phoulo-Temour*, vice-président et ministre de la droite, mit la dernière main à une traduction Mongole du livre de l'obéissance filiale, et la fit imprimer sous l'autorité impériale. Elle fut offerte à l'empereur à la 8.ᵉ lune, le jour *sin-haï*. Le décret qui en ordonna la publication, portoit que cet ouvrage, qui contenoit les préceptes admirables de *Khoung-tseu*, devoit servir de règle aux actions des hommes, depuis les rois et les princes, jusqu'aux dernières classes du peuple (3). On fit graver la nouvelle traduction avec les préfaces et les sceaux qui servoient à en attester la fidélité, et on en distribua les exemplaires aux princes, ainsi qu'à tous les officiers de l'empire.

---

(1) *Thoung-kian po-lun*, cité par *Chao-kiaï-chan*.

(2) K 4, *p. 3*.

(3) Ce n'est point dans ce décret, mais dans un autre ordre publié quelques mois auparavant, que *Wou-tsoung* donna à Confucius les éloges dont parle Gaubil dans son *Histoire des Mongous*, p. 239.

L'année

L'année suivante, le collége des *Han-lin* eut ordre de travailler à la composition de l'histoire des Mongols, et il rédigea en conséquence les annales du règne de *Chun-tsoung* et de *Tchhing-tsoung* (1). On composa aussi, en neuf mille articles, un code où se trouvoient rassemblés tous les réglemens et dispositions, non-seulement des dynasties précédentes, mais des empereurs Mongols, depuis Tchinggis-khakan (2).

Le règne de *Jin-tsoung* fut encore plus favorable aux lettrés que ne l'avoient été ceux de Temour et de *Khaïsang* (3), ou *Wou-tsoung*. Peu après son avénement, le nouvel empereur fit revoir le code de lois qui avoit été publié sous la dynastie des *Thang*, dans les années *Tching-kouan*, de 626 à 649; et, d'après le conseil d'un grand de sa cour, il résolut de le faire traduire en mongol (4), pour que ses sujets pussent le lire et en avoir une parfaite connoissance. Il augmenta ensuite de trois cents le nombre des élèves du collège impérial, y joignit une section supplémentaire de vingt élèves, et voulut que ceux qui sauroient expliquer l'un des livres classiques, fussent employés, suivant leurs talens, à des fonctions d'assistans ou de surnuméraires. Il régla aussi les rangs que devaient occuper les mandarins Mongols et Chinois (5). On lui dut le rétablissement du collège impérial dans son ancienne forme (6); et, ce qui est plus important, celui du système des examens pour l'admission aux charges, système qui devoit être plus favorable aux Chinois qu'aux Mongols, et que, pour cette raison, un empereur Tartare n'eût peut-être pas dû remettre en vigueur. Il fit transporter dans le collège les tambours de pierre de l'empereur *Siouan-wang* (7), donna

---

(1) *Sou Houng kian lou*, k. 5, p. 8.

(2) Ibid. p. *14.*

(3) *Khaïsang*, ou, suivant la transcription Chinoise, *Haï-chan*, est le nom du successeur de *Temour*. Il peut s'écrire en lettres Arabes خسنك, et c'est en transposant les points et épelant mal ce mot que les Occidentaux en ont fait جهسك *djenesek*.

(4) *Sou Houng kian lou*, k. 6, p. 6.

(5) Ibid.

(6) *Thoung-khao*, cité là-même.

(7) A la 2.ᵉ lune de la première année *Hoang-khing* [1311], *ting-mao*, du Cycle; *Sou Houng-khing lou*, k. 6, p. 7.

des ordres pour la composition d'une histoire de sa dynastie (1); et voulut qu'on fît choix, pour cet objet, des docteurs les plus renommés pour leurs talens et leurs vertus. Il fit, en outre, traduire en mongol le *Taï-hio*, le *Hiao-king* et l'histoire des femmes célèbres (2); et quand on avoit imprimé ces sortes d'ouvrages, il les faisoit distribuer aux officiers de sa cour. Il s'occupoit sans cesse des examens et des autres affaires littéraires qui sont regardées par les Chinois comme la partie essentielle du gouvernement. Il fit aussi rétablir le collége des *Hoeï-hou* (3); et à cette occasion, l'histoire remarque que les lettres de ces peuples sont particulièrement propres aux opérations d'arithmétique, et rappelle que la première institution d'une école musulmane eut lieu sous Khoubilaï, la 26.ᵉ année *Tchi-youan*, et qu'on y enseigna les lettres *I-sse-thi-feï* (4). Enfin l'empereur lui-même s'occupa à prendre dans le *Thoung-kian* ce qui pouvoit éclairer sur les causes de l'élévation et de la chute des dynasties qui avoient précédé la sienne, sur le bon et le mauvais gouvernement, et il fit de ces extraits un recueil qui fut traduit et transcrit pour lui être présenté.

Au nombre des savans qui travailloient sous les ordres de *Jin-tsoung*, étoit un homme d'un rare mérite, né dans la ville de *Pa-le-khe* [Balkh], et connu sous le nom de *Tchagan* (5), qui signifie en mongol *blanc*, parce que la nuit où il étoit né avoit été remarquable par un clair de lune aussi brillant que le jour (6). Doué d'un esprit vaste et pénétrant, il possédoit à fond les langues de tous les peuples connus des Chinois. Il avoit commencé à être employé dans les armées de Khoubilaï, et s'étoit avancé par degrés sous le règne de ses successeurs. La première année *Hoang-khing* [1311], il prit le surnom Chinois de *Pe-yun*

---

(1) A la seconde année *Hoang-khing*, en été, à la 4.ᵉ lune, le jour *kia-chin*. Ibid. p. 9.

(2) Ibid. p. 2.

(3) Ibid. p. 11.

(4) Voy. plus haut, p. 196.

(5) Le P. Gaubil (p. 249, note) parle de cet auteur sous le nom de *Tcha-han*; il a suivi en cela la transcription Chinoise.

(6) *Sou Houng kian lou*, k 14, p. 20.

[nuage blanc], du nom d'une montagne où il s'étoit fixé, et pour faire en même temps allusion à son nom Mongol de *Tchagan*. Ce fut alors qu'il se fit connoître à la cour, et que sa réputation littéraire devint plus étendue. Quand il eut offert à l'empereur le commencement de sa traduction Mongole du code de la dynastie des *Thang* (1), *Jin-tsoung*, qui en fut très-content, lui ordonna de l'achever, et la fit imprimer et distribuer à tous les grands. Il le chargea ensuite de traduire un ouvrage historique qui contenoit les belles actions des empereurs et les affaires des dynasties depuis *l'ouverture du Ciel*, c'est-à-dire, depuis la création du monde et l'époque de *Phan-kou*, jusqu'à la soumission de la dynastie des *Kin*, par Tchinggis-khakan. Le livre que composa *Tchagan*, eut, en chinois, le titre de *Ti wang ki nian*, ou plus au long, *Li-taï Ti wang ki nian tsouan-yao*, c'est-à-dire, *Abrégé chronologique de l'histoire des empereurs*. *Chao-youan-phing*, à qui j'ai emprunté ces détails, y joint un fragment de la préface qui fut mise à la tête du livre de *Tchagan*. Je le rapporte en note, traduit sur le chinois, pour mieux faire connoître le plan de ce savant étranger (2). A en juger de

(1) *Tching-kouan Tching yao.*
(2) « Quand on publia l'*Histoire chronologique des empereurs et des rois*, *Tchhing-kiu-fou* y mit une préface où il disoit : L'histoire est inférieure en authenticité au *Chou-king*; le *Tchhun-thsieou* est moins étendu que le *Sse-ki* de *Sse-ma-thsian*. Si ceux qui, dans des temps postérieurs, se sont livrés aux recherches d'antiquités, s'en tenoient à ces ouvrages, qu'en résulteroit-il ! Confucius a parlé de l'histoire depuis *Yao* et *Chun*, et son témoignage suffit pour nous contenter pleinement. *Sse-ma* est remonté plus haut, jusqu'à *Hoang-ti*. En examinant ce qui appartient aux générations qui ont dû précéder ce prince, les anciens lettrés eux-mêmes n'ont trouvé que des sujets de doute. Chaque lettré, en composant des chroniques et des livres d'histoire, a su, tout en citant les paroles des anciens, y faire les altérations qui lui ont paru nécessaires ; et de là vient qu'ils ne s'accordent point ensemble. On n'a vu, dans ces derniers temps, que le seul *Khang-tsieï* (de la famille de *Tchao*), qui ait réussi, dans son *King-chi-chou*, à tracer clairement la chronologie des premiers temps. On peut donc avoir toute confiance au vieillard de *Pe-yun*, qui a su, à force d'études et d'attention, recueillir dans les différens ouvrages ce qu'il y avoit de bon et en faire un corps de chronologie bien ordonné. Prenant pour modèle le *Livre des générations* de *Khang-tsieï*, il a donné à son histoire le titre d'*Abrégé chronologique des rois et des empereurs*. Il remonte jusqu'à *Fou-hi* et à *Chin-noung*, mais en se bornant à arranger les faits d'une manière méthodique. Celui qui ajoute foi aux récits

cette manière, le livre de Tchagan doit avoir de grands rapports avec le *Tarikh Khitaï* que nous avons en persan, sous le nom d'*Abd-allah Beidawi*. Cet ouvrage, dont Muller a publié le texte Persan, accompagné d'une version Latine (1), commence comme le livre de Tchagan à *Phan-kou*, et finit pareillement à la conquête du pays des *Kin* par Tchinggis-khakan. A ce rapprochement, on peut joindre d'autres considérations qui le fortifient. Il paroît que les savans sont d'accord pour ne point attribuer le *Tarikh Khitaï* au célèbre interprète de l'Alcoran, Abd-allah Beidhawi, sous le nom duquel Muller l'a publié (2). Mais quelque opinion qu'on embrasse au sujet de l'auteur de cette chronique évidemment traduite sur un original Chinois, on sera toujours embarrassé pour expliquer la connoissance du chinois qu'elle suppose. Ce seroit, à mon avis, hasarder beaucoup, que d'attribuer à un écrivain né et élevé hors de la Chine au XIII.ᵉ siècle, l'intelligence d'une écriture comme celle des Chinois : on n'avoit encore, pour l'étudier, le secours d'aucun dictionnaire analytique; on ne pouvoit l'apprendre, pour cette raison, que d'après la méthode des naturels, c'est-à-dire, en consacrant plusieurs années de sa jeunesse à graver dans sa mémoire un certain nombre d'ouvrages choisis; et j'ai peine à croire que tout autre qu'un Chinois se soit jamais soumis à un aussi fastidieux apprentissage. Tout s'expliquerait, en supposant que l'ouvrage de *Tchagan*, rédigé par lui en mongol, d'après un original Chi-

de *Khoung-tseu*, ne peut rien préférer au livre de *Khang-tsieï*; et de même, celui qui s'en rapporte à *Khang-tsieï*, doit suivre l'ouvrage de *Pe-yun*. Ainsi, c'est dans l'ouvrage que nous publions que sera à l'avenir fondée la confiance de ceux qui sauront apprécier le témoignage de *Pe-yun*. » *Sou Houng kian-lou*, k 14, p. 22.

(1) L'ouvrage de Muller porte trois dates différentes, mais qui ne sont peut-être que celles des frontispices ; car il ne paroît pas que le livre même ait été imprimé plus d'une fois. La première est de 1677, Berlin; la seconde de 1689, Jena; et la troisième dans les *Opuscula nonnulla orientalia* d'André Muller, Francfort-sur-l'Oder, 1695.

(2) M. Étienne Quatremère, en particulier, dans un mémoire qu'il a lu à l'Académie des inscriptions et belles-lettres, a prouvé que le *Tarikh Khitaï* ne pouvoit être de cet auteur. Son opinion est que cette chronique a dû être traduite du chinois immédiatement, et qu'elle a pu être extraite, en tout ou en partie, du grand ouvrage de l'illustre vizir *Fadl-allah Raschid-eddin*.

nois, auroit été, peu de temps après sa composition, porté dans l'occident, et traduit en persan. La langue Mongole étoit encore, à cette époque, très-répandue à la cour de Perse, et il n'étoit pas difficile d'y trouver des interprètes capables d'entendre et de traduire l'*Abrégé chronologique*. Les noms des deux savans *Li-ta-dji* et *Meksoun*, d'après lesquels on dit que Raschid-eddin composa son histoire Chinoise (1), ne sont pas connus des Chinois; et en songeant à la manière inexacte dont la plupart des noms étrangers sont rendus par les Orientaux, je ne serois pas éloigné d'y voir, au lieu du nom de deux philosophes Khitayens, le titre même du livre de Tchagan, *Li-taï-ki Nian-tsouan*. Enfin, le dernier rapprochement que je vais indiquer n'est peut-être qu'un effet du hasard; mais il me semble pourtant ne pas devoir être passé sous silence. Le nom de la ville où l'opinion commune fait naître l'auteur du *Tarikh Khitaï*, et dont on tire le surnom qui lui est affecté, a en arabe la même signification que les noms Mongol et Chinois de *Tchagan* et de *Pe-yun*: il désigne la couleur blanche. Le récit de *Chao-youan-phing*, qui attribue l'origine de ce surnom à un clair de lune, seroit-il fondé sur un mal-entendu? Ce surnom auroit-il été traduit de l'arabe ou du persan en mongol, comme il l'a été depuis du mongol en chinois?

Malgré tous ces travaux, qui sembloient indiquer dans l'empereur régnant un goût décidé pour la littérature Chinoise, ce prince n'en fit pas moins continuer avec ardeur la traduction des livres Indiens qui avoit été commencée sous Khoubilaï. Le principal auteur qu'il chargea d'y travailler fut un Tartare, natif du pays de *Kan-mou-lou* (2), dans la province de *Pe-thing*: il se nommoit d'abord *Tchi-la-wa-mi-ti-li;* il prit ensuite le nom de *Pi-lan-na-chi-li*. Dès sa plus tendre jeunesse, ce savant possédoit à fond les livres Ouigours et ceux de l'Inde; il étoit initié aux plus secrets mystères du bouddhisme, et entendoit toutes les langues

---

(1) Histor. Sinens. *p. 6.*
(2) Apparemment *Kamoul.*

de l'Asie orientale. La 6.ᵉ année *Taï-te* [1301], il avoit été attaché au grand lama (qui avoit alors le titre de *Ti-sse* ou *Maître de l'empereur*), et employé dans le palais *Kouang-han*. Sous le règne suivant, il embrassa la vie monastique, et ce fut alors qu'il se fit appeler d'un nom qui paroît d'origine Indienne, *Pi-lan-na-chi-li*. Dans les années *Hoang-khing*, il eut ordre de traduire tous les livres Indiens relatifs à la religion ou à la morale. On lui donna, pour prix de ce travail, des appointemens considérables, un titre honorable et un sceau d'argent. A cette époque, un grand nombre d'ambassadeurs étrangers vinrent payer le tribut à l'empereur ; mais il ne se trouvoit personne qui fût capable d'interpréter les lettres dont ils étoient chargés. Tous prirent le parti de s'adresser à *Pi-lan-na-chi-li*, qui traduisit leurs lettres de créance, et les mit en état d'être présentées à l'empereur. On cite de lui plusieurs autres traits qui tous tendent à prouver sa perspicacité et la vaste étendue de ses connoissances. Aussi sa réputation alla-t-elle toujours en augmentant, jusqu'à la 2.ᵉ année *Tchi-chun* [1332], qu'il reçut le sceau de pierre de *iu*, et le titre fastueux de *Phou kio*, *Youan-ming*, *Kouang-tchao*, *Houng-pian*, *San-tsang Koue-sse*, maître de l'empire pour les trois sciences mystérieuses, doué d'un savoir universel, de lumières parfaites, d'une intelligence immense, d'un discernement sans bornes. Les livres dont on doit la traduction Mongole à ce savant Tartare, sont, 1.° ᠬᠠᠭᠠᠨ ᠨᠣᠮ *Langka-dour adjiraksan soudour* [*le Livre révélé à* Lanka [Ceylan], *ou plutôt le livre de celui qui a paru à Lanka*]. Cet ouvrage, intitulé en samskrit *Lankâvatâramra*, avoit déjà été traduit en chinois sous le titre de *Leng-kia King* (1), et ce fut sur cette traduction que *Pi-lau-na-chi-li* fit la sienne (2). 2.° Le *Taï-ching tchouang-yan phao-tou King* [ou l'Histoire du personnage majestueux et souverainement précieux]. 3.° *Kan-tho-phan-jo king*, dont le titre formé de mots Samskrits corrompus,

---

(1) *Man, Han, Si-fan tsi-yao.*
(2) *Sou Houng kian lou,* k. 41, p. 19.

offre les deux syllabes *phan-jo*, par lesquelles les Bouddhistes Chinois ont accoutumé de rendre *pradjña*, intelligence (1). 4.° *Taï ni-phan king* [le Livre du grand *Nirwana*, ou de l'anéantissement extatique] (2). 5.° *Tchhing tsan Taï-ching koung te king* [ou le Livre des louanges et des actions méritoires]. Ces quatre ouvrages n'avoient apparemment pas encore été traduits en chinois, puisqu'on remarque que *Pi-lan-na-chi-li* les traduisit de la langue Indienne, *si-tian tseu*. 6.° Le *Pou-sse-i tchen kouan king* [le Livre de l'imitation extatique et incompréhensible]. Ce dernier livre étoit écrit en tibetain, *si-fan tseu* (3).

La 4.ᵉ année *Yan-yeou* [1316], à la 3.ᵉ lune, le jour *i-tcheou*, un docteur du collége des *Han-lin*, nommé *Lieou-keng*, offrit à l'empereur une traduction du *Taï-hio* et du grand commentaire intitulé *Yan-i*. En le recevant, l'empereur dit que ce livre étoit un répertoire d'excellens conseils pour ceux qui gouvernent, et ordonna qu'on le distribuât aux officiers de sa cour (4). *Jin-tsoung*, dit à ce sujet *Chao-youan-phing*, possédoit à fond la littérature de l'école de Confucius, et pourtant il ne laissoit pas de prêter son attention à la doctrine des Bouddhistes. Ce prince répétoit souvent que la parfaite connoissance de notre entendement et des opérations de la nature, étoit ce qu'il y avoit de plus profond dans la secte de Bouddha, et que la philosophie morale et politique étoit la base de celle des lettrés; *Ming sin, kian sing, Fo kiao 'weï chin ; sieou chin, tchi koue, Jou tao 'weï thsieï*. On voit par-là que *Jin-tsoung* cherchoit à faire la part de chacune des sectes qu'il affectionnoit ; mais les lettrés pouvoient facilement s'apercevoir que le prince inclinoit intérieurement pour le bouddhisme. L'année suivante [1317], à la 3.ᵉ lune, le jour *ou-tchin*, il ordonna la publication d'une nou-

---

(1) *Pradjña Paramita hridaya;* voy. la traduction Chinoise de ce livre, à la fin de ce volume.

(2) Cet anéantissement, qui fait, comme on sait, l'objet des vœux de tous les Bouddhistes, s'appelle en mongol ܟܗܐ ܣܐܠܐܢܓ ܐܬܫܐ ܢܘܟܬܣܝܟܣܐܢ *kha-salang-etcha nôketsiksan* [extinction de toute douleur].

(3) *Sou Houng kian lou*, k. 41, p. 20.

(4) Ibid. k. 6, p. 16.

velle édition des livres sacrés de Bouddha, en lettres d'or, édition pour laquelle on employa (1) trois mille neuf cents onces de ce métal (2). On ne dit pas en quelle langue ces livres furent écrits; mais l'histoire fait entendre ailleurs (3) qu'ils étoient en caractères *fan*, c'est-à-dire, Samskrits.

Sous le règne de *Ing-tsoung*, fils et successeur de *Jin-tsoung*, la faveur du prince resta encore partagée entre les lettrés et les Bouddhistes; aussi nous voyons publier en mongol, et sous l'autorité impériale, les ouvrages de ces deux sectes en nombre à-peu-près égal. On composa la vie de *Chiramoun*, de ce prince qui avoit disputé le trône à Mangou (4); et, d'après un ordre de l'empereur, on s'occupa de rédiger l'histoire du règne de *Jin-tsoung*, en y comprenant, suivant l'usage, celle des reines et des impératrices, et des mandarins distingués (5). On acheva dans le collége des *Han-lin* la traduction du *Taï-hio* et de son commentaire, que l'empereur reçut, en donnant de grands éloges à la doctrine de ce livre, et qu'il fit imprimer pour en faire présent à tous les mandarins (6) : mais en même temps il combloit de ses largesses les sectateurs de *Fo*. Il envoya aux Bonzes du pays de *Sa-sse-kia* (7) plusieurs milliers d'onces d'or et d'argent, et vingt mille *kia-cha*, sorte de manteaux qui font l'habillement ordinaire des lamas. Il fit partir en même temps un prêtre nommé Tordji, qui avoit le titre de *maître des prières* (8), et le chargea de recueillir dans les pays qu'il alloit parcourir tous les livres Bouddhiques qu'il pourroit se procurer. Il fit ensuite placer, dans un

---

(1) Le chinois dit *mi* [perdre, gaspiller]. Il se sert de la même expression en parlant d'une publication du même genre, faite sous le règne de Khoubilaï.

(2) Ouvrage cité, k. 6, p. *17*.

(3) Ibid. k. 7, p. *7*.

(4) Voy. l'Hist. des Mongous, p. *107*. — Deg. histoire des Huns, tom. *III*, p. *122*, &c.

(5) Septième année *Yan-yeou* [1313], à la 11.ᵉ lune, le jour *kia-chin*. *Sou Houng kian lou*, k. 7, p. *6*.

(6) Même année, 12.ᵉ lune, jour *i-mao*. Ouvrage cité, p. *7*.

(7) Pays du Tibet, où étoit né le célèbre *Pa-sse-pa*, fondateur de la puissance temporelle des lamas. Ce nom paroît avoir quelque analogie avec celui de སངས་རྒྱས། *Sangs-rgyas*, que les Tibetains donnent à Bouddhah, et qui n'est qu'une transcription de *Chakia*.

(8) *Tcheou sse*.

temple

temple qu'il venoit d'élever à *Fo*, une grande quantité de chapelets, de *kia-cha*, et le livre de Bouddha intitulé *Pho-jo*, en langue du Tibet et en caractères d'or. Le livre *Pho-jo* ne m'est point connu ; c'est vraisemblablement le titre Tibetain de quelqu'un des livres à qui les Bouddhistes attribuent une origine divine.

La 2.ᵉ année *Tchi-tchi* [1321], à la 11.ᵉ lune, le jour *kia-'ou*, le tribunal des historiens donna une nouvelle édition de l'histoire des Mongols, et en particulier de celle du règne de Khoubilaï. A la 6.ᵉ lune, l'empereur avoit ordonné la rédaction d'un grand corps d'ouvrage sur le gouvernement de la dynastie des *Youan*. Il fut fait sous le titre de *Taï youan ching tching tian*, la sainte science du gouvernement, sous la grande dynastie *Youan*. Cet ouvrage eut soixante *kiouan* ou livres. A la même époque, on publia le grand ouvrage de *Ma-touan-lin* de *Pho-yang*, sous le titre de *Wen hian thoung khao*, ou *Recherche exacte des monumens laissés par les savans* (1), en trois cent quarante-huit *kiouan*.

La 3.ᵉ année *Tchi-tchi* vit paroître le traité des institutions de la dynastie *Youan*, *Taï youan thoung tchi*, en deux mille cinq cent trente-neuf articles, compris sous trois chefs. La première partie contenoit les sentences et arrêts ; la seconde, les lois et

---

(1) C'est à tort que Fourmont rend ce titre par : *Examen generale litteratis oblatum*. Il ne s'agit-là ni de *lettrés* ni d'*offrande*. *Wen hian* est une expression prise du *Lun-iu* (section III.ᵉ, *tchang* 9.ᵉ), où Confucius dit : « Nous pouvons discourir sur les rites de la dynastie *Hia* ; mais ce qui en reste dans le royaume de *Khi* ne suffit pas pour nous les faire connoître. Nous pouvons parler des rites de la dynastie *Yen* ; mais le royaume de *Soung* ne nous en présente que des débris insuffisans. *Il ne nous reste pas assez de monumens ni de gens instruits pour nous les faire connoître ;* Wen hian pou tsou, Kou-ye. S'il en restoit, je m'appliquerois à vous en faire profiter. » La version Mandchoue de ce passage est dans l'Appendice : on y verra les mots *Wen hian* rendus par ﺣﺴﯩﺴﻰ وﺣﺴﻰ *les livres et les savans*. Ici donc *hian* signifie *savant* ou *sage*. Voilà pourquoi *Wen-tsoung* donna, en 1330, à sa mère le titre de *Wen hian chao ching hoang heou*, c'est-à-dire, d'impératrice savante, habile, éclairée, sainte. Plusieurs lettrés, sous différentes dynasties, ont aussi reçu le titre d'honneur de *Wen-hian*. Voy. ouvr. cité, k. 9, p. 8 et alibi.

réglemens, et la troisième, les décrets et ordonnances (1). Quelques mois après, on publia le rituel impérial ou le recueil de toutes les cérémonies en usage sous la dynastie des *Youan* (2). L'empereur voulut aussi qu'il y eût dans tout l'empire des bonzes chargés de réciter les cent mille classes de prières usitées dans leur culte (3).

On remarque, comme une chose contraire à l'usage, que *Yesoun-Temour*, à son avénement, publia dans tout l'empire un manifeste en *langue Mongole*. Le règne de ce prince nous fournira peu de faits relatifs à l'histoire littéraire. La 1.re année *Thaï-ting* [1324], il fit traduire en mongol le recueil des institutions et des instructions des anciens, *Lieï ching Tchi chao*, ainsi que celui des institutions de sa dynastie. Nous avons vu que ce dernier ouvrage avoit été composé sous le règne de son prédécesseur. Ces ouvrages furent, comme à l'ordinaire, imprimés et distribués aux mandarins. On ouvrit aussi devant l'empereur une de ces conférences littéraires que les Chinois nomment *King-yan*, et où les hommes les plus instruits sont admis à discuter les endroits difficiles des livres classiques. Le prince donna l'exemple des explications, et l'on prit pour cet objet différens passages du *Tseu tchi Thoung kian*, du *Taï-hio* et de son commentaire intitulé *Yan-i*, du code de la dynastie des *Thang*, &c. Tous ces ouvrages avoient, comme on sait, été traduits en mongol, et cette circonstance pourroit donner lieu de penser que la conférence eut lieu dans cette langue; mais l'histoire ne nous dit rien à cet égard. Une assemblée pareille eut lieu l'année suivante, et l'on y présenta l'explication que le monarque avoit faite, et qui, par sa permission expresse, avoit été recueillie et imprimée sous ce titre : *Hoang thou Taï hiun*, c'est-à-dire, *Instruction sublime de l'auguste Maître*. Dans celle de la 3.e année *Thaï-ting*, on mit la dernière main à un ouvrage intitulé *Ching hiun*, saintes instructions; on y trouvoit le recueil

---

(1) *Sou Houng kian lou*, k. 7, p. 14.
(2) Ibid. p. 15.
(3) Ibid. p. 14.

des paroles mémorables et des belles actions de Khoubilaï. A la 6.ᵉ lune de la quatrième année, le collége des *Han-lin* offrit à l'empereur une traduction Mongole du *Tseu tchi Thoung kian*; et à la 10.ᵉ, *Taï-tchhang* fut chargé de la rédaction du Rituel.

L'empereur *Wen-tsoung* rendit son règne recommandable aux yeux des lettrés, en instituant, aussitôt après son avénement, un nouveau tribunal sous le titre de *Kouëi-tchang ko*, dans les attributions du collége des *Han-lin*. Les lettrés qui y étoient admis avoient pour fonctions d'expliquer les *king* et les livres historiques, et d'examiner les ouvrages soumis à leur approbation. L'édifice qu'on assigna à ce tribunal étoit composé de trois corps de logis : un au midi, pour les livres, les peintures et les objets d'antiquité qu'on y devoit réunir ; un au milieu, pour les mandarins ; et le dernier au nord, où se trouvoit le trône impérial, et où le prince pouvoit se placer pour y donner les leçons que les Chinois regardent comme l'exercice d'une des prérogatives du pouvoir suprême. L'histoire des Mongols a consacré un long article à la description de cet établissement littéraire, d'après le *Tchoue keng lou*, le *Toung chan wen tsi*, le *Chi pe tsa tchi*, et autres ouvrages. Un des premiers travaux dont *Wen-tsoung* chargea cette académie naissante, fut la rédaction d'un ouvrage sur les Mongols, d'après le modèle de ceux qu'on avoit déjà pour les dynasties des *Thang* et des *Soung*. Ce livre fut intitulé *King chi taï tian*, et l'on y fit entrer l'histoire des Mongols, déjà composée dans la langue de ces peuples, et que pour cet objet le tribunal eut ordre de faire passer en chinois (1). On ne laissoit pas, en même temps, de continuer les travaux dont les livres sacrés des Bouddhistes étoient l'objet. On mit au jour vingt-sept volumes de théologie (2), et l'on fit passer dans la ville de *Hang-tcheou* deux mille onces d'or pour y être employées à écrire les livres de *Fo* (3).

(1) *Sou Houng kian lou*, k. 9, p. 11 et 13.
(2) Ibid. p. 12.
(3) Ibid. p. 13.

La première année *Tchi-chun* [1331], à la 4.ᵉ lune, le jour *ting-mao*, on acheva la composition des annales du règne de l'empereur *Ing-tsoung* (1). La seconde année, à la 3.ᵉ lune, le jour *ou-tchin*, les savans du *Kouëï-tchang ko*, toujours occupés de la composition du *King chi Taï tian*, demandèrent qu'on leur communiquât, du collége des *Han-lin* et du tribunal des historiens, les mémoires secrets recueillis pour servir de matériaux aux annales de la dynastie présente. L'un des principaux docteurs et historiens, nommé *Ya-bouga*, s'y opposa, en déclarant que ces mémoires devoient rester secrets, et qu'il étoit impossible de les mêler avec les ouvrages historiques des auteurs étrangers au tribunal (2). A la même époque, un décret de l'empereur ordonna qu'on écriroit en lettres d'or et en caractères Ouigours un livre Bouddhique en mille sections, sur la *longévité de Bouddha*, *Wou liang cheou Fo*, ainsi qu'un autre ouvrage de théologie intitulé *la Grande Histoire* (3). A la 5.ᵉ lune, le jour *i-weï*, la collection *King chi Taï tian* fut achevée (4). La troisième année *Tchi-chun*, à la 4.ᵉ lune, le jour *ou-'ou*, on traduisit en mongol le code de la dynastie des *Thang*, et l'édition fut distribuée aux mandarins (5). Il en avoit déjà été fait une traduction sous le règne de *Jin-tsoung* (6). On ne dit point ici s'il s'agit d'une simple réimpression : on remarque seulement que ce fut le *Kouëï-tchang ko* qui en fut chargé.

A la 5.ᵉ lune, le jour *ki-sse*, les savans Mongols donnèrent suite aux prétentions qu'ils avoient annoncées l'année précédente, et ils obtinrent que les historiens de leur nation seroient chargés, sous le titre de *Meng-koù Tho-pou-tchhi-yan* [historiens Mongols], de rédiger, de leur côté, des mémoires historiques. Cette nouvelle attribution fut encore donnée au *Kouëï-tchang ko*.

(1) *Sou Houng kian lou*, k. 9, p. *14*.
(2) Ibid. p. *18*.
(3) Ibid.
(4) Ibid.

(5) *Tseu Hio tian*, k. 1, p. *33*. *Sou Houng kian lou*, k. 9, p. *20*.
(6) Voy. plus haut, p. *203*.

Le règne du dernier empereur Mongol fut troublé par trop de révoltes, et l'attention du gouvernement distraite par trop de soins étrangers aux lettres, pour que nous puissions espérer de recueillir dans les annales de cette époque beaucoup de faits de la nature de ceux qui attirent en ce moment notre attention. Cependant *Chun-ti*, la première année *Tchi-youan* [1335], chargea le collége des *Han-lin* de composer une histoire des Mongols et des autres dynasties, en y joignant les vies des reines et des impératrices, celles des hommes célèbres, et tout ce qu'on pourroit réunir de l'histoire des peuples étrangers (1). A la fin de la même année, on acheva la reconstruction du collége impérial Mongol (2). La sixième année *Tchi-youan* [1340], à la 8.ᵉ lune, le tribunal *Kouëi-tchang* eut ordre de s'occuper de la rédaction d'un code général de la dynastie des Mongols. Cet ouvrage devoit porter le titre qu'on avoit résolu de donner, l'année suivante, au règne de *Chun-ti*, et s'appeler *Tchi-tching thiao-ke* (3). A la 12.ᵉ lune, le *Kouëi tchang-ko* prit le nom de *I-wen ko* ou tribunal littéraire.

La troisième année *Tchi-tching* [1343], à la 3.ᵉ lune, l'empereur donna des ordres pour l'achèvement de l'histoire des trois dynasties *Soung*, *Liao* et *Kin*. Le ministre *Tho-tho* eut la surintendance générale de ce travail (4). Cette même année, on tint un *King-yan*, qui eut trois séances dans le courant de la 6.ᵉ lune.

La cinquième année *Tchi-tching* [1345], l'histoire des trois dynasties fut achevée, et l'empereur, en la recevant, adressa aux mandarins un discours sur les avantages que les princes et les sujets peuvent se procurer chacun de leur côté, en étudiant les actions des hommes et les annales des temps passés (5). On termina aussi le code des Mongols (6). L'année suivante, l'em-

---

(1) Ouvrage cité, *p. 5*.
(2) Ibid. *p. 7*.
(3) Ibid. *p. 14*.
(4) Ibid. *p. 17*. — Gaubil parle de l'ouvrage dont il s'agit ici, dans l'Histoire des Mongous, *p. 279*.
(5) Ibid. *p. 19*.
(6) Ibid.

pereur enjoignit à tous les grands de sa cour, aux magistrats et officiers de toute espèce, de s'appliquer à faire chaque jour une explication tirée ds *king* ou des livres historiques. La septième année [1347], on fit par ordre de *Chun-ti* une collection de jurisprudence intitulée *Lou thiao tching louï*, ou collection sur l'administration, d'après les six codes (1). La dixième année [1350], les arrêts de la cour suprême nommée *Li-pou*, s'étant beaucoup multipliés, on fit un choix de ceux qui devoient avoir force de loi, et on les publia avec des commentaires destinés à en faire saisir l'esprit (2). *Chun-ti*, comme on voit, avoit donné aux travaux de son règne une direction différente de celle que ses prédécesseurs avoient imprimée à la littérature. Mais les événemens se pressant ne laissèrent plus à ce prince le temps de songer aux lettres, ou du moins n'ont pas permis aux historiens de nous conserver le souvenir de ce qu'il put entreprendre pour les faire fleurir. Une révolution dont tout le monde connoît les circonstances, chassa de la Chine les descendans de Tchinggis, et anéantit tous ceux de leurs livres qui n'avoient point été portés d'avance dans les déserts où ils furent forcés de se réfugier.

On a beaucoup vanté les soins que les empereurs Mandchous se sont donnés, depuis qu'ils sont maîtres de la Chine, pour enrichir la littérature Tartare de traductions faites sur les meilleurs livres Chinois. On apprend, par le précis rapide que je viens d'esquisser, qu'ils n'ont encore fait en cela que suivre l'exemple des Mongols. On voit que ceux-ci avoient exécuté un fort grand nombre de travaux littéraires, et des ouvrages aussi variés qu'étendus. Il faut observer que je n'ai compris dans l'énumération qu'on vient de lire, que les livres composés ou publiés sous les auspices des empereurs, et que les travaux particuliers qui n'y ont point trouvé place, formeroient sans doute une masse considérable. Il est certain qu'on publia sous les Mongols un *I-thoung-tchi* ou corps de géographie, et il est

---

(1) K. 10, p. 21.   (2) *Pag.* 25.

SUR LES LANGUES TARTARES. 215

probable que tant de traductions ne purent être faites sans un ouvrage préparatoire de première importance, sans un dictionnaire Chinois-mongol. L'ouvrage géographique, quand même il n'auroit pas été traduit en tartare, seroit bien important pour nous, si, comme on a lieu de le penser, on pouvoit y trouver des notions exactes sur les vastes contrées de l'Asie alors soumises aux Mongols. J'ai lieu de croire aussi qu'au nombre des ouvrages Bouddhiques indiqués dans l'histoire d'une manière générale comme ayant été traduits en mongol, se trouvoient les livres suivans, qui sont placés au premier rang par les Bouddhistes : 1.° ﻣﺤﻣﺪﺳﺘﻲ ﺩﺭ ﺳﺪﻳﺲ ﺳﻮﻱ *Bodisatou-yin Aïmak saba* [Mystères des divinités du second ordre]. L'original Samskrit a pour titre, *Boddhisatouapitakamra*, et la version Chinoise, *Phou-sa tsang*. 2.° ﺳﻮﺩﻣﺴﻞ ﺩﻣﺪﻧﺪﻱ ﺻﻮ ﻳﺼﺤﻣﻲ *Youdjagan youkiyal-tou soudour* [les Livres des épaisses forêts]; en samskrit, *Ghanavyoûha;* en chinois, *Mi-lin king*. 3.° ﻣﺪﻧﺪ ﻭ ﻳﺼﺤﻣﻲ ﻳﺪﻳﺲ ﺳﺎﺟﻣﺪﻩ ﺑﺪﺳﻳﻲ ﻳﺼﺤﻣﻲ *Onan-ou kôtchoun-yar masi tarouksan soudour* [le Livre de celui qui l'emporte en tout par la force de la vérité]; en samskrit, *Soubhîkrântavîkrâmî*, et en chinois, *Ta li phou ching wen king*. 4.° ﻳﺼﺤﻣﻲ ﻳﻮﺭ ﻝ ﻣﺳﻣﺘﻢ ﺳﻮﻳﻲ *Salou noukoukha kemakou soudour* [le Livre dit *la paille du riz*]; en samskrit, *Châliptasoumbhakamra*, et en chinois, *Fo choue tao-kan king*. 5.° ﺳﺪﺳﺘﻨﻲ ﺩﺭ ﻳﺪﻣﻲ *Erdani-yin djoula* (1); en samskrit, *Radnolkâ*, et en chinois, *Ta pao tsi king* [le Livre du grand amas précieux]. 6.° ﻳﺼﺤﻣﻲ ﻳﺮﺳﺴﻣﺪﻋﻣﺖ ﺩﺭ ﻳﺼﺪﻣﻲ ﻗﺮﺳﻣﻲ ﺟﺴﺪﻳﻦ ﻳﻴﺲ *Masi takermaktaktchi bôkouda koriyaksan soudour* [le Livre universel et généralement lu], apparemment quelque rituel ou quelque recueil de litanies; en samskrit, *Sarvaveedaliâsamgraha*, et en chinois, *Fo choue pëi-tha in youan king*. 7.° ﻳﺼﺤﻣﻲ ﺳﻤﻊ *Khon soudour* [le

---

(1) Ce titre est rendu en mandchou par ﺩﻣﻞ ﻭ ﺳﻴﺒﺲ ﺣﻤﻮﻳﺲ *Poopaï dengchan-i dchola;* *dchola* n'est point un mot Mandchou, et j'ignore sa signification. *Poopaï dengdchan* est la *précieuse lampe* ou la *lampe du sceau.* Le mot de *sceau*, synonyme en chinois et en tartare de celui de *précieux*, entre dans un grand nombre de phrases usitées dans la religion de Bouddha. On le rend en mongol par *Erdani*.

livre double]; en samskrit, *Sanghâtasoûtram*, et en chinois, *Fo choue seng-kia-to king*. 8.° سوسن تەسىر *Abhi dharma;* en samskrit, *Abhidharmâh;* en chinois, *Fo choue a-pi-tha-ma king*, titres transcrits sur les mots Indiens, et qui sont rendus en mandchou par سىجىتقو نومون *Iletou nomoun* [le Livre manifesté ou rendu public]. 9.° ھىنس *Phinaï;* en samskrit, *Pinayah*, et en chinois, *Fo choue pi-naï-ye king*, titres Indiens, dont l'explication se trouve dans le mandchou سىمبۇرە نومون *Wemboure nomoun* [le Livre instructif]. 10.° سىسقىمس چاستىر *Naraïdouksan chastir;* en samskrit, *Pradjñapti*, et en chinois, *Fo choue ming kiu king* [le célèbre Discours]. 11.° چاستىر *Chastir* [ou l'instruction]; en samskrit, *Châstramra*, et en chinois, *Sou tsang* [ou le supplément aux mystères]. 12.° مخابوتۇن تسىغولگان *Makhaboutoun tsigoulgan;* en samskrit, *Dhâtoukâyah*, et en chinois, *Siang tsoung pa yao*. Le titre Mongol signifie amas d'élémens ou de principes, et le Chinois, les huit préceptes essentiels de *l'honorable visible* [Bouddha]. 13.° باخا ساخا ڄىناى *Bakha sakha djinaï* [les Lois du second ordre ou les petites Lois]; en samskrit, *Vinayakchoudrakamra*, et en chinois, *Siao pou liu*. 14.° تاكەتو كۈل *Taketou kool;* en samskrit, *Outtaragrantha;* en chinois, *Ta pou liu* [les grandes Lois ou les Lois suprêmes]. 15.° چاستىر *Chastir;* en samskrit, *Archah* [les Traditions]. 16.° ودورىغولسون *Oudourigoulson* (1); en samskrit, *Agama;* en chinois, *A-han* (2).

Enfin, on peut croire qu'une partie des livres dont je viens de rapporter les titres, doit se trouver comprise dans le grand ouvrage appelé en tibétain *Gandjour* ou *la Colonne merveilleuse*. On le regarde comme le plus considérable de tous ceux qui

(1) J'ignore le sens de ce mot Mongol, qui n'est rendu en chinois que par des caractères qui expriment le son du mot Samskrit. Les Mandchous donnent à ce livre le titre de ويسرىجىت *Pi-Wanggirit*, mot qui n'est ni tartare, ni tibétain, ni chinois, et dont l'origine m'est inconnue.

(2) J'ai pris tous ces titres, tant Tartares, qu'Indiens et Chinois, dans le *Man, han, si-fan tsi-yao*, au chapitre intitulé en mongol سائن يارلىخ ون نارا ىنو *Saïn yarlikh-oun nara inou* [Noms des bons livres ou des livres qui contiennent une bonne doctrine].

On a pu remarquer que quelques titres Chinois commencent par les mots *fo choue*. Cela signifie que les livres dont il s'agit sont attribués à Bouddha lui-même.

sont sortis de la bouche de *Chakia-mouni*, ou Bouddha, et qui ont été recueillis par ses disciples, et c'est ce que nos Missionnaires ont appelé la Bible des Tibetains (1). Il a été traduit en entier en mongol, et cette traduction consiste, comme l'original, en cent huit énormes volumes, auxquels on a joint, sous le titre de *Yœm*, une mythologie en douze volumes, et un commentaire nommé *Dandjour*, ce qui fait en tout deux cent quarante volumes. Aucun ouvrage théologique ne jouit chez les Mongols d'une aussi grande estime. Personne ne peut, sans une permission expresse du *Dalaï-lama* ou de l'empereur de la Chine, posséder ce divin ouvrage ; et indépendamment des peines auxquelles on s'exposeroit, les frais énormes qu'il faudroit faire suffiroient pour empêcher qu'il ne fût très-répandu. Les Mongols soumis à la Russie se plaignent amèrement de sa rareté, et il n'y a que peu d'années que les Bourets, qui habitent au midi du Baïkal, ont pu se le procurer, en le faisant venir de la Chine. L'ouvrage entier est écrit en mongol, et imprimé de deux manières différentes, dans un format analogue à celui des livres Chinois, et à la manière Indienne, sous la figure de bandes qui ont près de huit décimètres de long sur plus de deux décimètres de largeur, et qui, par leur réunion, forment des volumes oblongs d'environ deux décimètres d'épaisseur. On n'a pas souvent occasion de lire cet ouvrage, et les gens riches seuls peuvent, une fois par an, se procurer cette satisfaction, parce qu'il faut pour cela beaucoup de cérémonies, le concours d'un grand nombre de lamas, et la permission de leur supérieur (2).

Il n'y avoit pas quinze ans que le fondateur de la dynastie des Ming étoit possesseur de l'empire, quand on commença à revenir sur les mesures de rigueur que le premier instant d'exal-

---

(1) *Quel libro [il* Lahorim *] è al maggior segno oscuro, sublime, e difficilissimo ad intendersi, mentre contiene in succinto tutto il loro* Kangiur, *o sia loro biblia, che consiste in* 108 *grossissimi volumi..... Lettere* (ms.) *di Felice de Montecchio al P. Desideri de Pistoja*, Lhassa, 1729.

(2) Reise in den Kaukasus und nach Georgien, von J. von Klaproth, t. *I*, p. *191*.

tation avoit dictées contre tout ce qui avoit rapport aux Mongols. Comme il entroit dans la politique des empereurs Chinois de prendre part à tout ce qui se passoit dans la Tartarie entre les différens princes descendus de Tchinggis-khakan, on voulut avoir des agens qui pussent par eux-mêmes, et sans le secours des interprètes, s'instruire à fond de l'état des affaires, et des dispositions des Tartares. On chargea donc un membre du collége des *Han-lin*, nommé *Ho-youan-kiëi*, de composer un dictionnaire de la langue Chinoise et de celle des Barbares (1). Ce dictionnaire fut fait dans les caractères de *Kao-tchhang*, que les Mongols avoient adoptés. On joignit par-tout aux mots Mongols leur interprétation en chinois, et on les rangea en classes, suivant leur signification. On distingua la classe du ciel, celle de la terre, les actions des hommes et les choses qui sont à leur usage, les habillemens et les coiffures, les ustensiles, &c. On y joignit tout ce qu'on put tirer des livres historiques et autres, qui avoient été publiés sous la dynastie précédente, et on s'attacha particulièrement à bien rendre le son et la prononciation des mots Tartares. Ce livre ayant été imprimé et publié, les envoyés et les commandans qui parcouroient la Tartarie, furent en état de remplir plus exactement les missions qu'on leur confioit (2). Une autre institution qui fut faite dans le même temps, rendit plus facile encore la communication qu'on vouloit avoir avec les étrangers. Je veux parler de la nomination d'un certain nombre d'interprètes qui furent établis dans la capitale, et dans les endroits où résidoient les gouverneurs généraux. Ces interprètes furent pris, autant que cela fut possible, parmi les naturels qui venoient se soumettre, et on les chargeoit de traduire les pièces qu'apportoient les ambassadeurs (3). La cinquième année *Young-lo* [1407], on forma quatre bureaux pour les étrangers, et les élèves du collége impérial y furent admis pour s'y exercer à la traduction. On y enseignoit huit langues, au

---

(1) *Pian-i-tian*, k. 3, p. 17.
(2) *Thou chou pian*, cité dans le *Pian-i-tian*, *ubi suprà*.
(3) *Ming hoeï tian*, cité là-même.

nombre desquelles le mongol, sous le nom de *Tha-tche*, tenoit le premier rang (1). La première année *Siouan-te* [1426], les docteurs du *Han-lin* examinèrent les élèves qui s'adonnoient à l'étude des langues étrangères (2). Cet examen fut souvent répété depuis; et les élèves qui s'y distinguèrent, reçurent des récompenses, et obtinrent la préférence pour les places d'interprètes, d'envoyés, et autres où la connoissance des langues étrangères pouvoit être utile ou nécessaire. Le nombre des interprètes fut depuis fixé pour chacun des pays qui étoient en relation avec l'empire (3) : il y en eut sept pour les *Tha-tha* ou Mongols ; et dix ans après, on en nomma un huitième. On en établit sept, puis huit pour les Turks musulmans, sept, et ensuite neuf pour les *Niu-tchi*, deux pour les Ouigours; cinq, puis six pour les Tibetains, un pour les Mongols du Kôke-noor, et ainsi pour les autres pays, à proportion (4). Je ne trouve nulle part l'indication des ouvrages élémentaires qui durent être composés pour l'instruction des élèves interprètes ; mais il est bien probable que pendant le règne de la dynastie des *Ming*, la littérature Mongole à la Chine ne fut envisagée que sous le point de vue d'utilité qu'elle pouvoit avoir pour la politique.

Les Mandchous, en s'emparant de la Chine, eurent l'adresse d'intéresser à leurs succès les Mongols, qui n'avoient jamais été qu'à regret soumis aux empereurs de la dynastie des *Ming*. Il s'établit une sorte de fraternité entre les anciens et les nouveaux conquérans, et par-tout les Mongols eurent le pas sur les Chinois. Aussi, long-temps avant de faire, des caractères Chinois, l'objet d'une étude littéraire, les Mandchous avoient fait du mongol une étude diplomatique. On avoit élevé des jeunes gens intelligens pour leur faire apprendre les langues étrangères (5),

---

(1) Les sept autres langues qu'on y enseignoit étoient le *niu-tchi* ou tartare oriental, le tibetain, le samskrit, le persan, ou plutôt le boukharien [*hoeï-hoeï*], la langue de *Pe-i*, l'ouigour, la langue de *Mian-tian* ou de Pegou, et le siamois. *Ming-hoeï-tian*, cité dans le *Pian-i-tian*, k. 3, p. 32.

(2) *Ibid.* p. 33.

(3) La 5.ᵉ année *Tchhing-hoa*, 1470.

(4) *Pian-i-tian*, k. 4, p. 3.

(5) *Ibid.* k. 6, p. 2.

et dès la première année *Chun-tchi* [1644], on rétablit le *Sse i kouan* ou tribunal pour les traductions, en y formant dix sections, dont la première étoit toujours destinée à l'enseignement du mongol (1). On y mit pour président un *Han-lin*, qui avoit sous lui cinquante-six professeurs ou mandarins. L'année suivante, on y joignit une section nouvelle (2), et l'on nomma trente interprètes (3) pour les langues des peuples tributaires.

La quinzième année *Chun-tchi*, on supprima dans le tribunal des traductions les deux sections qui s'occupoient des langues Mongole et *Niu-tchi*, ainsi que les places d'interprètes qui en dépendoient (4). Mais cette suppression ne vint apparemment que de ce que les deux idiomes étoient trop répandus pour qu'on eût encore besoin d'interprètes, quand il se présentoit des pièces à lire, ou des naturels avec lesquels on desiroit traiter. Les Mongols étoient par-tout mêlés aux Mandchous ; et quant aux Tartares orientaux, leur langue sans doute offroit la plus grande analogie avec celle des conquérans. Ce fait doit être ajouté à ceux qui prouvent la communauté d'origine et de langage qui réunit les Mandchous aux *Niu-tchi*. On y voit aussi la raison pour laquelle l'intéressante collection de vocabulaires et de suppliques, rédigée en 1696 par *Kiang-fan*, président du tribunal des traductions, et envoyée en Europe par Amiot (5), ne nous offre de secours que pour les huit langues dont l'ensei-

---

(1) *Ibid.* p. 3. — Les neuf autres bureaux avoient pour sujets d'études, le *niu-tchi* ou l'ancien tartare oriental, le *hoeï-hoeï* ou boukharien, le *miantian* ou pegouan, le *pe-i*, le tibetain, l'ouigour, le samskrit, le *pa-pe*, et le siamois.

(2) *Ibid.* p. 9.
(3) *Ibid.* p. 10.
(4) *Ibid.* p. 25.
(5) Voy. Mém. Chinois, t. XIV, p. 5. — Le P. Amiot y décrit la collection dont il s'agit, et qui se trouve à la bibliothèque du Roi. Ce n'est point un exemplaire imprimé, mais, comme le dit le Missionnaire, un des originaux manuscrits déposés au tribunal des Rites. Les huit langues dont on y trouve des échantillons, sont, à l'exception du *niu-tchi*, celles qui sont énumérées dans la note 1, à la page précédente.

Tout ce que dit Amiot du *Sse i kouan* ou tribunal des traductions, n'est pas également exact. On pourroit même, d'après son récit, attribuer cette institution aux empereurs Mandchous. On vient de voir qu'elle remonte à l'un des premiers princes de la dynastie des *Ming*.

SUR LES LANGUES TARTARES.

gnement a été conservé, et ne contient rien de relatif au mongol et au *niu-tchi*, deux idiomes pour lesquels il avoit été jugé superflu.

Mais, au lieu de ces matériaux imparfaits, dont on ne peut se contenter que quand on veut se borner à prendre d'une langue une idée générale et superficielle, les Mandchous ont des livres qui doivent suffire pour étudier à fond le mongol oriental. Leur dictionnaire intitulé *Miroir* a été traduit en mongol, et publié par les ordres de *Khang-hi*, à Peking, en 1717 : il forme vingt cahiers épais, d'un format plus grand que nos *in-octavo* (1). On possède ce dictionnaire à la bibliothèque de Pétersbourg (2), et il est aussi entre les mains de quelques particuliers (3) et des interprètes Russes. On conçoit facilement combien la privation d'un secours si précieux m'a été sensible, et combien un tel ouvrage eût pu m'épargner de peines et d'erreurs dans la composition de ces *Recherches*, en ouvrant un champ plus vaste aux considérations historiques ou philologiques dont je me suis occupé. A l'avenir, les savans qui se livreront à l'étude des antiquités, des religions ou de la géographie de la Tartarie, pourront marcher d'un pas plus assuré, et obtenir des résultats plus importans, puique le miroir de la langue Mongole se trouve au nombre des ouvrages dont on peut espérer la prochaine publication.

On possède à la bibliothèque du Roi un autre livre moins considérable, mais peut-être encore plus précieux que le précédent, et dont on est pareillement redevable au besoin que les Mandchous ont eu d'établir des communications entre les dif-

---

(1) Abhandlung ueber die Sprache und Schrift der Uiguren. Einleitung, p. 5.

(2) Essai sur la bibliothèque et le cabinet de l'Académie des sciences de Saint-Pétersbourg, par Bacmeister, 1776; p. 135.

(3) Abhandlung, &c. *ubi suprà*. Les deux premiers cahiers de cet ouvrage ont été publiés avec une traduction, à Irkoutsk, en 1806.

Le titre Mongol de ce livre est مسلم و وکسریسر یعصرنلمع عمل وکحد و بجسی ف *Khagan - ou bidjiksan Mongol ougen-ou touli bidjik* [le Livre ou Miroir de la langue Mongole, écrit par l'empereur]. *Archiv für Asiatische Litteratur, p. 198.*

férens peuples soumis à leur domination. Ce livre, dont un dictionnaire Samskrit paroît avoir fait la base, est un recueil de phrases et de mots relatifs, pour la plupart, au culte de Bouddha, et pris dans les cinq principaux idiomes de l'Asie orientale, c'est-à-dire, dans le samskrit, le tibetain, le mandchou, le mongol et le chinois. La synonymie qui en résulte pour les noms des divinités et les autres mots qui expriment des idées morales, mythologiques et philosophiques, est parfaitement authentique, et peut dispenser des conjectures qu'on seroit, sans ce secours, obligé de hasarder quand on voudroit concilier entre elles les notions contenues dans les livres des Hindous, dans ceux des Chinois et des Tartares. Le besoin d'une table où cette concordance soit établie, se fait vivement sentir quand on veut étudier à fond des systèmes aussi compliqués, et cela paroît être entré pour quelque chose dans les vues de l'empereur Khian-loung, quand il fit composer le vocabulaire dont il s'agit. On imprimoit alors une grande collection en cent quatre-vingt mille volumes, où, parmi les chefs-d'œuvre de la littérature Chinoise, quelques ouvrages Bouddhiques avoient trouvé place. L'empereur voulut être en état de juger par lui-même ces derniers, et le dictionnaire polyglotte lui fut pour cela d'une grande utilité. Khian-loung le fit ensuite publier en faveur de ceux de ses sujets qui, par état ou par emploi, étoient obligés à des correspondances dans le Tibet (1). Nous pouvons avoir toute confiance dans un ouvrage qui a dû servir à l'empereur de la Chine, et qui, suivant ce que nous apprend Amiot, a été composé dans le palais même, sous les yeux de sa majesté, par les plus habiles d'entre les Mandchous et les Mongols, aidés par des *Han-lin* Chinois et des docteurs Tibetains, envoyés exprès par le Dalaï lama. J'ai traduit en entier le vocabulaire, en prenant pour base de mon travail le chinois et le mandchou, qui m'ont servi ensuite à analyser les parties Tibetaine et Mongole (2). J'insérerois dans l'Appendice le vocabulaire entier, si

---

(1) Mémoires Chinois, *t. XI, p. 616.*
(2) On trouvera une notice plus détaillée sur ce livre intéressant, ainsi qu'une transcription et une traduction

son importance ne me le faisoit juger digne d'être publié séparément, avec un commentaire où les dogmes principaux du bouddhisme pourront se trouver expliqués.

Outre ces dictionnaires, les Mandchous ont encore fait composer et imprimer à la Chine plusieurs ouvrages destinés à l'usage des Mongols qui sont établis le long de la grande muraille, ou incorporés dans les armées. Le calendrier impérial est chaque année imprimé en mongol, et il est fort répandu chez ces peuples (1). On a aussi traduit, par ordre de l'empereur *Khang-hi*, différens ouvrages scientifiques, du chinois ou du mandchou, et notamment un traité complet d'astronomie Européenne, dont un exemplaire se trouve à la bibliothèque du Roi. C'est-là un des effets de l'admiration que les Jésuites étoient parvenus à inspirer à Khang-hi pour les sciences de l'Occident. Mais j'aurois peine à ranger des ouvrages de ce genre parmi ceux qui ont pu contribuer à enrichir la littérature Mongole. Il y a trop loin de nos connoissances à celles des Tartares, de notre manière de raisonner à celle à laquelle ils sont accoutumés, pour qu'ils puissent accueillir une branche quelconque de nos sciences, qui se présente à leur esprit isolée, sans préparation, et par un effet passager de la volonté d'un seul homme. Ce n'est pas ainsi que les doctrines peuvent être communiquées d'un peuple à un autre ; il faut, pour cela, des soins, des précautions, je dirois presque, des ménagemens, que les Européens n'ont pas toujours eus, quand ils ont voulu propager leurs lumières chez des nations encore peu avancées dans la civilisation.

Les Chinois eux-mêmes, placés dans des circonstances favorables, n'ont pu, malgré tous leurs efforts, faire prévaloir chez les Mongols le système de philosophie auquel ils sont invariablement attachés depuis tant de siècles. La plus grande difficulté venoit sans doute de la nature même de cette philosophie,

---

françoise des premières *poetes*, dans le t. *IV* des Mines de l'Orient, p. *183* et suiv. Cette notice a été depuis réimprimée dans la Bibliothèque Britannique.

(1) Duhalde, t. *IV*, p. *33*.

toute rationnelle et dénuée de dogmes, qui n'offre à l'imagination aucun dédommagement pour les sacrifices qu'elle impose; mais un obstacle non moins insurmontable se rencontra dans la concurrence des lamas et des bonzes de l'Inde, qui vinrent en foule au milieu des camps des Mongols, travailler, avec l'ardeur du prosélytisme, à la conversion des Tartares. La partie de la nation qui habitoit en Chine, quoique retenue par des considérations politiques, embrassa presque en entier le culte de Bouddha, qui avoit le double avantage de présenter des fables au vulgaire, et des abstractions aux esprits méditatifs. Mais les Mongols de Tartarie, libres de tous liens religieux, saisirent les doctrines Indiennes avec une telle avidité, qu'il eût été impossible, au bout de quelques années, de distinguer les catéchistes des néophytes. Jamais révolution ne fut aussi prompte et aussi complète (1); le caractère même de la nation en fut changé. Aux farouches capitaines de Tchinggis-khakan, succédèrent presque subitement de contemplatifs lamas, et l'ambition des conquêtes fut remplacée par celle d'atteindre à la perfection par l'anéantissement extatique *[Nirwana]*, et d'*arriver au rivage opposé*, c'est-à-dire, de rentrer dans le sein de l'ame universelle. Il n'est pas de mon sujet d'examiner les effets de cette conversion, en ce qui regarde l'état de la civilisation qui en résulta chez les Mongols ; mais je dois faire remarquer l'influence qu'elle eut sur la littérature de la Tartarie. Nous avons vu beaucoup d'ouvrages de théologie traduits en mongol, et publiés à la Chine. Ces livres furent certainement apportés dans les monastères que les Mongols s'empressèrent d'élever de toute part, et ils y servirent de modèles à de nouvelles traductions, dont les livres *Enetkek* ou Samskrits, et ceux du Tibet, fournissoient ordinairement la matière. La métaphysique *transcendante,*

---

(1) Si l'on s'en rapporte à Pallas, la conversion des Olets au bouddhisme n'auroit été complète que long-temps après, sous le règne de *Boïbegous*, vers la fin du XVI.ᵉ siècle; et ces peuples auroient retenu jusque-là l'ancienne croyance Tartare, que beaucoup d'auteurs Allemands appellent très-improprement *chamanisme*. Voyez *Sammlungen historicher Nachrichten*, t. I, p. 29.

la morale mystique et la fantastique mythologie de l'Hindoustan, furent alors transportées, et, pour ainsi dire, naturalisées dans la Mongolie. Une foule prodigieuse d'expressions techniques qui composent la langue philosophique des Hindous, et dont la réunion formeroit un vaste dictionnaire, exigèrent alors des équivalens en mongol, et on leur en procura, soit en traduisant les racines dont ils étoient composés, soit en se bornant à les transcrire du dévanagari en tibetain ou en ouigour. Et comme, depuis cette conversion qui remonte au temps de Khoubilaï, les lamas ont été les seuls littérateurs de la Tartarie, que ce sont eux qui ont presque exclusivement pratiqué l'art d'écrire et celui d'imprimer, exercé l'enseignement, demandé, formé, conservé des bibliothèques, on ne peut douter que la plus grande partie de leurs travaux n'aient eu pour objet les doctrines ascétiques auxquelles ces hommes pacifiques sont voués par goût et par profession. La plus grande partie de la littérature Mongole doit donc se composer, et se compose en effet, d'ouvrages traduits du tibetain ou de l'indien, de livres où sont exposés les dogmes divers de cette religion de Bouddhah répandue en Asie entre le 10.e et le 55.e degré de latitude, religion que les Brahmanes, les lettrés de la Chine, et les Missionnaires Chrétiens ont également méconnue et défigurée, et dont quelques modernes se sont formé une idée encore plus fausse, quand ils y ont voulu voir la croyance du prétendu peuple primitif, et la source des différens cultes des deux continens.

Nous pouvons juger, sur quelques échantillons, de l'importance des matières qu'on doit espérer d'approfondir en étudiant les livres Mongols. B. Bergmann a rassemblé chez les Kalmouks occidentaux (c'est-à-dire, chez ceux de tous les Mongols qui sont les plus ignorans et qui ont le moins de livres); il a rassemblé, dis-je, et publié dans ses *Promenades nomades*, plusieurs petits ouvrages Mongols qui forment la partie la plus intéressante de son recueil : 1.° le *Yertuntchin tooli* [ou Miroir du monde], sorte de cosmographie abrégée, où les idées des Hindous sur la constitution de l'univers sont reproduites fidèlement, et, autant que j'en puis juger, sans qu'il s'y soit rien mêlé de mongol (1). 2.° Le *Bokdo gœsœrkhan*, ouvrage moral, en deux sections, qui prend son titre du personnage fabuleux qui y joue le principal rôle, et qui, suivant les Mongols, *naquit pour extirper la racine des dix sortes de péchés* (2). 3.° *Ouchandar-khan*, autre petit ouvrage mythologique, assez court (3), dont le héros est un prince nommé *Ouchandar-khan*. 4.° *Goh-tchikitu*, roman mythologique en quatre livres, le plus considérable des ouvrages traduits par Bergmann (4). 5.° Le commencement d'une histoire héroïque, dont le théâtre n'est pas, comme pour les précédentes, dans l'Hindoustan ou dans les espaces imaginaires des Hindous, mais en Tartarie, dans les monts Altaï, et sur les bords d'un fleuve nommé *Ertsich*, que Bergmann croit être le lac Baïkal, mais que je serois plus porté à prendre pour l'Irtich (5), fleuve qui n'a pas d'autre nom dans toute la Tartarie.

A ces ouvrages publiés par Bergmann, il faut joindre ceux dont Pallas a fait usage dans ses collections sur les Mongols, ou dans ses voyages, et dont il devoit la traduction, soit à l'interprète Jæhrig, soit à André Tchoubofskoï, protopope des Kalmouks chrétiens de Stavropol (6). Par ces différens livres, on doit déjà prendre une idée avantageuse de la littérature Mongole, puisqu'on voit qu'on y peut trouver un fort grand nombre d'ouvrages traduits du samskrit, et dont les originaux sont peut-être destinés à nous rester inconnus. Mais comme ils ont presque tous rapport à des sujets théologiques ou mythologiques, on seroit peut-être tenté de penser qu'il n'en existe que de ce genre. Ce seroit déjà beaucoup, assurément, que de pouvoir y puiser des notions exactes sur les opinions de cette secte célèbre dont l'histoire se rattache à celle de presque tous les systèmes

---

(1) Nomadische Streifereien, *t. III*, p. *185—205*.
(2) Ibid. p. *231—284*.
(3) Ibid. p. *287—302*.
(4) 4.ʳ th. p. *17—180*. On trouvera dans l'Appendice un extrait de cet ouvrage.
(5) Ibid. p. *183—214*.
(6) Voyages de Pallas, *t. I*, p. *534*.

de la philosophie orientale. Mais les Mongols ont aussi des poëmes (1), des romans (2), un grand nombre de livres historiques (3), un code complet, qui a été rédigé sous les auspices du célèbre Galdan, par quarante-quatre princes Mongols et Ouirats, en présence de trois *Khoutouktou* ou grands Lamas (4). Ils possèdent des dictionnaires et des grammaires Mongols, Tibetains, Hindous, et très-probablement des ouvrages en langue Ouigoure, Turke, Tchakhatéenne, Nipolienne, en un mot des livres de toutes ces nations qui nous sont à peine connues de nom, et qui, se trouvant comprises entre la Tartarie et l'Hindoustan, sont jusqu'à présent placées hors de la portée des savans Russes et des Anglois. C'est dans leurs chroniques qu'on peut espérer de trouver les antiquités de la Tartarie et l'histoire de toutes les races Mongoles, dépouillées de toutes les traditions Turkes, ou plutôt Tchakhatéennes, que les Occidentaux y ont mêlées fort mal à propos. Le peu que Pallas en a donné dans son premier volume (5), est très-propre à nous faire desirer d'avoir des ouvrages plus étendus; et nous ne dirons pas, comme ce savant naturaliste, qu'on peut se passer des livres Mongols avec le secours des historiens Chinois, parce qu'il ne nous paroît pas que les annales d'un peuple puissent suppléer à celles d'un autre (6). Les histoires imprimées en Chine disent peu de chose des antiquités Mongoles, presque rien sur les expéditions des Tartares dans l'Occident, rien du tout sur les successeurs immédiats de Tchinggis, ni sur les monarchies qui se formèrent en Sibirie, dans le Tibet, dans la Boukharie, le Kiptchak; rien non plus sur les Olet, les Khoït, les Toumet, les Bourets, &c. Ce qu'elles rapportent sur l'établissement de la puis-

---

(1) Nomadische Streifereien, *t. I, p. 18.*

(2) Bergmann en a publié un à la fin du tome I.er de ses *Promenades.*

(3) Sammlung. histor. Nachrichten, u. s. w. *t. I, p. 15.*

(4) Voyages de Pallas, *t. I, p. 528.*
— Sammlung. u. s. w. *t. I, p. 194.*

(5) Sammlungen, u. s. w. *ubi suprà.*

(6) Bey den Mongolen fehlt es an Geschichtbüchern nicht.... Man kann selbige auch, mit Hülfe der aus den Chinesischen Jahrbüchern genommenen Nachrichten, welche der Welt genugsam bekannt sind, füglich entbehren. *Ibid.*

sance temporelle des Lamas, est loin d'être suffisamment étendu, aussi bien que ce qu'elles contiennent sur l'état géographique et politique de la haute Asie, depuis le XIII.ᵉ siècle jusqu'à nos jours. Tout cela se trouveroit infailliblement dans les livres Mongols. On voit s'il est permis de mépriser cette littérature, et si ceux qui prennent quelque intérêt aux progrès des connoissances historiques ne doivent pas souhaiter qu'on ouvre, par le moyen des interprètes Russes, des communications littéraires avec les Kalmouks, et sur-tout avec les Mongols qui font le commerce sur les frontières Chinoises.

C'est dans les *Kied* ou monastères construits par les Lamas en différens endroits de la Tartarie et du Tibet, et sur-tout dans ceux où des *Khoutouktou* [vicaires] font leur résidence, que se trouvent les grandes bibliothèques Mongoles, et qu'un Européen instruit, si l'accès lui en étoit ouvert, pourroit faire une ample récolte historique et littéraire. Au temps de la puissance des Olets, ces monastères étoient plus nombreux qu'ils ne le sont à présent. Sur les bords du lac Saïsan, il y en avoit un célèbre et connu sous le nom de *Bochtoukhan-kied* (1). On en voyoit deux autres sur les bords de l'Ili, à l'embouchure des rivières de *Golso* et de *Khainouk* (2), et leur étendue égaloit celle de deux villes considérables. A peu de distance du même fleuve, se trouvoit le *Otchirtou Tsetsen khan Kied* (3), ou *le couvent du roi créateur et éloquent*. Les guerres qui ont ravagé la Tartarie et amené la chute du *Khoun-taïdji*, ont causé l'entière destruction de ces monastères, où tant de richesses littéraires étoient entassées. Un seul avoit échappé aux fureurs des Tartares. Une immense bibliothèque, amassée par un prince Mongol nommé Ablaï, faisoit le plus bel ornement de ce couvent, connu, à cause de son fondateur, sous le nom de *Ablaï-yin kied*, et situé à peu de distance des frontières Russes (4). Les paisibles habitans de ce monastère avoient été dispersés ; et, par un effet du hasard le

---

(1) Sammlung. u. s. w. *t. II, p. 152.*
(2) *Ibid. t. I, p. 11.*
(3) *Ibid. t. II, p. 152.*
(4) Communément *Ablai-kit.*

plus singulier, les constructions et le trésor qu'elles renfermoient étoient restés intacts. La frivole curiosité et la coupable incurie des savans Européens ont fait ce que n'avoit point fait la barbarie des Kirgis. Le trésor a été dilapidé sans profit pour la science. Un officier et quelques soldats furent les premiers envoyés pour reconnoître les édifices où l'on espéroit découvrir de l'or. Ces émissaires ne trouvant que des livres, n'en tinrent aucun compte, et choqués de leur forme, qui paroissoit bizarre, s'attachèrent à les détruire plutôt qu'à les enlever. Muller, beaucoup moins excusable sans doute, alla jusqu'à Oustkamenogorsk, à trois lieues d'*Ablaï-yin kied*, et retenu dans cette forteresse par la crainte de quelques voleurs Khaïsak, il se contenta d'envoyer au monastère un écrivain avec trente soldats. Gmelin, qu'une curiosité semblable conduisit dans les environs d'*Ablaï-yin kied*, fut pareillement retenu par je ne sais quels obstacles ; et ce fut encore un détachement de cosaques qu'il chargea d'aller faire des recherches scientifiques à sa place. Enfin, comme si une sorte de fatalité se fût plue à dérober à l'examen des savans un trésor dont leur négligence les rendoit indignes, Pallas ne vit point non plus *Ablaï-yin kied* : il y envoya un jeune naturaliste, nommé M. Sokolof, qui trouva un escadron de cavalerie Russe campant dans le monastère, et achevant de ruiner ce qui en restoit encore. On n'y voyoit déjà plus, de tous les livres qu'il avoit contenus, que quelques fragmens épars dans les décombres. Les premiers voyageurs s'étoient bornés, après en avoir arraché quelques lambeaux, à faire tomber les volumes des tablettes où ils avoient été rangés, sur le pavé, où l'humidité étoit venue bientôt compléter leur dissolution. Quelques feuilles détachées, les unes en mongol, les autres en tibetain, ou même en samskrit, imprimées ou écrites à la main, soit en lettres d'or sur du papier bleu foncé, soit en noir sur du papier blanc fort épais, sont tout ce qu'on a tiré de cette découverte, annoncée dans le temps avec tant d'emphase (1); et ces fragmens, conservés dans les cabinets de

---

(1) Voyez Muller, *Commentatio de scriptis Tanguticis in Sibiria repertis*. —

quelques curieux, semblent destinés à prolonger nos regrets, en accusant l'impéritie des voyageurs. Quand Omar brûla la bibliothèque d'Alexandrie, il ne vantoit pas du moins son zèle pour les progrès des sciences, et son âge n'étoit point le siècle des lumières. Il y a, ce me semble, quelque chose de moins révoltant dans le fanatisme du général Arabe, que dans la froide indifférence avec laquelle des nations civilisées, des corps littéraires et des académiciens, ont vu se consumer la ruine entière d'un dépôt dont on connoissoit, et dont, peut-être, on pouvoit s'exagérer l'importance, parce qu'on avoit alors quelque raison de penser qu'il étoit le seul de ce genre qui existât dans la Tartarie.

Une perte aussi considérable ne sera pas réparée de long-temps. On a laissé échapper une occasion difficile à retrouver, et qui eût ouvert aux savans de nouvelles sources de lumières sur l'histoire de l'Asie. Le peu de faits relatifs à la littérature que j'ai recueillis dans les écrivains Chinois, et que je viens de rapporter, sont plus propres à exciter qu'à satisfaire notre curiosité; mais tels qu'ils sont, ils suffisent au moins pour nous faire connoître en général l'étendue des travaux des Mongols et l'origine variée de leurs différentes connoissances : il est évident que leur langue doit se ressentir du mélange des élémens hétérogènes dont s'est formée leur littérature. Cette langue est primitivement un idiome particulier, radicalement différent de celui des autres Tartares : c'est un fait que le vocabulaire a démontré, et sur lequel je crois superflu de revenir encore ; mais si l'on y trouvoit quelques mots d'origine Chinoise, il ne faudroit pas s'en étonner. L'habitation des Mongols au milieu des Chinois pendant près d'un siècle, et leur attention à traduire les livres de Confucius, ont pu introduire beaucoup d'expressions qui manquoient à leur langue maternelle. L'existence des mots Tibetains, Samskrits, ou dérivés des autres idiomes de l'Inde, seroit moins surprenante encore, puisqu'il n'est pas douteux que la religion Indienne

---

Acta erudit. Lips. 1722. — Mém. de l'Acad. des B.-L. *t. XXX, p. 777.* — Georgi, *Alphabetum Tibetanum*, passim, &c. &c.

ne leur en ait apporté un très-grand nombre. La puissance Mongole s'étant formée au milieu de nations Turkes, et les princes Tchinggiskhanides ayant toujours eu à leur cour et dans leurs armées une foule de généraux, d'officiers de toute espèce, appartenant à ces nations, l'art même de l'écriture leur ayant été communiqué par les Ouigours, qui remplirent presque toujours auprès d'eux les fonctions d'écrivains et d'interprètes, on doit s'attendre à voir dans le mongol les racines Turkes faire une partie considérable de la langue. Enfin, il n'y a pas jusqu'à des mots Persans, Arabes, ou même Européens, dont on pourroit expliquer l'introduction par des moyens qu'avoueroit la critique historique la plus sévère, et sans avoir recours à des hypothèses sans fondement, ou à des systèmes qui ne sauroient satisfaire que l'imagination.

Mais aussi le degré de liberté dont nous pouvons faire usage dans nos considérations sur le mongol, se trouve fixé avec assez de précision, pour exclure certains rapprochemens qu'on avoit proposés dans le temps où cet idiome étoit encore fort peu connu. Ainsi, l'analogie qu'on avoit supposée entre le mongol et le malais s'est évanouie à l'examen, et l'on rougiroit aujourd'hui de consacrer la moindre peine ou le plus petit espace de temps à discuter l'opinion de de Paw, qui, pour faire des Chinois une colonie venue *des hauteurs de la Tartarie*, étoit réduit à voir dans la langue Chinoise un dialecte Tartare ou Mongol. Quand, au lieu de rechercher, d'examiner, d'étudier, on se borne, comme cet écrivain, à juger, à prononcer, à décider, sans connoître ni l'histoire ni les langues, sans recourir aux sources, sans même se douter de leur existence, on peut en imposer pendant quelque temps à des lecteurs prévenus ou peu instruits; mais le mépris qui ne manque guère de succéder à cet engouement, fait bientôt justice de ces assertions hasardées, et elles retombent dans l'oubli d'autant plus promptement, qu'elles ont été posées avec plus de confiance ou de témérité.

Je ne voudrois pas envelopper dans la même censure les idées énoncées par Steller (1) et Krascheninnikow (2) sur l'analogie de la langue des Kamtchadales avec celle des Mongols ; non que je croie ce rapprochement mieux fondé que les précédens, mais parce que ces deux auteurs n'ont pas été guidés par le motif secret qui dirigeoit le philosophe Hollandois. S'ils se sont trompés, leur erreur ne part point d'un mauvais principe, et ne peut d'ailleurs avoir de grandes conséquences. Il ne seroit pas plus étonnant de trouver des Mongols au Kamtchatka, qu'il ne l'est de voir des Turks établis au-delà du cercle polaire, aux embouchures de la Lena. J'avoue que je n'ai point été frappé, comme les deux auteurs que je viens de citer, de la conformité des expressions qui sont, suivant eux, communes aux deux nations ; et même, en parcourant leurs vocabulaires, je n'ai pas remarqué un seul exemple de cette prétendue conformité. A la vérité, je n'ai pu consulter pour le Kamtchadale que des listes de mots bien imparfaites ; mais les historiens du Kamtchatka n'ont pas eu de meilleurs renseignemens pour le mongol, et leur plus grand argument est pris dans le retour fréquent des terminaisons *oung*, *ing*, *oang*, *chin*, *cha*, *ching*, *ksi*, *ksoung* (3). On conçoit, sans qu'il soit besoin de la faire remarquer, la foiblesse d'une pareille observation, et l'on voit qu'il faudroit des rapprochemens moins équivoques pour être autorisé à penser, comme les deux écrivains qui l'ont faite, que les Kamtchadales sont une tribu issue de la nation Mongole.

Non-seulement aucune raison solide n'autorise à supposer que la langue Mongole ait été portée au fond du Nord, dans des contrées où le nom même des Mongols est inconnu, et où peut-être le bruit des conquêtes de Tchinggis-khakan ne s'est point fait entendre ; mais il y a encore beaucoup à rabattre de l'idée qu'on pourroit se former de son extension vers l'occident, si l'on en jugeoit uniquement par les mentions qu'en font

---

(1) *Beschreibung von Kamtchatka.*
(2) Hist. du Kamtchatka, traduction Françoise, *t. II, p. 94.*
(3) *Ibid.*

les écrivains occidentaux. Comme le nom de Tartares a été appliqué à des peuples de race Turke, bien différens des véritables Tatars, de même le nom de Mongol a souvent été pris pour désigner des dialectes Turks, comme le *tchakhataï*, et l'on a donné pour écrits en mongol des livres dont les auteurs ne connoissoient probablement pas d'autre langue que le turk. Il est plus que douteux, par exemple, que jamais le *Tozouk* de Timour, traduit du persan en anglois par Davy, et en françois par M. Langlès, ait été rédigé en mongol. Les mots originaux que les différens traducteurs ont conservés dans leurs versions, à l'exception d'un très-petit nombre de noms de dignités, sont tous Turks, et non Mongols; d'ailleurs, le dialecte prétendu Mongol dans lequel ce livre a été primitivement écrit, est appelé *turki* dans l'Inde, suivant W. Jones, qui dit avoir été redressé par un savant du pays, quand il employoit une autre expression (1). Nous ne pouvons douter, comme je l'ai dit en commençant ces mémoires, que Timour et ses sujets naturels n'aient été Turks. Depuis bien des siècles, la Transoxane est peuplée de tribus qui appartiennent à cette race; et si des familles Mongoles y ont suivi les princes de la race de Tchinggis, elles avoient eu, pendant près de deux cents ans, le temps de se fondre avec la population du pays. On ne hasarderoit donc rien, si l'on avançoit qu'il ne devoit se trouver aucun Mongol dans l'armée qui, sous la conduite de Babour, fit, au XVI.ᵉ siècle, la conquête de l'Hindoustan, et donna naissance à la dynastie qu'on a si improprement nommée *dynastie des grands Mogols*.

Ce n'est pas qu'on ne trouve à présent, dans la langue vulgaire de l'Hindoustan, un certain nombre de mots d'origine Mongole, tels que داروغه *darouga* [chef], تمغا *tamga* [marque distinctive, monnoie], خاقان *khagan* ou *khakan* [empereur], et quelques autres. Ces expressions Mongoles ne sont pas venues dans l'Inde, comme on pourroit l'imaginer, par le chemin le plus court, c'est-à-dire, en traversant la Chine ou le Tibet;

---

(1) Rech. Asiat. trad. Franç. t. *II*, p. 51.

mais elles ont suivi l'ordre des expéditions des Tartares, et ont fait avec eux le tour de l'Asie. Originaires des bords du Baïkal, les mots dont nous parlons se sont d'abord introduits chez les Turks, ont ensuite été portés par ceux-ci, dans leurs émigrations vers l'occident, au nord des déserts ; et après avoir séjourné dans la Boukharie et dans les provinces Persanes du nord-est, avec les descendans de Tchakhatai, ils y ont été repris plus récemment, et sont enfin arrivés dans l'Hindoustan avec les Babourides. C'est par suite de cette espèce de voyage, qu'un Chinois instruit peut retrouver, non sans quelque surprise, dans des contrées presque limitrophes du *Yun-nan* et du *Sse-tchhouan*, des titres de dignité qu'il sait, à n'en point douter, avoir pris naissance chez les tribus qui sont voisines du *Chan-si* ou du *Tchi-li* septentrional.

Il est aisé de concevoir comment les Mongols, après avoir fondé des principautés dans toutes les parties de l'Asie, n'ont laissé, pour ainsi dire, de traces de leur langue que dans les lieux où des tribus de leur race habitoient déjà avant le temps de Tchinggis. Les Mongols formoient une nation peu nombreuse, en comparaison des peuples Turks, dont ils étoient entourés. Ils ne manquèrent pas, après avoir soumis les Turks, de se servir d'eux pour subjuguer les contrées plus éloignées ; de sorte qu'augmentant leurs forces par leurs conquêtes, se recrutant de tous les peuples qu'ils avoient vaincus, leurs armées qui, pour me servir de l'expression d'un écrivain du temps, *grossissoient en avançant, à la manière d'une pelote de neige*, durent, en atteignant le terme de leurs invasions, se trouver composées de beaucoup d'étrangers et d'un fort petit nombre de Mongols. Si les noms des généraux et des officiers que l'histoire nous fait connoître, les détails qu'elle nous a conservés sur leurs alliances, et la manière même dont ces prétendus Mongols ont altéré et défiguré les antiquités de leur nation, en la rattachant aux traditions Turkes, nous permettoient de douter que les choses se fussent passées ainsi, nous en demeurerions convaincus, en examinant la langue dont on fait usage à Kasan, à Astrakhan, en

Crimée, dans le Tchakhataï; en un mot, par-tout où des dynasties Mongoles se sont élevées par le démembrement de l'empire de Tchinggis-khakan.

En effet, si nous cherchons à déterminer, comme nous l'avons fait pour le mandchou, les lieux où la langue Mongole est actuellement en usage, nous verrons qu'on ne peut faire aucune comparaison entre leur étendue et celle des contrées qui formèrent la succession de Tchinggis. Les tribus dont la réunion constitue ce que les Chinois appellent *les quarante-neuf bannières* (1), et qui sont la nation Mongole proprement dite, c'est-à-dire, les *Dörbät* ou Dourbet, les *Gorlos*, les *Dchalaït*, les *Naïman*, &c. occupent, au nord de la grande muraille, à l'ouest du pays des Mandchous, au midi du désert, la contrée qui s'étend du 116.ᵉ au 120.ᵉ degré de longitude orientale du méridien de Paris. Plus au nord, en remontant vers l'Onon, et dans le pays même où naquit Tchinggis, on trouve les Mongols Khalkha ou Kalkas, dont les habitations vont proprement jusqu'à l'Altaï, et n'ont d'autre borne au nord que la frontière Russe. Quelques-uns de ces Kalkas l'ont dépassée, et sont venus s'établir sous la domination des Russes, dans le gouvernement d'Irkoutsk, dans la partie méridionale du territoire de Selinginsk, sur la Selinga elle-même et sur les rivières *Temnik*, *Djida* et *Tchikoï* (2). Non loin de ceux-ci vivent les Bourets ou Bourats, dont les différentes subdivisions forment la plus grande partie de la population dans le gouvernement d'Irkoutsk, près de la ville de ce nom, au nord du Baïkal et dans l'île d'Olkhon, dans le territoire d'Ilim et dans les districts d'Oudinsk et de Selinginsk.

A l'occident des monts Altaï, vers les sources de l'Irtich et jusqu'au lac de Balgach, dans la contrée que termine au midi la ligne des villes de la Boukharie et le pays des Ouigours, habitent les restes des *Dchoun-gar*, nation jadis puissante et

---

(1) En mongol ﻢﺳﯾ ﺣﺩﯾﻡ ﻗﻣﺪﺳﺩ *dötsin-yisoun djasakh.*
(2) Sammlung. u. s. w. *t. I, p. 8.*

capable de causer de l'inquiétude aux empereurs Mandchous ; à présent dispersée, et presque entièrement soumise à la Chine. Beaucoup de tribus séparées de cette nation se sont réfugiées, les unes en Russie, les autres dans les villes Turkes de la Boukharie ; d'autres encore sont venues se joindre aux tribus de la même race qui habitoient déjà le pays de *Kôke-khotan*, ou celui de la mer Bleue, ou celui des Ordos. Enfin il y a dans le Tibet un assez grand nombre de Mongols qui paroissent s'y être établis du temps de Tchinggis ; les Chinois les nomment *Si Tsang Thang-kou-te Meng-kou*, et les Mandchous ﺣﺴﻴﺮ ﯾﺴﻨﮓ ﻧﯽ ﺗﻨﮕﻮﺕ ﻣﻮﻧﮕﻮ, *Wargi Tsang - ni Tangôt Mongo*, c'est-à-dire, Mongols-Tangutains du *Tsang* occidental. Les subdivisions de ces différentes tribus seront énumérées en détail dans le tableau des nations Tartares ; il suffit, pour le moment, de les avoir indiquées sommairement.

Les Kalmouks du Don, du Wolga et du Jaïk, qui parlent le dialecte Olet, que nous avons nommé mongol occidental, tirent leur origine des Olets du *Kôke - noor* et de l'Altaï, nommés Tourgots et Dourbets, mêlés à des Dchoun-gar, à des Khochots et à d'autres tribus de même race. On connoît assez exactement leur filiation, et l'époque de leur émigration vers l'occident. L'arrivée des premières colonies ne remonte pas au-delà du commencement du XVII.ᵉ siècle. Le nombre en fut augmenté d'abord par l'effet de la tyrannie qu'exerçoient en Tartarie les Khountaïdjis des *Dchoun-gar*, puis par la destruction de la puissance que ces derniers avoient fondée dans le centre de l'Asie, et les expéditions des empereurs Mandchous. On voit qu'en ne tenant pas compte de ces tribus émigrées et de celles qui campent dans le Tibet, on pourroit enfermer toutes les nations de race Mongole par une ligne qui, de l'extrémité septentrionale du Baïkal, viendroit passer au nord du lac de Balgach, de là se dirigeroit vers le *Hoang-ho*, qu'elle traverseroit près des monts *Alachan*, suivroit ensuite la grande muraille dans presque toute son étendue, et, se relevant vers le nord, viendroit joindre la rivière de *Non*, au point où elle se jette dans la Soungari, pour retourner enfin directement au point du départ. L'espace ainsi circonscrit présenteroit une partie considérable du Gobi ou désert de sable, entouré de toute part d'*Aïmak* et d'*Oulous* Mongols, dont les membres parlent tous le même langage, se reconnoissent tous issus de la même race, et justifient leur fraternité par des généalogies assez exactes, jusque vers le temps de Tchinggis-khakan.

Malgré ce secours et celui qu'on peut trouver dans les écrivains Chinois, il n'est pas aussi facile de remonter aux antiquités de la nation Mongole, qu'il nous l'a été de fixer d'une manière générale la descendance des tribus Tongouses. Ce n'est pas, ainsi qu'on l'a vu plus haut, que les histoires écrites par les Mongols ne soient en grand nombre et fort circonstanciées ; mais nous n'en possédons que quelques extraits insuffisans, donnés par Pallas (1). Les Chinois ont aussi des livres où ces matières sont approfondies ; mais ces livres n'existent pas dans nos bibliothèques. Dans leurs ouvrages généraux, les historiens Chinois ont négligé de remarquer ces différences de langage, et par conséquent cette diversité d'origine, qui séparent d'une manière si tranchée les Turks des Mongols ; de sorte qu'au-delà du XIII.ᵉ siècle, il est presque impossible de démêler ces derniers dans la foule des peuples du nord et du nord-ouest dont ils nous font connoître en gros les principales révolutions. Pour comble d'embarras, les écrivains Musulmans, qui travailloient sur des mémoires excellens, ont été guidés, en écrivant, par les préjugés de leur secte et de leur nation : ils se sont efforcés de rattacher l'origine des Tartares aux généalogies des patriarches, les traditions des Mongols à celles des Turks, et par-là ils ont confondu ensemble des nations qui n'avoient rien de commun. C'est un reproche qu'on peut adresser au sultan de Kharisme, Aboul-ghazi, et, suivant toute apparence, à *Rachid-eddin*, que le premier semble avoir scrupuleusement pris pour modèle. De la fusion que ces écrivains ont voulu faire, il est résulté une obscurité plus grande ; et au lieu de rechercher des

---

(1) Sammlung. u. s. w. t. *I*.

documens épars et en petit nombre, on est obligé de lire les documens nombreux qu'ils ont ainsi altérés, avec la défiance qu'inspirent à chaque page des rapprochemens erronés, des faits controuvés, des anachronismes palpables, et des généalogies évidemment fabriquées à plaisir.

Les Torgôt dont nous retrouvons encore les descendans parmi les Kalmouks du Wolga et dans le pays de *Kan-tcheou*, sont sortis, suivant les chroniques Olet, d'un certain *Ki-wang*, qui se sépara, avec sa tribu, de son prince, nommé *Wang-khan*. Les descendans de *Ki-wang* ont toujours porté le titre de *Keret* (1). Ces deux circonstances ne permettent guère de douter que nous n'ayons dans les modernes *Torgôt* une race issue des anciens Keraït, et, par une conséquence nécessaire, que ceux-ci n'aient parlé la langue Olet, ou, ce qui revient au même, n'aient appartenu à la race Mongole. Nous avons la même assurance par rapport aux *Naïman*, dont les foibles restes forment encore aujourd'hui une des quarante-neuf bannières Mongoles, et qui furent célèbres, du temps de Tchinggis, par la résistance qu'ils opposèrent aux armes de ce conquérant. Les Olet ou Kalmouks, que les historiens Chinois ne commencent à indiquer qu'après l'expulsion des Tchinggiskhanides, sous le nom de *Wa-la*, donnent encore à présent eux-mêmes à l'ensemble des nations de leur race le nom de *Dourban-Ouirat* [les quatre confédérés]. Nous trouvons d'ailleurs, parmi les quarante-neuf bannières Mongoles, trois bannières formées par une tribu qui a conservé cet ancien nom presque sans altération (2). Les Mongols proprement dits sont presque toujours appelés par les écrivains de la dynastie des *Ming*, du nom de *Tha-tche* (3), qui a pu se lire originairement *Tha-ta*, et qui d'ailleurs désigne incontestable-

---

(1) Sammlung. historischer Nachrichten, t. *I*, p. 56.

(2) Les Mandchous l'écrivent ᠊᠊᠊᠊, *ourat*, et les Chinois, *ou-la-the*. Thsing-wen kian, classe des hommes.—*Pian-i-tiän*, k. 7, p. 15.

(3) En mandchou ᠊᠊ ᠊᠊ *ta-dche*. Je remarque cette transcription, parce qu'elle justifie celle que j'ai adoptée pour les deux caractères Chinois, et prouve qu'au moins les historiens modernes n'ont pas entendu écrire *tha-ta*.

ment la célèbre nation des Tartares, nommée *Tha-tha eul*, ou simplement *Tha-tha* par les historiens des Mongols (1). Le peuple auquel commandoit Tchinggis est appelé, par un auteur contemporain (*Meng-koung*, qui avoit vécu chez les Mongols, et combattu dans leurs armées), *Tha-tha* noirs (2), par opposition aux *blancs*, qui sont les *Oungout* d'Aboul-ghazi (3). La langue Mongole est d'ailleurs toujours désignée par l'expression de langue *Tha-ta* ou *Tha-tche*. Les Tongous, que les voyageurs du moyen âge ont connus sous le nom de *Sou Mongol* ou *Mongols aquatiques*, sont appelés par les Chinois *Choui Tha-tha* ou *Tatars d'eau*. Partout enfin la dénomination de *Tha-tha* ou *Tatar* est employée comme synonyme de celle de *Mongol*. Tout cela nous conduit à conclure, contre l'opinion reçue, que les *Tatars* qui habitoient, suivant Aboul-ghazi, les bords du lac de *Bouïr* (4), c'est-à-dire, le pays des Mongols proprement dits, étoient Mongols, et non pas Turks, comme l'ont supposé la plupart des auteurs qui ont examiné ces matières. Du reste, on ne trouve plus de *Tatars* dans la Tartarie; on n'y trouve pas non plus de tribu appelée Mongole, parce que les Mongols et les Tartares sont par-tout. Les moindres individus de ces deux races privilégiées sont devenus souverains dans les autres; de sorte que les noms qu'ils ont illustrés se sont étendus à toutes les tribus de la même famille, et même à beaucoup d'autres qui n'y appartenoient pas.

Ce rapprochement inattendu nous fournit les moyens de remonter plus haut, et de retrouver dans des temps plus anciens les peuples Mongols sous des dénominations variées. Nous venons de voir, par quelques exemples, comment on peut séparer les nations Mongoles de celles qu'Aboul-ghazi appelle indifféremment Mongoles ou Turkes. Cet auteur ne pouvoit nous servir de guide, lui dont l'ouvrage entier porte sur cette supposition évidemment erronée, que les Mongols sont sortis de la même

---

(1) *Sou houng kian lou*, k. 1.ᵉʳ *passim*. — *Pian-i-tian*, k. 135 et suiv.

(2) *Tching-tseu thoung*, au mot *Tha*, cl. 178, tr. 13.

(3) Voyez Hist. généalog. p. *196*, et Hist. de la dynastie des Mongous, p. *10*.

(4) Le *Biurnaver* du traducteur François; Hist. généal. p. *104*.

souche que les Turks, et qui pose en conséquence autant d'erreurs qu'il fait de rapprochemens ; plaçant, par exemple, les Ouigours au nombre des descendans de *Mongol-khan*, fondateur fabuleux de la nation Mongole ; mettant les Telengouts, dont le langage est un dialecte Turk (1), parmi les branches de la tribu des Ouirats ; séparant les Tatars, les Naïmans, les Keraïts, les Oungouts, de la nation Mongole proprement dite, à laquelle on ne peut douter qu'ils n'appartinssent, pour les rapprocher des Kirgis, des Ouigours, des Ouriangkit (2), avec lesquels ils n'avoient aucun rapport. Nous avons d'autant plus de raisons de croire nos rapprochemens mieux fondés, qu'ils nous ont montré les nations de race Mongole, à-peu-près dans les contrées où elles existent encore aujourd'hui. Les Keraïts habitoient le pays de Kara-koroum, le long des rivières Toula et Orgon ; les Naïmans, à l'occident du pays des Mongols, sur la Selinga ; les Tatars s'étendoient depuis le fleuve Noir jusqu'au lac de Bouïr : en un mot, la Mongolie avoit, au XIII.ᵉ siècle, les mêmes limites dans lesquelles nous la voyons renfermée de nos jours.

Les Tatars, que les Chinois ont connus dans les années *Hian-thoung* [860-873], sous le nom de *Tha-tche*, habitoient dès-lors au nord-est du pays des *Khi-tan* (3), ou, suivant d'autres, au nord-ouest de ce même pays (4). Les uns les font descendre des *Cha-tho* (5) ; d'autres, en beaucoup plus grand nombre, les croient issus des *Mo-ko* ou *Mo-ho* (6), dont une branche, disent-ils, habitoit primitivement au nord-est du pays des *Hi* et des

---

(1) M. Adelung place le dialecte des Telengouts parmi les idiomes mixtes formés de mots Mongols et Turks : *Sie sind*, dit cet auteur, *sehr mit Mongolen vermischt, daher auch ihre Sprache andern Tatarn unverstændlich ist.* (Mithridate, t. I, p. 492). Cependant les mots Telengouts que Pallas a réunis sous le n.º 101 dans son *Vocabulaire*, sont presque tous Turks, sans mélange de mongol.

(2) *Ourmankatts,* dans la traduction Françoise. Cette différence vient d'une légère altération dans l'orthographe ; on a lu اوربانكقت au lieu de اورمانكقت

(3) *Ou taï sse, Tha-tche tchouan.*

(4) Mémoires de *Meng-koung.*

(5) *Tha-tche chi khi ti tchhou Khi-tan tchi si-pe ; tsou tchhou Cha-tho pieï tchoung.* Ibid.

(6) *Tha-tche Mo-ho tchi i tchoung. Ou taï sse ; ubi suprà.*

Khi-tan,

Khi-tan, fut battue et dispersée par ces derniers, et se divisa en plusieurs parties, dont l'une fut soumise aux *Khi-tan*, une autre aux *Phou-haï*, et la dernière, sous le nom de *Tha-tche*, se fixa dans la chaîne de montagnes qui est au nord du *Liao-toung* et du *Pe-tchi-li* (1). Il est impossible de n'être pas frappé de l'analogie qui existe entre le nom de *Mongol* que devoient porter ces Tatars, et celui de *Mo-ho* qui distinguoit la nation qui leur avoit donné naissance. Difficilement pourroit-on mieux exprimer en chinois le son de ce mot ; et les Japonois se servent encore de syllabes presque semblables pour désigner les Mongols de Tchinggis-khakan (2). On peut faire contre ce rapprochement une objection très-forte ; c'est que les *Niu-tchi*, qui appartenoient bien certainement à la race Tongouse, sont indiqués comme sortis de la nation *Mo-ho*, et que celle-ci, par conséquent, ne sauroit être rapportée à la race Mongole. Il y auroit peut-être moyen de concilier, par une supposition bien simple, ces deux résultats qui semblent contradictoires. Les mélanges de races ne sont pas rares en Tartarie, puisqu'à présent même, et plus encore il y a deux cents ans, les Mongols se sont si bien mêlés dans l'occident avec les Turks, que la différence radicale qui les sépare est demeurée inconnue à beaucoup d'auteurs Orientaux, et même à de Guignes, dans l'ouvrage duquel les deux nations sont perpétuellement confondues, prises l'une pour l'autre, et présentées comme issues des mêmes ancêtres et parlant un même langage. Les noms de Turks, de Mongols, de Tatars, se sont appliqués à des nations formées ainsi par la réunion de races hétérogènes. Pourquoi le nom de *Mo-ho* ou de Mongol n'auroit-il pas été donné à une nation composée de la réunion de tribus Mongoles et Tongouses, qui, en se séparant ensuite, auroient formé, les unes la nation des Tatars, les autres celle des *Niu-tchi !* Cette réunion n'est-elle pas indiquée suffisamment par les Chinois, quand ils distinguent les *Mo-ho* des

(1) *Pian-i-tian*, k. 135, *p. 1*.
(2) Ils les nomment *Mo-ko*, et aussi *Mouhouli* ou *Tatan*. *Hiun meng thou loui*, k. 4.

bords de l'Amour, de ceux qui habitoient vers les frontières de la Corée, et sur-tout quand ils ajoutent que les diverses tribus des *Mo-ho* parlent des idiomes absolument différens (1)? Dans les cartes Chinoises, le pays des Mandchous est appelé *Choui Tha tha lo* (2), province des Tatars aquatiques, dénomination qui semble rappeler une sorte de liaison entre les Tatars et les Tongous.

Enfin, sans recourir à l'inadmissible chronologie d'Aboulghazi, à ses tables généalogiques des khans Mongols qui se succédèrent pendant trois mille ans, et dont les Chinois n'ont jamais eu connoissance; sans reparler de la fable d'*Ergone-koum*, et même sans remonter à *Bertchen* ou *Bertitsena*, fondateur du nouvel empire Mongol, dont l'existence n'est peut-être point fabuleuse, on doit penser que la nation Mongole, si elle a toujours habité où nous la voyons, a dû être connue des Chinois sous un nom quelconque, soit par ses guerres avec ses voisins, soit par ses irruptions dans l'empire, soit enfin par la fondation de principautés ou même de puissans royaumes en Tartarie : mais sans doute les historiens l'auront confondue, tantôt avec les *Toung-hou*, tantôt avec les Turks. Il faut bien que les Mongols aient fait souvent partie, au moins à titre de vassaux ou de sujets, de ces formidables agrégations qui se formoient au nord de la Chine, et menaçoient l'Asie entière, sous le nom de *Hoëï-ke*, de *Thou-kiouëï*, de *Jouan-jouan*, et, en remontant plus haut, de *Hioung-nou*, de *Hian-yun*, &c. Mais les Chinois ayant négligé de marquer les différences de langues qui divisoient tous ces barbares, ce seroit une chose trop longue, et déplacée en ce moment, que de rechercher les faits isolés et les traits caractéristiques qui pourroient suppléer à leur silence. On trouve parfois quelques indications de ce genre éparses dans les livres, et qu'il faudroit rassembler. La tribu de *Iu-wen Mou-young*, qu'on a coutume de ranger parmi les *Sian-pi*, et par conséquent dans la

---

(1) *Yan iu tou i. Wen hian thoung khao*, k. 326, *p. 15.*
(2) *Sou Houng kian lou*, t. I.ᵉʳ

classe des nations Tongouses, parloit, dit *Ma-touan-lin*, un langage tout différent de celui des autres *Sian-pi* (1); peut-être ce langage étoit-il Mongol, et non Tongous. Les *Jouan-jouan*, qui ont un moment possédé l'empire de la Tartarie, se nommoient aussi *Ta-tan* ou *Ta-ta*, du nom d'un de leurs princes. Si l'on rapprochoit ce mot de celui des *Tatars*, on pourroit s'appuyer du nom du fondateur de ce peuple, *Mou-kou-liu*, qui n'est pas éloigné de celui de *Mongol*. Peut-être les *Hioung-nou*, en se partageant en deux empires, l'un au midi, et l'autre au nord, ne firent-ils que suivre la division établie par la nature entre les deux nations de langue différente qui avoient été réunies jusque-là, entre les Turks et les Mongols. Les *Thou-kou-hoen*, que, d'après *Ma-touan-lin*, nous avons rangés parmi les *Toung-hou*, étoient partis d'une contrée où habitent actuellement les Mongols, pour aller s'établir dans les environs du *Kôke-noor*, où vivent les *Olet*, et où ils ont toujours vécu, suivant quelques auteurs. Comme cette indication n'est soutenue d'aucune preuve tirée du langage que parloient les *Thou-kou-hoen*, nous n'avons pas dû en tirer de conséquence positive. La division que *Than-chi-hoaï*, roi des *Sian-pi*, fit de tous ses états en trois grandes provinces ou tribus, qui s'étendoient depuis la Corée jusqu'au pays habité par les *Ou-sun*, semble répondre à la division naturelle de la Tartarie en trois races. La tribu orientale qui occupoit l'espace compris entre *Fou-iu* [la Corée] et le *Pe-tchi-li*, sous vingt districts, représente la nation Tongouse; celle du milieu, qui avoit dix districts, de *Yeou-pe-phing* à *Chang-kou*, habitoit le pays des Mongols; et la tribu de l'ouest, qui alloit jusqu'à *Thun-hoang*, étoit partagée en vingt départemens, et se trouvoit, au nord, voisine des *Ou-sun*, désigne peut-être la contrée qu'habitoient les Turks. Enfin il est possible que les traditions Tartares, rapportées par Aboul-ghazi, aient quelque fondement dans l'histoire de ces anciens empires que les Chinois ne nous font qu'imparfaitement connoître, et c'est

---

(1) *Khi in iu sian-pi pho i.* Wen hian thoung khao, k. 342, p. 10.

ce que les historiens Mongols pourroient nous aider à déterminer. Je ne me jetterai point dans la discussion de ces problèmes étrangers à mon objet présent ; il m'a paru suffisant de conserver, dans la classification des nations Tartares, toutes les notes relatives aux différences et aux analogies de langage et d'origine, que les écrivains Chinois ont pu me fournir.

Venons maintenant à cette partie de la nation Mongole qui paroît de tout temps avoir habité plus à l'occident, et qu'on est accoutumé à nommer *Olet,* pour la distinguer des Mongols proprement dits. Si les Chinois n'ont pu nous aider à reconnoître la race Mongole dans celles des nations Tartares qui habitent sur leurs frontières, on peut croire que, pour des nations encore plus éloignées, leur secours ne nous sera pas non plus fort utile. Ces *Jouan-jouan,* ces *Hoeï-he,* ces *Hioung-nou,* parmi lesquels nous avons toute raison de croire que les Mongols étoient confondus, se sont portés dans l'occident à des époques que les historiens ont marquées. Mais quelle est celle de ces émigrations qui y a conduit les Olet ? c'est une question à laquelle on ne pourroit répondre que par des conjectures. Aboul-ghazi place la tribu des Ouirats et ses différentes branches sur les bords de l'Éniseï. Rien ne s'oppose à ce qu'on regarde cette contrée comme la patrie originaire des Olet. La géographie de l'historien Turk paroît mériter en général beaucoup plus de confiance que ses généalogies. Il met les Toumet dans le pays de *Bargoutchin tougoum,* qui n'est autre que le pays des *Bargou-Bourats* ou Bourets, aux environs du lac Baïkal ; et quoique nous trouvions à présent les Toumet près de la ville de *Kôke-khotan,* ce déplacement peut être, comme beaucoup d'autres, l'effet des mouvemens qui agitèrent les Mongols de Tartarie, soit pendant la durée du règne des Tchinggis khanides de la Chine, soit après leur expulsion. Si les traditions que rapporte Pallas, d'après les chroniques des Kalmouks, avoient beaucoup d'authenticité, on devroit placer auprès du Kôke-Noor la première patrie des Olet (1) ; mais comme l'époque à laquelle remontent ces tradi-

(1) Ja vielleicht ist unter der..... Landschaft *Irgana-kon*.... nichts anders,

tions n'est point fixée, et qu'on ne dit point même sous quel nom le *Kôke-Noor* est désigné dans l'antiquité par les Mongols, j'avoue que l'assertion de Pallas me paroît laisser beaucoup à desirer, sur-tout quand je réfléchis à l'autorité que peuvent avoir des traditions aussi vagues chez un peuple qui n'a connu l'art d'écrire que dans des siècles assez rapprochés de nous.

 Le même auteur rapporte un autre fait qui peut avoir quelque fondement dans les chroniques Olet où il dit l'avoir puisé, mais qu'il a certainement altéré pour l'accommoder à ses idées. « Il y a des siècles, dit-il, et long-temps avant Tchinggis-khan, que, suivant une ancienne tradition de ce peuple, la plus grande et la plus puissante partie des Œlœt fit une expédition militaire vers l'ouest, s'avança jusque dans l'Asie mineure, et se perdit dans cette contrée et dans le Caucase. Le reste des Œlœt, qui demeura dans la grande Tartarie, reçut alors de ses voisins le surnom de Khalimak [séparé ou resté en arrière] (1). » On trouve ce fait, et l'étymologie qui s'y joint, racontés ailleurs de la même manière (2); mais avant de les adopter, il me paroîtroit nécessaire de rechercher comment l'Asie mineure et le Caucase sont désignés dans les livres Mongols, qui n'ont pu être écrits au plutôt que sous Tchinggis, bien des siècles après l'expédition dont il s'agit. Que les peuples de race Mongole aient tenté, dans des temps éloignés, des expéditions dans les pays occidentaux, c'est une chose aisée à croire, et conforme à ce que nous leur voyons faire à des époques plus voisines de notre temps; mais

---

als die landschaft um den *Kokonoor* zu verstehn, auf welche die angeführte kennzeichen nicht nur passen, sondern wohin auch die Kalmückische sowohl als Mongolische traditionen ihr ältestes vaterland zu setzen pflegen. *Samml. u. s. w. t. I, p. 5.*

 (1) Vor jahrhunderten, und lange vor Tschingis-chan soll, nach alten sagen dieses volks, der gröste und mächtigste theil der Œlœt gegen westen bis in Kleinasien einen heerzug gethan, und sich dort und um den Kaukasus verlohren haben. — Der ueberrest der Œlœt, welcher in der grossen Tartarey setzen geblieben, damals von seinen Tatarischen nachbarn den nahmen Chalimak [abtrünnige oder zurück gebliebne], erhalten habe, u. s. w. *Ibid. p. 5.*

 (2) Reise in den Kaukasus und nach Georgien, *t. I, 162*. — Bergmann, *t. I, p. 123.*

que les chroniques Olet nous informent avec tant d'exactitude de ce que sont devenus ces Mongols et du nom des contrées où ils se sont arrêtés, c'est ce qui paroîtra difficile à croire. Pallas veut voir dans ces Mongols les Huns de Procope et d'Ammien-Marcellin; et Bergmann, saisissant avec empressement cette idée, cherche à la fortifier, en comparant quatre ou cinq noms ou titres de princes Huns, avec des expressions Kalmoukes, ou des noms encore usités chez les Mongols (1). Mais c'est là une question qui ne sauroit se décider avec de si petits moyens, et qu'on ne pourroit tenter de résoudre qu'après s'être éclairé par la lecture de tous les renseignemens qu'on pourroit recueillir sur les Huns, dans les écrivains Asiatiques et Européens.

Quant à l'étymologie du nom de *Khalimak* ou Kalmouk, elle ne vaut guère mieux que la plupart de celles qu'on trouve dans Aboul-ghazi; et il ne faudroit peut-être, pour la renverser, que faire voir qu'elle porte à faux, puisque ce ne sont pas les Mongols *demeurés en arrière*, mais, au contraire, ceux qui se sont avancés vers l'ouest, qui sont nommés *Khalimak* par leurs voisins. Au reste, si les chroniques Olet ont, comme je ne voudrois pas le révoquer en doute, conservé le souvenir de quelque ancienne expédition des Mongols, et de leur séparation en deux parties, dont l'une seroit restée dans son ancien pays, pendant que l'autre alloit s'établir dans les contrées occidentales, un tel fait se rapporte trop bien à ce que nous apprennent les Chinois, au sujet d'un autre peuple de l'Asie, pour que je néglige d'en faire le rapprochement.

Suivant *Ma-touan-lin*, « un de ces peuples errans qui passent leur vie à suivre leurs troupeaux de pâturages en pâturages, et qui avoit par conséquent les mêmes mœurs que les *Hioung-nou*, habitoit, dans le III.ᵉ siècle avant notre ère, aux environs de *Thun-hoang [Cha-tcheou]* et du mont *Khi-lian*. Le roi des *Hioung-nou Mao-tun* battit ce peuple, qui se nommoit *Youeï-chi* ou *Youeï-tchi*. Son successeur *Lao-chang*, ayant pris le roi des *Youeï-*

---

(1) Streifereien, u. s. w. *t. I, p. 123.*

chi, fit faire de son crâne un vase à boire. Les *Youeï-chi* vaincus s'éloignèrent, et, traversant la Tartarie, allèrent s'établir dans la Transoxane, au nord du fleuve *Weï* ou Oxus (1). Ceux qui ne purent suivre leurs frères dans cette émigration, demeurèrent dans leur ancien pays, ou même s'avancèrent au midi vers le Tibet, et reçurent le nom de *petits* Youeï-chi (2). Ils se maintinrent ainsi dans le pays qui s'étend entre Kamoul et le Tibet, comme le prouvent quelques mentions qu'on en trouve de temps en temps dans l'histoire (3), et furent soumis, avec les autres peuples des mêmes contrées, aux rois du Tangout (4). On les retrouve dans le même pays après l'expulsion des Tchinggiskhanides, sous le nom de *Tchhi-kin Meng-kou* ou Mongols de *Tchhi-kin*, sous un chef de la tribu des *Kou-chou-tseu*, c'est-à-dire, des Kochots, nommé *Tha-li-ni* (5); et depuis cette époque, la tribu Mongole de *Tchhi-kin* entretint des liaisons non interrompues avec la Chine. C'est-là sans doute une assez forte raison de penser que les *Youeï-chi*, nommés Mongols dans les temps modernes, étoient de la même race que les Olet Kochots, qu'on sait originaires de ce même pays ; mais cette conjecture est confirmée par une remarque que font les Chinois, en parlant du pays de *Iu-thian*, qui formoit, du côté de l'occident, la limite du pays des petits *Youeï-chi*. « A partir du royaume de *Kao-tchhang* ou des Ouigours, dit *Ma-touan-lin*, tous les

---

(1) Le texte dit, chez les Ta-hia; et la description qu'on fait de ce pays et des contrées voisines, ne permet pas de méconnoître la Bactriane.

Dans un mémoire rempli de recherches sur l'origine de la famille royale des Arsacides, M. Saint-Martin, faisant usage concurremment des documens que lui fournissoient les écrivains Grecs, Persans, Arméniens, &c., et de ceux qu'on peut tirer des livres Chinois, a tâché de prouver que ces renseignemens, puisés à des sources si éloignées, s'expliquoient parfaitement bien les uns par les autres. Il croit en particulier que les noms de *Ta-hia* et de *Tiao-tchi*, sous lesquels les Chinois ont connu la Bactriane et la Perse, sont venus de la célèbre nation des *Dahi* ou *Tadjik*. Ce que les historiens Chinois nous apprennent de ces contrées occidentales peut contribuer à fortifier cette idée.

(2) *Wen-hian-thoung-khao*, k. 338, p. 2.

(3) Voyez l'histoire à l'année *Thianfou* (946); le *Wen-hian-thoung-khao*, k. 338, p. 3. — Ibid. k. 337, p. 4. — *Pian-i-tian*, k. 52, p. 4 et 5.

(4) *Ming i thoung tchi*, k. 24, p. 4.

(5) *Pian-i-tian*, k. 52, p. 7.

habitans des contrées occidentales ont les yeux enfoncés et le nez proéminent. Il n'y a que le pays de *Iu-thian* où les hommes n'ont pas ces traits extraordinaires, et où ils ressemblent aux Chinois (1). » C'est dire que, du côté de l'occident, la race Mongole, distinguée par des traits caractéristiques qui la rapprochent des Chinois, s'étend jusqu'à *Khotan* ; et cette détermination s'accorde on ne peut mieux avec ce que nous avons été conduits à établir par des considérations différentes. C'est encore là, à peu de variations près, l'état actuel des choses. Nouvelle application de ces résultats auxquels on arrive en étudiant en grand l'histoire des hommes, que les grandes masses sont peu sujettes aux changemens ; qu'on doit en général chercher la patrie primitive des nations dans les contrées où on les retrouve de nos jours, et qu'à l'exception d'un petit nombre de déplacemens et de mélanges évidemment causés par la violence, et survenus bien plus rarement qu'on ne l'imagine, les peuples qui sortent de races différentes, les langues qui les tiennent séparés, les localités auxquelles ils sont attachés, résistent aux plus grandes révolutions, et subsistent de nos jours à-peu-près dans les mêmes rapports que l'antiquité nous fait connoître.

(1) *Tseu Kao-tchhang i si, tchou koue jin teng chin mou, kao pi; weï tseu i koue mao pou chin hou, pho loui Hoa-hia. Wen hian thoung khao,* k. 337, p. 2.

CHAPITRE VI.

Du Turk oriental, communément appelé Ouigour.

De toutes les nations auxquelles nous avons conservé le nom de Tartares, la plus anciennement connue, celle qui s'est divisée en un plus grand nombre de tribus, et qui a eu plus de rapports avec les occidentaux, est, sans contredit, la nation Turke. Loin que ces circonstances nous fassent donner une plus grande étendue à cette partie de nos recherches, elles contribueront à les resserrer dans un cadre plus étroit ; car notre objet n'est pas de répéter, dans cet ouvrage, des notions généralement répandues, mais de rassembler des matériaux peu connus, et d'ajouter, s'il se peut, quelques faits à l'histoire des langues, en tant qu'elle peut contribuer à jeter un nouveau jour sur l'histoire des nations.

Dans l'état actuel, quatre principaux dialectes de la langue Turke sont connus pour être parlés par des nations nombreuses, à-peu-près indépendantes, et parvenues à un certain degré de culture politique et littéraire : ces quatre dialectes sont l'ouigour, le tchakhatéen ou boukharien, le turk de Kasan et d'Astrakhan, et celui de Constantinople, dialectes auxquels se rapportent beaucoup de divisions secondaires, parlées dans les pays voisins de l'empire Ottoman, du Kaptchak, de la Perse et du Turkestan, et jusqu'aux extrémités de la Sibirie.

Le musulmanisme, établi depuis long-temps chez la plupart des nations Turkes, peut être compté au nombre des causes qui ont le plus puissamment contribué à l'altération de leurs idiomes, en y introduisant un grand nombre de mots Arabes et

Persans, destinés à remplir les vides d'une langue peu abondante, et à exprimer des idées religieuses, ou à désigner des objets particuliers aux contrées d'où les Turks tiroient la connoissance de l'islamisme. Les tribus qui, en s'avançant vers l'occident, sont venues, si j'ose ainsi parler, chercher elles-mêmes la religion de Mahomet dans les pays où elle avoit pris naissance, comme les Turkomans, les Seljoucides et les Osmanlis; ces tribus, soumises à l'influence directe des Persans et des Arabes, ont adopté ces mots étrangers à leur langue maternelle, en bien plus grand nombre que celles qui, attachées à leurs contrées natales, ont attendu, pour ainsi dire, que le Koran leur fût apporté par des missionnaires, comme les Kirgis, les Ouigours, et tous les Turks répandus dans la Sibirie. Ainsi, le dialecte de Constantinople est celui de tous qui s'est le plus enrichi, je pourrois dire appauvri, par l'introduction de mots Arabes et Persans; et l'on n'en rencontre que fort peu dans la langue des Turks voisins de la Chine, où l'on peut, pour cette raison, espérer de retrouver l'antique langue Turke dans un état plus voisin de sa pureté primitive. Joignons à cela l'adoption de l'écriture Arabe chez les tribus occidentales, adoption qui, en facilitant la lecture des livres Arabes et Persans, a rendu les emprunts de mots plus fréquens et plus nécessaires.

Le turk de Constantinople, dont la connoissance est indispensable dans les relations que la plupart des nations Européennes entretiennent avec la Porte Ottomane, est devenu en France et en Allemagne l'objet d'un enseignement public, et de beaucoup de travaux grammaticaux. S'il reste encore dans cette étude quelques points obscurs ou difficiles, c'est aux savans qui ont consacré leurs veilles à la littérature Ottomane, qu'il appartient de les éclaircir. Je me garderai bien d'entreprendre une tâche pour laquelle les langues de l'Asie orientale, objet presque exclusif de mes travaux actuels, ne sauroient me fournir aucun secours, et où une étude approfondie des langues Arabe et Persane est au contraire presque indispensable. Le turk Ottoman, par le caractère classique que les circonstances politiques lui

SUR LES LANGUES TARTARES. 251

ont donné dans l'occident, sort, pour ainsi dire, du nombre des idiomes Tartares ; de sorte que nous nous bornerons, dans la suite de ce chapitre, à le considérer comme moyen de comparaison, auquel il sera utile de rapporter le dialecte oriental.

Je me verrai forcé, avec bien plus de regrets, de laisser une lacune, moins aisée à remplir, dans l'histoire des dialectes du Kaptchak et du Mawarennahar. Non que je renonce tout-à-fait à l'espoir de recueillir, sur les tribus qui parlent ces dialectes, quelques faits propres à éclaircir leur origine, et par conséquent à déterminer la place qu'elles doivent occuper dans la classification *lexicologique* des races Tartares ; mais l'acquisition de documens grammaticaux bien authentiques ne m'a pas été possible, soit à raison de la disette absolue des ouvrages qui auroient pu m'en fournir, soit à cause des difficultés extrêmes qui se sont opposées à ce que je fisse usage du petit nombre de livres écrits dans ces dialectes, que nous possédons en France. On a imprimé en Russie un dictionnaire du turk de Kasan ; mais cet ouvrage ayant été distribué presque en entier aux Turks soumis à la Russie, et connus improprement sous le nom de Tatars, il est resté extrêmement rare en Europe, et il ne m'a pas été possible de m'en procurer un exemplaire. Il existe aussi dans plusieurs bibliothèques (1) des dictionnaires indiqués comme Mongols, et qui appartiennent véritablement au dialecte Turk du Tchakhataï ; mais aucun d'eux non plus n'a été à ma disposition (2). Nous n'avons point en France l'*Histoire des*

---

(1) Mir Ali Schir *Lexicon Tartarico-Turcicum*, ord. alph. à prima voce (quâ mulier Tartarica maritum suum compellat) *ABOUSKA*, dictum. Catal. bibliot. Lugd. Bat. mss. or. 1400. Ibid. 1401.—*Lexicon Mogullicum cujus voces Persicis, Arabicis et Turcicis explicantur*. Clauditur opus carmine Turcico. Ibid. 1382.

Gaulmin possédoit aussi un dictionnaire du même genre, où les mots Mongols étoient expliqués en arabe. Je crois que ce manuscrit a passé ensuite entre les mains de Deshauterayes ; mais j'ignore ce qu'il est devenu depuis la mort de ce savant et la dispersion de ses manuscrits.

(2) La Société de la Bible, de Russie, a publié le Nouveau-Testament dans le dialecte Turk que parlent les nations de cette race qui habitent dans le Caucase. [Keras, 1813, in-8.°] Mais ce dialecte est trop analogue au turk de Constantinople pour mériter d'être étudié séparément ; le turk de cet ouvrage ne semble pas fort élégant.

Ii 2

Tatars du sultan de Kharism, Aboul-ghazi-Bahadour, ouvrage si important et si digne d'être retraduit en entier, ou même textuellement publié, et dont il existe plusieurs manuscrits en Allemagne (1). Ce seroit un temps bien employé que celui qu'on mettroit à l'étudier, non-seulement sous le rapport des traditions historiques qu'il contient, et dont on peut à peine juger par l'informe version qui en a été donnée (2), mais aussi sous le rapport grammatical, et comme *specimen* d'un dialecte intéressant et peu connu (3). Ce n'est guère que sous ce dernier point de vue que les poésies de l'émir Ali Schir méritent d'être examinées ; mais le travail dont elles pourroient être l'objet, seroit encore assez important pour qu'on dût souhaiter de le voir achever par le savant académicien qui l'avoit entrepris (4). Enfin on possède à la Bibliothèque du Roi un manuscrit *in-folio*, écrit, selon toute apparence, dans la Transoxane, en lettres Ouigoures. Le sujet de cet ouvrage est théologique ; il contient la vie des soixante-douze imams, et l'histoire du *Miradj* ou de l'Ascension fabuleuse de Mahomet. Ce manuscrit, où le turk est mêlé de beaucoup de mots Arabes et Persans, est assez difficile à lire ; et pour se mettre en état de l'entendre parfaitement et d'en déduire toutes les règles grammaticales du dialecte dans lequel il est écrit, il seroit nécessaire d'avoir une connoissance approfondie des autres dialectes Turks, ou du moins d'avoir entre les mains un dictionnaire Tchakhataï bien complet. Sans ce secours, la matière qui y est traitée, et le peu d'espoir qu'on auroit d'y trouver aucune notion historique intéressante, ne permettent guère d'entreprendre l'immense travail qu'il faudroit faire pour en acquérir l'intelligence entière. Je me suis borné à y prendre les notions grammaticales qu'un examen rapide et

---

(1) La bibliothèque de Gœttingue en possède un manuscrit, et M. de Diez un autre. Il s'en trouvoit aussi une copie à la bibliothèque de l'Académie à Saint-Pétersbourg, suivant Bacmeister, *p. 121.*

(2) Hist. généalog. des Tatars, &c. Leyde, 1726 ; *in-12*, 2 *tom.*

(3) On trouve un fragment du texte de cet écrivain célèbre dans le Voyage de M. de Klaproth *(t. II, p. 504 et suiv.)*, et dans la réimpression qu'il a faite séparément de la partie de cet ouvrage qui concerne les Ouigours, *p. 24.*

(4) M. Étienne Quatremère.

superficiel m'a permis d'y recueillir. Les phrases que j'en ai extraites, et qu'on trouvera, soit dans ce chapitre même, soit dans l'Appendice, serviront à-la-fois d'exemples de l'écriture et du langage de ce manuscrit, qu'on regarde comme étant en dialecte Tchakhatéen, et me serviront à développer les raisons que j'ai de douter que ce nom convienne en effet pour le désigner.

Enfin le quatrième dialecte, ou l'ouigour, qui est encore actuellement la langue des habitans des villes, depuis Khasigar jusqu'à Kamoul, est celui tout-à-la-fois qui est le moins connu, et dont on a le plus parlé dans ces derniers temps. L'esprit de système s'exerce à son aise sur les matières obscures, parce que les faits positifs n'y viennent pas entraver ses théories. On a vu plus haut que l'écriture des Ouigours avoit été honorée d'un rôle distingué dans cette espèce d'*orientalisme* philosophique qui étoit en vogue il y a quelques années, et où les expressions mystérieuses de *peuple primitif*, de plateau *de la haute Asie*, d'*antique religion de la Tartarie*, de *civilisation antérieure à l'histoire*, pompeusement répétées à défaut de notions vraiment historiques, formoient une sorte de système sans preuves et sans liaison, et servoient à battre en ruine les traditions les mieux accréditées dans l'occident. Comme mon but, dans cet ouvrage, est de dissiper, autant que possible, les brouillards dont on a enveloppé à dessein l'histoire de la Tartarie, et de faire voir, par la considération des langues, qu'on n'y trouve rien d'antique, de primitif, de mystérieux, je ne crois pas pouvoir mieux y atteindre, qu'en m'arrêtant à discuter le peu de faits qui se présenteront en étudiant ce dialecte privilégié, dont tout l'avantage consiste, comme on le verra bientôt, à avoir été écrit quelques siècles après notre ère, avec un alphabet d'origine occidentale.

Nous n'avons plus à revenir sur cet alphabet Ouigour, après avoir consacré un chapitre entier à en tracer l'histoire. Nous avons essayé de prouver que les quatorze lettres dont il étoit formé dans l'origine, suivant les écrivains Chinois et suivant l'auteur de la vie de Temour, avoient été prises dans l'alphabet Syriaque, soit immédiatement, soit par l'entremise des Nestoriens. Nous avons étudié l'alphabet Ouigour dans les écritures qui en ont été formées pour le mongol (1) et le mandchou, et nous avons démontré que le fond de ces écritures n'avoit rien de commun avec les alphabets Indiens desquels on avoit essayé de le rapprocher. J'ai rapporté, dans le tableau des alphabets Tartares, celui qu'Ahmed-ibn-Arabschah a donné comme étant encore usité de son temps dans la Transoxane ; il diffère peu de celui des autres monumens du même genre qui se sont offerts à moi. On pense bien néanmoins que, par l'effet du temps et l'étendue des pays où il s'est répandu, cet alphabet a dû éprouver des altérations. En effet, chacun des morceaux que j'ai vus écrits en lettres Ouigoures présente un style particulier d'écriture. L'ouigour des suppliques du P. Amiot n'est pas tout-à-fait celui du manuscrit du *Miradj :* dans ce dernier, le *r* a une forme qui se rapproche davantage du ; syriaque ; mais ces différences sont trop légères pour en tenir compte, et sur-tout pour qu'il soit nécessaire de faire graver autant de *corps* qu'on pourra se procurer de manuscrits (2). Les caractères Tartares qui nous ont servi jusqu'à présent à exprimer les mots Mandchous, Mongols et Olets, représenteront avec autant d'exactitude les mots Ouigours ; tout comme on peut également bien transcrire, avec les caractères Arabes de notre typographie, les textes tirés d'un manuscrit écrit en neskhi ou en taalik, en koufique ou en mauritanique.

Quant à la langue elle-même, sans avoir jamais vu de textes

---

(1) Les contemporains, en parlant du pays des Ouigours, auquel ils donnent le nom de royaume de Tarse, disent que c'est dans cette contrée que les Tartares ont appris l'usage des lettres : *Regnum Tarse,* dit Sanut, *ubi Tartari primò litteras didicerunt, &c.* liv. III, p. XIII, c. 5, *p. 235.*

(2) M. Langlès a fait graver des poinçons Ouigours sur des calques pris dans un ouvrage dont il va bientôt être parlé. Les mêmes raisons qui m'ont conduit à ne pas employer les types Mongols que possède l'Imprimerie royale, m'ont décidé à faire encore usage ici du petit caractère Tartare qu'on voit dans le cours de ce volume. *Voy.* plus haut, *p. 174.*

qui la présentassent dans sa pureté, les auteurs qui en ont parlé s'en sont depuis long-temps formé une idée juste. Rubruquis va jusqu'à dire que *parmi les Iugures est l'origine du langage Turk et du Coman* (1). Cette assertion est exagérée, en ce qu'elle donneroit à croire que les autres dialectes Turks sont dérivés de l'ouigour, pendant qu'il est certain que le dialecte Ouigour est, non le plus ancien, mais l'un des plus anciennement fixés par l'écriture. Toutefois, comme certains dialectes Turks se sont écrits avec les caractères des Ouigours, et que les écrivains à gages, chez les princes Turks, Mongols ou Persans, ont souvent été pris dans cette nation, l'usage s'est conservé assez long-temps de nommer la langue Turke, langue Ouigoure, *lingua Ugaresca* (2); et par-là on doit entendre, non que l'ouigour offre la source des autres idiomes de la même famille, mais seulement qu'il étoit regardé alors comme le plus savant des dialectes Turks orientaux. A l'exception de ces notions, qui ne manquent pas au fond d'exactitude, tout ce qu'on a connu de mots Ouigours jusqu'à nos jours, se réduisoit aux noms des douze animaux du cycle Tartare rapportés par Ouloug-bek (3), et à quelques mots épars dans Aboul-ghazi et d'autres orientaux, mots qui, se retrouvant dans le turk avec la signification qui leur est attribuée, tendoient à confirmer l'assertion de Rubruquis. M. de Klaproth est le premier qui ait donné un vocabulaire qu'on peut dire Ouigour, puisqu'il contient quatre-vingt-sept mots recueillis par lui à Oust-kamenogorsk, sous la dictée d'un habitant de Tourfan, dont l'ouigour étoit la langue maternelle (4). Cependant ce vocabulaire laisse

---

(1) Rubruq. c. XXVIII.

(2) C'est de cette manière qu'est appelée la langue dans laquelle furent écrits les traités conclus, au XV.ᵉ siècle, entre les officiers de la république de Gènes dans la *Gazarie*, c'est-à-dire, dans les possessions des Tartares sur la mer Noire, d'une part, et les princes Tartares, de l'autre. *Voyez* la notice des pièces trouvées dans les archives de Gènes, dans le Rapport de M. de Sacy.

(3) *Epochæ celebriores*, p. 5-6.

(4) Noch deutlicher aber beweiset die Uebereinstimmung der *Uigurischen* Sprache mit der *Tatarischen*, das hier folgende Wœrterverzeichniss, welches ich im jahre 1806, auf meiner Reise in Sibirien, zu *Ust-kamenogorsk*, einer Russischen Festung am Irtisch, aus dem Munde eines *Einvohners* von *Turfan*, dessen Muttersprache das Uigurische ist, aufgezeichnet habe. *Abhandlung*, u. s. w. *p. 16.*

quelque chose à desirer, parce que les mots ayant été pris dans la langue orale, et non dans un livre, on peut craindre qu'il ne s'y soit mêlé des expressions étrangères, amenées dans le langage des habitans de Tourfan par le mélange des nations qui vivent confondues dans cette ville. On risque moins en travaillant sur les textes originaux ; et c'est ce qui me fait présenter avec quelque confiance les documens qu'on va lire, et qui sont puisés dans les ouvrages qui se trouvent à la bibliothèque du Roi. Je veux parler d'abord du manuscrit en caractères Ouigours déjà indiqué ci-dessus, manuscrit dont une lecture rapide et tardive m'a fait regretter de n'avoir pu prendre une connoissance plus approfondie. J'ai eu plus librement à ma disposition, et j'ai par conséquent étudié avec plus de succès, le vocabulaire Ouigour-chinois, et le recueil de suppliques qui font partie de la collection déjà souvent citée, collection dont on est redevable aux soins du tribunal des interprètes, et qui a été envoyée en Europe par le P. Amiot.

Le vocabulaire dont il s'agit a été rédigé avec toute l'attention qu'on peut desirer dans ce genre d'ouvrages. Les neuf cent quatorze mots qu'il contient y sont écrits en caractères Ouigours, et accompagnés de leur interprétation en chinois, ainsi que d'une transcription approximative, telle que les caractères Chinois permettent de la figurer. Cette transcription, toute imparfaite qu'elle est, peut cependant être d'un grand secours pour le déchiffrement des lettres Ouigoures (1). Le P. Amiot a joint à la copie de ce vocabulaire qu'il s'étoit procurée, la traduction Latine des mots, faite, quelquefois peu exactement, sur le chinois, et la lecture des caractères qui servent à exprimer le sens et le son des mots Ouigours. J'ai revu avec soin ces deux parties de son travail, en m'attachant, pour la lecture et l'ortho-

---

(1) On jugera de la manière dont les sons Ouigours sont rendus en caractères Chinois, par les exemples suivans que je choisis parmi ceux où la prononciation Chinoise s'écarte le plus de celle qu'il s'agissoit d'exprimer :

Tangri,	*Teng-ke-li,*	Ciel ;
youldous,	*yun-tou-sse,*	étoile ;
gourgorti,	*kou-eul-ki-li-ti,*	tonnerre ;
khar,	*ha-eul,*	neige ;
toprak,	*tou-pa-la,*	terre, &c.

graphe,

graphe, immédiatement aux mots Tartares ; et par-là j'ai corrigé un grand nombre de fautes qui avoient échappé au savant Missionnaire, comme on pourra s'en convaincre en rapprochant de son manuscrit le vocabulaire que j'en ai tiré, et que l'on trouvera dans le second volume de cet ouvrage. Son étendue, et le choix des mots qui y ont été rassemblés, le rendent propre à donner une juste idée de la langue Ouigoure, au moins sous le rapport lexique, et à démontrer, plus positivement que cela n'avoit encore été fait, l'identité radicale de ce dialecte avec le turk de Kasan ou de Constantinople.

Le volume qui est joint au vocabulaire contient quinze lettres ou suppliques, écrites, si l'on s'en rapportoit aux formules placées au commencement de chaque pièce, par de petits princes ou commandans des villes de Kamoul, de Khotcho, de Tourfan, d'Ili-bali, &c. L'écriture en est fort négligée, et ne présente d'ailleurs rien de remarquable, si ce n'est que les lignes Tartares y sont disposées de droite à gauche, à la manière Chinoise. Le P. Amiot a traduit en françois ces quinze lettres, sur la version Chinoise qui y est jointe ; mais sa traduction (1), faite très-légèrement, n'est d'aucun secours quand on veut analyser les phrases de l'original, moins encore si l'on veut rechercher le sens isolé des mots. Le savant Missionnaire n'avoit pour objet que de donner une idée du contenu de ces pièces : « J'ai déjà dit, ce » me semble, remarque-t-il en finissant, que je ne traduis qu'en » gros le sens de ces suppliques. Je le répète, il n'y a rien d'in- » téressant dans tout cela (2). » Il est permis de porter un autre jugement sur ces pièces, quand on les considère, moins sous le rapport des objets qui y sont traités, que sous celui de la langue Ouigoure, dont elles offrent un exemple rare et presque unique jusqu'à présent.

J'aurois néanmoins renoncé à y voir rien de plus que ce que la version Françoise m'y faisoit voir, si un examen attentif de la

---

(1) Mémoires concernant les Chinois, t. XIV, p. 272-279, à la suite de l'*Introduction à la connoissance des peuples tributaires*.

(2) *Ibid*, p. 279.

traduction Chinoise ne m'eût donné lieu de me convaincre que cette dernière étoit aussi fidèle et aussi littérale, que l'autre étoit libre ou même inexacte, ou plutôt que le style des lettres Tartares étoit, sauf l'addition de certaines particules et quelques inversions, absolument conforme au style Chinois en général, et en particulier à celui de la traduction Chinoise jointe aux lettres dont il s'agit.

Je sais qu'il peut rester des doutes sur ce style et cette phraséologie si analogues au génie de la langue Chinoise, et je ne voudrois pas assurer positivement que ce soient bien là ceux qui appartiennent à la langue des Ouigours, et qui se retrouvent dans le langage ordinaire de ces peuples. Comme ces négociations que les Chinois appellent des ambassades, et auxquelles ils affectent de prêter un objet politique, se réduisent le plus souvent aux voyages de quelques marchands qui, sous prétexte de venir au nom de leurs souverains payer le tribut à l'empereur, sollicitent seulement le droit de faire le commerce, les lettres que ces prétendus envoyés présentent à la cour ne sont quelquefois aussi que des pièces fabriquées à plaisir, que n'ont jamais vues les princes sous le nom desquels on les fait passer (1). Celles que nous avons sous les yeux ne sont peut-être pas plus authentiques ; et dans ce cas, le prétendu original Ouigour ne seroit qu'une réunion de notes supposées, dont la substance et la forme donnée aux ambassadeurs par les interprètes du tribunal des Rites, n'offriroient de la langue Ouigoure que les

---

(1) *Jam abire parabat* (Benedictus Goez) *ex oppido Cialis, cum è Cataio superioris comitatûs negotiatores rediére. Hi, ut solent, legationem mentiti, in Cataiensem regiam penetrârant, &c.* Trigault. de Christiana expeditione apud Sinas, l. V, c. 12, p. 558. — *In hanc urbem* (Sou-tcheou) *negotiatores adveniunt, qui, legatione fictâ, septem octove regnorum antiquis cum Sinensi regno pactis impetrârunt, uti sexto quoque anno duo supra septuaginta legatorum nomine, regi tributum pendant* .... *Cùm tempus legationis advenit, publicas regum suorum litteras effingunt, quibus Sinarum regi clientelare obsequium deferunt. Similes legationes è variis regnis admittunt Sinæ, è regnis Caucincino, Sian, Leou-chieu, Coriano et ab aliquot Tartarorum regulis... Quibus artibus ipsi Sinæ (qui fraudem minimè ignorant), regem suum ludunt, adulandi studio, quasi verò Sinensi regno vectigal orbis penderet universus, &c.* C. 13, p. 562.

caractères et les mots, sans en représenter fidèlement ni la grammaire ni la phraséologie. Cette supposition expliqueroit parfaitement bien la grande analogie, ou, pour mieux dire, l'entière identité qu'on observe, sous le rapport du style, entre le chinois et le tartare des pièces dont il s'agit. Cependant, comme il est impossible de la démontrer, et que la conformité des deux styles pourroit aussi s'attribuer à l'influence que les Chinois ont exercée depuis deux mille ans sur les Ouigours ; comme enfin ce style Ouigour pourroit n'être que le style d'usage dans les relations diplomatiques des Tartares avec la cour de Peking, je ne crois pas que les doutes précédemment énoncés, même en les supposant fondés, doivent nous faire négliger le peu de détails grammaticaux qui se présentent dans nos textes Ouigours. Les Chinois peuvent avoir simplifié, restreint, presque réduit à rien le système de grammaire usité chez les Turks orientaux ; mais il est bien certain du moins qu'ils n'y ont rien ajouté : d'ailleurs, en admettant même que les envoyés aient fabriqué ces pièces, ils l'auront fait apparemment dans leur propre idiome, et non pas dans une langue imaginaire, en y joignant toutefois les formules obligées et le protocole d'usage que les Chinois leur auront dictés. Je présente donc les règles que j'en ai extraites, non avec défiance, mais avec réserve : il est probable qu'elles sont incomplètes ; mais je ne crois pas qu'elles soient erronées. Je donnerai dans le second volume les textes en entier ; le lecteur qui les étudiera, pesera lui-même les raisons qui lui paroîtront d'une plus grande valeur pour ou contre leur authenticité ; et quand même il les croiroit supposées, il y prendra toujours, sur le dialecte Ouigour, des notions plus précises que celles qu'on puise dans un vocabulaire ordinaire.

Les considérations qui précèdent, prises uniquement dans les suppliques elles-mêmes, tirent une nouvelle force de la comparaison qu'on peut faire de ces dernières avec le manuscrit du *Miradj*. On voit dans celui-ci un assez grand nombre de notes en langue Turke et en caractères Arabes : ces notes sont en dialecte Tchakhataéen ; mais le corps du livre, écrit en lettres

Ouïgoures, présente un dialecte simple et sans inversions, où les noms et les verbes ne sont pas affectés de formes beaucoup plus nombreuses que dans les lettres Ouigoures ; et quoique, dans le précis grammatical qu'on va lire, je me fusse primitivement attaché à ces dernières, les règles qu'on y verra m'ont ensuite presque aussi bien servi pour l'intelligence du livre de l'ascension de Mahomet, ou de la vie des soixante-douze imams : le dialecte de ces deux ouvrages est presque aussi simple que l'autre, et n'en diffère en rien d'essentiel. Et ici l'on ne sauroit objecter l'influence Chinoise, à moins qu'on n'entendît parler d'une influence générale et éloignée, exercée autrefois par les Chinois sur toute la partie de la langue Turke que parlent les tribus orientales ; ce qui ne nous empêchera pas de regarder ces différens morceaux comme écrits dans le dialecte Ouigour, tel qu'il existe de nos jours et tel qu'il nous est possible de le connoître. S'il y en a eu jadis un plus ancien, plus compliqué, plus analogue aux dialectes des Ottomans et du Kaptchak, nous n'avons pas de monumens où il soit conservé; il est pour nous comme s'il n'eût jamais existé.

En ouigour, comme en turk, il n'y a point de marques de genres, ni pour les substantifs, ni pour les adjectifs. On dit également کچک اوغول *ketchig ougoul* [un petit enfant]; کچک قیز *ketchig kiz* [une petite fille]; کچک کپی *ketchig kapi* [une petite porte]; یاغچی کیشی *yagchi kechi* [un bon homme]; یاغچی خاتون *yagchi khatoun* [une bonne femme]; یاغچی ات *yagchi at* [un bon cheval]; اولوغ قره دنگیز *ouloug kara denggis* [une grande mer noire]; اولوغ باریسدا *ouloug barisda* (pers. *ferischta*) [un grand ange], &c.

Je n'ai trouvé dans les suppliques aucun substantif marqué du signe de pluralité لار *lar*, quoique ce signe soit usité pour les pronoms, ainsi qu'on le verra plus bas. On le trouve, au contraire, fréquemment dans le manuscrit Tchakhatéen, et même il y est quelquefois placé après des mots Arabes qui ont déjà en eux la marque de la pluralité. Voici des exemples : مشایخ‌لار *maschaïk-lar* [les scheikhs]; سیورغال‌لار *souyourgal-lar* [les bienfaits]; خُمُصْتِ خَيْرُس khourous-lar [les coqs], &c. Il faut remarquer pourtant que ce signe revient moins souvent qu'en turk; et c'est-là, sans doute, un premier exemple de cette imitation du style Chinois dont j'ai parlé ci-dessus. J'attribuerois volontiers à la même cause la rareté des signes de cas, qui sont moins usités en ouigour qu'en turk, quoiqu'ils y soient réellement au nombre de quatre, un pour le génitif, un pour le datif, le troisième pour l'accusatif, et le dernier pour l'ablatif. Le premier répond au 的 *ti* des Chinois, et sert pareillement à former les participes; le troisième n'a point d'analogue en chinois, et nous n'en sommes que plus assurés d'y trouver une particule vraiment Ouigoure, dont l'emploi d'ailleurs s'étend aussi aux dialectes occidentaux: voici des exemples.

La marque du génitif est ننگ *ning*, qui se met après les mots de toute terminaison; exemples : جَعْفَرِى صَادِق نِنگ سُوزِى *Dja'fari Sadik ning seuz-i* [paroles de *Djafar-sadik*]; بَرْجَه يَرَدِلْمِشْلَرْنِنگ روزى *bardja yaradilmisch-lar-ning rouzi* [la *subsistance* de toutes les créatures]; قَمَاچ نِنگ تُوسَكَكِى *kamach-ning tousakaki* [racine de roseau]; بِدِگ نِنگ يُورُكِى *bidig-ning yourouki* [sens d'un livre]; تَال نِنگ سَرِغ *tal-ning sarig* [jaune de saule]; يِيل قَرى نِنگ الكِش يِيل كِچِگ نِنگ اتچِكْ نَايِك *yil kari-ning alkich, yil ketchig ning-atchik naik* [ceux qui sont accablés de vieillesse et d'années vous comblent de bénédictions et de louanges; ceux qui sont jeunes font leurs efforts pour vous servir]. On ne laisse pas fort souvent de construire les mots sans la particule, à la manière Chinoise, et alors la place qu'ils occupent est le seul signe auquel on puisse reconnoître le sens; exemples: تَامُوك اُود *tamouk od* [le feu de l'enfer]; آدَم بَاش *adam basch* [tête d'homme]; اُود تَنگِز *od tengiz* [mer de feu]. Rien n'est plus commun que cette suppression de la particule, même dans le manuscrit du *Miradj*, où elle ne peut provenir d'une imitation affectée du style Chinois: elle n'est pas même étrangère au dialecte Ottoman, et c'est ainsi que sont généralement formés en turk tous les mots composés.

Le datif s'exprime par *ke, ka* ou *a*, et cette syllabe doit se prononcer doucement, puisqu'elle répond au ܕ du turk Ottoman; exemples : ܐܘܟ݂ܘܢܬܫܝ ܟܘܟ ܟܐ *outchountchi kœk-ke yaddouk* [nous parvînmes au troisième ciel]; ܘܠ ܦܪܫܬܐ ܟܐ ܣܠܡ ܟ݂ܝܠܕܘܟ *ol ferischta-ke salam khildouk* [nous fîmes le salut à cet ange]; ܡܢ ܒܐܪܝܒ ܐܕܡ ܐ ܣܠܡ ܟ݂ܝܠܕܝܡ *man barib Adam-a salam khildim* [je fis à mon tour le salut à Adam], &c.

L'accusatif est marqué par ܢܝ *ni* dans les exemples suivans : ܬܫܐܪܝܟ ܢܝ ܬܒܠܒ *tcharik-ni tablab* [aimer les soldats]; ܐܝܠ ܓܘܢ ܢܝ ܐܣܝܪܒ *il-goun-ni esirab* [épargner le peuple]; ܬܡܓܐ ܢܝ ܟ݂ܐܕܐܟ݂ܠܐܟܘ *tamga-ni khadakhlakou* [tenir le sceau]; ܒܘܕܘܢ ܢܝ ܝܐܣܒ *boudoun-ni yasab* [soigner la personne, *corpus curare*]; ܦܪܫܬܐ ܢܝ ܟܘܪܕܘܡ *ferischta-ni kourdoum* [je vis un angé]; ܟ݂ܐܬܘܢ ܠܐܪ ܢܝ ܟܘܪܕܘܡ *khatoun lar-ni, kourdoum* [je vis des femmes], &c.

Il paroît, au reste, qu'en ouigour comme en mongol, la position des mots est souvent le seul indice des rapports qu'ils ont entre eux. Le génitif, en tartare comme en chinois, est toujours avant le mot qui le régit. L'accusatif, en ouigour, en mongol, en mandchou, se place aussi avant le verbe dont il est complément : on sait que, pour ce dernier cas, c'est le contraire en chinois.

L'ablatif s'exprime, comme en turk, par la particule ܕܝܢ *din*; exemples : ܬܢܓܪܝ ܬܟ݂ܐܠܐ ܕܝܢ ܝܐܪܠܝܟ ܒܘܠܬܝ ܟܝܡ *tangri takhala-din yarlik boulti, kim*, &c. [il y eut un ordre de Dieu le Très-Haut, qui, &c.] ܟܘܟ ܬܐܩܝ ܝܘܠܕܘܣ ܠܐܪ ܕܝܢ ܐܪܕܘܟ ܪܐܟ ܐܢܝܢܓ ܬܐܟܪܣܝܢܕܐ ܐܠܬܘܢ ܕܝܢ ܟܘܡܘܫ ܕܝܢ ܝܐܩܘܬ ܕܝܢ ܣܐܦܐܪ ܓܐܬ ܕܝܢ ܐܝܢܓܘ ܕܝܢ ܣܘܩܘ ܐܝܓ݂ܡܟ *kœk taki youldous-lar-din ardouk, rak, aning takeresinda altoun-din, koumouch-din, yakout-din saphar-djat-din, indjou-din souq idjmek* [plus brillant que l'aurore et les étoiles, enrichi d'ornemens plus précieux que l'or, l'argent, le yakout, l'émeraude et les perles]. Cet exemple, où la particule de l'ablatif est répétée plusieurs fois, montre aussi la manière de former les comparatifs, et prouve qu'en cela l'ouigour se rapproche entièrement du turk et du mandchou. Il n'y a pas dans les suppliques un seul exemple de ce cas : on n'y trouve pas non plus le vocatif, qui s'exprime, comme en turk, par la particule Arabe préposée *ya ;* حممیت — ی *ya Mokhamat* [ô Mohammed]; — موسی — ی *ya Mousa* [ô Moïse], &c.

Les suppliques offrent une particularité capable d'embarrasser beaucoup, ou même d'arrêter tout-à-fait une personne qui les étudieroit sans faire usage de la version Chinoise. Certains mots y sont suivis de la particule ە *ou,* qu'on seroit tenté de prendre pour une marque de cas, si on ne la trouvoit placée une fois ou deux après le signe du génitif ننک *ning,* et si la forme constante des mots toujours très-courts qui viennent après, ne conduisoit à une autre supposition. Ce n'est pas sans quelque peine, ce n'est même qu'après avoir réuni toutes les phrases semblables, après les avoir attentivement comparées entre elles, et avec les passages correspondans de la version Chinoise, que j'ai trouvé la clef de cette singularité. Les petits mots dont je viens de parler ne sont autre chose que les vocables Chinois transcrits en ouigour, d'une manière peu exacte et parfois méconnoissable, ajoutés aux termes Tartares en forme d'explication, et la particule *ou* n'est par conséquent qu'une disjonctive placée entre deux expressions équivalentes, l'une Ouigoure, l'autre Chinoise. Voici des exemples : یومچاب ە سد *youmchab ou tchaï* [ambassadeur ou envoyé]; *tchaï* est un mot Chinois qui a cette signification : سویورغاب ە سی *souyourgab ou si* [donner, faire des libéralités]; *si,* ou plus exactement, *sse,* est synonyme du tartare *souyourgab :* چرنچکب ە لن من *tchrintchkeb ou lan-min* [avoir pitié]; en chinois, *lian-min :* اوساتون تغری کدرکب ە کیو لن کن *ousatoun tagri kedirkeb ou keou lan ken* [que le Ciel suprême puisse regarder avec miséricorde]; *keou lan ken* est ici pour *kho lian kian :* اودب انب بر نینگ ە تی *oudib inib bar ning ou ti [dimittere revertentes abeuntes].* Ce dernier exemple est le plus remarquable, parce qu'on a peine à imaginer l'objet d'une pareille addition faite à une marque de cas ou au signe qui forme les participes. Au reste, je ne me suis arrêté sur cette particularité que parce que c'est le seul point difficile qu'on trouve dans les suppliques, quand on les lit avec la traduction Chinoise, et aussi parce que l'on peut, ce me semble, en tirer quelque induction sur la manière dont ces pièces ont été rédigées. Il est à remarquer qu'une singularité analogue s'observe, quant à l'orthographe, dans le manuscrit de Samarkand. Comme une seule lettre Ouigoure sert à rendre plusieurs lettres Arabes, on a souvent, pour plus de précision, écrit, au-dessous du mot Tartare, la lettre Arabe sur laquelle la confusion pourroit tomber ; exemples : جعفر *Djafar* ; محمد [Mohammed] ; تسبيح *tasbih* [prières], &c. La même chose s'observe dans le fragment publié par Hyde (1), d'après un manuscrit d'Oxford, qui, à en juger par cet échantillon, offre la plus grande analogie avec celui du *Miradj*.

---

(1) *Hist. relig. veter. Persar.* p. 552. Hyde se trompe, en nommant *Khita*, au lieu de *Tchakhataï*, le pays où est usitée l'écriture dont il offre un échantillon. Jones commet une erreur encore bien plus inconcevable, quand il dit que ce fragment *est évidemment une espèce de mauvais coufique* (Rech. Asiat. trad. Franç. t. II, p. 49.) ; et M. Langlès ne la rectifie pas suffisamment, quand il ajoute : « Cette planche ne représente pas » des caractères Koufyques mal peints, » comme le pense M. Jones, mais des » caractères Moghols. Ces caractères, » comme je l'ai déjà observé, ont une » grande ressemblance avec les Man- » tchous. J'en reconnois, en effet, dans » cette planche un assez grand nombre, » et même des mots entiers, tels que, » ligne 3, les mots سلاماو *salamao*, پو » *po*. » Cependant il est certain que la page dont il s'agit est en caractères Ouigours, en langue Turke, et que l'endroit où M. Langlès a cru reconnoître des mots Mongols ou Mandchous, est en arabe ; on y lit cette formule :

الحمد لله رب العالمين والصلاة والسلام على محمد وآله اجمعين

Al hamdou lilla-hi rebbil-alamin was-salatou, was-salamou, ala Mohammedin wa ali-hi edjmaïn, ce que M. de Sacy restitue de cette manière :

Le livre dont Hyde a fait graver ainsi la première page, n'est pas non plus, comme il l'a pensé, le code des lois de Tchinggis, ni, comme le suppose assez gratuitement Jones, *un ouvrage Mendéen sur quelque sujet religieux* ; mais bien la traduction en ouigour du *Bakhtiar Nameh* ; et la partie gravée contient, outre la formule que j'ai transcrite, et

Les

SUR LES LANGUES TARTARES. 265

Les pronoms Ouigours que j'ai recueillis, tant dans les suppliques ou dans le vocabulaire que dans le manuscrit du *Miradj*, ont la plus grande analogie avec ceux des Turks, même sous le rapport de la déclinaison. Il m'a paru qu'on employoit ordinairement, au lieu de possessif, le génitif des pronoms personnels (1). Voici les cas que j'ai observés ; il est aisé d'en déduire les autres :

	Ouigour.		Turk.	
Je, moi,	من	man.	بن	ben.
nous,	بز / بزلر	bis. / bis-lar.	بز	biz.
de moi (mon),	منينک	maning.	بنم	benum.
à moi,	بس / بسزل	mangge.	بکا	bangge (2).
à nous,	بزکا	bis-ke.	بزه	bize.
tu, toi,	سن	san.	سن	sen.
vous,	سننک	saning.	سنک	sening.
de toi (ton),	سنکا	sangge.	سکا	senge.
à toi,	سز	sis.	سز	siz.
à vous,	سزکا	sis-ke.	سزه	size.
toi,	سنی	sani.	سنی	seni.
de toi,	سندن	sandin.	سندن	senden.
il, lui, ce,	اول	ol.	اول	ol.
eux,	اولار	olar.	انلر	anlar.
de lui (son),	انینک	aning.	انک	aning.
à lui,	انکا	angge.	اکا	ange.

l'annonce du titre du livre, celle de la division de l'ouvrage en dix parties, et du contenu de chacune jusqu'à la sixième exclusivement : les mots même de *Bakhtiar-nama* sont écrits perpendiculairement sur la marge. Le reste de la page offre des lignes horizontales qui doivent se lire de droite à gauche, comme celles de notre manuscrit du *Miradj*.

(1) On trouvera le possessif postposé سوزمز *Omad-laring [gentes tuæ]*, dans le morceau que je rapporte à la fin du volume. Cette forme m'a semblé peu usitée.

(2) Je m'attache, dans mes transcriptions, à l'orthographe, et non à la prononciation de Constantinople. J'en ai donné la raison plus haut, et la comparaison qu'on fait ici en montre la nécessité.

	Ouigour.		Turk.	
à eux,	سیلر ـ ک	alar-ke.	انلره	anlare.
lui,	سنی	ani.	انی	ani.
d'eux,	سیلر دین	alar-din.	انلردن	anlar-den.
qui, que,	نیم	kim.	کیم	kim.
celui-ci,	ٯ	bou.	بو	bou.
quelques,	نـتـا	natcha.	نچه	nitcheh.
celui-là,	مـونـدا	mounda.		

L'existence de l'adjectif conjonctif نیم *kim*, et son emploi fréquent dans le manuscrit de Samarkand, sont un fait d'autant plus remarquable, qu'on ne trouve rien de semblable dans aucun autre idiome de la Tartarie orientale. Le conjonctif est indéclinable en ouigour comme en turk : بر فرشتەنی کردوم نیم بر کرسی عزا اولدرمش *bir ferischta-ni kærdoum*, kim *bir koursi æza oul-dourmisch* [je vis un ange *qui* étoit assis sur un trône]; خاتونلرنی کردوم نیم ساج لرین دین تموک ایجنده آسمش *khatoun-lar-ni kærdoum*, kim *sadj-larin-din tamouk idjinda asmisch* [je vis des femmes *qui* étoient suspendues par les cheveux dans l'enfer]. Il est aussi interrogatif, comme dans la phrase suivante : جبرائیل دین سوآل سلدم نیم بو تنگیزنینک سوئی نه اوجون قره درور تاب *Djebraïl-din souwal sildim kim bou tenggiz-ning souï, na oudjoun kara dourour tab* [je demandai à Gabriel, *pourquoi* l'eau de la mer *étoit* ainsi noire]. Au reste, on verra dans quelques phrases que j'ai rapportées dans le second volume pour y servir d'exemples, que l'on peut, en ouigour, suivre la méthode usitée dans les autres langues Tartares, et remplacer par un participe ce conjonctif, qui semble étranger à leur grammaire.

Le démonstratif ٯ *bou* ne donne lieu à aucune remarque. Il est souvent remplacé par ول *ol* [lui], et l'on trouve à chaque instant ces mots ول فرشتە *ol ferischta* [cet ange]; ول تنگیز *ol tanggis* [cette mer], &c.

Les noms de nombre sont les mêmes que ceux du turk ottoman, ainsi qu'on peut s'en assurer dans le vocabulaire comparatif; et cette similitude n'a rien d'étonnant. On sait que les nombres ont souvent de l'analogie dans des idiomes d'ailleurs très-différens, et qu'ils sont toujours communs aux dialectes sortis d'une même souche. Les noms de nombre suivans, qui n'ont pu être joints aux premiers, offrent la même identité, et peuvent même servir à rendre compte de l'étymologie des nombres qui leur correspondent en turk.

	Ouigour.	Turk.
20.	دیرمی *igirmi.*	یکرمی *girmi, igirmi.*
30.	ܐܘܬܘܤ *outous.*	اوتوز *otouz.*
40.	ܩܝܪܩ *kirk.*	قرق *kirk.*
50.	ܐܠܝܓ *allig.*	اللی *elli.*
60.	ܐܠܬܡܫ *altmech.*	التمش *altmich.*
70.	ܝܬܡܫ *yetmech.*	یتمش *yetmich.*
80.	ܣܟܝܣ ܥܙ *sakis oun* [8 dix].	سکسن *seksen.*
90.	ܬܘܟܘܣ ܥܙ *tokos oun* [9 dix].	طوقسان *doksan.*

Les noms de nombre ordinaux qui suivent, sont formés suivant les mêmes règles que ceux du turk de Constantinople :

	Ouigour.	Turk.
Second.	ܐܝܟܢܕܝ *ikendi.*	ایکنجی *ikindji.*
3.ᵉ	ܐܘܬܫܘܢܬܫ *outchountch.*	اوچنجی *outchindji.*
4.ᵉ	ܕܘܪܬܘܢܬܫ *dourtountch.*	دوردنجی *dourdindji.*
5.ᵉ	ܒܝܫܝܢܬܫ *bichintch.*	بشنجی *bechindji.*
6.ᵉ	ܐܠܬܝܢܬܫ *altintch.*	التنجی *altendji.*
7.ᵉ	ܝܝܕܝܢܬܫ *yidintch.*	یدنجی *yidendji.*
8.ᵉ	ܣܟܣܝܢܬܫ *saksintch.*	سکزنجی *sekizindji.*
9.ᵉ	ܬܘܟܣܘܢܬܫ *toksountch.*	طوقزنجی *dokouzindji.*
10.ᵉ	ܐܘܢܘܢܬܫ *ounountch.*	وانجی *ounindji.*

Les ordinaux du manuscrit de Samarkand sont encore plus complètement semblables à ceux des Ottomans, parce qu'on n'y a point retranché l'*i* final. On y lit ܐܝܟܢܕܝ *ikindji*, ܐܘܬܫܘܢܕܝ *outchoundji*, ܕܘܪܬܘܢܕܝ *dourtoundji*, &c.

Jusqu'à présent nous avons observé plus d'analogie que de différences entre les deux dialectes que nous examinons, ou, pour mieux dire, les mêmes formes leur étant communes, l'emploi plus ou moins fréquent qu'on en peut faire est la seule chose où ils s'écartent réellement l'un de l'autre. On ne s'attendroit pas à voir cesser cet accord dans la partie de la grammaire qui touche de plus près au fond d'une langue, et où par conséquent les dialectes d'un même idiome devroient naturellement se rapprocher davantage. C'est pourtant ce qu'on remarque dans la conjugaison des verbes Ouigours, qui est aussi simple et aussi facile que celle des verbes des Ottomans est compliquée et embarrassante. Il y a bien encore ici des similitudes frappantes dans les terminaisons des temps et des personnes; mais le fond du système est autrement combiné, comme on s'en convaincra en lisant ce qui suit.

En turk, le nombre des terminaisons qui représentent des temps différens, seroit assez borné, si l'on n'avoit pas la faculté d'y joindre des temps composés, formés du participe du verbe principal, et des temps du verbe substantif, qui servent d'auxiliaires. Cela ne s'observe pas en ouigour; on n'y trouve point de verbes auxiliaires. Le verbe substantif s'emploie toujours seul, rarement avec un participe présent, jamais avec un autre participe, et, de même qu'en chinois, il est souvent sous-entendu. Sa conjugaison n'est pas moins irrégulière que dans beaucoup d'autres langues; et dans les radicaux variés qui y sont compris, il n'y en a qu'un qui offre une véritable analogie avec ceux dont se forme le verbe *être* en turk : c'est le participe ﺩﻭﺭ *dour* (en turk دُر *dur*) pour la première personne, et pour les autres ﺩﻭﺭﻭﺭ *dourour*, sans distinction de nombre, ni même, si je ne me trompe, de temps. Voici quelques exemples : ﺟﺒﺮﺍﺋﻴﻞ ﺩﺭ ﻣﻦ *Djabraïl dur man* [je suis Gabriel]; ﺑﻮ ﺁﺩﻡ ﺑﻴﻐﻤﺒﺮ ﺩﻭﺭﻭﺭ *bou Adam baikhambar dourour* [c'est le prophète Adam]; ﺍﻭﻝ ﺍﻭﻝ ﻓﺮﺷﺘﻪ ﻟﺮ ﺧﺎﺩﻳﻨﺪﻩ ﺩﻭﺭﻭﺭ *ol-ol ferischta-lar khadinda dourour* [chacun des anges qui étoient à côté]. On trouve dans le vocabulaire et dans les suppliques ﺍﺭﻭﺭ *erour* (au lieu de

SUR LES LANGUES TARTARES. 269

dourour) rendu en chinois par 是 *chi* [être]; یردم یسدم
یراس *man erour yirak sari* [*je suis* d'un pays fort éloigné]. C'est
à ce radical qu'appartient le prétérit یدرا *erdi* [il fut], qu'on
lit à chaque instant dans le livre du *Miradj*; یدرا یمشدمدلوا
oldourmisch erdi [il étoit assis]; رلیدرا رلولیخ *khilur ardilar* [ils
faisoient, mot à mot, *ils étoient faisant*]; رلیدرا مدیا حیبست
tesbih aïdur erdilar [ils prioient, mot à mot, *ils étoient* disant le
chapelet]. Ce ne sont point là de véritables temps composés, et
le verbe *être* n'y est point, à proprement parler, auxiliaire, ainsi
que j'aurai l'occasion de le faire voir plus bas (1).

Il y a quelque chose de remarquable dans le radical راب *bar* [*war*,
werde, en allemand], *avoir* ou *y avoir*, qui, par un trait de ressemblance singulier avec le chinois 有 *yeou*, signifie quelquefois
aussi *être*; exemples : راب هللا لوسر دمحم الب مقادشم
maning bila Mohammed Rasoul-oulla bar [mon compagnon *est*
Mahomet, le prophète de Dieu]; et ailleurs بط راب دمحم
Mohammed bar tab, ou رورود راب دمحم *bar dourour* [c'est Mahomet].
On sait que ce mot s'est conservé dans le turk ottoman, où il se
joint pareillement avec les autres temps du verbe être : رددراو *war-
dur*, il y a; یدیاراو *war-idi*, il y avoit, &c. Au reste, la conju-

(1) On seroit tenté de prendre pour une des formes du verbe substantif le mot بط *tab*, qui sert ordinairement pour interroger, mais qui s'emploie aussi au sens positif, avec ou sans le verbe *dourour*; بط ناس مک *kim san tab!* [qui es-tu!] بط رورود مک *kim dourour tab!* [qui est-il!] بط راب دمحم الب مقادشم *maning bila Mohammed bar tab* [mon compagnon est Mohammed], &c.; et ce qui me confirmeroit dans l'opinion que ce mot seroit effectivement un temps du verbe *être*, c'est ce qu'on trouve ailleurs; غات *tâg*, qui semble en être une forme différente, comme dans cette phrase : غات یشاب رب مدآ یشچیرف رب

Ol ferischta-ke yak-hin bir ferischta kourdoum dort baschlik, bir baschi Adam basch-i tag, bir baschi erslan basch-i tag; yana bir basch-i Oumaï kousch basch-i tag, bir basch-i, Ouï basch-i tag [Près de cet ange, j'en vis un autre à quatre têtes : une de ses têtes *étoit* d'homme, une autre *étoit* de lion, une troisième *étoit* d'aigle, et la quatrième *étoit* de taureau].

L'*Oumaï* est un oiseau fabuleux chez les Persans. *Voy.* la Biblioth. orient. au titre *Homaï*.

gaison du verbe substantif n'a plus rien de remarquable en ouigour, dès que ce verbe n'y joue pas le rôle d'auxiliaire, qui lui
donne un caractère important dans la grammaire des Ottomans.

L'impératif est le thème des verbes Ouigours. Nous avons déjà
eu bien souvent occasion de lui reconnoître cette propriété dans
les langues de la Tartarie ; et si nous voulions faire usage d'une
classification ingénieusement imaginée dans ces derniers temps,
rien ne sauroit nous empêcher de comprendre parmi les *idiomes
impératifs*, toutes ces langues où la forme assignée à ce mode joue
un rôle si important, que toutes les autres en sont dérivées. On
dit ڪل *khil* [fais], ܒل *bil* [sache], &c. Les particules ou terminaisons qu'on ajoute à ce thème pour former les différentes
personnes du présent et du prétérit (les seuls temps que l'on a
remarqués en ouigour) paroissent être les mêmes que celles du
turk ottoman, comme on en peut juger par l'exemple suivant.
Je choisis le prétérit, parce que, dans un livre historique, c'est
le temps dont il est le plus facile de réunir toutes les personnes
pour un seul et même verbe :

Ouigour.			Turk.	
كلماك *kilmak*,	(faire),		قلمق	*kilmak*.
كلدم *khildim*,	je fis,		قلدم	*khildum*.
كلدنك *khilding*,	tu fis,		قلدك	*khilding*.
كلدى *khildi*,	il fit,		قلدى	*khildi*.
كلدوك *khildouk*,	nous fîmes,		قلدك	*khilduk*.
....	vous fîtes,		قلدكز	*khildounguz*.
كلديلر *khildilar*,	ils firent ;		قلديلر	*khildilar*.

A ce temps presque complet, on peut joindre les terminaisons
qu'on observera dans les exemples suivans, et qui, prises dans
des verbes différens, reviennent toutes à la conjugaison du turk
vulgaire ⸺ *Tangri takhala sani souyourgadi, bascharad
boulsoun sangge kim bou kedja ar nama, Tangri takhala-din dila-*

sang, sangge bargouzi durur tab [Dieu très-haut t'a comblé de bienfaits, en accomplissant ce que tu lui as demandé, que toutes les choses dont tu t'es informé près de lui, te fussent confirmées cette nuit]; كردم *kerdim* [j'entrai]; ايدى *aïdi*, ايدىلار *aïdi-lar*, ou bien ايدونى *aïdouni*, ايدونىلار *aï-douni-lar* [il dit, ils dirent]. L'infinitif est en *mak*, comme dans le dialecte Ottoman : بيلماك *bilmak* [savoir]; كورماك *kourmak* [voir], &c. Il prend parfois l'affixe *eï*, qui semble n'être que le signe Persan de construction ou de rapport, mais dont l'addition rapproche pourtant l'infinitif Ouigour des temps déclinables des autres langues Tartares. Ce qu'il y a de remarquable dans les autres terminaisons, c'est qu'elles varient suivant les personnes, chose contraire à ce que nous avons observé dans le mandchou, le mongol et le kalmouk. Cette particularité, jointe à l'existence du pronom conjonctif, me paroît offrir le seul caractère essentiel par où le turk s'éloigne réellement, sous le rapport grammatical, des autres idiomes Tartares que nous avons étudiés. Il est toutefois très-remarquable que, dans le dialecte Ouigour, et même, jusqu'à un certain point, dans celui des Ottomans, on néglige la ressource que la multiplicité des terminaisons personnelles offre pour la clarté comme pour la variété du discours, et qu'on introduit par-là dans la langue une monotonie, et, ce qui est pis, une obscurité qui ne tient pas, comme en mongol et en mandchou, à la nature intime de la langue.

Le nombre des participes, ou, pour parler plus justement, des formes verbales impersonnelles, ne paroît pas moins considérable en ouigour qu'en turk. Celui qui finit en *ab*, en *ib* ou en *oub*, est très-usité : طورفان يڭا يومشاب كليب ايلچى *Touroufan yanga youmschab kelib iltchi* [l'ambassadeur *envoyé* du pays de Tourfan *étant venu*]; عنايت اوساتونكى چيرنتچكب دلاب سويورغاب *Inayat Osatoungi tchirintchkeb dilab soyourgab* [nous espérons que sa majesté *aura pitié de nous*, et nous sommes *en attendant (cupientes)* ses bienfaits]; باردب *bardib* [s'en allant]; تاردب *tardib* [payant le tribut]; اندن اچب *andin achib* [m'avançant plus loin *(ex eo loco progrediens)*].

272 RECHERCHES

Le participe dont la figurative est *r*, n'est pas moins commun dans les deux ouvrages Ouigours que nous avons sous les yeux. En voici quelques exemples : ڢﻴﻠﺮ ﻳﺎرﻟﻴﺦ *yarlikh bilur* [ordre de l'empereur, *instruit*] (1); ارور *erur*, et dans le manuscrit du *Miradj*, درور *durur* [étant]; ﺧﻴﻠﻮر *khilur* [faisant]; ايدور *aidur* [disant]; ﺑﻮﻟﺮ *boular* [trouvant, s'informant], &c. On trouve quelquefois cette forme suivie du verbe substantif, comme je l'ai déjà dit en parlant de ce dernier. On verra bientôt que ce fait ne contredit nullement ce que j'ai avancé plus haut sur le défaut de verbes auxiliaires chez les Ouigours.

Je n'ai trouvé que dans les suppliques une forme qui paroît dérivée de la précédente, et qui en diffère seulement par la terminaison *esch* qui y est ajoutée ; en voici un exemple sur lequel j'avertis qu'il me reste quelques doutes : ﮐﻠﺶ ﺑﺎرش اﻳﻠﭽﻰ ﻳﻮﻣﺸﺮ *youmschar iltchi baresch kelesch* [*les envoyés* allant *et* venant]. Ce peut n'être là qu'une altération de la forme suivante, qui est beaucoup plus usitée.

Le participe en *misch* paroît commun à tous les dialectes Turks, et il se trouve presque à chaque ligne dans l'ouigour ; exemples : اﻣﺮﻳﻠﺪورﻣﺶ ﺳﺎرى ﻳﺮ ﺗﺎﭘﺪى اﻳﺸﻴﺪ اﻣﺪى *amdi ischid tapdi yir sari amrildurmesch* [à présent, j'ai entendu dire que cette partie du monde jouit de la tranquillité la plus parfaite]; ﺧﻠﻤﺶ ﮐﻴﻢ اﻳﭽﺎ ﮔﻮز ﮔﻮرﻣﺶ ى ﻳﻮق اﻳﭽﺎ ﺧﻮﻻق اﺷﻴﺪﻣﺶ ى ﻳﻮق *khilmisch kim edja gœz gourmisch-i yok, edja khoulag aschidmisch-i yok* [qui a fait ce que nul œil n'a jamais vu, ce que nulle oreille n'a jamais entendu]. On l'emploie aussi avec le verbe substantif, comme dans les exemples suivans : ﻳﺎرﻳﻢ ى ادﻳﻦ ﻳﺎرﻳﻤﻰ ﮐﺎردﻳﻦ ﻳﺎرادﻟﻤﺶ اردى *yarim-i oddin yarimi kardin yaradilmisch ardi* [une moitié étoit faite de feu et l'autre moitié de neige].

---

(1) C'est la formule que l'empereur de la Chine met sur les placets quand il les a examinés. Elle s'exprime en chinois par les mots 道知 *tchi-tao*, qui veulent dire : *je suis instruit, je suis au fait*. Toutes les suppliques Ouigoures finissent par ces mots, qui indiquent qu'elles ont passé sous les yeux de l'empereur.

Ces

Ces exemples, qui sont rares, ne sont pas de véritables temps composés, et le verbe *être* n'y est pas auxiliaire comme il le seroit en turk, puisque, si l'on veut y faire attention, il s'agit d'un *état*, d'une *manière d'être* attribuée au moment auquel le récit s'applique. *Il est assis, il est formé* (1) : toutes ces façons de parler, en françois même, s'éloignent de la nature des temps composés. J'aurai bientôt occasion de revenir sur ce sujet.

Il se peut faire enfin qu'il y ait encore d'autres formes de participes en *in*, en *at*, &c. On trouve dans le vocabulaire فىرىن *barkin* [allant]; كلكىن *kelkin* [venant], ايكن *étant*, en turk : mais ces formes paroissant très-peu usitées, il me semble tout-à-fait inutile de m'y arrêter. Je ne parle pas non plus du participe en *tchi*, commun aux autres idiomes Tartares, parce que c'est moins un temps dérivé qu'un adjectif, qui sert exclusivement en turk, de nom d'agent, de métier ou de profession.

Le passif se marque, comme en turk, par le crément *il*; mais ce qu'il y a de remarquable, c'est que ce crément se place, non pas entre le thème du verbe et la terminaison, mais à la fin, de cette manière : ايدمك *aïdmak* [dire]; ايدمكىل *aïdmakil* [être dit]; قىل *khil* [fais]; قىلىل *khilal* [soit fait], &c. Il n'en est pas de même du crément négatif *ma*, qui s'interpose entre le radical et la terminaison, comme dans le turk ottoman; exemples : الدى *aldi* [j'ai pris]; المدى *almadi* [je n'ai point pris]. Cette forme m'a paru peu usitée, et je n'ai trouvé aucun vestige de verbes *transitifs*, *coopératifs*, *réciproques*, *inchoatifs impossibles*, ni de toutes ces complications bizarres dont le turk ottoman est rempli.

Après avoir indiqué tant de traits de ressemblance entre l'oui-

---

(1) Je me crois obligé d'ajouter un exemple où le participe en *misch* semble entrer dans la formation d'un véritable temps composé : كىتابىندە بو حدىثنى كلدرمش درر *Kitabinde bou hadiz-ni keldurmich durur* [on a consigné cette tradition dans le livre (l'Alcoran)]. Je dois avouer que cette phrase semble faire exception aux règles que j'ai posées; mais elle est la seule de ce genre que j'aie observée dans tous les textes Ouigours que j'ai parcourus, et elle se lit dans un ouvrage écrit sous l'influence des Turks occidentaux.

gour et le turk, il est temps d'en venir à des considérations qui puissent justifier ce que j'ai dit précédemment, que l'accord observé sur plusieurs points entre les deux dialectes, cessoit presque entièrement dans la partie de la grammaire qui touche à la conjugaison des verbes. Sous ce rapport, on ne remarque guère qu'une différence; mais elle me paroît de nature à balancer bien des analogies. La conjugaison en turk s'exécute, en grande partie, à l'aide du verbe substantif qui sert à former des temps composés, à marquer, dans l'action du verbe principal, des modifications de temps que ne sauroient exprimer les formes simples: l'ouigour, au contraire, n'emploie que ces derniers. Arrêtons-nous un moment pour déterminer le degré d'importance que nous devons attacher à ce trait caractéristique.

En examinant le rôle que jouent, dans la conjugaison de certaines langues, les verbes que l'on nomme auxiliaires, on est conduit à supposer que leur emploi tient, le plus souvent, au besoin d'exprimer des nuances de temps plus délicates ou des rapports d'antériorité plus composés que ceux auxquels les formes simples peuvent s'appliquer. On y voit principalement un moyen de multiplier les combinaisons, en attachant à un verbe abstrait, conjointement avec les marques des modes et des personnes, celles des temps qui surchargeraient trop la terminaison; mais il faut pour cela que le participe du verbe principal conserve le caractère du futur ou du prétérit; il ne sauroit être au présent : sans cette condition essentielle, il n'y a pas de nouveau rapport marqué; il ne sauroit exister de verbe auxiliaire proprement dit. Dans nos langues modernes, le participe est presque toujours au passé; dans le latin et dans le grec, il étoit quelquefois au futur : le verbe *être* est auxiliaire dans ces phrases, *je suis venu, je serai allé; venturus sum, amaturus fui;* ελευσομένος εἰμί, φιλήσων ἦν, parce qu'il y a entre le participe et le verbe une relation de temps : il ne le seroit pas dans celles-ci, *je suis venant, je serai allant,* parce qu'elles ne diroient rien de plus que le temps simple, *je viens, j'irai.* Quand l'usage les autoriseroit, on n'y pourroit trouver qu'une analyse du verbe complexe décomposé en ses deux élémens, qui sont le verbe par excellence et un attribut ou une manière d'exprimer plus positivement le temps de l'action. Les temps simples, dans toutes les langues, sont soumis à cette analyse, qui ne fait quelquefois que séparer les parties dont ils sont réellement composés.

Sans sortir du sujet que nous étudions, nous pouvons trouver à faire une application immédiate des principes qui viennent d'être rappelés, et aucune langue n'est plus propre que le turk à justifier les distinctions que je hasarde. Si l'on examine les temps qui y sont réputés simples, on verra qu'ils sont en effet composés de ceux du verbe *être* et du participe présent. قلرم *khilrum* [je fais], est réellement formé du participe présent *khilur* [faisant], et de *im* [je suis]. Il en est de même des autres personnes, *khilersin*, *khileriz*, *khilersiz*, où l'on reconnoît sans difficulté le participe *khilur*, et les personnes du verbe *être*, *sin*, *iz*, *siz*. Cela est plus sensible encore dans l'imparfait, et l'on n'a pas souvent occasion d'analyser avec autant de facilité les formes grammaticales. Ce temps, qui renferme l'idée d'un présent relatif à un temps passé, est formé d'un participe présent et du prétérit du verbe être : *khileridum* [je faisois], de *khilur* [faisant], et *idum* [je fus]; et pour les autres personnes, *khileridun*, *khileridi*, *khileriduk*, *khileridunuz*, *khilerleridi*, de *khilur* et de *idun*, *idi*, *iduk*, *idunuz*, *idilar* (1). Dans le prétérit absolu, ce n'est plus le participe du verbe, mais le thème seulement qui s'ajoute au parfait du verbe substantif : *khildoum*, *khildoun*, *khildi*, *khilduk*, *khildunuz*, *khildiler*, de *khil* [fais], avec *idum*, *idun*, &c. Sans pousser plus loin cette analyse, nous voyons des temps simples en apparence résulter au fond de l'union ou de la crase d'un participe avec les temps du verbe *être*, sans que ceux-ci puissent mériter le nom d'auxiliaires. Nous avons vu que l'un de ces temps se retrouvoit, avec la même com-

---

(1) Les auteurs des grammaires Turkes les plus estimées forment ce temps de la troisième personne du présent de l'indicatif; mais ils n'expliquent point par-là la formation de cette dernière, ni du reste du même temps. La conjugaison Ouigoure, qui ne leur étoit pas connue, fournit les moyens d'analyser les formes du turk ottoman d'une manière plus générale, plus régulière et mieux approfondie. Voyez cependant la Grammaire de Meninski, où cette formation est indiquée.

position, dans le dialecte Ouigour. Nous avons trouvé même une sorte d'imparfait, formé avec le participe présent d'un verbe et le prétérit du verbe *être*. Dans ce dernier cas, le verbe substantif étoit employé d'une manière qui le rapprochoit de nos auxiliaires, sans pourtant lui en donner le caractère essentiel.

Mais dans le dialecte Ottoman, on ne s'en tient pas à ce premier degré de composition qui est commune à toutes les langues du monde ; on fait usage de cette composition de temps proprement dite, où un participe exprimant, sans désignation de personne, une action passée ou à venir, est uni sans crase à un temps personnel, soit futur, soit prétérit, et représente, d'une manière complexe, un futur ou un passé relatif. Cela ne peut se faire qu'à l'aide d'un verbe auxiliaire, et les Turks ont adopté à cet effet *olmak* et ses annexes, qu'ils ajoutent au participe passé en *misch*, ou au participe futur en *djek*. Il résulte de cette combinaison, des plusqueparfaits, des futurs, des parfaits composés, toutes choses inconnues en ouigour; car on ne sauroit en rapprocher ni le composé *khilur erdilar* [ils faisoient], ni même les mots *oldurmisch erdi* [il étoit assis]. Dans ces deux exemples, le verbe est réellement substantif; le participe est un véritable adjectif qui marque un état et non une action. Cela est évident pour le second exemple même, puisqu'on ne pourroit pas en faire un plusqueparfait, ni le traduire par *il s'étoit assis*.

Cette différence entre deux dialectes d'une même langue, n'est peut-être pas sans exemple (1); mais ce qui la rend plus remarquable, c'est l'analogie même qu'on observe pour les

---

(1) Les langues du midi de l'Europe, comme l'italien, le françois, l'espagnol, qu'on peut, jusqu'à un certain point, considérer comme des dialectes dérivés du latin, paroissent avoir imité leurs auxiliaires de ceux qui ont de tout temps été en usage dans les langues gothiques. On voit quelque idée des verbes auxiliaires dans les phrases Latines qu'on peut combiner de différentes manières; *amaturus fui, venturus eram*, &c.

M. Raynouard donne une autre origine aux auxiliaires François ; il aime mieux les rapprocher de quelques expressions Latines où le verbe *habere* est joint à un participe. *Voyez* Élémens de la Grammaire Romane, *p. 84.*

temps simples. Comment se fait-il qu'en ouigour le prétérit *khildum*, *khildun*, &c. contienne le parfait d'un verbe substantif qui n'existe que dans un dialecte différent? Pourquoi n'y retrouve-t-on pas plutôt le radical Ouigour *erdi*, ou *dour*, ou *dourour!* Quelle cause peut avoir introduit un élément étranger dans la conjugaison des verbes, dans la partie la plus intime de la grammaire? Ce fait peu commun, si j'avois réussi à en bien exposer toutes les circonstances, offriroit, ce me semble, un problème philologique assez curieux à résoudre. Ce n'est pas une chose qu'on ait souvent occasion d'observer, que deux dialectes d'un même idiome, différant l'un de l'autre sur des points qui sont regardés assez généralement comme tenant à la nature même du langage. Mais cette première différence radicale en produit bien d'autres dans la phraséologie, la construction, la manière d'arranger les membres d'une période. Le turk ottoman et l'ouigour se composent, pour la plus grande partie, de mots absolument identiques, et les phrases qu'on en compose dans chaque dialecte ont à peine un léger rapport entre elles. Considérés dans un vocabulaire, on seroit tenté de les prendre pour un seul et même idiome; mais en lisant les livres, on est surpris de n'y pas trouver, principalement sous le rapport de la conjugaison, plus d'analogie qu'il n'en existe entre les idiomes d'origine tout-à-fait distincte; car les temps mêmes qui sont semblables n'y sont pas également usités. Comment, à quelle époque, de quel peuple les Turks occidentaux ont-ils emprunté cette importante addition qu'ils ont faite à leur système grammatical? Ou, si le verbe auxiliaire existoit dans le dialecte primitif, pourquoi les Ouigours ont-ils renoncé à cet avantage, et comment ont-ils pu faire pour s'en priver? Dans la première supposition, l'adoption n'auroit pu être faite que par les gens instruits, et n'auroit dû passer qu'avec peine dans la langue parlée. Dans la seconde, on conçoit difficilement comment on auroit pu décomposer la langue, en quelque sorte, analyser les mots pour en conserver le radical et en changer la forme. Dans les deux cas, on voit que le mode de comparaison des langues, dont les plus habiles philologues commencent à sentir l'importance, et qui repose sur le rapprochement des diverses parties du système grammatical, que ce mode, désigné chez un auteur Anglois par l'expression hardie, mais juste, de *physiologie du langage*, ne doit pourtant pas toujours obtenir une confiance exclusive, mais qu'il faut encore y joindre l'étude des mots et de l'étymologie, étude que le même auteur appelle *anatomie*. Ce n'est qu'en réunissant cette dernière méthode, à laquelle on s'est peut-être trop borné jusqu'à présent, parce qu'elle ne demande que des connoissances superficielles, avec la première qui exige un examen plus approfondi, qu'on peut parvenir, en philologie, à des résultats rigoureux et à des conséquences certaines, d'une égale importance pour l'histoire de la filiation des peuples et pour celle de l'entendement humain.

Comme, dans une langue peu riche en terminaisons, le défaut de temps composés diminue beaucoup les ressources de l'écrivain, qui ne peut, sans ce secours, varier la coupe de ses phrases, rattacher à l'endroit qui convient les accessoires qui pourroient éclaircir, étendre ou fortifier son idée principale, on doit s'attendre à retrouver dans l'ouigour une partie de cette monotonie qui nous a frappés dans le mandchou, et dont nous avons reconnu des traces dans le mongol. Faute de temps personnels, on est réduit à l'usage des participes, et, au lieu de périodes nombreuses, on ne peut faire qu'une série de petites propositions isolées, toutes coulées au même moule, et toujours arrangées, l'une par rapport à l'autre, dans un ordre qui doit être rigoureusement conforme à celui des actions particulières qu'elles énoncent, pour qu'il n'y ait pas de confusion ou d'interversion dans les idées. On sent quelle contrainte résulte de cette nécessité, et le morceau rapporté dans le second volume en fera mieux juger encore. Ce qu'il y a de remarquable, c'est que les dialectes Turks où l'on pourroit user de constructions plus variées, participent, jusqu'à un certain point, à la même gêne, comme si l'on n'y eût pas pu secouer tout-à-fait un joug imposé dès l'origine, ni s'habituer à la liberté dont on y pourroit jouir. L'usage des temps simples et impersonnels vient souvent y obscurcir les idées que les temps composés exprimeroient avec netteté et précision. Du moins, les Ouigours ont évité les principaux inconvéniens de ce système, en suivant une marche simple et naturelle qui empêche d'être élégant, mais permet d'être clair : on en jugera par les textes rapportés dans l'Appendice. Les autres Turks qui, sans renoncer à l'emploi fréquent des participes, ont voulu porter dans leurs compositions un style plus orné, et construire leurs phrases d'après un plan plus compliqué, n'ont réussi qu'à rendre la construction embarrassée, sans introduire dans leurs écrits des beautés qui pourroient pourtant ne pas être exclues par la nature de leur idiome. Chez eux une longue période, imparfaitement soutenue par le retour fréquent des gérondifs et des participes, conduit souvent le lecteur au bout d'une page, sans lui offrir le verbe d'où dépend le sens de la phrase entière. C'est, de l'aveu des plus habiles en ce genre de littérature, ce qui fait que la lecture des ouvrages Turks est toujours difficile et fatigante (1).

Mais un trait commun à tous les dialectes Turks, sans en excepter le turk oriental, c'est l'inversion perpétuelle, si contraire à nos habitudes, il semble même qu'on peut dire, si contraire à la nature. Ici, comme en mandchou et en mongol, le mot qui régit se place toujours après celui qui est régi, et le verbe principal, auquel viennent ressortir directement ou indirectement tous les mots d'une phrase, doit toujours être mis à la fin. Les mots composés, les noms en rapport, les particules, les phrases incidentes, tout est soumis à la même règle; et si, dans les textes Ouigours, on trouve des cas où elle semble négligée, on s'aperçoit aisément que ces exceptions sont l'effet immédiat et palpable d'une influence étrangère, soit qu'on ait voulu rendre, sans les altérer, des phrases Chinoises consacrées, soit qu'on ait conservé à des expressions Arabes ou Persanes, l'ordre de construction qui leur est propre.

(1) Clod. *Grammat. Turcic.* p. 84.

La conjugaison des verbes est quelque chose de trop essentiel et de trop intimement lié avec la constitution même d'une langue, pour qu'il ait été possible de séparer les considérations qu'elle nous présente en ouigour, de celles que la phraséologie de ce dialecte rendoit nécessaires. Je n'ai d'ailleurs rien d'important à dire sur les particules : on en trouvera quelques-unes dans le vocabulaire, et il sera aisé d'en rapprocher plusieurs de celles qui leur correspondent dans le dialecte ottoman. La terminaison qui sert à former beaucoup d'adverbes se retrouve pareillement dans ce dernier ; c'est ainsi que l'on compose les expressions طابوقنده *taboukinda* [devant] ; اراجنده *araschinda* [entre] ; باجنده *baschinda* [en tête], &c.

Dans tout ce que nous venons de voir de la grammaire Ouigoure, nous n'avons trouvé aucun signe de cette haute antiquité qu'on voudroit attribuer à la langue de ce peuple tant célébré de nos jours. Véritablement, les philologues ne sont pas bien d'accord sur les marques auxquelles on peut reconnoître un dialecte antique et primitif ; mais il semble, d'un côté, qu'une grammaire extrêmement simple, telle qu'est celle du chinois, tienne de plus près aux premiers âges du monde, et, de l'autre, qu'un système savamment construit, comme celui du samskrit, indique d'une manière différente une aussi grande ancienneté, en attestant les efforts successifs et prolongés d'un grand nombre d'écrivains, et leurs travaux tournés pendant des siècles vers le perfectionnement d'un même idiome. Entre ces deux extrêmes, qui caractérisent également l'antiquité, en conservant, l'un, la trace de cette simplicité native qu'on est disposé à prêter aux premières sociétés ; l'autre, cette tendance aux idées abstraites et métaphysiques qui dirige, pendant une certaine période, les écrivains et les philosophes chez les peuples raisonneurs ; entre ces deux types, vient s'arranger la foule des idiomes secondaires, combinaisons variées, ouvrages du hasard et de l'inconstance, altérés par l'ignorance ou réformés par le savoir. Cette marche souvent inaperçue, qu'on nomme usage par rapport à son état actuel, fait faire aux idiomes trop simples les additions que réclame le besoin de s'exprimer clairement, et retranche de ceux qui sont trop compliqués les règles minutieuses ou délicates dont l'observation est trop difficile ou trop embarrassante. De la première manière s'est formé, par exemple, le dialecte Chinois qu'on nomme *kouan-hoa*, ou langue parlée; et de l'autre sont venues, si je ne me trompe, les différentes langues de l'Inde où des contrées voisines, dont le samskrit fait la base.

Si ces considérations ne sont pas entièrement dénuées de fondement, il nous sera facile, en faisant usage des données grammaticales que nous avons recueillies, de classer le dialecte Ouigour, et par conséquent les autres dialectes Turks, sur lesquels l'esprit de système a moins compté, parce qu'ils étoient plus connus. Une langue qui possède des marques de nombres et de cas pour les substantifs, de temps et de personnes pour les verbes, ne sauroit être celle de ce peuple créateur qui, ne devant rien aux autres, a su tout imaginer, et a laissé en héritage aux Hindous, aux Assyriens et même aux Égyptiens, son alphabet et les élémens des sciences et des arts. Ou si, comme rien n'empêche de le supposer, ce peuple privilégié avoit porté dans sa littérature le même esprit d'observation et d'analyse auquel il devoit ses progrès dans l'astronomie et la géométrie, et dont on croit retrouver les traces dans les antiquités de l'Asie, quand on ne les connoît pas, l'ouigour n'a point une grammaire assez perfectionnée, des formes assez multipliées, un système assez bien combiné, pour que nous y puissions voir la langue mère, le type des idiomes savans de l'ancien continent; en un mot, ce dialecte est trop simple ou trop grammatical, trop poli ou trop grossier, pour être le dialecte primitif. Le fond en est Tartare et la forme en semble étrangère. C'est évidemment la langue d'un peuple jadis nomade, qui s'est fixé dans des villes, y a reçu quelques connoissances de ses voisins, a composé quelques livres, et voilà tout.

Il entre trop d'incertitude dans un raisonnement fondé sur des notions aussi compliquées, pour que nous voulussions en adopter le résultat, s'il n'étoit entièrement conforme à ce que l'histoire nous apprend. Toute imparfaite qu'est la notice que nous avons donnée sur les travaux exécutés par les Mongols, il seroit à souhaiter que nous pussions nous en procurer une aussi étendue pour l'histoire littéraire des Ouigours : mais cette nation, toujours foible et soumise, n'a que rarement attiré sur elle l'attention des Chinois, qui n'ont jamais vu en elle un peuple savant, ni anciennement civilisé, ni capable d'exercer sur ses voisins aucune influence religieuse, politique ou littéraire; mais simplement une tribu un peu moins barbare que les autres Tartares du nord, puisqu'elle habitoit dans les villes, reconnoissoit la supériorité du gouvernement Chinois, s'attachoit à en imiter les institutions, honoroit Confucius, étudioit ses livres, et joignoit à l'usage des caractères, celui de certaines lettres qui lui avoient été communiquées par les étrangers.

Au commencement du premier siècle avant notre ère, les Chinois avoient appris par de longues guerres et par de nombreuses expéditions, à connoître les différens peuples qui habitoient la Tartarie. Ils avoient des notions précises sur les états situés entre l'empire et les frontières de la Perse ; et les négociations qu'ils avoient, conformément aux règles d'une sage politique, entreprises avec les *Ou-sun*, les *Youeï-chi*, les Bactriens, tous voisins à l'ouest des *Hioung-nou*, leur avoient donné une juste idée de l'état de l'Asie, qu'ils décrivent assez exactement, quoique d'une manière succincte. A cette époque pourtant, le nom des Ouigours leur étoit entièrement inconnu. Il est parlé pour la première fois de ce peuple à l'an 99 avant J. C., et non pas sous le nom d'Ouigours, mais sous celui de *Tchhe-sse*, qui, s'il n'est pas la transcription d'un nom Tartare, peut se rendre en chinois par *conducteurs de chars*, ἀμαξόϐιοι. Ce n'est pas que les *Tchhe-sse* n'habitassent dans des villes ; mais on peut juger de leur puissance par ce qu'en dit l'histoire des *Han*. Le roi de la tribu *antérieure, Thsian Tchhe-sse*, avoit sept cents familles, six mille cinquante sujets, et dix-huit cent soixante-cinq soldats. Celui de la tribu *postérieure* avoit cinq cent quatre-vingt-quinze familles, quatre mille sept cent soixante-quatorze sujets, et dix-huit cent quatre-vingt-dix soldats. Tous deux étoient également vassaux des *Hioung-nou*. Où donc a-t-on pu voir que la civilisation de ce peuple remontoit *à deux ou trois siècles avant l'ère chrétienne* (1)? Qu'y a-t-il dans cette première et unique mention de l'état des Ouigours cent ans avant J. C., qui autorise à dire que cette *nation originaire des bords du Selinga* (2), ait fondé, *plusieurs siècles avant l'ère chrétienne, au milieu de la Tartarie, un royaume séparé de la Chine et du Tibet par le désert de Hamy, et envoyé de nombreuses colonies dans différentes contrées de l'Asie* (3)? Qui nous apprend enfin que *la religion et les caractères Oïghours remontent à une très-haute antiquité* (4)? Les écrivains Chinois ne disent ni ne font entendre rien de semblable, et ils sont les seuls qu'on puisse consulter sur cette matière.

Bien plus : six siècles au moins s'écoulèrent, pendant lesquels les Ouigours, soumis tantôt aux Chinois, et tantôt aux nations errantes qui dominoient dans la Tartarie, n'offrirent aux premiers le sujet d'aucune remarque, et n'exercèrent sur les autres aucune espèce d'influence. Des voyageurs instruits qui parcoururent la Tartarie au IV.ᵉ siècle pour y examiner les progrès du culte de Bouddha (5), rapportent que quand ils furent arrivés au pays de *Chan-chan*, aux environs du lac de Lop, ils furent frappés de la ressemblance que les habitans avoient avec les Chinois, sous le rapport des mœurs et des habillemens. Leur roi avoit embrassé le culte de Bouddha, et il pouvoit y avoir dans ses états quatre mille religieux, tous de l'ordre inférieur. Dans les pays situés à l'occident, les *Cha-men* avoient aussi répandu la religion Indienne. Tous ces peuples avoient ensemble beaucoup d'analogie; mais, suivant la remarque des voyageurs, chacun d'eux avoit sa langue et n'entendoit pas celle de ses voisins : néanmoins, tous les religieux s'adonnoient également

(1) Alphabet Mantchou, 3.ᵉ édition, p. 51.
(2) Nous verrons ailleurs que les traditions qui lui donnent cette origine sont modernes, et d'une autorité foible, par rapport au témoignage des écrivains Chinois contemporains.

(3) Rapport sur les travaux de la Classe d'histoire et de littérature ancienne, 1811; p. 40.
(4) Recherches Asiatiques, trad. Fr. t. *II*, p. 62.
(5) On a un extrait de leur relation, dans le *Pian-i-tian*, k. 52, p. 9.

à l'étude des livres Indiens et de la langue Indienne (1). Dans toute leur relation, qui est fort étendue, il n'est pas même parlé des Ouigours.

Vers l'an 478, le roi des *Tchhe-sse*, qui se nommoit *Kia*, acquit une assez grande puissance. Les peuples de Yerkiyang ayant été battus par les *Ye-tha*, lui demandèrent un roi, et *Kia* leur donna son second fils pour les gouverner. Cette circonstance accrut son influence, et il songea à l'étendre en réglant son gouvernement sur le modèle de celui de la Chine. Il eut un grand nombre de mandarins; et il établit pour les mariages, les funérailles, et les redevances des peuples, des coutumes qui avoient la plus grande analogie avec celles de l'empire. C'est à l'époque de ce prince que les historiens parlent pour la première fois de la littérature des Ouigours. *Kia* avoit fait peindre dans la salle de son conseil l'entretien du roi de Lou avec Confucius, au sujet de l'art de gouverner. Il avoit établi des historiens publics chargés de tenir note des événemens de son règne. Les caractères dont ses sujets faisoient usage étoient les mêmes que ceux de la Chine; mais ils se servoient aussi des lettres des Barbares. Ils avoient le *Chi-king* de *Mao-chi*, le *Lun-iu*, le livre de l'obéissance filiale, et quelques chroniques. Les enfans des mandarins étoient rassemblés dans des colléges, où on leur enseignoit le sens de ces livres. Ils étoient aussi adonnés à la poésie (2). Le goût des Ouigours pour la littérature Chinoise ne fit qu'augmenter; et sous le règne de *Hiao-ming* [515-528], les Ouigours envoyèrent une ambassade pour demander les cinq *king* et différens livres historiques (3). Ils prioient l'empereur de permettre à un docteur du collége impérial, nommé *Lieou-sie*, de venir dans leur pays pour leur enseigner les élémens des lettres; cette demande leur fut accordée. C'est à ce peu de faits que se réduit ce qu'on sait de la littérature des Ouigours, jusqu'à l'établisse-

(1) *Tchou kia jin, kiaï sie Thian-tchou chou, Thian-tchou iu.*
(2) *Wen hian thoung khao*, k. 336, p. 14.
(3) Ibid. p. 15.

SUR LES LANGUES TARTARES. 285

ment des *Hoeï-hou* dans le pays de *Kao-tchhang* ; et le silence des historiens sur cet article est d'autant plus concluant, qu'ils entrent dans d'assez grands détails sur les mœurs, les révolutions politiques, les expéditions militaires, &c.

Un voyageur Chinois qui visita le pays des Ouigours vers l'an 981, y trouva les anciens habitans, ou les Ouigours proprement dits, sous la domination des *Hoeï-hou*, que Visdelou, Gaubil et quelques autres confondent avec les premiers. Ces peuples, qui étoient comme les Ouigours de race Turke, durent changer peu de chose à la langue du pays, qui continua, en effet, d'être désignée par le nom de langue *Weï-'ou-eul* [Ouigoure] (1). Les *Hoeï-hou*, de leur côté, donnèrent leur nom à la contrée où ils étoient en grand nombre, et qu'on nomma indifféremment, pour cette raison, pays des *Hoeï-hou* ou des Ouigours (2). On verra, dans le tableau des nations Tartares, que la ressemblance de ces noms a fait confondre à plusieurs auteurs les Ouigours avec les *Hoeï-hou*. Quoique ces deux nations fussent de même race et parlassent également la langue Ouigoure, ou, pour mieux dire, la langue Turke, le lieu et l'époque de leur origine sont fort éloignés, et les auteurs qui les ont pris les uns pour les autres, ont commis une erreur assez grave ; néanmoins, l'opinion qui les rapprochoit a pu se soutenir en un certain sens, ainsi que je me propose de le faire voir.

Quoi qu'il en soit, *Wang-yan-te*, le voyageur dont nous avons parlé, étant arrivé à *Si-tcheou*, capitale des *Hoeï-hou*, et située dans le pays où a été depuis *Bisch-balik*, trouva dans cette ville plus de cinquante temples de *Fo*, la plupart élevés par l'ordre des empereurs Chinois. Dans le milieu de chacun de ces temples, on voyoit le livre de la loi ; on y trouvoit aussi des livres Chinois, comme le dictionnaire *tonique* de la dynastie des *Thang*, le vocabulaire *Iu-phian*, des commentaires sur les *King*, &c. On voyoit, dans d'autres parties de la ville, plusieurs biblio-

(1) *Pian-i-tian*, k. 51, p. 33.
(2) *Wen hian thoung khao*, k. 336, p. 17.

Perse, ils trouvèrent l'Inde ouverte de ce côté aux incursions des Tartares et des Gètes, ainsi qu'au commerce des Persans, des Grecs ou des Romains, et par une conséquence presque inutile à marquer, le pays des Gètes et des Tartares rempli de Grecs, de Persans et d'Indiens. Les premiers Hindous dont parle l'histoire des *Han*, dans la description des contrées occidentales, sont nommés *Yun-tou*, et entièrement assimilés aux Tartares dont ils habitoient le pays et imitoient la vie nomade (1). Ce sont peut-être les *nomades Indiæ* de Pline (2). En étudiant mieux les Tartares de ces contrées, les Chinois s'aperçurent que tous ces peuples tenoient plus ou moins des Indiens. Suivant une tradition très-curieuse, quoique évidemment erronée sur plusieurs points, le célèbre *Lao-tseu*, dans son voyage en occident, au VIe siècle avant notre ère, s'arrêta pour fonder le temple de *Pi-mo*, à 500 *li* à l'occident de *Iu-thian* [Khotan]. Ce fut là qu'il convertit les Tartares, et qu'il devint *Fo : Chi Lao-tseu hoa Hou, tchhing Fo tchi so*. On dit que *Lao-tseu*, parvenu en cet endroit, et voyant approcher le moment de monter dans les cieux, dit aux Barbares assemblés : *Je vais m'élever dans le ciel, et de là je choisirai l'endroit le plus convenable pour renaître sur la terre.* On ajoute que ses descendans, ou du moins des hommes qui se flattoient de cette qualité, sortirent de l'Hindoustan, convertirent les Tartares, et parvinrent à régner sur eux; que le fils de *Lao-tseu* prit le nom de *Fo*, et que ce fut en son honneur que fut élevé le temple de *Pi-mo* (3). Ne prenons de ce récit que ce qui a trait à notre

(1) Comme on n'a point encore donné de notice sur cette tribu Indienne de la Tartarie, je vais transcrire ici ce qu'en dit la *Description de l'occident*, annexée à l'Histoire des Han : « Le chef des *Yun-tou* habite la vallée *Yan-thun*, à 9860 *li* de *Tchang-'an* [Si-'an-fou]. Cette tribu est composée de trois cent quatre-vingts familles, et de onze cents individus. Elle a cinq cents hommes de troupes. A l'orient, jusqu'au gouvernement Chinois de la Tartarie, il y a 2861 *li*. Au midi de *Sou-le*, elle touche aux monts *Thsoung* et à un désert. En passant à l'occident les monts *Thsoung*, on se trouve chez les *Hieou-siun*. Au N. O. est le *Ta-wan*, à 1030 *li*. Au nord sont les *Ou-sun*, avec lesquels les *Yun-tou* ont beaucoup de ressemblance pour la manière de se vêtir. Ils mènent une vie nomade dans les monts *Thsoung*, et sont de la race des *Saï*. » *Pian-i-tian*, k. 58, p. 1.

(2) *Lib.* VI, *c.* 17.

(3) *Wen hian thoung khao*, k. 337, p. 2.

objet présent. Nous y voyons conservé le souvenir des missions Bouddhiques dans la Tartarie, l'époque et le lieu des premières prédications indiqués d'une manière générale. Nous ne serons plus étonnés de trouver l'écriture Indienne, les doctrines Indiennes, en vigueur chez les Tartares ; et nous reconnoissons, ce qui est bien important pour nous, la route qu'elles ont suivie, et l'ordre dans lequel les habitans de la haute Asie en ont eu connoissance. La race Gothique d'une part, et la race Turke de l'autre, ont précédé de plusieurs siècles, dans leur conversion au bouddhisme, les Mongols et les Tongous, situés trop loin, à l'orient, de la contrée où la communication est possible entre la Tartarie et l'Inde. Laissons à d'autres le soin d'examiner les effets de cette communication par rapport aux nations Gothiques ; il nous suffit d'avoir trouvé un moyen conforme aux règles de la critique et fondé sur des traditions respectables, pour expliquer, sans avoir recours à de vaines hypothèses, l'extension de l'influence des Hindous du côté du nord, jusque dans la Sibirie.

Khotan semble avoir été de tout temps la métropole du bouddhisme en Tartarie. Les voyageurs dont nous avons parlé plus haut, trouvèrent que les habitans de cette ville avoient tous embrassé la loi ; on y comptoit des milliers de *seng* [bonzes], et leurs habitations étoient ornées d'un grand nombre de ces tours que les bouddhistes ont élevées par-tout où ils ont porté leur religion. On évaluoit à quatorze le nombre des monastères considérables ; quant aux petits, on ne pouvoit les compter. *Fa-hian*, l'auteur de cette relation qui est fort curieuse, ne parle pas des livres qui devoient infailliblement se trouver dans ces monastères (1). Au temps des *Liang*, c'est-à-dire, dans la première moitié du VI.ᵉ siècle, les habitans de Khotan se servoient, pour écrire, de morceaux de bois au lieu de pinceaux (2). Ils avoient donc dès-lors une écriture ; mais l'histoire ne nous

---

(1) Relation des Missionnaires Bouddhiques, dans les années *Loung-'an* [397-401]; *Pian-i-tian*, k. 55, p. 5.
(2) Ibid. p. 7.

apprend pas en quoi elle consistoit. Selon les historiens des 'Weï, aux IV.ᵉ et V.ᵉ siècles, la religion de Fo étoit fort répandue dans cette contrée. Les temples, les tours, les monastères, y étoient nombreux et peuplés d'une foule de religieux des deux sexes. Au midi de Khotan, à 50 *li*, étoit le temple de *Tsan-mo*, où le célèbre *Rahan* et mendiant *Lou-tchen* (1), ayant converti le roi du pays, avoit autrefois établi le premier temple de *Feou-thou* qu'on eût vu dans ces contrées (2). L'histoire des Thang, qui parle plus au long de Khotan, sous les noms de *Kiu-sa-tan-na* (3), complète les détails que les autres historiens ne font qu'indiquer, et nous apprend positivement ce qu'à la vérité nous aurions pu supposer. Les habitans de ce pays ont des livres historiques et des lois écrites. Pour les lettres, ils ont pris modèle sur celles des Hindous, en en altérant un peu la forme. L'historien des *Thang* raconte ensuite, avec des détails trop étendus pour n'avoir pas été puisés dans quelques chroniques du pays, l'établissement des premières colonies Indiennes dans ce royaume; et les traditions mêlées de fables qu'il rapporte, conduisent toujours à ce résultat, que le bouddhisme a été la source de la civilisation de ce pays. On voit pourquoi, à défaut d'histoire littéraire, je recueille rapidement ici quelques traits de l'histoire religieuse des Tartares. Chez certaines nations, la théologie est toute la littérature; et l'introduction d'un culte nouveau entraîne avec elle tant de conséquences, qu'on auroit un tableau complet de l'esprit d'un peuple, si l'on pouvoit se procurer une histoire détaillée de sa croyance.

La ville d'*Yerkiyang*, comme la plus voisine de Khotan, dut de bonne heure participer à la même influence. Les historiens

---

(1) D'autres le nomment *Pi-lou-tchen*.

(2) Ibid. *p. 8*.

(3) Dans la langue du pays, ce nom signifie *lait* ou *mammelle de la terre*. Les autres noms sont une altération de celui-là. *Hoan-na* est le nom qu'on donne à la ville dans la langue vulgaire.

Les *Hioung-nou* la nommoient *Iu-tun*; les Tartares l'appellent *Hou-tan*; les Hindous, *Khiou-tan*, noms dont l'ancienne dénomination Chinoise de *Iu-thian* est une corruption. *Thang-chou*, Description des pays orientaux, k. 221, 1.ʳᵉ part. *p. 16*.

Chinois ne donnent aucun renseignement sur l'écriture de ses habitans, pour les trois premiers siècles de notre ère ; mais au quatrième, ils nous apprennent que les habitans de *Yan-ki [Yerkiyang]* font usage de caractères semblables à ceux des *Po-lo-men* ou Brahmanes. Ils semblent ensuite indiquer l'existence de deux sectes, en disant que ces peuples adorent l'esprit du ciel, et en même temps suivent le culte de *Fo* (1). La remarque relative à l'écriture est répétée dans l'histoire des *Souï*, pour la fin du VI.ᵉ siècle (2) ; et celle des *Thang*, traitant ce sujet un peu plus au long, ajoute que les caractères usités à Yerkiyang sont ceux des Hindous, auxquels on a fait des additions et de légères altérations (3). Ces peuples, continue la même histoire, n'ont pas de mémoires historiques ni de chronologie ; il y a seulement dans les monastères, des religieux qui enseignent à leurs disciples la théologie bouddhique : ces religieux ont leurs livres sacrés, et des codes de morale et de législation, qui sont entièrement semblables à ceux des Hindous ; ceux qui les veulent apprendre, les copient pour se les graver dans la mémoire.

Le royaume de *Sou-le*, que de Guignes croit être celui de *Khasigar* (4), étoit aussi, dès le V.ᵉ siècle, converti au bouddhisme, au moins en grande partie. Un prince de ce royaume, alors très-puissant (5) dans la Boukharie, envoya à l'empereur *Kao-tsoung*, de la dynastie des *'Weï*, comme une relique précieuse, le manteau de *Chakia-mouni Fo* (6). Plus tard, on remarque que les lettres de ces peuples sont celles qu'ils ont reçues

---

(1) *Pian-i-tian*, k. 51, p. 7.

(2) Ibid. p. 9.

(3) Ibid. p. 10.

(4) Les géographes modernes s'abstiennent de prononcer sur l'identité de *Sou-le* et de *Khasigar*. J'aurai, dans un autre ouvrage, occasion d'examiner cette question. Il suffit de remarquer en faveur de l'opinion de de Guignes, que l'histoire des *Thang* donne pour synonyme du nom de *Sou-le* celui de *Khiu-cha*, qui est évidemment la transcription Chinoise de ce qu'il y a de radical dans *Kaschgar*. Voy. *Thang-chou*, k. 221, 1.ʳᵉ part. p. 15.

(5) Au temps des *trois royaumes*, le roi de Sou-le comptoit parmi ses tributaires les États suivans : *Tching-tchoung, So-tchhe, Ko-chi, Khiu-cha, Si-ye, I-naï, Man-li, I-jo, Iu-ling, Siun-tou, Hieou-siun* et *Kin*. La plupart de ces pays sont situés dans la Boukharie.

(6) *Pian-i-tian*, k. 56, p. 7.

des Hindous, et que, malgré les altérations qu'ils leur ont fait subir, ils en ont conservé le fond. Leur langue est, à beaucoup d'égards, assez éloignée de celle des autres pays voisins. Ils sont fort adonnés au culte de *Fo*, et y ont consacré un grand nombre de monastères : les religieux qui y habitent se livrent à l'étude de la théologie ; ils ont des livres sacrés, mais dont ils n'entendent pas le sens, se bornant, le plus souvent, à en réciter les paroles de mémoire, selon ce que l'usage leur a appris (1).

En remontant vers le nord, on trouve chez les géographes Chinois le pays de *Kouëi-tseu* ou *Khieou-tseu*, qu'on croit être celui de *Bisch-balik* et de la rivière *Ili*, et qui, effectivement, ne sauroit en avoir été fort éloigné. Au temps des Tsin (au IV.ᵉ siècle), les *Kouëi-tseu* ayant porté leurs armes jusqu'à *Yerkiyang*, y prirent la connoissance de la religion de *Fo*. Sous les *Liang*, un de leurs rois portoit le surnom de *Chin-tou* [Hindou]. Sous les *Thang*, on leur attribue l'usage d'un alphabet qu'ils ont pris aux Hindous, en lui faisant subir quelques altérations. Les religieux qui habitent dans les monastères sont dépeints comme se livrant aux mêmes occupations que ceux des autres royaumes voisins, et se conformant, pour leur règle et leurs institutions, à ce que leur ont enseigné les Hindous (2). Les cérémonies que ces peuples font en l'honneur de *Fo*, principalement à l'équinoxe d'automne, et les assemblées qui ont lieu dans les temples et devant les images de cette divinité, sont racontées au long dans l'histoire ; mais mieux encore, à ce qu'il paroît, dans un livre que je ne connois que par des citations et de simples extraits, *l'Histoire de l'occident,* par les religieux Bouddhistes. Cet ouvrage doit être infiniment curieux, et il contient sans doute les renseignemens les plus précis sur tous les pays où le bouddhisme a été porté par les Hindous. Sous le règne de *Jin-tsoung* [1022-1062], les *Kouëi-tseu* ayant envoyé plusieurs ambassades en Chine, reçurent pour récompense un des livres de

---

(1) *Pian-i-tian*, k. 56, *p. 9.*
(2) Ibid. k. 51, *p. 18.*

Fo , Fo king i tsang (1). On ne fait point connoître le titre de cet ouvrage ni la langue dans laquelle il étoit écrit. Enfin sous la dernière dynastie, les habitans de Bisch-balik, renouvelés, pour ainsi dire, par l'effet des invasions successives des *Hoeï-hou*, des Mongols et des peuples d'occident, avoient imité les Musulmans dans leur manière de se vêtir; mais leur langue, suivant la remarque de la géographie des Ming (2), continuoit d'avoir les plus grands rapports avec celle des *'Weï-ou-eul*, ou des Ouigours.

A l'occident des *Kouëi-tseu*, les Chinois placent les *Kou-me* ou *Pa-lou-kia*, dont le pays répond à un espace blanc de la carte de d'Anville, au sud-est du lac de Balgach. Il en est parlé dès le temps des *Han*; mais ce n'est que sous les *Thang* qu'on trouve des indications relatives à leur littérature. Ces peuples avoient des lettres qui ressembloient à celles des *Kouëi-tseu*, et s'arrangeoient suivant la même méthode. Leur langue offroit aussi peu de différence (3), c'est-à-dire que leur idiome Turk ou Ouigour, comme celui de Bisch-balik, s'écrivoit avec un alphabet d'origine Indienne. Selon d'autres, l'alphabet des *Pa-lou-kia* étoit formé de trente mots, ou même d'un plus grand nombre, qui, en se combinant ensemble, s'étoient multipliés pour former l'écriture (4). Cette manière de s'exprimer est celle que doit naturellement employer un Chinois, en parlant des lettres Indiennes, dont chacune emporte avec elle une prononciation syllabique. On ajoute que les *Pa-lou-kia* écrivoient perpendiculairement, ce qui pouvoit être, comme nous l'avons observé pour l'ouigour, l'effet de l'influence des habitudes Chinoises. Ils avoient des livres et des chroniques, ainsi qu'un grand nombre d'écrits dont le sens se conservoit par une suite de traditions auxquelles on avoit soin de ne jamais rien changer (5). Le pays de *Ko-chouang-*

---

(1) *Pian-i-tian*, k. 51, p. 27.
(2) *I-thoung-tchi*, k. 24.
(3) *Pian-i-tian*, k. 52, p. 3.
(4) *Description de l'Occident*, par

Youan-tsang, citée dans le *Tseu hio tian*, k. 2, p. 45.
(5) *Tseu hio tian*, ubi suprà.

na, situé à l'occident de *Kou-me*, environ à 45 lieues à l'est de Taras, offroit aussi une écriture dérivée de vingt-cinq (1), ou, selon d'autres, de trente (2) caractères primitifs. On la traçoit *en travers et de gauche à droite* (3), circonstance qui ne permet guère de méconnoître l'écriture Indienne, ou d'attribuer aux habitans de *Koc-houang-na* l'usage de l'alphabet Ouigour ou de celui des Arabes. Cette écriture (ou les livres qu'on avoit écrits en s'en servant, car le terme Chinois *wen* est ambigu) s'étoit répandue au loin, et étoit employée par tous les peuples voisins, qu'on désignoit ensemble par le nom de *Sou-li*, et cette dénomination s'appliquoit aussi à leur langue et à leur manière d'écrire (4).

Voilà les principaux états de la petite Boukharie parcourus; et tout ce que les écrivains Chinois nous y ont fait voir, c'est le culte de Bouddha et l'écriture Indienne portés de l'Hindoustan en Tartarie, quelque temps avant notre ère, et répandus, au nord, jusqu'aux lieux où sont à présent les frontières Russes; à l'orient, jusqu'au lac de Lop : mais rien ne nous indique que les Ouigours eussent adopté ni l'un ni l'autre, ou, pour mieux dire, le peu d'indications que les Chinois ont conservées sur cette nation fort peu importante à leurs yeux, nous conduisent au contraire à supposer qu'ils n'embrassèrent point la croyance Indienne, et qu'ils firent usage d'une écriture dérivée d'une autre source que les alphabets usités dans le reste de la Tartarie. Le premier point est presque démontré par le silence des écrivains Chinois, et principalement par celui des Missionnaires bouddhistes du IV.e siècle. Le second présente moins de sujets de doute encore : les Chinois savent très-bien distinguer les lettres Indiennes, *Thian-tchou chou* (5), de celles des Barbares, *Hou*

---

(1) *Tseu hio tian*, *ubi suprà*.
(2) *Pian-i-tian*, k. 52, p. 45.
(3) *Tseu hio tian*.
(4) *Ibid.* k. 2, p. 45. — *Pian-i-tian*, k. 52, p. 4.
(5) Ils disent de ces lettres, que l'invention en est attribuée à Brahma;

qu'on les trace sur des feuilles de *peï-to;* qu'elles sont très-propres au calcul des temps et à l'étude des sciences, et qu'elles ont servi à la composition du *Ni-pan king* ou livre du *Nirwana*, en quarante-deux chapitres. *Kou-kin thou chou*, *Tseu hio tian*, k. 1 et 2.

chou (1). Les premières, composées de trente signes au moins, étoient en usage dans toute la Boukharie ; les autres, au nombre de quatorze seulement (2), n'avoient cours que chez les Ouigours, et peut-être chez quelques peuples du nord.

Le tableau que je viens de tracer, en m'attachant scrupuleusement aux auteurs Chinois, représente les peuples de la Boukharie, c'est-à-dire, la partie de la nation Turke qui vivoit dans des villes, d'une manière peu conforme aux idées reçues. On doit être surpris de voir les Ouigours n'en occuper qu'une très-petite partie, et leur littérature, si ancienne et si étendue selon l'opinion de quelques auteurs, obtenir à peine une légère mention, et se réduire presque à rien, à l'examen. C'est qu'en effet cette tribu peu considérable, perdue au milieu de nations beaucoup plus puissantes, n'avoit encore, au VIII.ᵉ et au IX.ᵉ siècle, joui d'aucun genre de célébrité, ni obtenu aucune espèce de prépondérance ; ceux qui la soumettoient alternativement, ne prenoient presque point la peine de la compter parmi leurs tributaires. Le renom qu'elle a acquis dans des temps postérieurs, vient uniquement de ce que la puissante nation des *Hoeï-hou* a été confondue avec elle ; de ce que cette nation, après avoir, comme toutes les autres, subjugué les Ouigours, adopta leur alphabet Syro-tartare, et le répandit ensuite, avec l'islamisme qu'elle avoit embrassé, dans toute la Tartarie ; et enfin, de ce qu'au XIII.ᵉ siècle, Tchinggis-khakan et ses successeurs s'attachèrent, comme secrétaires, des écrivains Ouigours (3), les seuls qui, dans ces contrées, pouvoient offrir aux Mongols une écriture plus simple ou plus facile que les caractères Chinois, ou les alphabets

---

(1) Il y a sans doute quelque confusion dans le *King-tsieï tchi* ou *Essai d'histoire littéraire*, quand l'auteur y donne aux lettres des Barbares le nom de *Po-'o-men chou*, lettres des Brahmanes. Je ne sais de quel alphabet occidental entend parler *Weï-sou*, quand il place au nombre des cinquante-six écritures qui lui sont connues, *celle qui est usitée dans les pays des Barbares éloignés, qui a été laissée aux hommes par un certain Ho-ma, roi des Génies, et qui est semblable aux* (caractères chinois nommés) *Siao-tchhouan*. *Tseu hio tian*, k. 2, p. 43.

(2) *Si-iu Hou chou i chi-sse tseu kouan i thsi in ; wen sing, i kouang*. Ibid. p. 12.

(3) *Aboul-ghazi*, Hist. généalogiq. p. 98.

dérivés du dévanagari. Il est donc nécessaire de jeter un coup-d'œil sur l'état littéraire de l'autre division de la nation Turke, qui de tout temps est demeurée attachée à la vie nomade, contente de dominer sur les villes et d'en rançonner les habitans. On pense bien que cette partie de nos recherches ne nous offrira pas des faits bien nombreux. En effet, nous aurions fini en peu de mots, si, aux considérations purement littéraires, nous n'étions obligés d'en joindre quelques autres, prises de la croyance de ces nations errantes. Ce ne sera pas là sortir de notre sujet; car le but de cet ouvrage étant, en dernière analyse, de faire arriver à la connoissance exacte des nations Tartares, par l'examen de leurs langues et de leur littérature, c'est parvenir au but par le chemin le plus court que de découvrir directement les sources où elles ont puisé, avec leurs idées religieuses, l'espèce de demi-civilisation qui en a été le résultat.

Les *Hioung-nou*, les *Cha-tho*, les *Thou-kioueï*, et généralement toutes ces grandes nations nomades auxquelles les Chinois attribuent l'usage des *bois crénelés, khe-mou* (1), au lieu d'écriture, ne nous fourniroient le sujet d'aucune remarque, si nous voulions nous borner à ce qui est l'objet spécial de nos recherches. *Ces peuples n'avoient point de lettres :* telle est l'assertion constante des écrivains Chinois ; par conséquent, ils n'avoient pas plus de livres théologiques que de monumens littéraires proprement dits. Ils avoient donc échappé à l'influence Indienne, aux prédications des Bouddhistes de l'Inde et de la Boukharie. Effectivement, tous les renseignemens qui nous sont parvenus par des sources différentes sur la religion des Turks et des autres Tartares de la haute Asie, tendent à les faire considérer comme soumis à un culte simple et grossier tout à-la-fois, où l'idée d'un Dieu suprême étoit obscurcie par la croyance des esprits.

C'étoit cette même religion des anciens Chinois, où le Créateur n'est point distingué du plus magnifique de ses ouvrages, où Dieu n'a point d'autre nom que celui de *Ciel ;* religion qu'on a très-

---

(1) Voyez ci-dessus, *p. 65.*

improprement

improprement désignée par le nom de *Chamanisme*, et qui n'a certainement rien de commun avec les Samanéens, ni pour l'origine, ni pour le dogme. Qu'elle ait été apportée dans la Tartarie par ceux des descendans de Noé qui marchèrent sur les pas des fondateurs de l'empire Chinois, ou que les Tartares l'aient reçue, comme tant d'autres institutions, des Chinois leurs voisins et leurs dominateurs, auxquels ils sont redevables de presque tout ce qui les distingue des sauvages ; c'est une question qu'il n'est pas de mon sujet d'examiner. Je rappellerai seulement que le mot de *tangri*, formé peut-être de la racine Mongole *tagera* [élevé], est ambigu en turk, comme *thian* en chinois, et signifie également le ciel matériel et le ciel spirituel, auteur de toutes choses. Les empereurs *Hioung-nou* portoient le titre fastueux de *Tangri-koutou* [fils du ciel], comme les empereurs Chinois (1), et ce titre a même passé depuis aux Mongols. Les *Thou-kiouëi* ou Turks proprement dits faisoient tous les ans, à la 5.ᵉ lune du 10 au 20, un grand sacrifice *à l'esprit du Ciel* (2). A 500 *li* à l'ouest du campement de leurs khans, ces peuples alloient honorer un esprit qu'ils nommoient *Po-tengri ;* et dans leur langue, ce mot signifioit *Dieu de la terre* (3). Les Turks, que les écrivains Byzantins nous font connoître au vi.ᵉ siècle, honoroient le feu, l'air et l'eau ; ils adressoient des louanges à la terre; mais ils n'adoroient réellement et ne reconnoissoient comme Dieu, que celui qui a créé toutes ces choses : ils lui sacrifioient des chevaux, des bœufs et des brebis (4). Avant leur conversion au musulmanisme, les Turks seldjoucides adoroient un seul Dieu, qu'ils nommoient *Kauk Tangri*, c'est-à-dire, le *Dieu bleu* (5). Il seroit aisé de multiplier à l'infini les passages des écrivains, tant

---

(1) *Wen hian thoung khao*, k. 341, p. 7.

(2) *Ibid.* k. 343, *p. 4.*

(3) *Ibid.*

(4) Theophylacte, *p. 174.*

(5) En arménien, *Kabouid Asdouevadz*, trad. Arménienne de l'Histoire de Michel Syrien, ms. de la Bibl. du Roi,

n.º 90, fol. 13. *Note communiquée par M. Saint-Martin.*

Il faut remarquer qu'en mongol لـوكـه *lôke* veut dire *bleu*, et que *kœk* en turk signifie *ciel.* Y auroit-il entre ces deux mots quelque rapport d'origine, et n'auroit-on fait que passer de l'une de ces acceptions à l'autre !

alphabet avoit prise dès le xii.ᵉ siècle, contribua, selon toute apparence, à le faire choisir par les Mongols, quand ils commencèrent à écrire, sous les premiers successeurs de Tchinggis.

Les nombreuses tribus Turkes qui s'étoient avancées en Perse et en Syrie, durent adopter plus facilement l'écriture Arabe, que la communauté de langage et de religion a transportée ensuite chez les Musulmans de Kamoul et de Touroufan. Cette adoption, qui n'a pu avoir lieu sans altérer beaucoup l'orthographe et la prononciation du turk, a ouvert la porte à de plus grands changemens, soit grammaticaux, soit littéraires. Ceux des Turks qui se servent des caractères Arabes, ont plus de facilité et d'occasions que les autres, pour introduire dans leur idiome les mots et les formes des langues Arabe et Persane. De là à l'imitation du style, des pensées et des compositions, il n'y a qu'un pas, et les Turks occidentaux l'ont fait. La littérature des Ottomans est toute empruntée; et les ouvrages qu'elle a produits, tant en prose qu'en vers, sont ou des traductions, ou des imitations, où il ne faut pas chercher le génie original des Turks. Cette remarque est encore plus applicable aux traités de théologie, de morale, de jurisprudence. Dans toutes les sciences, les Turks se sont bornés à se montrer disciples fidèles des nations qui, si j'ose ainsi parler, se sont chargées de leur éducation.

A dire vrai, ces peuples, qui ont fait tant de bruit par les armes, n'ont pas par eux-mêmes brillé d'un grand éclat; et pour avoir tant emprunté à leurs voisins, ils n'en possèdent pas de plus grandes richesses. Ils ont pris beaucoup de choses aux autres peuples, et ceux-ci n'ont rien reçu d'eux. Une seule invention leur est due, et s'est répandue plus loin que leur domination; je veux parler du cycle des douze animaux, imaginé par les Kirgis, et maintenant en usage dans presque toute l'Asie orientale. Le modèle en a été incontestablement le cycle duodénaire, employé par les Chinois dès la plus haute antiquité; mais l'idée de substituer aux caractères insignifians qui composent ce dernier, les noms d'animaux domestiques, appartient aux *Kieï-*

kia-sse (1). Outre l'avantage de se graver mieux dans la mémoire, le cycle des animaux a encore celui de fournir aux astrologues des ressources nouvelles, en attachant à chaque année, à chaque jour de la période hexacontaéteride, et même à chaque heure du jour, un caractère pris du naturel réel ou fictif attribué à chacun des douze animaux. Quant au choix de ces derniers, il est difficile de deviner ce qui l'a dirigé. Le bœuf, le lièvre, le cheval, le mouton, la poule, le chien et le pourceau sont des animaux utiles à l'homme, et l'on conçoit qu'il ait voulu en faire porter les noms à quelques périodes de son existence ; mais le rat, le léopard et le serpent ne sont point dans le même cas : le singe ne s'est apparemment jamais trouvé dans les forêts de la Sibirie, ni le dragon en aucun lieu du monde. Quand on déplaceroit le lieu de l'invention de ce cycle, on ne réussiroit pas mieux à le rapprocher de localités qui en expliquassent la composition. Dans l'Inde, on eût sans doute choisi les animaux remarquables qui sont particuliers à la contrée, comme l'éléphant ou le tigre ; on n'y eût point admis le rat, qui n'a rien qui le recommande, ni le dragon, le seul animal imaginaire qui y ait trouvé place. Ce cycle n'a non plus aucun rapport avec les zodiaques d'aucun peuple connu ; et Dupuis seul a pu, à force de multiplier les aspects de la sphère céleste, et d'appeler à son secours des levers héliaques et des paranatellons, trouver, dans les constellations de peuples très-éloignés, de quoi expliquer complétement le cycle des Kirgis. S'il falloit de nouvelles preuves de la futilité de son système, on les trouveroit dans les rapports mêmes qu'il a su faire sortir de ces comparaisons extravagantes, et dans l'accord forcé qu'il produit entre les élémens les plus incohérens, les plus disparates, les plus étrangers les uns aux autres.

Quoi qu'il en soit, le cycle des Kirgis a été primitivement composé de noms Turks ; mais les Mongols, les Tibetains, les Japonois, les Persans, les Mandchous, l'ont traduit dans leurs

---

(1) *Wen hian thoung khao*, k. 348, p. 7.

langues, en conservant soigneusement l'ordre des animaux ; de sorte que ce cycle forme une manière de dater commune à toutes ces nations, et facile à rapprocher par le moyen du cycle duodénaire des Chinois, de celui de soixante des mêmes Chinois. C'est un moyen sûr pour vérifier les dates de l'histoire des Mongols et des autres Tartares, qu'on trouve rapportées par les écrivains orientaux et par ceux qui les ont suivis. C'est ainsi, par exemple, qu'on s'aperçoit que Petis de la Croix, dans la vie de Tchinggis (1), s'est toujours trompé d'une année, en rapportant aux années de l'ère vulgaire les dates marquées par le cycle des animaux. La souris est la première année de ce cycle ; par conséquent, la 1.re, la 13.e, la 25.e, la 37.e et la 49.e du cycle de soixante : elle répond donc, dans la vie de Tchinggis, aux années 1156, 1168, 1180, 1192, 1204, 1216 de notre ère, et non pas aux années 1155, 1167, 1179, 1191, 1203, 1215, comme l'auteur dont nous parlons l'a supposé.

Si les détails précédens suffisoient pour nous donner une notion exacte et précise des révolutions de la langue et de la littérature des Turks, nous pourrions aborder avec plus de confiance la partie de notre sujet qui offre les questions les plus obscures, les plus compliquées, et les plus importantes ; je veux parler de l'étymologie, qui, en faisant distinguer dans un idiome le fond qui lui est propre, des élémens étrangers qu'on y a mêlés, met sur la voie pour reconnoître des révolutions oubliées, et nous aide à lire, dans ces annales secrètes qu'un peuple conserve sans s'en douter, le récit sommaire, mais authentique, de ses conquêtes ou de sa soumission politique, morale, littéraire et religieuse. Ainsi les mots Persans et Arabes qui abondent jusque dans l'ouigour de Kamoul et de Touroufan, et dont le nombre toujours croissant à mesure qu'on revient vers l'occident, attesteroient, si le souvenir en étoit jamais perdu, les efforts croisés des Missionnaires musulmans et des nations conquérantes du Turkestan. Ainsi les mots Chinois qu'on retrouve dans le dia-

---

(1) Histoire du grand Genghizcan; Paris, 1710, *in-12*.

lecte de Constantinople, et qu'on y reconnoîtroit sans doute en bien plus grand nombre, si l'on étoit bien informé des altérations que ces mots ont éprouvées dans l'empire même, par l'effet du temps, ou par la confusion des dialectes provinciaux ; ces mots, malgré l'éloignement des lieux, ne sont pour l'homme qui connoît les révolutions de la Tartarie, qu'une preuve de plus de l'origine orientale des Turks, et du séjour prolongé des armées Chinoises dans l'intérieur de l'Asie. L'Égypte obéit encore à des chefs dont le titre est indubitablement Chinois, et qui, plus ou moins altéré, se retrouve sur toute la route, comme pour nous conduire à son origine. On sait que la dignité de *pe* ou de *prince* [dans la langue vulgaire, *beg* ou *bek*] fut souvent accordée à des princes Tartares. Aujourd'hui, les tributaires de *Ili*, d'*Aksou*, de *Khasigar*, sont appelés بىگ *bek* par les empereurs Mandchous (1), et l'on ne peut presque pas douter que le nom de بك *beg* ou *bey* n'en soit dérivé.

Les troupes des Osmanlis marchent sous des étendards qu'ils ont appris des Chinois à nommer توغ *thoug* (2), et qui, formés de crins de chevaux, comme chez ceux-ci de queues de bœufs, sont chez les deux peuples la marque du suprême commandement militaire. Il ne seroit peut-être pas impossible de trouver d'autres rapprochemens dans le fond même de la langue. Le nom d'agent Turk en *tchi*, répond assez bien à celui qu'on peut former en chinois, en ajoutant à un verbe la particule *tche*. دكمك *dekmek* (radical دك *dek*) [atteindre], n'est pas fort éloigné du chinois *te* (suivant la prononciation vulgaire *dek*); mais l'analogie n'est pas moins remarquable dans le nom d'agent دكجى *dekidji*, en chinois *te-tche* ou *dekdje*; طاك *dan* [point du jour], semble être le mot Chinois *tan* [*dan*] qui a le même sens ; صو *sou* [eau] n'est

---

(1) *Mandchou gisoun - ni poulekou*, classe de l'homme.

Les princes des Khazars, au IXe siècle, avoient le titre de Πεχ, suivant Constant. Porphyrogénète, *de Administr. imperii*, c. 42, ed. Meurs. p. 129.

(2)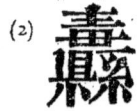

pas éloigné de 水 *chouï*, ni يز *yaz* [été] de 夏 *hia*, ni عُي *yag* [huile] de *yeou*. L'analogie seroit encore bien plus forte et plus générale, si, au lieu de la langue Mandarinique qui est celle de la province de *Nan-king*, nous pouvions prendre les patois du *Chen-si* ou du *Chan-si*, pays où s'est souvent opéré le mélange des Chinois et des Turks; mais plus il est aisé, à raison du petit nombre des vocables Chinois, de multiplier les rapprochemens, et plus on doit se rendre sévère à les admettre, quand les mots qu'on veut comparer ne portent pas un caractère incontestable d'identité ou de similitude.

Ce caractère s'observe dans un grand nombre de mots qui sont communs au turk et au mongol; et le seul embarras qui puisse rester, c'est pour déterminer celui des deux peuples qui les a donnés à l'autre. Quelques auteurs n'ont vu là aucun sujet de doute; et se fondant sur ce que la civilisation devoit être plus ancienne chez les Turks que chez les Mongols, ils ont prononcé que ces derniers devoient avoir emprunté aux autres les noms des métaux, par exemple, et de quelques autres objets nécessaires à la vie (1). Mais il me semble que c'est-là poser ce qui est en question; car si l'on venoit à découvrir que quelques nations de race Mongole ont été civilisées plutôt que les Turks, il en faudroit conclure que les mots dont il s'agit ont été reçus et non communiqués par ceux-ci, puisqu'il n'y a rien dans la forme intime de plusieurs de ces mots, ou dans leur étymologie qui manifeste clairement une origine Turke plutôt que Mongole. On pourroit se décider avec plus de confiance, si l'on avoit la certitude qu'avant les Mongols de Tchinggis, aucune nation de

---

(1) Den Gebrauch der Metalle, mit Ausnahme der Kupfers, kannten sie [die Mongolen] nicht; denn die Worte, welche bey ihnen diese Gegenstænde bezeichnen, so wie die Namen anderer Lebensbedürfnisse, sind alle *Tatarischen Ursprungs*, und es ist daher sehr wahrscheinlich, dass sie diese Dinge selbst durch die südlich von ihnen wohnenden *Tataren*, die etwas civilisirter waren als sie, kennen gelernt haben. *Reise in den Kaukasus*, u. s. w. t. *I, p. 156*.

Remarquez que, dans ce passage, comme dans tous ceux que j'ai cités du même auteur, le nom de *Tatars* est appliqué, conformément à l'usage ordinaire, aux nations de race Turke.

SUR LES LANGUES TARTARES.

la même race n'avoit encore dominé dans la Tartarie; mais c'est, au contraire, ce que l'histoire nous montre comme très-problématique, ainsi que nous l'avons vu précédemment. Il suffit pour notre objet présent que les rapports dont il s'agit, loin d'être fréquens et multipliés, tombent au contraire sur un assez petit nombre de mots, eu égard à la totalité des mots de chacun des deux idiomes.

Les nations Turkes qui habitoient le plus près de celles de race Mongole, doivent naturellement avoir avec ces dernières un plus grand nombre de points de contact ; et ce n'est pas une raison suffisante pour distinguer une classe de tribus *Mongoles-tatares*, ou, pour mieux dire, *Mongoles-turkes*, comme l'a fait Adelung (1). Quand il seroit vrai que les Telengoutes et les Yakoutes parleroient un langage fort mêlé de mots Mongols, il n'en seroit pas moins démontré qu'ils appartiennent à la race Turke, comme le prouvent les vocabulaires, bien pauvres, à la vérité, et bien imparfaits, que nous avons de ces peuples. Aboulghazi a beau comprendre les Telengouts parmi les divisions de la nation des Ouirats (2); nous ne verrons dans ce rapprochement qu'un nouvel exemple de la confusion que cet écrivain a portée dans l'histoire des Tartares, en s'efforçant d'allier les traditions diverses des Mongols et celles des Turks, comme l'ont fait presque tous les auteurs qui ont traité ces matières depuis le mélange des deux races sous les Tchinggis-khanides. Le nom de *Kalmouks blancs*, que les Russes ont donné aux Telengouts, ne sera pas pour nous une preuve que cette tribu ait aucun rapport d'origine avec les Olets, puisque, selon la remarque de Muller (3), le mot de *blanc* marque une différence dans les traits du visage et dans le teint, qui en suppose une autre dans la race. Les Telengouts d'ailleurs parlent turk (4), et c'en est assez pour

---

(1) Mithridate, *t. I, p. 491.*
(2) Hist. généalog. *p. 114.*
(3) Sibirische Geschichte, dans le *Sammlung Russische Geschichte*, t. III, p. 201, édition de 1777-79.
(4) Sie [die Telenguten] würklich in der Gesichtsgestalt und Farbe etwas voraus haben, und mehr den Tataren aehnlich sind. Da sie nun auch die Tatarische Sprache reden, so scheinen mir diese beyden Gründe ein Beweiss zu seyn, dass man sie ohnerachtet des

que nous adoptions la conclusion de Muller, qui les range parmi les Turks, et non parmi les Kalmouks.

Enfin les Turks ont eu depuis long-temps beaucoup de rapports avec les nations Gothiques et Hindo-scythiques qui habitoient encore en Tartarie quelques siècles après notre ère; et ces rapports, attestés par tous les écrivains Chinois, fourniroient un moyen conjectural, à la vérité, mais en tout conforme à la vraisemblance historique, pour expliquer l'introduction des verbes auxiliaires et des temps composés dans la langue Turke. Depuis l'extrémité de l'Asie, on ignore entièrement l'art de conjuguer les verbes, où du moins les participes et les gérondifs jouent le principal rôle dans les idiomes Tongous et Mongols, où la distinction des personnes est inconnue. Les Turks orientaux en offrent les premiers quelques traces; mais le peu d'usage qu'ils en font semble attester la préexistence d'un système plus simple. Enfin ceux des Turks qui touchoient autrefois la race Gothique dans les contrées qui séparent l'Irtich et le Jaïk, qui l'ont repoussée ensuite, et bientôt poursuivie jusqu'en Europe, ont, de plus que les Turks orientaux, quelque chose qui leur est commun avec les nations Gothiques, la conjugaison par le moyen des verbes auxiliaires; et malgré cette addition qui semble étrangère à leur langue, celle-ci conserve quelque chose du mécanisme gêné des idiomes sans conjugaison. Voilà le fait et ses principales circonstances exposés : la conjecture qui en donneroit l'explication me semble assez naturelle. C'est celle qu'Adelung a proposée peut-être un peu légèrement, et sans avoir suffisamment approfondi la matière, quand il a dit qu'en turk, non-seulement le fond primitif de l'ancien tatar étoit mêlé de mots Arabes et Persans, mais qu'il y avoit encore beaucoup de germanique, qu'ils avoient apparemment contracté par la liaison et le voisinage des deux peuples, dans leur demeure primitive de la haute Asie (1). Adelung est obligé de supposer ici un fait que

Ansehns des Abulgasi, eher für Tataren [Türken], als Calmücken anzusehen habe. *Ibid.*

(1) In dieses Sprache ist der alte Tatarische Grundstoff nicht allein mit Arabischen und Persischen Wœrtern

nous avons eu soin d'établir avant de proposer aucune conjecture.

Les Turks se sont étendus dans des contrées si vastes, ils ont à tant de reprises rompu et de si loin dépassé leurs barrières naturelles, ils se sont mêlés à tant de peuples différens, qu'il n'y a presque pas de nation au monde qui ne puisse leur avoir fourni quelques expressions. Placés, pour ainsi dire, entre l'Italie et la Chine, entre le golfe Adriatique et le lac Baïkal, entre les Samoyèdes et les Hindous, ils ont pu enrichir leur langue d'emprunts faits aux Grecs, aux Goths, aux Slaves, aux Finnois, aux Arabes, aux Persans, aux Tibetains, aux Indiens, aux Mongols, aux Tongous, aux Sibiriens, aux Chinois. C'est ce qui est arrivé, et l'on pourroit, si de pareilles divisions avoient quelque utilité, distinguer autant de dialectes différens, ou même autant de races mixtes, que les Turks ont soumis de provinces, hors de leurs limites primitives : mais des mots introduits ne changent point une langue; elle reste ce qu'elle étoit, si son génie n'est point altéré. Le turk mêlé de mots grecs, italiens, arabes et persans, qu'on parle à Constantinople, est toujours du turk, sous le rapport de la grammaire, qui est le rapport essentiel, et celui par où les langues, loin de se confondre, se repoussent le plus long-temps et de la manière la plus efficace. D'un autre côté, nous n'avons pas besoin ici de suppléer par des recherches étymologiques, à l'histoire, qui nous apprend très-bien, au moins pour les temps modernes, les liaisons que les Turks ont eues avec les nations dont ils se sont faits voisins, et l'extension qui en est résultée pour la race conquérante et la langue qu'elle parle.

Les provinces de l'empire Ottoman où, non-seulement les Turks sont le peuple dominateur, mais où ils constituent une portion considérable de la population, et où ils ont remplacé en tout ou en partie les anciens habitans, sont la Thrace et la

---

gemischt, sondern es findet sich auch viel Germanisches darin, welches auf eine nahe Verbindung beier Vœlker, vermuthlich in ihren Wohnsitzen im mittlern Asien schliessen lässt. *Mithridates*, t. I, p. 462. Voyez aussi *Podesta, apud Leibnitium, Op. omn.* t. VI, part. II, p. 229, seq.

Macédoine, où les premiers empereurs de la race d'Othman donnèrent des fiefs aux officiers de leurs armées, et où la postérité des conquérans s'est considérablement multipliée. Il y en a beaucoup, et pour la même raison, en Bosnie, et ceux-ci sont réputés les plus vaillans des Turks. Dans l'Asie mineure, les Turks et leurs anciens compagnons les Turkomans forment, depuis six siècles, la race la plus nombreuse, et ils ont donné au pays le nom de Turquie, sous lequel il étoit connu dans le moyen âge. Les tribus Turkomanes, divisées et subdivisées en un nombre prodigieux de branches et de rameaux, occupent tout l'intérieur de la contrée ; et jusque dans la partie occidentale de l'Arménie, toutes les plaines sont couvertes de leurs tentes. Dans les villes, les Turks sont mêlés avec les descendans des Grecs et des Arméniens. La Géorgie méridionale est remplie de Turks nommés Khasak, et ces peuples s'étendent au loin du côté du midi, en Arménie, sans toutefois passer sur la rive gauche du Kour. Le Daghestan, le nord du Schirwan, quelques cantons dans la partie orientale du Caucase, sont occupés par les Koumouks, mêlés de Mankats ou Nogaïs. Les plaines du Schirwan sont peuplées de Turkomans, et généralement cette nation s'étend dans toutes les provinces septentrionales de la Perse, où l'une de ses tribus a donné naissance à la dynastie régnante. On n'en trouve que très-peu dans les provinces du midi. Le nombre en est plus grand dans celles de l'est, et la partie septentrionale du Khorasan confine avec des contrées où, depuis long-temps, les Turks sont entièrement naturalisés. Le Dahistan, le Kharism, toute la côte orientale de la mer Caspienne, les pays situés autour du lac d'Aral, et sur la rive gauche du Sihon, sont peuplés par une race mêlée, dont le langage a pour base le dialecte Turk qu'on nomme tchakhatéen. Plus à l'orient est la petite Boukharie, qu'on nomme plus convenablement Turkestan ou pays des Turks proprement dit. Avant de le parcourir, revenons sur nos pas pour compter les principales subdivisions d'une autre branche de la nation Turke, pareillement étendue vers l'ouest, mais au nord de la mer Caspienne, du Caucase et de la mer Noire.

Ceux qui vivent le plus à l'occident sont les Mankats ou Nogaïs de *Boudjak*, qui habitent dans la Bessarabie, vers les bouches du Danube, entre ce fleuve et le Dniester. La tribu de *Yedzan*, entre le Dniester, le Bog et le Borysthène; celle de *Djamboïlouk*, entre le Borysthène et le Tanaïs et dans la Krimée, au-delà du Tanaïs et du détroit de Kaffa; celle de Kouban, considérablement diminuée depuis la conquête des Russes, sont des restes de la principauté fondée par Batou dans le Kaptchak, et l'ensemble en est désigné par le nom de Nogaïs. Plus au nord, et dans le pays qui est à l'orient de Moscou, sur les deux rives du Wolga, dans les gouvernemens de Riazan, de Wiatka, de Simbirsk, de Kasan, de Perm et d'Oufa, on trouve un grand nombre de Turks que les écrivains Allemands ont coutume de nommer en général *reine Tatarn* [Tatars purs], et d'autres qui sont connus sous le nom particulier de Meschtchireks, de *Baschkourt* ou Baschkirs, de Kara-kiptchak ou Kara-kalpaks, &c. Les premiers sont les descendans des Turks qui formoient, sous les noms empruntés de Mongols ou de Tatars, l'armée de Batou, qui s'avancèrent jusqu'en Pologne, et, forcés ensuite de se concentrer dans le Kaptchak, y fondèrent une principauté qui fut soumise aux Russes vers le milieu du XVI.e siècle. Les autres paroissent tirer leur origine des nations Turkes, qui déjà plusieurs fois avant Tchinggis s'étoient approchées de l'Europe, ainsi que nous le verrons bientôt.

A l'orient de ces Turks, habite la puissante nation des *Khaïsak* ou Kirgis, partagée en trois branches principales qu'on appelle *petite horde*, *horde du milieu* et *grande horde*. Cette division de la nation Turke occupant les régions qui s'étendent de la pointe septentrionale de la mer Caspienne aux montagnes de Kaboul et du Tibet, forme le point de jonction de la branche méridionale avec celle du nord. La partie même de cette nation qui est soumise à la Russie, a conservé une sorte d'indépendance qui rend son voisinage incommode et dangereux. La *grande horde* est comptée parmi les tributaires de l'empire Chinois; mais sa soumission se borne, comme celle des autres

Tartares de ces contrées, à reconnoître la suprématie du khan des Mandchous, et à envoyer de temps à autre quelques ambassadeurs à Peking.

Le midi de la Sibirie est rempli de nations Turkes qui sont en partie issues des armées qu'y conduisirent les Mongols au XIII.ᵉ siècle, et en partie aussi sont les restes des anciens habitans du pays. Les Russes qui les ont soumis à la fin du XVI.ᵉ siècle, les désignent, pour la plupart, par le nom commun de Tatars, auquel ils ajoutent celui de la ville ou du canton où ils les trouvent fixés. C'est ainsi qu'ils distinguent les Tatars de Tobolsk, de Tom, de l'Obi, de Krasnoyar, ceux du Tchoulim, et autres qui habitent entre les monts Oural et l'Irtisch, entre l'Irtisch et l'Obi, et jusqu'au fleuve Éniseï. Ils ont conservé des noms particuliers aux Telengouts, aux Katching, et à quelques autres tribus chez lesquelles le voisinage des Tongous et des Olets a introduit des expressions étrangères, et sur-tout beaucoup de mots Mongols, et que, pour cette raison, M. Adelung réunit sous le nom particulier de race Mongole-tatare (1). Ne quittons point les Turks Sibiriens sans faire mention des *Sokhalar*, communément appelés Yakouts, qui vivent sur les rives de la Lena, près de la mer Glaciale, mais qui sont séparés du gros de leur nation, et comme perdus au milieu de tribus sauvages étrangères aux quatre races Tartares, et peu dignes de fixer l'attention de l'historien et du philologue.

Les tribus Mongoles, errantes à l'ouest des monts Altaï, séparent les Turks Sibiriens soumis à la Russie, de ceux qui habitent les villes de la Boukharie. Plus à l'ouest, les Khaïsak, qui ont succédé dans ces contrées à la puissance des *Dchoun-gar*, forment au contraire le point de réunion entre les Telengouts, les Turks de Tomsk, de Kouliwan et de Kouznetsk, d'une part, et ceux de Khasigar et d'Aksou, de l'autre. Une ligne de villes fondées, suivant toute apparence, par l'effet des relations commerciales entre la Chine et l'occident, ligne que la politique des Mandchous a renforcée par une suite non interrompue de villages et de relais

(1) Mithridates, t. *1*, p. 491.

pour les postes et les garnisons, conduit depuis le lac de Balgach jusqu'à Kamoul. D'autres routes également marquées par des relais et de petits forts construits d'espace en espace, mènent, à travers le désert, de la frontière occidentale du Chen-si à Khotan, à Yerkiang, à Khasigar et jusqu'à Taschkand. Tous les habitans de ces contrées sont des Turks citadins que les Chinois nomment *Hoeï-tseu* (1) ou Musulmans. Ils les distinguent en cinq classes, qui sont : 1.° les *Hoeï-tseu* de *Ha-mi* [Kamoul]; ils forment une bannière dans les armées Mandchoues. Leur prince nommé *Ebeïdoule*, ayant rendu des services importans sous le règne de *Khang-hi*, fut élevé au rang de chef de bannière. Yousouf, descendu de lui à la troisième génération, fut créé roi, en récompense de la fidélité que sa famille avoit toujours montrée. 2.° Les *Hoeï-tseu* de Tourfan, formant aussi une bannière. 3.° Les *Hoeï-tseu* nouvellement soumis. En 1759, lorsque le pays d'Ili fut réuni à l'empire, les princes Turks de ces contrées vinrent demander à se soumettre ; on leur donna les titres de *Wang, Peïle, Goung, Dchasak, Taïdji*, et on leur assigna une demeure dans la province impériale. 4.° Les *Hoeï-tseu* assujettis et réunis à l'empire. On nomme ainsi les tribus occidentales qui habitent dans les villes d'Ouchi, de Khasigar, de Yerkiang, de Khotiyan [Khotan], d'Aksou, de Koutche, de Chayar, de Saïrim, de Phidjan, d'Ili, de Kourle, de Bougour, de Baï, de Khara-char, et dans une dixaine d'autres. On leur a laissé leurs lois particulières, et des chefs de leur nation qui portent tous le titre de *bek*, depuis l'*akim-bek*, qui est apparemment le plus élevé, jusqu'au *ming-bek* ou chiliarque. 5.° Enfin les *Hoeï-tseu* tributaires, qui sont ceux d'Ochi et d'une dixaine d'autres villes, que ne nomme pas l'auteur qui me fournit ces détails (2). Il s'agit vraisemblablement des villes les plus occidentales où s'étende l'influence Chinoise, et dont, pour cette raison, la situation est indiquée dans l'almanach impérial, c'est-à-dire en allant d'orient en occident, Ochi, Bolor et Badakchan, Andjian dans

(1) Les Mandchous écrivent ce mot ﺧﻮﻳﺴﻪ *Khoïse*.
(2) Dictionnaire universel Chinois-mandchou, *t. III, p. 25 et suiv.*

le Pourout, Siknan, Wakhan, Orochan, Namgan, Khotkha et Tasigan(1) ou Taschkand. Nous terminons à cette ville, située sur le Sihon, l'énumération des contrées habitées par les Turks; nous y retrouvons ceux du Mawarennahar, qu'on nomme vulgairement Usbeks, Kirgis et les Karakalpaks.

Telle est, dans l'état actuel des choses, la prodigieuse extension de la race Turke, qui occupe dans l'ancien continent un espace immense, si l'on compte comme lui appartenant les pays où ses nombreuses branches sont mêlées à des races différentes : mais pour trouver celui où l'on doit placer son origine, il est nécessaire de remonter, conformément au plan suivi jusqu'à présent, à l'époque où l'histoire nous présente pour la première fois les Turks, non sous ce nom, qui peut être, comme celui de *Mongols* et de *Tatars*, une dénomination particulière devenue générale, mais sous un nom quelconque, en suivant les analogies de langage et d'origine qui doivent nous guider dans cette recherche.

On connoît historiquement les circonstances qui ont conduit en Europe les Turks de Constantinople, auxquels le nom de Turks a été presque exclusivement consacré par l'usage ; et quelque opinion qu'on embrasse sur l'origine de la famille d'Othman, on est assez d'accord pour regarder la nation même comme une branche de celle des *Ous*, venue du Kharism ou du Khorasan dans l'Asie mineure, au temps de l'irruption de Tchinggis. Les princes passèrent d'abord au service des sultans Turks d'Iconium, et fondèrent ensuite, dans la Karamanie, la Turquie et ailleurs, différentes petites principautés, dont l'une a donné naissance à la dynastie des Ottomans. Cette origine rapproche les Turks proprement dits de ceux qui sont encore actuellement répandus dans différentes provinces de la Turquie d'Asie et de la Perse, sous le nom de Turkmans ou Turkomans. Les

---

(1) *Daïtsing Gouroun-ni, Apkaï wekhiyekhe-i gôsin douïtsi aniya erin forgon-ni ton pitkhe*, Annuaire de la grande dynastie des Mandchous, pour la 34.ᵉ année de la protection céleste [1769], *p. 38* de la Table des positions de tous les lieux de l'empire.

principautés

principautés fondées par ceux-ci dans le Kharism, le Khorasan l'Arménie et la Mésopotamie, sous les noms de Bayandouriens, ou Turkomans du mouton blanc, de Turkomans du mouton noir, d'Ortokides, &c., ainsi que les différentes branches de la famille des Seljoucides, se reconnoissoient issues de la nation des Ous, qui, depuis le IX.ᵉ siècle, habitoit au nord de la mer Caspienne, sur les rives du Jaïk (1). Suivant les Chinois, cette nation habitoit autrefois à l'orient des Kirgis, sur la rivière d'*Ous*, qui se jette dans l'Eniseï, à la hauteur du lac de Khousô (2), et qui leur a donné son nom. Quoi qu'il en soit, les Ous sont les premiers Turks qui aient passé le Gihon en corps de nation, et pénétré dans la Perse et dans l'Asie mineure. Jusqu'au XI.ᵉ siècle, où leurs invasions commencèrent, on n'avoit encore introduit dans ces contrées que des esclaves achetés dans le Turkestan, et la population Arabe ou Persane s'étoit, à peu de chose près, maintenue sans mélange.

Dans le nord, les invasions des Turks ont eu lieu plutôt et ont été plus souvent répétées. Les Mankats, que nous trouvons établis entre le Don et le Danube, y ont été amenés, sur la fin du XIII.ᵉ siècle, par un prince nommé Nogaï, qui étoit vassal du khan de Kaptchak. Il est difficile, avec le peu de monumens historiques que nous possédons sur ces matières, de décider si les Mankats avoient été amenés en occident par les Mongols, ou s'ils les avoient précédés. Aboulghazi place une tribu de Mankats parmi celles qui descendent de Toumene, l'un des ancêtres de Tchinggis (3), et il la nomme encore au nombre de celles qui formoient l'héritage de Tchinggis (4). Si son texte n'est point altéré en cet endroit, les Mankats sont les *Mangous* de Gaubil (5); leur origine seroit encore plus orientale que celle des Kirgis.

Les voyageurs du moyen âge qui traversèrent le Kaptchak, et qui nous ont peint ces contrées dans l'état où les Mongols

---

(1) Constant. Porphyrog. *de Administr. imp.* c. 37.
(2) *Sou Houng kian lou*, k. 42, p. 73.
(3) Hist. généalog. p. 151.
(4) Ibid. p. 163.
(5) Hist. des Mongous, p. 5.

les avoient mises, les représentent comme un vaste désert où il ne restoit plus que quelques foibles débris des Komans, nation jadis puissante, attaquée, dispersée, et presque anéantie par les Tchinggis-khanides. Ces peuples, qui, depuis le xi.ᵉ siècle, habitoient au nord de la mer Noire et du Caucase, entre les bouches du Danube et le Wolga, parloient un dialecte Turk, suivant ce que nous apprend Rubruquis (1) et ce que nous voyons aussi dans les fragmens conservés par Thunmann et Dugonics (2). Si quelques individus Komans établis en Hongrie y ont apporté ou adopté un dialecte Finnois et non Turk, c'est un fait qui n'a rien de surprenant et qui tient à un mélange dont nous parlerons bientôt. Il n'en est pas moins certain que le gros de la nation Koman étoit Turk, et l'on a même de fortes raisons de penser qu'ils appartenoient à la famille des Ous, dont nous avons vu que les Turkomans et les Turks de Perse et d'Asie mineure étoient descendus.

En s'avançant vers l'occident, les Komans trouvèrent la nation des Kangar ou Kangli, nommés Patzinak par les écrivains Byzantins, et Petcheneg par les annalistes Russes. Ceux-ci, d'abord puissans sur le Wolga, avoient fait, dès 839, une irruption chez les Khozars. Ils s'étoient ensuite portés vers le midi, dans la Moravie et dans la Thrace, et, dépossédés par les Komans de leur ancien pays, ce fut dans ces contrées méridionales qu'ils se conservèrent le plus long-temps, ne cessant de se rendre incommodes aux Grecs, jusqu'à ce qu'Emmanuel Comnène mit fin à leurs incursions. Les *Kangli* parloient la même langue que les Komans (3), et Aboulghazi rapporte leur origine à Ogous; ce qui, dans le langage de cet historien, signifie seulement que c'est une des tribus les plus anciennes de la nation Turke. Les *Kangli*, suivant lui (4), avoient habité quelque temps dans le Kaptchak, conjointement avec les Turkomans. Ils s'établirent ensuite auprès des rivières d'*Isikoul* et de *Talasch*, au midi du lac Saïsan. Plan-Carpin trouva quelques restes des

(1) *C. xxviij.*
(2) *Voy.* Mithridates, *t. I, p. 480.*
(3) Ann. Comn. ad ann. 1083-1096.
(4) Hist. généalog. *p. 85.*

Kang-li, qu'il nomme *Cangites*, à l'orient du pays des Komans, et à l'ouest d'un pays habité par des Turks musulmans, *qui parlent coman, mais tiennent la loi des Sarrasins* : ce sont ses expressions (1). Si l'on pouvoit ajouter quelque foi à l'étymologie du nom de *Kangli*, qu'Aboulghazi tire du mot *kang* [chariot] (2), on rapprocheroit ces peuples de ceux auxquels les Chinois donnent le nom de *Kao-tchhe*, qui a la même signification. L'origine de ces derniers se rapporteroit assez bien au peu qu'on sait de celle des Petchenegs. Enfin le nom de *Khang* ou *Khang-kiu* [demeure des Khang], sous lequel les historiens de la dynastie des *Han* et des *'Wei* ont décrit la partie orientale du Kaptchak, n'avoit, selon toute apparence, aucun rapport avec celui des *Kangli*; mais par un hasard singulier, il a servi, au temps des dynasties *Soüi* et *Thang* (de 580 à 907), pour désigner le pays des Kangli, pays où, comme nous le verrons bientôt, une famille Tartare, originaire des montagnes de Kamoul, avoit fondé plusieurs principautés, voisines, au midi, de la Perse et des Turks-hindous *[Thou-kiouëi-Pho-lo-men]*, au nord et à l'ouest, des *Thou-kiouëi*, des *Ko-sa* ou Khozars, et de l'empire Romain (3).

Ces Khozars dont je viens de parler, et que les Petchenegs, unis aux Komans et aux Russes, détruisirent vers la fin du IX.ᵉ siècle, avoient, depuis le commencement du VII.ᵉ, possédé les plaines qui sont au nord du Caucase, les rives du Wolga, et la Krimée, nommée à cause d'eux Khozarie. Les Orientaux sont d'accord pour donner aux Khozars le nom de Turks (4). Ils comptent parmi les fils de Japhet un personnage nommé *Khazar*, qu'ils font frère cadet du patriarche Turk (5). Nicéphore, Théophanes et les autres écrivains Byzantins, nomment les Khozars, Turks, et souvent Turks orientaux (6). *Ma-touan-*

(1) Voyage de Carpin, *ch. 12 et 13*.
(2) Hist. généalog. p. 41.
(3) *Thang chou*, k. 221, dern. part. p. 3 et suiv.
(4) Bakouï, extrait par de Guignes, dans les *Notices et extraits des Manuscrits*, t. II, p. 532.

(5) Mirkhond, cité par d'Herbelot, *Bibl. Or.* au mot *Khozar*.—Aboulghazi, Hist. généal. p. 23. On lit dans la trad. Françoise, *Chars*, au lieu de *Khozar*; c'est une faute.
(6) Theophan. p. 263, seq. — Nicephor. patriarch. p. 11, seq.

lin, traitant des mœurs des *Thou-kiouëi*, ou Turks proprement dits, attribue à cette nation un usage singulier. Chaque fois qu'un nouveau prince montoit sur le trône, on lui passoit au cou une pièce d'étoffe qu'on serroit jusqu'à lui ôter la respiration; et quand on le voyoit près de s'évanouir, on lâchoit le nœud, et l'on se hâtoit de lui demander combien d'années il devoit régner. Les paroles entrecoupées que dans son trouble il venoit à prononcer, étoient prises pour un indice de la durée de son règne (1). Une coutume aussi bizarre ne peut guère avoir été imaginée deux fois : or, Ibn Haukal nous apprend qu'elle existoit chez les Khozars (2). Malgré ce rapprochement et les autorités rapportées plus haut, sans adopter pleinement l'opinion de M. Wahl, qui croit les Khozars originaires de la Géorgie (3), comme lui j'ai peine à croire qu'ils aient appartenu à la race Turke. Faute de renseignemens positifs sur leur langue, nous serons forcés de nous en tenir à des considérations d'un autre genre. Bakouï dit que ces peuples sont de deux espèces, *les uns blancs, les autres blonds ou roux* (4). Nous verrons ailleurs que les peuples blonds observés par les Chinois dans la Tartarie n'appartenoient à aucune des races que nous avons nommées Tartares. Ibn Haukal dit aussi des Khozars, qu'ils ressemblent aux Turks dont ils sont voisins; mais qu'il y en a de deux espèces : les uns ayant un teint brun si foncé, et les cheveux si noirs, qu'on les croiroit descendus des Indiens; les autres ayant un teint blanc (5). Les principaux habitans de la capitale des Khozars étoient des Musulmans, dont la langue, semblable à celle des Turks, n'étoit entendue d'aucune autre nation (6). Du reste, le langage des Bulgars et celui des Khazars sont une seule et même langue (7). Tel étoit encore l'état des choses au x.ᵉ siècle,

(1) *Wen hian thoung khao*, k. 343, *p. 3.*
(2) The Oriental Geography of Ebn-Haukal, translated by W. Ouseley, *p. 189.*
(3) Altes und neues Mittel und Vorder Asien, *p. 443.*

(4) Extrait par de Guignes; Notices, *t. II, p. 532.*
(5) Oriental Geography, *p. 188.*
(6) Ibid. *p. 186.*
(7) Ibid. *p. 190.* Voyez sur-tout, pour tous ces passages d'Ibn Haukal, l'excellente *Notice de la Géographie orien-*

et il est bien permis de penser que le nombre des Turks étoit alors plus considérable dans ces contrées, qu'il n'avoit été auparavant. Moyse de Khorène place une invasion de Khozars en Arménie, vers l'an 200 de J.-C. (1). A cette époque, il est à-peu-près sûr qu'aucun peuple Turk n'avoit encore passé le Jaïk, ni rompu la barrière naturelle que les nations Gothiques et Finnoises leur opposoient du côté de l'occident; d'ailleurs, d'après le récit des historiens de Byzance, les Khozars semblent avoir primitivement habité sur le revers septentrional du Caucase, et s'être portés ensuite sur le Wolga et vers l'orient, au contraire de ce qu'eût dû faire une tribu Turke. Enfin les écrivains Arabes donnent indifféremment le nom de Turks à des nations tout-à-fait distinctes, aux Russes par exemple (2); ils donnent pour frères à *Turk* et à *Khazar*, Saklab, Tchin et Rus, dont ils font les fondateurs des Esclavons, des Chinois et des Russes (3). Il n'y a aucun fond à faire sur ces généalogies; mais d'ailleurs il seroit peu surprenant que les Khozars, sans être Turks, eussent porté ce nom, puisqu'on l'a donné aux Hongrois (4), dont heureusement la langue nous est connue, et que nous savons être une branche de la race Finnoise. Quelle est la cause qui a ainsi répandu le nom de Turks chez des nations pour lesquelles il étoit étranger ? C'est une question qui sort un peu de notre sujet, mais qu'il est pourtant nécessaire d'examiner légèrement, pour fonder la restriction que nous apportons à l'opinion commune, dans la détermination des différentes branches de la race Turke.

Suivant les Chinois, le pays qui est au nord de la mer Caspienne étoit habité, au temps des Han, par des peuples nommés *Yue-tsa*, qui avoient une grande ressemblance avec ceux qui vivoient à l'orient, dans les pays que nous nommons à présent

---

tale, donnée par M. de Sacy, dans le Magasin encyclopédique, année VII.ᵉ, t. *VI*, p. *33 et suiv.*
(1) Mos. Choren. p. *184.*
(2) Bakouï, Notices et Extraits, t. *II*, p. *533.*

(3) D'Herbelot, *Bibl. Or.* au mot Turk. — Aboulghazi, p. *23.*
(4) Τχς Τὑρκας τε Ουγγρους καλουμενες... Constant. Porphyrog. *de Adm. (imp.* t. 38. On lit la même chose dans Zonare, Cedrenus, &c.

Kharism et Mawarennahar (1). Au second siècle de notre ère, ils prirent le nom d'*A-lan :* ils avoient été jusqu'alors dépendans de ceux qui étoient au sud-est de leur pays ; mais ils secouèrent leur joug vers cette époque (2). Aux IV.ᵉ et V.ᵉ siècles, leur pays est nommé *Siu-the* et *Wen-na-cha* (3) : ce dernier nom indique l'existence des Huns dans ces contrées ; et l'on remarque de plus que le roi des *Siu-the* a été tué par les *Hioung-nou*, qui se sont emparés de son pays (4). Les nations Finnoises reçurent à cette époque le nom de Huns, sous lequel elles furent connues dans l'occident ; et leur soumission aux *Hioung-nou* put déjà introduire chez elles des mots et des usages appartenant à la race Turke, mais non pas le nom de *Turk*, qui n'étoit pas encore connu dans l'orient.

D'après une tradition consignée pour la première fois dans l'histoire des '*Weï* du nord, mais répétée dans tous les ouvrages postérieurs, une famille *Youeï-chi* nommée *Wen*, qui habitoit à une époque ancienne au milieu des montagnes, au nord de Kamoul, dans la ville de *Chao-wou* ou *Chao-fou*, chassée de sa demeure par les *Hioung-nou*, se porta vers l'occident, et s'empara de tous les pays situés à l'orient et au nord de la mer Caspienne. Les historiens des *Thang* attribuent l'expulsion de la famille *Wen* aux *Thou-kioueï*, et la rapprochent ainsi de nous, puisque les *Thou-kioueï* ne furent connus qu'au milieu du VI.ᵉ siècle. Le chef de cette famille, homme habile à gagner le cœur des peuples, sut placer sur le trône tous ses parens ; et les dynasties qu'il fonda, conservées jusqu'au VII.ᵉ siècle, portèrent toujours le nom de *Chao-wou*, pour faire voir qu'elles n'avoient pas oublié leur origine (5). Au VI.ᵉ siècle, le chef des *Wen*, nommé *Kio-mou-tchi*, épousa une fille de *Tou-tha*, khakan des *Thou-kioueï*, et devint ainsi vassal de ce prince (6). Je ne

---

(1) Hist. des Han ; Description des pays occidentaux.
(2) Hist. des Han postérieurs.
(3) Hist. des 'Weï du nord, Vie de *Thaï-wou-ti*, et Descript. des pays occidentaux.
(4) Descript. des pays occidentaux.
(5) Hist. des '*Weï* ; Description des pays occidentaux. — Hist. des *Thang*, k. 211, dern. part.
(6) *Thang chou, ubi suprà.* — *Pian-i-tian*, k. 47, p. 4.

prends de cette histoire que les circonstances qui ont rapport à notre objet : on voit par-là comment les nations Finnoises, soumises une première fois aux *Hioung-nou*, le furent ensuite à des princes Tartares qui leur firent prendre le nom de Turks. C'est-là une conquête ordinaire, exécutée par des généraux, à l'aide d'une armée : elle n'a rien changé au fond des races, et n'a altéré la langue des Finnois qu'en ce qu'elle y a introduit un certain nombre de mots Turks. Du reste, les Khozars, les Bulgares, les Hongrois ou *Hun-ogours*, les Vitigours, les Avares, et tous les autres peuples qui ont habité au nord des deux mers, à l'occident du Wolga, avant le vi.e siècle, n'avoient rien de commun, ni pour la langue ni pour l'origine, avec les Turks qui s'y sont établis plus tard, et qui sont dans ces contrées une race étrangère.

Ce nom d'Ogors ou d'Ougours, qui paroît avoir appartenu à un peuple Finnois des bords du Wolga, et qui s'est ensuite joint à ceux de plusieurs autres tribus, pour former les composés Vitigours, Unigours, &c., a une si grande analogie avec celui des Ouigours, qu'il est peu surprenant qu'on l'en ait rapproché, et qu'on ait attribué à toutes les nations qui l'ont porté, une origine orientale. Les Hongrois n'étoient de cette manière que les Huns unis aux Ouigours, et ainsi des autres. Lorsque de Guignes eut montré, dans son Histoire des Huns, les rapports qui avoient existé plus d'une fois, dans le nord, entre les nations d'Europe et d'Asie, la conjecture relative aux Ouigours devint une certitude ; et cette idée se rattachant à celle du rôle important que les Ouigours devoient avoir joué dans la Tartarie, on ne douta plus qu'ils ne fussent les ancêtres d'un grand nombre de nations occidentales, et les mêmes que les *Hougours* des écrivains Byzantins, et les *Yougors* des annalistes Russes. Ce n'est-là pourtant qu'un de ces rapprochemens erronés, comme de Guignes en a fait beaucoup, rapprochemens qu'il fondoit sur de simples analogies de sons, et sans avoir examiné les circonstances historiques qui auroient pu ou les confirmer ou les détruire. Fischer, qui distingue avec raison les Ouigours de Tourfan, des *Iugres* des monts *Iughoriques*, perd le fruit de cette distinction en la rapprochant de celle qu'établit Aboulghazi entre les deux tribus des Ouigours (1), et qui n'y a certainement aucun rapport. Si l'on avoit fait attention à la situation du pays où Ménandre et Théophylacte placent les Ogôrs, on eût reconnu qu'il étoit impossible de prendre ces peuples pour des Ouigours. Suivant le premier de ces écrivains, George, un des envoyés des Romains à la cour de Disaboul (2), revenant de Tartarie par le nord, passa le Jaïk, puis le Wolga, et trouva sur la rive droite de ce dernier fleuve les Hougours, dont le prince, vassal de Disaboul, lui donna une escorte pour traverser le pays des Souani (3). Théophylacte raconte qu'après avoir soumis les Ephthalites, le khagan des Turks subjugua toute la nation des Ogôrs, nation puissante et belliqueuse qui habitoit *dans l'orient, sur le fleuve Til,* c'est-à-dire sur le Wolga (4). Les plus anciens princes des Ogôrs avoient porté les noms de *War* et de *Kheounni,* d'où étoient venus ceux de quelques tribus de la même nation. Les Ounougours ou Hongrois habitoient plus à l'orient, et sans doute vers le nord, dans les montagnes d'Oural. C'est de ces contrées que les écrivains Byzantins les font venir; et je ne sais ce que Muller auroit pu opposer aux annalistes Russes, qui ont donné ce pays pour la patrie des Ougres ou Hongrois (5). Je n'entre point dans la discussion entamée par cet écrivain sur l'étymologie proposée par quelques auteurs, qui font dériver le nom d'*Ougoria* de mots Russes qui signifient *voisin des montagnes:* cette étymologie ne fait rien au fond des choses. Les Ougours

---

(1) Stœllenwerk, *p. 189.*—Voy auss. Muller's Sammlung Russischer Geschichte, *t. III, p. 260.*

(2) De Guignes croit reconnoître Disaboul dans le *Ti-teou-pou-li* des écrivains Chinois. Le rapprochement des époques me donneroit lieu de penser que c'est plutôt *Tan-no-pou-li, khohan* ou gouverneur pour *Tha-po* dans les pays occidentaux. Voy. *Wen hian thoung khao,* k. 343, *p. 4.*

(3) Menand. Protect. *p. 109.*

(4) Theophylact. Simocatt. *p. 174.*

(5) Die Annalisten scheinen diese Schreibart [Ugorskaia semlia] deswegen angenommen zu haben, weil sie geglaubet dass die Ugri, oder Ungarn... aus diesen Gegenden hergekommen seyen. *Sibirische Geschichte* dans le *Sammlung Russischer Geschichte,* t. III, p. 261.

n'en

n'en sont pas moins reconnus une nation Finnoise, et par ce qui nous reste de leurs descendans, et par l'emplacement que nous les voyons occuper au VI.e siècle, à une époque où les Ouigours étoient encore presque inconnus en Tartarie.

Mais s'il est peu probable qu'une nation très-foible et attachée à son sol, puisque, de l'aveu général, elle habitoit dans les villes, ait fait partie des grandes émigrations des Turks vers l'occident, et soit venue donner son nom à des tribus d'une autre race, il n'en est pas de même de quelques autres peuples bien certainement Turks, et dont les descendans conservés dans l'ancien pays des Finnois, parlent encore de nos jours le turk. Je veux parler des Kiptchaks, dont Aboulghazi fait remonter l'origine à l'époque d'Ogous, c'est-à-dire, aux temps héroïques de sa nation, et qui ont donné leur nom à toute la contrée : deux choses qui prouvent que depuis long-temps ils ont résidé sur les bords du Wolga et du Jaïk. Avant eux, si l'on en croit le même Aboulghazi, vivoient en ce pays les Baschkirs (dont le pays a reçu le nom de Pascatir qu'il porte dans nos voyageurs du moyen âge), avec les Ourousses, les Vlaques et les Madjars, peuples Slaves et Finnois. La langue des Baschkirs prouve qu'ils sont Turks aussi bien que les *Meschtchireks*, tribu dont une mention de Nestor fait voir l'antiquité. Nous savons qu'à une époque assez reculée une partie de la nation des Kirgis s'étoit avancée vers l'ouest, pendant que l'autre étoit restée sur les bords de l'Éniseï (1). Ce sont-là des tribus venues dans ces contrées, soit avec les Ous ou Komans, soit avec les Petchenegs ou Kanglis, tribus dont l'origine se reporte à des pays pour le moins aussi orientaux que celui des Ouigours ; mais que leur vie errante disposoit au déplacement, que les révolutions arrivées chez les Turks, et indiquées par les historiens Chinois, ont conduites dans l'occident, que leur puissance et le nombre des individus qui les composoient y ont conservées, et dont les langues encore subsistantes servent à montrer clairement l'origine.

(1) Notice (ms.) sur le *Modjmel el tewarikh*, ouvrage Persan, composé vers l'an 1126, communiquée par M. Saint-Martin.

Pour remonter aussi haut que possible à cette origine, nous avons dû chercher à fixer, d'une manière générale, l'époque de l'arrivée des Turks dans les pays où ils sont étrangers; de cette manière nous sommes guidés vers les contrées où ils forment la base de la population, et où, par une conséquence inverse, on peut regarder comme étrangères les tribus qui n'appartiennent pas à leur race. Ces contrées sont la Sibirie méridionale et la petite Boukharie, ou le pays des villes, depuis les montagnes où le Sihon prend sa source jusqu'à Kamoul. Ici, nous sommes réduits presque aux seuls écrivains Chinois. Ceux de l'occident nous abandonnent, et le seul historien national que nous possédions ayant puisé sans critique à des sources diverses, ne sauroit obtenir notre confiance que quand son témoignage est confirmé par les Chinois contemporains, c'est-à-dire, quand il est superflu.

Le nom d'*Hoeï-tseu* que les Chinois donnent à tous les Turks de la Boukharie, vient, comme on l'a vu plus haut, de celui de *Hoeï-hoeï*, qui signifie chez eux Musulmans (1); et de même le nom qu'ils donnent à tous les Musulmans vient de la première nation musulmane avec laquelle ils aient eu des rapports fréquens, c'est-à-dire, des *Hoeï-hou* ou *Hoeï-he*, les derniers Turks nomades qui aient fait une invasion générale dans les villes et fondé une puissance considérable en Tartarie. Ces *Hoeï-he*, appelés aussi *Youan-he, Ou-hou, Ou-ki*, selon les altérations qu'on a fait subir au nom original, étoient d'abord une petite tribu fixée sur les bords de la rivière *So-ling* ou Selinga. Elle se réunit ensuite à quatorze autres tribus descendues, comme elle, des *Hioung-nou*, et forma une nation puissante dont le prince résidoit dans le pays où fut depuis Kara-koroum. C'étoit au nord du désert, dans les contrées qui s'étendent jus-

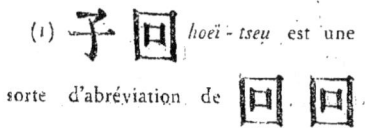

(1) 子回 *hoeï-tseu* est une sorte d'abréviation de 回回 *hoeï-hoeï*. Pour éviter la répétition du mot *hoeï*, on le remplace à la seconde fois par l'explétive *tseu*.

qu'au lac Baïkal, et sur les rives de l'Éniseï que les *Hoeï-hou* habitèrent d'abord ; mais ils s'étendirent ensuite dans l'occident; et vers la fin de la dynastie des *Thang*, ils s'emparèrent de *Kan-tcheou*, de *Si-tcheou*, du pays des *Koueï-tseu* ou de Bischbalikh, et mirent dans toutes les villes de ces contrées, des Khan de leur nation. La suite de l'histoire fait voir qu'ils devinrent maîtres de toutes les villes de la Tartarie jusqu'à la mer Caspienne, et tout s'accorde pour les présenter comme les mêmes que les Ous et les Turkomans des occidentaux. Il ne faut pas oublier qu'au nombre des pays que les *Hoeï-hou* soumirent au VIII.ᵉ siècle, se trouvoit celui des Ouigours. Cette circonstance a produit bien de la confusion dans les auteurs qui ont écrit sur ces matières.

Il est impossible maintenant de restituer le nom Tartare de cette nation d'après les transcriptions défigurées qu'en ont données les Chinois. Sur une indication du géographe de Nubie, Deguignes a pensé que ce devoit être *Odhkos* (1); mais ce nom, inconnu d'ailleurs, est peut-être altéré dans le texte même de l'Édrisi. Au reste, quelles que soient les lettres que la transcription Chinoise a fait supprimer, le nom d'*Hoeï-hou*, dans l'état où cette transcription l'a mis, n'est pas fort éloigné de celui d'*Ouigour*; néanmoins, les Chinois instruits ont évité de les confondre : ils ont remarqué qu'au temps de Tchinggis, l'histoire parloit de deux royaumes existant simultanément, l'un sous le nom de *'Weï-ou-eul* [Ouigour], l'autre sous celui de *Hoeï-hou* [le Kharisme] (2). Dans la ville de Kamoul demeurent trois nations mêlées ensemble, les *Hoeï-hoeï* ou Musulmans proprement dits, les *Hoeï* noirs [Boukhariens ou Turks *Hoeï-hou*] et les Ouigours (3). Ces distinctions judicieuses sont pour les auteurs que j'ai sous les yeux des raisons de conclure que les *Hoeï-hou* et les Ouigours, malgré l'analogie des noms, sont

---

(1) Hist. des Huns, *t. III, p. 27.*
(2) *Ji-tchi-lou*, Remarques sur la corruption des noms étrangers, dans le *Pian-i-tian*, k. 86, *p. 5.*

(3) *Taï ming hoeï tian*, cité dans le *Ji-tchi-lou*, ubi suprà. — *Taï-thsing I-thoung-tchi*, cité par M. Klaproth, *Abhandlung*, u. s. w. *p. 51.*

deux nations distinctes et qui ne doivent pas être confondues.

Mais des écrivains moins instruits, trouvant au XII.ᵉ siècle les *Hoeï-hou* établis au milieu des Ouigours, ont pris le nom du pays pour celui du peuple, ou les ont indifféremment employés l'un pour l'autre. C'est ainsi que *Chao-youan phing*, dans la vie de *Barchou arte teghin*, *Idikout* des Ouigours au temps de Tchinggis, place dans le pays d'où les Ouigours tiroient leur origine, le mont *Ho-lin* [Kara-koroum] et les rivières *Tho-wou-la* [Toula] et *Sie-ling-ko* [Selinga], appliquant aux Ouigours ce que la tradition rapportoit de l'origine des *Hoeï-hou* (1). C'est ainsi, et par une suite de la même méprise, qu'on a dit que Kara-koroum étoit dans le pays des Ouigours, parce que c'étoit le campement des *Hoeï-hou*, et que les Ouigours étoient une nation *originaire des bords du Selinga*, parce que c'étoit sur les bords de la Toula et de la Selinga que les *Hoeï-hou* avoient pris naissance. Ces erreurs viennent de la vicieuse transcription des Chinois qui a rapproché deux mots différens. Elles se sont multipliées chez les écrivains postérieurs aux Mongols, parce que le nom des Ouigours s'est, depuis cette époque, répandu dans l'Asie avec leur écriture, qu'il a été étendu aux Turks qui les avoient soumis, au point que le prince *Hoeï-hou,* connu par le titre d'*Idikout,* a été regardé comme un souverain d'origine Ouigoure. Enfin elles ont séduit Gaubil et Visdelou, au point qu'ils ont remplacé presque toujours (2) le nom des *Hoeï-hou* par celui d'*Igours,* attribuant ainsi à ceux-ci les expéditions militaires, les conquêtes et la puissance politique d'une autre nation, et contribuant par-là, quoique involontairement, à relever, par des traits empruntés, l'importance du rôle qu'on a fait jouer aux Ouigours (3).

(1) *Sou Houng kian lou,* k. 29, p. 15. Vie de la princesse *Ho-tchin beghi.*

(2) Histoire de la Tartarie, dans le supplément à la Bibliothèque orientale. — Hist. de la dynastie des Thang, par Gaubil, *passim.*

(3) Deguignes, dans son *Histoire des Huns,* a évité la confusion que je reproche ici à Gaubil et à Visdelou; mais en laissant subsister séparément les traditions relatives aux *Hoeï-hou* et aux Ouigours, il a éludé la difficulté plutôt qu'il ne l'a résolue : elle reste toute entière pour les lecteurs.

La nation Tartare, dont la puissance avoit immédiatement précédé celle des *Hoeï-hou*, portoit un nom devenu célèbre, depuis qu'il a été étendu à toutes les branches de la race : elle se nommoit *Thou-kiouëi*, c'est-à-dire, *Turk*. Aboulghazi et les autres écrivains postérieurs à la conversion des Turks au musulmanisme, ont ici, suivant leur usage ordinaire, supposé l'existence d'un patriarche de ce nom, fils de Japhet, et fondateur de toute la nation Turke; mais les Chinois contemporains, beaucoup mieux instruits, ne font remonter l'existence des Turks, sous ce nom, qu'au commencement du v.ᵉ siècle. Ils rapportent sur leur origine plusieurs traditions dont la diversité fait voir combien peu des récits postérieurs de plus de huit siècles doivent mériter de confiance. Suivant les uns, cinq cents familles *Hioung-nou*, établies dans le *Chen-si*, furent contraintes par *Thaï-wou*, empereur des 'Weï [424-451], de se réfugier avec leur prince Assena, dans les monts Altaï, où ils habitèrent, sous la protection des *Jouan-jouan*, une ville qui avoit la forme d'un casque [*thou-kiouëi* dans leur langue], circonstance qui leur valut le nom qu'ils portèrent. Selon d'autres, leurs ancêtres demeuroient sur les bords de la mer occidentale ou Caspienne. Ils furent presque anéantis par leurs voisins. Un enfant de dix ans fut sauvé, nourri par une louve, et transporté dans une caverne, au nord-ouest du pays des Ouigours : cet enfant, devenu homme, eut de la louve sa nourrice, dix fils, dont l'un fut nommé Assena. Ses descendans s'étant considérablement multipliés dans la caverne, furent soumis aux *Jouan-jouan*. D'après une troisième tradition, les Turks descendent d'un certain *I-tchi-ni*, qui habitoit dans le pays de *So*, au nord de celui des *Hioung-nou*. *Ma-touan-lin*, qui rapporte en détail toutes ces traditions et les fables qui les défigurent, remarque que ce qu'elles ont de commun, c'est l'origine des Turks attribuée à un loup. Nous tirerons une conclusion plus judicieuse de son récit, et de ceux des autres auteurs Chinois qui ont parlé des *Thou-kiouëi*, en disant que ce qu'il y a de moins contesté à cet égard, c'est que ces peuples sont une division des *Hioung-nou*, qui fut soumise aux *Jouan-jouan*, et se fit connoître sous son chef *Thou-men*, vers l'an 545 de notre ère.

La plupart des mots que les Chinois nous ont conservés comme appartenant à la langue des *Thou-kiouëi*, se trouvent aujourd'hui dans le turk; et d'ailleurs les Turks s'étant faits, peu après, connoître en occident par leurs conquêtes, une succession non interrompue de témoignages plus précis les uns que les autres nous ont appris que les peuples désignés à présent par le nom de Turks, sont issus des Turks du vi.ᵉ siècle. *Ma-touan-lin* avertit qu'il y avoit, sous le rapport de la langue, quelques légères différences entre les *Thou-kiouëi* orientaux, et ceux de l'occident, qui sont ceux dont les auteurs Grecs ont eu connaissance. Cette distinction pourroit bien se rapporter à celle que nous avons observée, quant à la grammaire, entre les dialectes occidentaux et celui auquel, pour nous conformer à l'usage, nous avons laissé le nom d'*ouigour*.

L'empire fondé par les Thou-kiouëi avoit succédé à celui des *Jouan-jouan*, nation dont nous n'avons pu fixer exactement l'origine, parce que les traditions qui la concernent permettent presque également de la rapporter, soit à la race Tongouse, soit à la race Mongole. Parmi les tribus que ces *Jouan-jouan* avoient soumises, se trouvoit celle à laquelle les Chinois donnent le nom de *Kao-tchhe* [hauts chariots], et que, pour cette raison, j'ai été tenté de rapprocher des *Kanglis*. Ces *Kao-tchhe*, qui habitoient vers les monts Altaï, servent à rattacher l'une à l'autre deux branches célèbres de la race Turke : c'est d'eux que sont issus les *Hoeï-hou*, et eux-mêmes descendent des *Hioung-nou*. Par-là nous arrivons à la plus ancienne de toutes les dominations fondées par les Turks, on pourroit même dire par les Tartares ; car les traditions des Chinois ne remontent qu'aux *Hioung-nou*, et ne font rien connoître de ce qui a pu les précéder.

On sait qu'en parlant des nations qui appartiennent à la race Tongouse, les auteurs Chinois se bornent à dire qu'elles descendent des *Toung-hou*. De même, quand il s'agit de nations Turkes, telles que les *Hoeï-hou*, les *Thou-kiouëi*, les *Kao-tchhe*, &c.

ils remarquent qu'elles sont issues des *Hioung-nou*. Ajoutez à cela que les mots *Hioung-nou* qui nous ont été conservés, sont Turks, pour la plupart ; que le pays occupé par les *Hioung-nou* est celui d'où toutes les nations Turkes qui nous sont connues, tirent leur origine, et que s'il est probable que l'empire des Hioung-nou, considéré dans sa plus grande étendue, a embrassé beaucoup de tribus Tongouses, Mongoles, Sibiriennes, Gothiques, et peut-être Finnoises, il ne paroît pas moins certain pour cela que le noyau principal et la nation dominante aient été Turks. C'est donc en recherchant les bornes de l'espace occupé par les *Hioung-nou*, que nous pourrons nous former une idée juste de l'extension de la race Turke, sinon dans son état primitif, au moins dans le plus ancien que l'histoire nous fasse connoître.

Les *Hioung-nou* avoient à l'orient les peuples appelés *Toung-hou* ou Barbares orientaux ; dénomination vague, sous laquelle nous avons vu que probablement les Mongols et les Tongous avoient été confondus. Au sud-est, ils touchoient aux provinces Chinoises du *Chan-si* et du *Chen-si*, dans lesquelles beaucoup de leurs tribus se sont répandues plus tard, et ont fondé des principautés. Au sud, étoit établie, deux siècles avant notre ère, la nation des *Youëi-chi*, chassée ensuite vers l'occident par les *Hioung-nou* ; au sud-ouest, les *Saï*, dont les écrivains Chinois font une race distincte, habitant primitivement au nord-est de la mer Caspienne, repoussée par les *Youëi-chi* vers le midi, entre Khasigar et Samarkand (1) ; à l'ouest des *Hioung-nou*, étoient les *Ou-sun*, grande et puissante nation, qui différoit, par les traits du visage et par la langue, de tous les autres peuples de la haute Asie. Les hommes étoient remarquables par la couleur bleue de leurs yeux et par leurs cheveux rouges, *Thsing yan, tchhi siu*. C'est d'eux que tirent leur origine tous ceux des

(1.) Ces *Saï* étoient, suivant toute apparence, les ancêtres des *Ye-tha* ou Gètes, qui, au V.ᵉ siècle, étoient maîtres du Mawarennahar et des pays au-delà du Sihon, jusqu'à Khotan et à Kaschgar. Leur langue étoit différente de celles des *Jouan-jouan* et des *Kao-tchhe*. Ces peuples doivent appartenir à la race Gothique. Voyez le second volume, où sont exposées les preuves de cette assertion.

Tartares qui, dans différentes tribus, offrent ces traits caractéristiques (1). Ils avoient d'abord été soumis aux *Hioung-nou;* mais leur puissance s'étant augmentée, ils devinrent indépendans, et s'emparèrent même du pays des *Saï, jusqu'aux villes,* c'est-à-dire, jusqu'à la Boukharie. Il n'est pas difficile de reconnoître dans toute cette description un peuple Gothique, opposant, depuis qu'il étoit devenu indépendant, une limite à l'extension des Turks du côté de l'occident. Plus au nord étoient les *Ting-ling*, peuple de même origine que le précédent, et qui vivoit mêlé avec les Kirgis (2). Enfin, du côté du septentrion, jusqu'à la mer Glaciale, étoient beaucoup de petites nations, dont le nombre augmenta encore, à mesure que les tribus Turkes se détachèrent de la monarchie des *Hioung-nou*, et prirent des noms particuliers.

Ainsi, après avoir ramené successivement à un point commun, situé vers le centre de l'Asie, les différentes branches de la nation Turke qui s'en sont écartées, nous sommes conduits, par la description des pays qu'occupoit la plus ancienne de toutes, à regarder ces contrées comme la patrie de toutes les tribus de la même famille. Les circonstances qui ont déterminé une partie de ces tribus à se fixer dans les villes qui tracent la route de la Perse à la Chine, celles qui ont amené l'expulsion des Goths et leur passage en Europe, qui ont étendu le nom d'*Hioung-nou* aux Finnois, si tant est que ce nom soit le même que celui des *Huns* (3); ces événemens, qui se sont passés loin des frontières Chinoises, et dont plusieurs sont d'une époque plus ancienne que les premiers voyages des Chinois en Tartarie, peuvent être l'objet de recherches fort importantes, et qui conduiroient peut-être à une connoissance plus entière de l'état ancien de l'Asie,

---

(1) *Wen hian thoung khao*, k. 337, p. 9.

(2) On remarque encore aujourd'hui qu'il y a beaucoup d'hommes blonds parmi les Kirgis, ce qui vient à l'appui de l'observation de *Ma-touan-lin*.

(3) Deguignes a supposé cette identité démontrée, et tout son ouvrage repose sur cette supposition. On peut assurément la soutenir; mais elle est sujette à d'assez grandes difficultés, et la matière demande de nouveaux éclaircissemens.

et des causes de la migration des peuples dans le nord de l'ancien continent : mais elles seroient hors du sujet de cet ouvrage et au-dessus des forces de son auteur, puisque les écrivains Chinois cessant de lui fournir leurs lumières, il seroit réduit à chercher celles qui peuvent être éparses dans les écrits des anciens, tant de fois lus et commentés sous ce point de vue par les hommes les plus habiles, mais jusqu'à présent avec plus de zèle que de succès.

CHAPITRE VII.

De la Langue Tibetaine.

J'ARRIVE à cette partie de mes recherches qui devroit offrir le plus d'intérêt, si j'avois pu me procurer des matériaux suffisamment nombreux, ou tirer un bon parti de ceux que j'ai rassemblés. Au seul nom du Tibet, se réveillent toutes les idées systématiques que j'ai voulu combattre, parce qu'elles reposent sur des suppositions imaginaires, qu'elles se soutiennent par l'ignorance des faits, et qu'elles conduisent à des résultats désavoués par l'histoire. Dans l'opinion d'une certaine classe d'écrivains, les montagnes du Tibet ont succédé au plateau de la grande Tartarie. Un pays où les Européens ont rarement pénétré, un peuple dont on ignore l'origine, l'histoire et la langue, ouvrent un champ libre aux hypothèses. Les Tibetains ne seroient-ils pas le peuple primitif ? Ne trouveroit-on pas en eux les inventeurs de cette religion, de ces sciences et de ces arts, dont on remarque, dit-on, des traces chez tous les peuples du monde ? S'ils ne sont pas eux-mêmes cette *nation antérieure, dont l'ingénieux auteur des* Lettres sur l'origine des sciences *a ressuscité la mémoire*, ne seroient-ils pas du moins du nombre de *ses héritiers les plus proches !* Quelques personnes sont portées à croire que les plus hautes montagnes doivent être habitées par les peuples les plus anciens, par ceux dont les habitans des plaines sont probablement descendus (1). Cette idée est liée à des systèmes

---

(1) *Voyez* les Recherches philosophiques sur les Américains, *t. II, p. 346.* Voyages au Tibet, publiés par MM. Parraud et Billecocq, préface, *p. iij et iv,* et les auteurs cités en cet endroit.

de géologie sur lesquels il ne m'appartient pas d'émettre une opinion. Mais, ce qui est de mon sujet, c'est de rechercher si, dans la nature de la langue Tibetaine, dans les rapports qu'elle peut avoir avec d'autres langues, dans les faits dont se compose son histoire, et dans les livres où on la retrouve, on peut reconnoître quelque trace de cette haute antiquité qu'il faudroit lui supposer, si le peuple qui la parle avoit été très-anciennement civilisé. Nous verrons par-là si les nations qui l'avoisinent lui doivent quelque chose en fait d'écriture ou de langage, de littérature ou de religion ; ou si lui-même, sous ce rapport, a fait des emprunts aux étrangers. Nous déterminerons ensuite l'état actuel de la nation Tibetaine, et nous remonterons à son origine, d'après le plan suivi pour les autres peuples Tartares.

La langue Tibetaine n'a pas été, jusqu'à présent, mieux connue que l'ouïgour et le mongol : les ouvrages où l'on peut trouver des documens sur ce sujet, sont en assez petit nombre. Les relations du P. d'Andrada, du P. Horace de Pennabilla ; celles de Bogle, de Turner et du Gossein Purunghir ; quelques notes rédigées par Pallas, d'après le récit de lamas Tibetains et Mongols (1) ; des traductions d'ouvrages Tibetains, faites par l'interprète Jæhrig, et imprimées, avec des additions de fort peu de valeur, dans le tome II des Collections sur les Mongols, du même Pallas ; des Observations du P. Régis, insérées dans l'ouvrage de Duhalde (2) ; une excellente description du Tibet, traduite du chinois par Amiot, et faisant partie de son *Introduction à l'histoire des Peuples tributaires* (3) ; quelques notes de peu d'importance, répandues dans les *Recherches Asiatiques* et les différens ouvrages sur la Chine, et un petit nombre d'autres morceaux détachés, peuvent être consultés avec fruit, quant à l'histoire, à la géographie et à la religion du Tibet ; mais on n'y trouve, sur l'écriture, la langue et la littérature, que des

(1) Elles sont insérées dans ses *Nordische Beiträge zur physikalischen und geographischen Erd-und-Volkerbeschreibung, Naturgeschichte und Œkonomie*, t. I, p. 201; t. IV, p. 271.

(2) Tom. IV, p. 570, in-4.º

(3) Mémoires Chin. t. XIV, p. 127.

renseignemens imparfaits, infidèles, et tout-à-fait insuffisans.

Cependant la langue Tibetaine avoit depuis long-temps fixé l'attention et piqué la curiosité des savans. Le fameux *volume d'Ablaï-kit*, envoyé par le tsar Pierre à l'Académie des belles-lettres, et soumis par cette savante compagnie à l'examen de l'abbé Bignon et de Fourmont (1), avoit été pour ce dernier l'objet d'un travail où l'on pouvoit au moins louer son zèle et sa patience. Sa traduction, faite presque sans secours, fut reproduite par Bayer (2), censurée comme inexacte par Muller (3), refaite par Georgi, sur un texte que ce dernier avoit eu la témérité de corriger. On avoit d'abord admiré la profonde érudition qui avoit permis à Fourmont de reconnoître seulement la langue dans laquelle le volume étoit écrit ; on a vanté depuis celle de Georgi, qui avoit rectifié et le texte et la traduction. Je ne sais comment on peut traduire ou corriger un texte qu'on n'est pas même capable de lire. Il n'y avoit rien à admirer dans tout cela : interprètes et commentateurs, panégyristes et critiques, tous étoient presque également hors d'état, je ne dis pas d'entendre une ligne, mais d'épeler une syllabe du passage sur lequel ils dissertoient.

Le plus excusable de tous étoit Fourmont, qui n'avoit, pour faire la traduction qui lui étoit demandée, qu'un assez mauvais vocabulaire Latin-Tibetain, composé par le P. Dominique de Fano. Beaucoup de mots du rouleau manquoient dans ce vocabulaire : Fourmont crut pouvoir les expliquer par des mots presque semblables, mais qui, différant par l'orthographe, apportoient les plus grands changemens au sens. C'est par suite de cette liberté condamnable, qu'il a quelquefois dépouillé arbitrairement certains mots de la terminaison qui leur étoit affectée ;

---

(1) Les deux côtés de ce rouleau, qui n'est autre chose qu'un feuillet d'un livre Tibetain, ont été assez bien gravés dans les *Acta Erud. Lips.* jun. 1722, t. V, ad p. 376. L'original est conservé à la bibliothèque du Roi, avec sept autres feuillets détachés du même ouvrage, pareillement écrits en caractères blancs sur un fond noir.

(2) Mus. Sinic. præfat. p. 109.

(3) G. F. Muller, *Commentatio de scriptis Tanguticis in Sibiria repertis ; Petropoli,* 1747.

d'autres fois, il a pris la terminaison pour le thème, coupé des mots en deux, ou rapproché des syllabes de mots différens; et, privé de toutes règles sur la construction et la phraséologie, il s'en est fait à sa guise, se donnant aussi toute latitude pour étendre ou restreindre le sens des mots, supposer des ellipses ou des métaphores, &c. C'est le fruit de ce travail qu'on a décoré du nom de traduction. On n'a pas besoin de savoir un seul mot de tibetain pour s'apercevoir que c'est un amas confus de mots sans suite et sans liaison, auquel une imagination désordonnée peut seule prêter un sens.

Attritâ fortitudine quisnam brevis equus frigoris vita destruatur (pro) spiritu in (est) putredo. Contritus oratne! hoc est irrisio omnes vident : orat avis contrita! morbida! non scit (non potest amplius) os aperire legis (ratiocinationis). Tel est le commencement de cette étrange traduction, que le président de Brosses trouvoit avec raison *aussi inintelligible que du tangut* (1). La langue Latine est ici d'un merveilleux secours. Jamais Fourmont n'eût osé mettre en françois des paroles aussi complètement dépourvues de sens. Il suffira d'en analyser les premières lignes, pour juger de la valeur de cette prétendue traduction. On verra facilement pourquoi je n'aurai pas poussé plus loin cet examen.

Par, attritâ. Le vocabulaire du P. Fano, le seul que Fourmont eût à sa disposition, rend le mot *conterere* par *bour*. Ainsi Fourmont a fait sur ce mot deux fautes de lecture ; mais il a de plus suppléé les marques du passif, du participe et de l'ablatif absolu.

Thags. Fourmont lit *scîou,* et traduit *fortitudine.* On lit dans le vocabulaire *chougs* [robur]. Une méprise au sujet de la première lettre a rapproché ces deux mots. Même remarque quant au cas ; *Sa.* — Fourmont remplace cette syllabe par *sou-i,* qui se trouve, dans le vocabulaire, rendu par *quis!*

Tchhed-pdes. Il lit *tsrou-pa-te,* et traduit *brevis equus.* Brevis

---

(1) Mémoires de l'Académie des belles-lettres, t. XXX.

se dit en tibetain *tchoung-pa* ; *equus*, se dit *rta*. Fourmont fait ici de la terminaison adjective *pa*, une quiescente du mot suivant. *Pdes*, dans le texte, est une seule syllabe, qui n'a nul rapport avec *rta*. Au reste, la paraphrase avertit que *court cheval* veut dire *plus méprisable qu'un cheval*.

Sdon, frigoris. *Frigus* est rendu dans le vocabulaire par *drang*.— *Sems, vita* : le mot Tibetain qui répond à *vita* est *rnams-ches*. Fourmont semble avoir pris ici un mot Chinois (*seng*, et, suivant l'orthographe Portugaise, *sem*) pour un mot Tibetain. Suivant la paraphrase, *frigoris vita* veut dire *vita frigida, vel stupida*.

Tchan, destruatur. *Destruere* se dit *btchom* : il n'y a ici aucune marque de passif.

Rnam-la, (pro) *spiritu in (est)*. *Spiritus*, dans le vocabulaire est rendu par *rnam-che*. Fourmont trouve son sens en supprimant la syllabe *che*. *La* veut effectivement dire *in*, mais c'est une postposition qui, si elle étoit mise après le mot *spiritus*, signifieroit *in spiritu*. Fourmont y voit une ellipse pour *inest*, et supplée *pro*, que rien n'indique.

Phan [putredo]: on lit dans le vocabulaire : *putredo, phan-mi-thog. Putrescere, phan-mi-thog-doug. Putridus, phan-mi-thog-pa*, par où l'on voit que les syllabes *mi-thog* doivent être radicales. Fourmont les supprime, comme si, dans une langue qu'on ne connoît pas, l'absence de deux syllabes dans un mot permettoit de passer outre. Le reste de sa *traduction* présente ainsi autant de contre-sens palpables, d'erreurs graves ou de méprises inexcusables, qu'elle contient de phrases, de mots, et, pour ainsi dire, de lettres.

Mais l'endroit le plus remarquable est vers la fin, où Fourmont introduit un personnage inconnu jusqu'à lui, *Samtan-Poutra*, dont le nom, répété plusieurs fois, est toujours accompagné des mêmes syllabes. Fourmont, suivant encore son inconcevable méthode, cherche dans son vocabulaire Tibetain chacune de ces syllabes isolément, et comme il n'est point arrêté par les différences d'orthographe, il rapproche *na* de *ned*, ou plutôt *ned-tsa, morbus;* ma de *ma-rtsi-wa, renitens; nâ-na,* qu'il lit *nam,* de *nâ nin, annus præsens, &c.* C'est ici qu'on peut admirer jusqu'où l'envie de tout expliquer peut entraîner un homme savant et judicieux. Les phrases qu'il traduit ainsi ne sont point du tibetain, comme il lui a fallu le supposer ; elles sont en samscrit, et contiennent une invocation à une divinité dont le nom a été mal lu : *Nama samanta Bouddhâ - nâna nougata paradjadharmma, &c.* Passer ainsi d'une langue à une autre sans s'en apercevoir, c'est non-seulement prouver qu'on les ignore également toutes deux, mais encore qu'on manque des secours les plus nécessaires pour l'une comme pour l'autre : cette partie de la traduction peut encore aider à en apprécier le commencement. Fourmont, peut-être, ne pouvoit pas faire davantage ; mais n'eût-il pas mieux valu avouer hautement son impuissance, que de hasarder un essai informe, dont personne, mieux que lui, ne pouvoit apprécier la valeur ?

Georgi fait mieux encore : sans dictionnaire, sans grammaire, sans aucun secours, sur un texte gravé, que lui-même regarde comme incorrect, il entreprend de refaire la traduction de Fourmont, et d'interpréter le revers du feuillet que ce savant n'avoit point traduit. Il corrige les mots qu'il n'entend pas, et quand une lettre ne lui donne pas de sens, il lui en substitue une autre. Pour un pareil travail, la condition qui lui paroît la plus nécessaire, c'est d'être au fait du sujet traité, et de connoître les superstitions des Tibetains (1). Cela vaut à ses yeux un dictionnaire, où les mots ne sont expliqués qu'isolément, et muni, dans son opinion, de cette connoissance préliminaire, il croit pouvoir trouver le sens, en s'aidant de quelques conjectures, *si liceat divinando interpretari* (2). Quand il en vient aux phrases Samscrites, comme il ne les reconnoît pas pour ce qu'elles sont, il les déclare magiques, dénomination qu'il applique ail-

---

(1) *Præter lexicorum subsidia, naturam argumenti de quo agitur, et gentis superstitionem sedulo priùs investigare et constituere necesse est.* Alphab. Tib. p. 664.

(2) Ibid. p. 715.

leurs au signe ◁ *wa*, et aux lettres retournées, les transcrit sans les interpréter dans la version littérale, et ne laisse pas de les expliquer ensuite, en *devinant* ou en rapprochant les syllabes isolées, arbitrairement groupées ou mal lues, de mots Hébreux ou Chaldéens, Coptes ou Syriaques.

Ainsi il conserve la mauvaise lecture de Fourmont pour les mots *bouddhâ-nâna*, et les transcrit *pou-ttrah-ha-ne*; sur quoi il observe que la finale *trah*, alongée en deux syllabes *traha* ou *taracha*, est si voisine du chaldéen *tarecha* et *tarchan*, enchanteur, qu'elle semble avoir le même sens : *ut ipsissima videatur*. Puis vient le mot Syriaque *tarcho*, l'arabe طروق, *dux itineris*, et une foule d'autres mots de toutes langues, dont l'accumulation en cet endroit n'a d'autre source qu'une faute d'orthographe. Deux fragmens de mots rapprochés lui offrent le sens de *Samtha, recrea, da quietem*, ou *duc placide et amanter ut pastor gregem et pater filium*. C'est par de pareils procédés qu'il vient à bout de rédiger une paraphrase dont rien ne surpasse l'extravagance (1), si ce n'est le commentaire dont il l'a fait suivre. Je rougirois de m'arrêter à discuter le mérite de travaux semblables, si les circonstances qui ont rendu le rouleau Tibetain célèbre en Europe, et plus encore la vaste érudition et la grande renommée des écrivains qui ont essayé de l'interpréter, ne me faisoient un devoir de justifier l'opinion un peu sévère que j'ai dû émettre sur cette partie de leur travail.

Le vocabulaire du P. Dominique de Fano, dont s'est servi Fourmont, est maintenant à la Bibliothèque du Roi; il contient deux mille cinq cent trente-huit mots Latins, arrangés par ordre alphabétique, avec les mots Tibetains correspondans, en lettres carrées, et la prononciation exprimée en lettres Latines. Mais ce qu'il y a de plus précieux dans ce volume, c'est un alphabet

---

(1) C'est pourtant de cette *traduction* qu'un auteur a cru pouvoir dire *qu'elle étoit* incontestablement la plus exacte *et la plus complète*. Cette assertion vaut à elle seule la traduction de Fourmont, les critiques de Müller, et les corrections de Georgi.

avec un modèle de lecture, où les principales règles de l'orthographe Tibetaine sont exposées avec assez de clarté. Deshauterayes a tiré parti de cette méthode, dans l'estimable morceau sur le tibetain dont il a enrichi sa dissertation déjà si souvent citée. La comparaison que j'en ai faite avec le syllabaire de Messerschmidt et différens autres morceaux originaux, m'a prouvé que c'étoit, encore à présent, ce qu'on possédoit de plus exact sur le système orthographique, aussi bizarre que compliqué, que les Tibetains ont adopté.

Il a pourtant paru, vers la même époque, deux ouvrages dont le titre promet les détails les plus satisfaisans sur l'écriture Tibetaine : l'un est le volumineux *Alphabetum Tibetanum* du P. Georgi (1) ; l'autre, qui n'est qu'un extrait du premier, est l'*Alphabetum Tangutanum sive Tibetanum* (2). L'éditeur de ce dernier, Amaduzzi, en retranchant de l'ouvrage du P. Georgi tout ce qui n'avoit point rapport à la langue ou à l'écriture, et en réduisant un *in-4.°* de 900 pages à un assez mince *in-8.°*, a conservé les règles de prononciation que Georgi tenoit des Pères Cassiano et Horace de Pennabilla. Néanmoins, soit que ces missionnaires eussent mal saisi les leçons des maîtres Tibetains qui les avoient instruits, ou plutôt que Georgi ait altéré les documens qu'on lui avoit transmis, il n'y a rien d'aussi compliqué, d'aussi obscur et d'aussi difficile que la lecture du tibetain, d'après les règles contenues dans ces deux ouvrages. Aussi ne s'est-il rencontré personne qui ait abordé une matière où l'on croyoit trouver tant de difficultés : on n'eût pu deviner que la plupart de ces difficultés avoient été créées par celui qui s'étoit mal-à-propos chargé de les aplanir.

L'*Alphabetum Tibetanum*, par sa masse et par le déréglement d'érudition qui y est affecté, a dû paroître un ouvrage prodigieux aux personnes qui, s'en laissant imposer par les apparences, sont portées à penser qu'il y a beaucoup de science à accumuler

(1) *Romæ*, 1762, *in-4.°*
(2) *Romæ*, 1773, *in-8.°*

des passages innombrables de toute sorte d'auteurs, Grecs, Hébreux, Syriaques, Indiens, Coptes, anciens, modernes, sans choix et sans nécessité ; mais il n'y a peut-être pas de livre qui doive inspirer plus de défiance, parce qu'il n'y en a pas où les principes de la saine érudition et les règles de la véritable critique soient aussi souvent négligés ou méconnus. On doit, en lisant ce monstrueux ouvrage, s'attacher à démêler soigneusement ce qui est de Georgi, pour n'en tenir aucun compte, et les documens venus du P. Horace et des autres missionnaires du Tibet, documens authentiques et précieux, mais que l'éditeur a malheureusement embrouillés, défigurés, tourmentés pour les ramener à son système. Son parallèle du manichéisme et du lamisme, outre la puérilité des étymologies et la tournure forcée des rapprochemens, pèche encore par le fonds, en ce qu'il donne une idée tout-à-fait fausse de la doctrine Indotibetaine (1).

Quant à l'alphabet dont nous devons particulièrement nous occuper ici, Georgi n'en donne pas des notions plus justes : il s'efforce de rapprocher les lettres Tibétaines de celles des Samaritains, des Hébreux et des Nestoriens ; et les changemens qu'il leur fait subir dans cette vue, rapprocheroient aussi-bien les caractères de tous les peuples du monde : c'est l'art étymologique appliqué à l'écriture. Avec de semblables procédés, on peut, comme l'a dit ingénieusement un homme célèbre en parlant des élémens des corps organisés, on peut *tirer tout de tout, et changer tout en tout*. Georgi méconnoît l'usage du *wa* souscrit ◁ (2) ; il attaque mal-à-propos Bayer sur la valeur que ce savant avoit donnée aux voyelles quand elles sont doublées ou

---

(1) Le jugement qu'on porte ici sur les travaux du P. Georgi a été communiqué à l'estimable auteur de l'article *Giorgi*, dans la *Biographie universelle*, et adopté par cet auteur presque en entier.

(2) Nota Bayerum triangularem semper scribere et pronunciare ut *u*, nos verò ut *a*, p. 591. — Figuram triangularem ◁..... consonantibus Tibetani amanuenses substernere solent, *præcipuè verò in characteribus magicis*. Sed quum non satis nobis compertum sit, quâ ratione id faciant, hoc unum saltem monemus..... *plerumque sapere superstitionem*. Alph. Tangut. p. 59-60.

SUR LES LANGUES TARTARES. 339

marquées du signe qui les rend longues, et prend pour des caractères magiques les lettres retournées dont on se sert pour exprimer les sons Samscrits (1). Je crois inutile de pousser plus loin cette critique; et sans entrer dans le détail de ses erreurs, j'aime mieux donner ici en peu de mots la clef du système de lecture des Tibetains. Les lecteurs curieux de voir ce qu'il y a de fautif dans les règles données par Georgi, pourront les comparer avec ce qui suit.

L'alphabet Tibetain se compose de trente consonnes, distribuées en huit classes, de quatre signes additionnels pour les voyelles et de deux lettres de permutation. On peut voir le tableau de ces lettres dans la planche.

Chaque consonne isolée emporte après elle la prononciation d'un *a* bref ou d'un *e :* cet *a* devient long, si l'on place après la consonne, ou au-dessous, la lettre Ω. Il en est de même des quatre autres sons vocaux, qui se marquent par l'addition des signes de voyelles au-dessus ou au-dessous des consonnes, et que la même lettre rend longues, de brèves qu'elles sont par elles-mêmes.

Chaque syllabe s'écrit à part et est séparée par un point des syllabes qui précèdent et qui suivent. Les syllabes sont simples, si elles ne contiennent qu'une seule consonne; complexes, s'il y en a plusieurs.

Dans une syllabe complexe, la consonne dominante est celle qui s'appuie sur la voyelle; les autres se prononcent très-brèves, soit avant, soit après. Dans certaines parties du Tibet, où la prononciation est efféminée, on glisse sur les consonnes additionnelles, ou même on ne les articule pas du tout.

La consonne principale est aisée à reconnoître, quand la syllabe est affectée d'un signe de voyelle; c'est toujours la consonne qui le porte, qui doit être articulée. Quand la voyelle

(1) Alph. Tibet. *p.* 633.

syllabique est un *a* bref, il peut y avoir de l'embarras pour distinguer la consonne principale des consonnes additionnelles.

Il y a deux signes qu'on peut assimiler aux voyelles, parce qu'ils se placent comme une de ces dernières sous la consonne principale : l'un est le *yata* ○ qui sert à mouiller les consonnes ; ༄ *ka*, ༄ *kia*, ༄ *ta*, ༄ *tia*, &c. Ce signe change les consonnes de la quatrième série, en leurs correspondantes de la seconde, ou les labiales en palatales : ༄ *pia*, se prononce *tcha*, ༄ *bia*, *dja*, et ainsi de suite. L'autre signe est le *rata* ༄ ou *r* souscrit : ༄ *pra*, ༄ *phra*, ༄ *bra*, &c. Il change les lettres de la première série en leurs correspondantes de la troisième ; c'est-à-dire qu'il substitue le son des dentales à celui des gutturales : ༄ *kra*, se prononce *tra* ; ༄ *gra*, se lit *dra*, &c. Ces signes n'empêchent pas l'addition des voyelles, de la longue, &c.

Il y a des consonnes qu'on nomme *quiescentes*, parce que l'usage permet de les élider dans la prononciation. Ces consonnes se placent avant, dessus, ou après la consonne principale. Ces consonnes ne sont jamais affectées de voyelles, ni de la marque des longues, ni du *yata*, ni du *rata*.

Les quiescentes initiales sont les consonnes douces des première, troisième, quatrième et sixième séries (1). Après ces lettres, le son de la consonne principale s'adoucit ; et si c'est un *b*, on le prononce comme un *v*. Les quiescentes *suscrites* sont les gutturales *k* et *g*, la labiale *b*, la sifflante *z*, et les liquides

(1) ༄༅༅༅.

SUR LES LANGUES TARTARES. 341

ou demi-consonnes *r* (1), *l* et *s* (2) : elles se placent toujours au-dessus de la consonne principale. Les quiescentes finales sont les douces de la première et de la troisième classe, et la dernière de la septième (3). Ces dernières quiescentes équivalent souvent à une aspiration. Il faut remarquer qu'il n'y a aucun inconvénient à prononcer les quiescentes, quand cela est possible, pourvu qu'on les articule sans voyelles, et comme annexes de la consonne principale. Plusieurs dialectes Tibetains, moins efféminés que celui de Lasa, permettent de prononcer toutes les lettres, particulièrement les quiescentes initiales et suscrites, quand la syllabe qui précède finit par une voyelle.

Quand on écrit des mots Samscrits en lettres Tibetaines, on néglige toutes les règles précédentes ; le plus souvent on supprime l'interponctuation syllabique (4), chaque consonne ou groupe de consonnes forme une syllabe, à la manière de l'Alphabet dévanagari ; c'est alors qu'on emploie le ◁ *wa* souscrit, le ° *anoûsouara* suscrit, le ° *visarga* ou aspiration finale, les voyelles doublées ou renversées, et les lettres retournées (5) que Georgi prenoit pour des signes magiques. Je donnerai dans l'Appendice un exemple de l'application de l'écriture Tibetaine à la langue Samskrite.

Par cette application, les Tibetains ne font que rendre à

---

(1) Celle-ci s'abrége sur la plupart des consonnes : ཀ ཁ, &c.

(2) ག་བ་ཛ་ར་ཝ་ས.

(3) བདས.

(4) L'interponctuation est conservée dans les formules Samskrites de la feuille Tibetaine de Fourmont. Elle est supprimée dans la partie Samskrite du Vocabulaire pentaglotte de la bibliothèque du Roi.

(5) On retourne les lettres ཏ ཌ

ད ཌ ou les dentales *t, th, d, n*, pour en faire les cérébrales *t·, th·, d·, n·*, de cette manière, ཊ ཋ ཌ ཎ. On retourne aussi le ཆ *ch* pour en faire le *s·*, ainsi ཚ. Le *k'h* ཁ est en lui-même une lettre retournée, puisqu'il offre la figure du ག *g*, placée en sens inverse.

leur alphabet son usage primitif, et le reporter, pour ainsi dire, à son origine. C'est-là une chose qui ne demande point de discussion ; les lettres Tibetaines sont si évidemment formées sur celles de l'Alphabet dévanagari, qu'il n'y avoit que Georgi qui pût se refuser à le reconnoître, par suite d'un système dont il étoit imbu. Non-seulement les formes des lettres sont presque identiques dans les deux alphabets, mais leur disposition et les règles relatives à leurs permutations, offrent les traces d'un ensemble mieux combiné et plus parfait. On n'auroit même presque pas besoin de tradition historique pour être convaincu que cet emprunt a eu lieu fort anciennement. L'inscription de la caverne de Gayâ, recueillie par M. Harington, et traduite par M. Wilkins, sont incontestablement, suivant ce dernier savant, les caractères les plus anciens qu'il eût encore vus; et non-seulement ils diffèrent de ceux qui sont maintenant en usage, mais ils sont aussi fort éloignés de ceux qu'offrent des inscriptions de dix-huit siècles (1). Les Pandits les plus instruits ne peuvent les lire (2), et il a fallu toute l'habileté du célèbre philologue anglais pour les déchiffrer. Ces caractères ont pourtant une si grande analogie avec ceux du Tibet, qu'on peut les lire presque couramment avec un alphabet Tibetain.

Si l'on s'en rapportoit à une chronique insérée dans l'*Alphabetum Tibetanum*, un certain *Samtan-Poutra*, qui florissoit vers l'an 60 après J. C. (3), fut à-la-fois le législateur des Tibetains et l'inventeur de leur alphabet. Il étoit fils d'*Anou*, prince de *Dhon*, et fut envoyé par le roi du Tibet dans l'Hindoustan pour y chercher des livres de religion. Après avoir pris, pendant quatre ans, les leçons du brachmane *Letchin*, il revint dans son pays, apportant avec lui, outre deux livres sur les doctrines Indiennes, un alphabet de trois cent soixante-quatre lettres, c'est-à-dire, selon toute apparence, un syllabaire :

(1) Rech. Asiat. trad. Franç. *t. I, p. 304.*
(2) Ibid. *p. 301.*
(3) Alphab. Tibet. *p. 298.*

mais cet alphabet ayant paru trop compliqué, le roi chargea *Samtan-Poutra* d'en faire un autre qui fût plus aisé à apprendre, et mieux approprié à la langue Tibetaine. *Samtan-Poutra* s'enferma dans une salle du palais; et là, aidé par les inspirations du Dieu de la sagesse, *Djam-djang*, il rédigea l'alphabet qui est maintenant en usage (1).

Hormis le nom du personnage auquel on attribue l'introduction d'un alphabet Indien dans le Tibet, cette tradition n'a rien d'invraisemblable en elle-même. Elle reporte le commencement de l'usage de l'écriture dans ces contrées, à une époque assez rapprochée de celle où nous avons vu, d'après les historiens Chinois, que les missionnaires Hindous avoient répandu leurs lettres et leur croyance dans toute la Tartarie méridionale. Des alphabets furent alors inventés à Khotan, à Yerkiyang, et ailleurs, sur le modèle du dévanagari. Il n'y auroit aucune invraisemblance à supposer que nous avons dans l'alphabet Tibetain, l'un de ceux qui furent alors empruntés aux Hindous, et appliqués à l'expression des mots des langues Tartares.

Quant à *Samtan-Poutra*, l'inventeur prétendu des lettres Tibetaines, nous avons la certitude que son nom est corrompu, puisqu'on le trouve pour la première fois dans l'interprétation du feuillet Tibetain par Fourmont, à l'endroit où ce savant n'a pu lire les mots Samskrits *Samanta-bouddhânâna*. Je ne sais comment cette lecture vicieuse d'un nom propre a pu être introduite par Georgi dans la petite chronique Tibetaine qu'il tenoit du P. Horace; mais comme il est impossible que ce dernier soit tombé précisément dans la même faute que Fourmont, on a toute raison de penser que, s'il y a quelque chose de réel dans la tradition rapportée par le religieux Italien, le nom de *Samanta-bouddhânâna* doit du moins être substitué à celui de *Samtan-Poutra*; et ce personnage auquel sont adressées les invocations du feuillet d'Ablaï-kit, devra, selon toute apparence, être regardé comme

(1) Alphab. Tibet. *p. 201.*

le fondateur du bouddhisme et l'introducteur de l'écriture au Tibet. Son nom, dérivé de celui de Bouddha et évidemment construit à la manière Samskrite, ressemble à ceux que les bouddhistes ont coutume de prendre en embrassant la vie religieuse; mais je ne l'ai trouvé ni dans la liste des personnages célèbres qui fait partie du vocabulaire en cinq langues de la bibliothèque royale, ni dans la table des divinités Bouddhiques, que Pallas a insérée dans le tome II de ses Mémoires sur les Mongols.

Les lettres de l'alphabet Hindo-tibetain ont conservé une forme carrée, qui leur vient probablement du procédé d'après lequel on les traçoit le plus ordinairement, et qui les rapproche du style des inscriptions Indiennes gravées sur la pierre. Ces lettres, qui se nomment *dvou-djan*, servent à l'impression des livres, pour les usages théologiques, et forment une sorte d'écriture savante, que remplace, dans l'emploi habituel, celle qu'on appelle *dvou-min*. Cette dernière est plus cursive, et s'emploie, comme le dit le P. Cassiano (1), pour les lettres missives, les contrats, les registres, &c. C'est de cette écriture que s'est servi le lama dont M. Turner a rapporté une lettre adressée à M. Hastings (2), et on la retrouve encore dans les suppliques et le vocabulaire de la bibliothèque royale. Georgi et Amaduzzi en ont donné un alphabet (3), et Pallas en a joint un nouveau à son tableau des écritures Tibetaines (4); mais la forme des lettres est mal représentée dans tous ces alphabets, et de plus leur valeur n'y est pas exactement rendue. On trouvera dans le second volume un alphabet et des textes qui serviront à faire mieux connoître cette écriture, qui se compose d'élémens simples, arrondis avec élégance et régularité.

En comparant les lettres de l'alphabet *dvou-min* ou tibetain cursif, avec celles d'un autre alphabet, pareillement usité pour le tibetain et dont Pallas a aussi donné des échantillons, on

---

(1) Alphab. Tangutan. *p, 106.*
(2) Voyez l'*Ambassade au Tibet et au Boutan*, t. II, et planches.

(3) Alph. Tibet. *p. 636.* — Alphab. Tangut. tab. ad *p. 106.*
(4) Sammlung. u. s. w. *t. II, pl. 21.*

s'aperçoit

s'aperçoit que la seule différence qui existe entre ces deux séries de caractères, consiste en ce que les lignes qui composent les uns, sont roides et droites, comme le sont celles d'une écriture destinée à être inscrite sur la pierre, et que celles des autres ont cette forme arrondie que prennent plus naturellement des lettres tracées rapidement sur le papier. L'écriture *dvou-djan* est carrée et lapidaire; l'autre est ronde et cursive. A cela près, il y a une analogie complète entre toutes les lettres des deux alphabets, comme on peut le voir dans le tableau des alphabets Tibetains.

Suivant Pallas, l'écriture cursive est nommée *cher* et *akchour* (1), et il paroît comprendre sous cette dénomination l'écriture carrée qui est nommée ailleurs (2) *sob* ou *choub*. L'invention de cette dernière est attribuée par les Mongols au grand lama *Pa-sse-pa*; et comme l'écriture courante n'en est qu'une variation, je ne balancerai pas à lui attribuer la même origine. J'ai déjà eu occasion de dire quelques mots de l'écriture carrée, en parlant, soit de l'introduction de l'alphabet Ouïgour chez les Mongols, soit de l'application de l'alphabet Tibetain à la langue Mongole; mais j'ai annoncé de plus amples renseignemens, et c'est dans ce chapitre qu'ils doivent trouver place, puisque, inventée au Tibet par un Tibetain, c'est à la langue du Tibet que cette écriture a été définitivement et exclusivement appropriée.

La vie du grand lama *Pa-sse-pa*, insérée dans l'Histoire des Mongols (3), et citée, avec quelques différences, dans l'*Histoire de l'écriture* (4), fournit les détails suivans: « *Pa-sse-pa*,
» surnommé *Ti-sse* ou *le Maître* de l'empereur, étoit un Tibe-
» tain du pays de *Sa-sse-kia*, de la famille nommée *Khouan*. Une
» tradition rapportoit qu'un de ses aïeux nommé *To-li-tchhi* étoit
» venu des pays occidentaux, et que sa famille avoit rempli, près

---

(1) Tangutischer kleiner Schrift Scher oder Akschur, Ouvrage cité, p. 155.

(2) Abhandlung, u. s. w. Voy. plus haut, p. 152.

(3) *Sou Houng-kian-lou*, k. 41, p. 15 et suiv.

(4) *Tseu hio tian*, k. 1, p. 30 et suiv.

» des rois du pays (1), l'office de ministre de la religion pen-
» dant dix générations. *Pa-sse-pa*, à l'âge de sept ans, savoit
» réciter plusieurs centaines de milliers de prières, et en con-
» noissoit à fond le sens le plus caché; on l'avoit, pour cette
» raison, surnommé dans le pays *le Saint-Enfant*. C'est de là
» que vient le nom de *Pa-sse-pa*. Plus avancé en âge, il s'appli-
» qua à l'étude des cinq sciences (2), ce qui lui mérita encore
» le titre de *Pan-mi-ta*. En 1253, il n'avoit encore que quinze
» ans, quand il composa une pièce de vers en l'honneur de
» Khoubilaï, dans le pays de *Tsan-ti*. Le prince, qui en fut
» charmé, l'admit dans sa familiarité; et dès qu'il fut monté
» sur le trône, la première année *Tchoung-thoung* (1259), il lui
» donna le titre de *Maître du royaume*, avec un sceau de pierre
» de *iu*. Ce fut dans le même temps qu'il le chargea de composer
» de nouveaux caractères pour les Mongols; et quand ils furent
» achevés, il le combla de nouveaux honneurs. Ces caractères
» étoient au nombre de plus de mille, mais formés de qua-
» rante-un radicaux qui se réunissoient, suivant certaines
» règles, pour former des syllabes ou des mots, deux, trois ou
» quatre ensemble. L'objet qu'on s'étoit proposé en les formant,
» étoit d'exprimer des sons (3). »

En cet endroit l'historien des Mongols a placé en note un passage d'un livre qui paroît fort curieux, et qui a pour titre: *Chou-ssé Hoeï-yao*, *Recueil d'extraits des livres historiques*. L'auteur de ce livre a pris un soin que les lettrés Chinois n'ont pas d'ordinaire; il nous a conservé les quarante-une lettres de l'alphabet de *Pa-sse-pa*, avec leur valeur, exprimée en caractères Chinois (4). Je donnerai dans le tome second ce morceau intéressant, et j'y

---

(1) *Si-iu*. Dans l'*Histoire de l'écriture*, on lit *Si-haï*, mer occidentale.

(2) Mot à mot : *des cinq clartés*. Ce sont, suivant le Vocabulaire pentaglotte, la musique, la logique, la métaphysique, la medecine et les arts libéraux.

(3) Cette remarque est naturelle dans un auteur Chinois habitué à voir des caractères représenter directement des idées.

(4) Il y a trois lettres, le *tchha*, le *na* et le *thsa*, dont la valeur n'est pas exprimée en chinois; on trouve après ces lettres le caractère *khioueï*, lacune. Cette attention même prouve avec quelle exactitude les Chinois transmettent les matériaux qu'ils recueillent.

joindrai en lettres Latines l'indication du son de chaque lettre Tibetaine. L'auteur Chinois remarque que ces lettres sont pour la plupart tirées de l'écriture *Fan* ou Samskrite. Il en excepte, je ne sais pourquoi, les trois lettres *ra*, *la*, *'a*; mais il y ajoute quatre autres signes dont il ne donne pas la valeur (1). « Ces caractères, dit-il ensuite, s'emploient ou isolés, ou groupés deux ou trois ensemble pour former un mot. » Et il cite en exemple les mots Chinois *thian*, *ti*, *jin*, *toung*, *si*, *nan*, *pe* [ciel, terre, homme, orient, occident, sud, nord], pour montrer comment les lettres se combinent entre elles. Ce qu'il ajoute sur les accens propres à leur prononciation, consiste en subtilités qui viennent de l'embarras qu'on éprouve en traitant des sons avec des caractères Chinois. Il fait une remarque beaucoup plus importante, en rappelant, d'après *Tching-tsiao*, qu'une fois déjà l'écriture Indienne avoit exercé son influence sur la langue Chinoise, quand les prêtres de l'Hindoustan, voulant exprimer les sons de certaines formules consacrées, imaginèrent de choisir trente-six caractères Chinois pour servir de consonnes, sept signes pour les sons (vocaux) et trois marques d'intonation. Voilà l'origine de cette distribution technique de certains caractères Chinois destinés par les grammairiens à représenter les consonnes et les voyelles. Fourmont l'avoit fait connoître le premier (2); W. Jones en remarqua la surprenante analogie avec le classement des lettres Samskrites, et M. Marshman fit une dissertation pour en rendre raison (3). Mais rien n'étoit plus facile, si l'on eût cherché la cause de ce fait dans les livres Chinois, où on le trouve rapporté avec toutes ses circonstances (4).

En jetant les yeux sur l'alphabet de *Pa-sse-pa*, tel qu'il est donné par les Chinois, on s'aperçoit aisément que l'ordre suivi

---

(1) Voyez le passage Chinois dans l'Appendice.

(2) Meditationes Sinicæ, *p. 54, seq.*

(3) Clavis Sinica, Elements of Chinese grammar, *p. 140.*

(4) Voyez le discours de *Tching-tsiao* sur les sept voyelles; l'Histoire de l'écriture, la préface du Dictionnaire de *Kháng-hi*, &c.

dans l'arrangement des lettres coïncide exactement avec celui des alphabets Tibetains ordinaires. On y voit d'abord les gutturales tenue, aspirée et douce, *k*, *kh*, *g*, avec leur nasale *ng;* les palatales *tch*, *tchh*, *dj*, avec leur nasale *ñ;* les dentales *t*, *th*, *d*, avec leur nasale *n*, et ainsi de suite. Mais si l'on compare les formes de chaque lettre en particulier, avec celles des trois alphabets Tibetains dont nous avons déjà parlé, on trouvera, dans plusieurs de ces lettres, d'assez grandes différences, quoiqu'elles soient toujours bien évidemment calquées sur un modèle commun, et que le plus grand nombre même offre une ressemblance frappante avec les signes correspondans des trois autres alphabets Tibetains. J'ignore si l'on doit attribuer cette diversité à des altérations qu'auroient éprouvées les lettres dans les différentes transcriptions qui les ont fait passer jusqu'à nous, ou bien, si nous avons dans l'écriture de *Pa-sse-pa* un quatrième alphabet qu'il faudroit ajouter à ceux dont nous avons parlé. Dans ce dernier cas, il faudroit renoncer à voir dans l'écriture carrée *cher*, et dans la cursive *dvou-min*, le résultat immédiat du travail du grand lama *Pa-sse-pa*.

Quoi qu'il en soit, l'analogie qui existe entre ces quatre manières d'écrire, l'identité parfaite du plus grand nombre de leurs élémens, l'ordre systématique et uniforme selon lequel ils sont disposés, tout nous permet de considérer l'écriture Tibetaine comme unique, dans la comparaison que nous en pouvons faire avec les alphabets des autres peuples voisins. La forme et l'arrangement des lettres sont incontestablement pris du dévanagari ; nous l'avons déjà remarqué. Aussi n'observe-t-on, sous ce double rapport, aucune ressemblance entre les lettres Tibetaines et celles des alphabets Tartares, dérivés du syro-ouigour. Il ne faut apporter à cette assertion d'autre restriction que celle que nous y avons déjà mise d'avance en parlant des signes additionnels adoptés par les lamas Mongols, pour rendre l'alphabet Ouigour propre à l'expression des mots Indiens et Tibetains. A cela près, il n'y a pas plus de rapport entre l'ouigour et le tibetain, qu'il n'y en a entre ce dernier alphabet et le samaritain ou l'hébreu, dont Georgi a si vainement essayé de le rapprocher. Il n'y a rien de syriaque ni d'*occidental* dans le tibetain, rien ou presque rien d'indien ni de *méridional* dans l'ouigour. C'est le résultat où nous sommes ramenés de nouveau, et qu'il est utile de constater encore une fois.

Mais du côté du sud et du sud-est, on observe une telle analogie entre les signes alphabétiques qui y sont en usage, et ceux qui forment les différentes écritures du Tibet, qu'on pourroit croire que l'alphabet Tibetain, plutôt encore que le dévanagari qui lui a servi de base, a été porté successivement le long des rivières d'Awa et de Camboge, dans toutes les contrées qui forment l'Inde ultérieure, et jusque dans les îles du midi. Cette marche semble indiquée par la ressemblance extrême des alphabets usités dans les pays plus voisins du Tibet, comme Awa et le royaume des Barmans, et par les altérations successivement croissantes dans les écritures de Siam, de Sumatra et de Java. Je m'écarterois trop de mon sujet, si j'entreprenois de faire une comparaison détaillée de tous ces alphabets ; il me suffira d'indiquer l'ordre qu'on établiroit si l'on vouloit les arranger selon le rapport plus ou moins grand qu'ils ont avec le tibetain. Les alphabets barman (1), le rakhaïn (2) et le bali d'Awa sont ceux qui offrent la plus grande conformité, sur-tout ce dernier, que la forme carrée de ses élémens rapproche de l'écriture *char* ou *cher*, attribuée à *Pa-sse-pa*. On peut mettre à-peu-près sur la même ligne celui de *Mian-tian*, ainsi que ceux de *Pe-i* et de *Pa-pe-thsi-fou*, pays limitrophes d'Awa, sur les frontières de la Chine (3). Les alphabets Siamois, même celui qui paroît le plus ancien, et qu'on nomme *bali* (4), semblent au premier coup-d'œil très-différens ; mais on s'aperçoit bientôt que la forme des lettres n'y

(1) Voyez *Alphabetum Barmanum seu Bomanum regni Avæ*, Rom. 1776, p. 45.

(2) Voyez cet alphabet dans les *Observations on the alphabetical system of the language of Awa and Rac'hain*, by. capt.ⁿ J. Tovers ; Asiat. Res. t. V.

(3) Voyez les Vocabulaires de la collection d'Amiot, à la bibliothèque du Roi.

(4) Voyez la Loubère, Relation de Siam, t. *II, p. 98*, et le Vocabulaire *Siouan-lo*, de la collection indiquée dans la note précédente.

est que déguisée par des ornemens entortillés que les Chinois comparent aux circonvolutions d'un ver. Les trois alphabets Rejang, Batta et Lampong, usités à Sumatra (1), sont beaucoup plus altérés ; mais on ne laisse pas d'apercevoir, dans plusieurs lettres, des traces de leur origine. En général les lettres *k*, *ñ*, *t*, *p*, *b*, *m*, *y*, *r*, *l*, *v*, sont celles qui, dans le plus grand nombre de ces alphabets orientaux, conservent les traits les plus marqués de ressemblance avec les signes correspondans de l'alphabet Tibetain (2).

Nous nous éloignerions trop de notre sujet, si nous voulions rechercher la cause de ce fait remarquable, et la discussion où nous serions entraînés deviendroit très-épineuse, s'il nous falloit prendre un parti, relativement à l'époque de l'introduction de l'écriture chez les habitans d'Awa, de Siam, de Sumatra, dont l'histoire et les antiquités nous sont encore si mal connues. Ce seroit là la matière d'un ouvrage presque aussi étendu que celui-ci. Il suffira à notre objet présent de remarquer qu'il n'y a que trois manières d'expliquer les ressemblances dont nous avons parlé : ou les alphabets du Tibet, de l'Inde ultérieure et des îles sont pareillement dérivés d'une source commune, qui doit avoir été une variation du dévanagari, ou l'alphabet Tibetain a donné naissance à tous ceux qui se sont répandus au midi, ou bien, enfin, l'écriture Tibetaine a été formée sur le modèle de quelqu'une de celles de l'Inde ultérieure. Je n'ai pas besoin de faire

---

(1) Voyez Marsden, *History of Sumatra*, p. 202, planche.

(2) Au moment où cette partie est livrée à l'impression, j'ai sous les yeux le bel ouvrage que M. Raffles vient de publier *(the History of Java*, London, 1817, 2 vol. in-4.º*)*, et j'y trouve de nouvelles preuves de la conformité qui réunit toutes les écritures de ces contrées, et qui tend à les rapprocher d'un modèle commun. Le caractère Javan moderne, et plus particulièrement le *kawi*, ou *écriture poétique*, présentent, au milieu des variétés que la forme des lettres y éprouve, des traits de ressemblance frappans avec le tibetain. On pourrait prendre, dans les neuf alphabets Javans présentés comme anciens, de quoi composer un alphabet qui ne différerait en rien d'essentiel du *dvoumin*, ou tibetain cursif. L'*aksarajawa*, ou alphabet Javan moderne ; l'*aksara-posanga*, ou alphabet pour les syllabes composées ; les deux *aksarabouddha*, ou alphabets antiques, vraisemblablement apportés avec le bouddhisme, offrent encore des traits de ressemblance plus saillans et plus multipliés.

observer combien cette dernière supposition est invraisemblable, et combien elle s'accorderoit peu avec l'époque et les circonstances de l'introduction de l'alphabet Indien au Tibet, telles qu'on les trouve marquées dans la chronique que le P. Horace a traduite. Sans rejeter tout-à-fait la seconde hypothèse, je dois avouer que la première paroît encore plus probable, sur-tout si l'on en rapproche ce que nous aurons à dire plus bas de la langue *Fan*, ou du dialecte Samscrit particulier aux Bouddhistes.

Les considérations auxquelles l'alphabet Tibetain vient déjà de donner lieu, nous font entrevoir la marche qu'il seroit utile de suivre, si cela étoit possible, en examinant la langue Tibetaine sous les rapports étymologiques et grammaticaux. Nous pouvons être persuadés d'avance que la comparaison de cet idiome avec le turk, le mongol et les autres langues du nord, ne nous offrira que peu de résultats importans; et il est permis de supposer, au contraire, que nous en atteindrions de plus lumineux, si nous rapprochions successivement le tibetain du samskrit, des idiomes vulgaires de l'Indoustan, du bali, qui tient dans l'inde ultérieure le même rang que la langue des Brahmanes dans la presqu'île citérieure, du pégouan, du siamois, et ces autres langues que, par suite d'un jugement un peu précipité, quelques auteurs nomment *Hindo-chinoises* (1). Personnellement privé de la plupart des connoissances qui seroient nécessaires pour une partie de ce travail, et des renseignemens que l'autre partie demanderoit impérieusement, je dois me borner à considérer ici le tibetain d'une manière absolue, et à faire connoître ce qu'il est en lui-même. D'autres plus instruits jugeront ensuite s'il s'y trouve quelques particularités qui montrent des rapports avec les langues de l'Inde.

Le tibetain a été mis par quelques philologues dans la classe des langues monosyllabiques (2). On a pensé jusqu'à présent

---

(1) Voyez J. Leyden, *on the languages and literature of the Indo-chinese nations*; Asiat. Res. t. *X*, p. *158-189*.

(2) Mithridates, t. *I*, p. *64*.

que les syllabes qui forment cette langue, avoient toutes une signification particulière, qu'elles portoient sans altération dans les mots composés. Quand ce fait seroit rigoureusement vrai, je ne sais si l'on en seroit plus autorisé pour cela à admettre cette classification ; car, pour qu'un idiome soit réputé monosyllabique, il ne suffit pas qu'il contienne beaucoup de monosyllabes, il faut qu'il ne contienne pas autre chose, ou du moins que toute idée simple y soit toujours rendue par un terme également simple, court, monosyllabique. Or, en ouvrant le premier vocabulaire Tibetain, on trouve à chaque page des mots de deux, trois et quatre syllabes, comme ceux-ci : dives, *djor-den* (1); dividere, *go-cha-rgiab* (2); divisio, *go-cha* (3), &c. Et dans un autre vocabulaire : *pe-tchha* (4), livre ; *chog-gou* (5), papier ; *na-tsa* (6), encre ; *ñoug-gou* (7), pinceau, &c.

Si l'on entend par idiome monosyllabique une langue dont tous les mots peuvent se réduire à un son radical d'une seule syllabe, cette notion ne justifiera pas mieux la classification d'Adelung ; car elle s'applique, avec plus ou moins d'exactitude, presque à toutes les langues du monde, et elle ne convient pas plus au tibetain qu'à tout autre idiome. Cette définition de la première classe ne convient ni à toute cette classe, ni à cette classe seule. On pourroit réduire de la même manière un grand nombre de polysyllabes Grecs, Latins, Français, et l'on pourroit, d'un autre côté, trouver des polysyllabes rebelles à l'analyse

dans

dans les langues Chinoise (1), Tibetaine, Siamoise, &c. Enfin, si l'on veut appeler monosyllabes les substantifs et les verbes de ces langues de l'Asie orientale, parce qu'étant pour la plupart très-courts, ces deux sortes de mots se déclinent et se conjuguent avec l'aide des particules, il me paroît qu'on attache une importance trop grande à une distinction qui est plutôt apparente que réelle. La différence qu'on établit entre les particules et les inflexions, entre les affixes et les marques de cas, n'est ni tranchée, ni prise dans la nature des choses. Les marques de cas sont peut-être d'anciennes particules jointes au thème par synérèse; les particules ne sont, en un certain sens, que des terminaisons écrites séparément à côté du thème. Ce n'est là qu'une affaire d'usage, une simple règle orthographique, qui ne touche pas au fond de la langue. *Tchoung-wang-tchi*, en chinois, *Koun-gyal-poï*, en tibetain, sont aussi bien des polysyllabes, des substantifs déclinés, que les mots *regum*, βασιλέων, qui leur correspondent. S'il y a quelque différence à cet égard, j'avoue qu'elle ne me frappe pas, et j'ose croire qu'elle n'est pas très-importante.

Au reste le tibetain n'est monosyllabique, ni dans la signification rigoureuse de ce mot, ni dans l'acception plus restreinte que lui a donnée l'auteur du *Mithridates,* puisque, ainsi que je l'ai déjà remarqué, une liste de mots pris au hasard présente à-peu-près en nombre égal les mots d'une seule syllabe et ceux qui en ont plusieurs. On peut à ce sujet consulter le vocabulaire comparatif; en y examinant les mots qui sont monosyllabes, on pourra même y faire deux remarques sur lesquelles il sera bon d'insister, parce qu'elles sont propres à nous faire pénétrer dans la nature intime de la langue que nous étudions: l'une, c'est qu'un certain nombre de monosyllabes ne sont que des vocables Chinois, transcrits en lettres Hindo-tibetaines; l'autre, c'est que la plupart des syllabes Tibetaines, au lieu d'être ortho-

---

(1) Ce qui concerne la nature monosyllabique qu'on a attribuée à la langue Chinoise, a été examiné dans une dissertation : *Utrum lingua Sinica sit verè monosyllabica.* Voyez les Mines de l'Orient, *t. III, p. 279 et suiv.*

graphiées simplement avec le nombre de lettres nécessaire à leur articulation, sont surchargées de ces lettres quiescentes, initiales, suscrites, finales, dont nous avons parlé en traitant de l'alphabet et de la méthode de lecture.

Quant aux mots Chinois qui existent en tibetain, l'histoire, comme on le verra plus bas, en justifie suffisamment l'introduction ou la conservation. Par la nature des objets qu'ils expriment, on voit aussi qu'il y en a plusieurs qu'on ne sauroit reléguer dans le nombre de ces mots parasites que la conquête ou la simple communication des peuples fait souvent adopter, mais que plusieurs semblent tenir au fond même de la langue. Qu'on trouve chez une nation des titres de dignité, des termes abstraits, des expressions philosophiques ou religieuses, empruntés à une langue étrangère ; c'est une chose qui n'a rien de remarquable, et qui s'explique en supposant une mission, une guerre, une colonie, une conquête, à une époque qui peut être assez récente. Mais si, le plus grand nombre des mots étant radicalement différens, on en trouve de semblables parmi ces termes primitifs que toute société commençante, quelque grossière qu'on la suppose, a dû se forger à elle-même ; si les mots qui lui servent à désigner le soleil, ou la lune, ou les étoiles, le feu ou l'eau, le père ou la mère, ou les noms des nombres, présentent des analogies incontestables, alors on a sous les yeux un fait digne d'être étudié et qu'il faut constater avec soin, si l'on veut ensuite en faire la base de raisonnemens concluans.

Pour reconnoître les mots Chinois dans les langues où il a pu s'y en introduire, il faut faire attention aux variétés de prononciation dont ils sont susceptibles, et aux permutations de consonnes et de voyelles qui ont lieu en chinois même, suivant les temps et suivant les provinces. Ainsi les trois syllabes *eul, ñi, ji*, qui servent à représenter dans la langue parlée un assez grand nombre de caractères et d'idées, se prennent souvent l'une pour l'autre. Il en est de même de plusieurs autres; et la connoissance de ces variations, jointe à celle des règles de permutation qui sont communes à toutes les langues, et qui sont le plus solide fondement de la science étymologique, quand on sait n'en pas abuser, cette connoissance, dis-je, permet de reconnoître des analogies dont on ne seroit point frappé, ou qu'on seroit tenté de révoquer en doute (1).

L'idée que le nombre de ces vocables Chinois étoit plus considérable en tibetain qu'il ne l'est réellement, et qu'il formoit la presque totalité de la langue, pourroit faire penser que les Tibetains, en adoptant les mots d'une langue voisine, se seroient trouvés dans l'embarras qu'éprouveroient les Chinois eux-mêmes, s'ils vouloient, suivant le vœu indiscret de quelques philologues, renoncer à leurs caractères symboliques, et exprimer, avec les lettres d'un alphabet quelconque, les termes de leur langue parlée. La même prononciation répondant quelquefois à quarante idées différentes, et les quatre tons qui peuvent servir à la diversifier n'offrant qu'un secours insuffisant, il faudroit, en écrivant ces mots homonymes, y ajouter quelque signe arbitraire, qui pût les faire distinguer les uns des autres. Par-là, les Chinois, en perdant les avantages de leur écriture, en conserveroient toutes les difficultés. Mais ce parti, qu'on leur a proposé, et qu'ils se garderont bien de prendre jamais, il sembleroit que les Tibetains aient été réduits à l'adopter, et que ce soit là l'origine de la discordance extraordinaire qui s'observe entre leur orthographe et leur prononciation. Apparemment, le nombre des syllabes de leur langue étant plus petit que celui de leurs idées, chacune des premières servant à exprimer plusieurs des dernières, le groupement des syllabes n'étant pas suffisamment autorisé, on s'est vu forcé d'écrire d'une manière particulière le mot qui s'appliquoit à chaque idée, et on s'est avisé pour cela d'ajouter aux lettres dont la réunion étoit indispensable à l'ex-

---

(1) C'est par ce procédé qu'on reconnaît l'identité des mots Chinois et Tibetains qui désignent le soleil, *ji* et *ñi-ma;* le vent, *foung, moung;* l'eau, *choui, tchhou;* le père, *fou, pha ;* la mère, *mou, ma;* la bouche, *kheou, kha;* le cœur, *sin, sñing;* le chien, *kheou, khü;* le nom, *ming, min;* moi, je, *ngo, nga;* deux, *eul [ñi], ñi;* trois, *san soum ;* quatre, *sse [zi], ji;* cinq, *ou, 'a;* six, *lou, drou;* neuf, *kieou, gou,* &c.

pression du son, quelques lettres arbitrairement choisies, qui ne se prononçoient pas et servoient seulement à distinguer dans l'orthographe les homonymes qui avoient des significations différentes. De là l'emploi de ces quiescentes latérales et suscrites, lettres vraiment inutiles, qui rendent la lecture du tibetain si difficile, et dont la multiplicité offre un fait unique dans l'histoire des langues.

Quelque naturelle que puisse paroître cette explication, j'hésite à la regarder comme entièrement satisfaisante. On se seroit servi là d'un étrange expédient pour lever les difficultés de la lecture; il seroit singulier qu'un peuple en état d'inventer un moyen si compliqué, n'ait pu en imaginer un plus commode. S'il a jamais été indispensable de marquer de signes particuliers des acceptions si distinctes par elles-mêmes du mot *nga*, qui signifie *moi, tambour, langage, magie*, quelle idée recherchée et peu naturelle d'écrire ces mots avec tant d'accessoires inutiles, *nga, rnga, ngag, sngags* (1)! je dis, si cela a pu être indispensable, car les mots homonymes ne causent d'incertitude que quand leurs significations ont de l'analogie (2); lorsqu'elles sont bien distinctes, le sens, la construction, la suite des idées, rendent tout autre secours superflu. Il me paroîtra toujours bien étonnant qu'une nation qui commence à écrire, écrive autre chose que ce qu'elle est accoutumée à prononcer. D'ailleurs, si les quiescentes n'étoient que des signes arbitraires et purement techniques, il faudroit qu'elles n'eussent jamais été prononcées; et les missionnaires nous apprennent que dans le dialecte rude et sauvage du pays de *Kombo*, on a coutume d'articuler ces lettres additionnelles, et que cet usage est l'objet des railleries

---

(1) ང་ རྔ་ ངག་ སྔགས་

(2) Georgi *(p. 632)* cite quelques exemples de mots qu'il appelle homophones; mais *tchha* [main], *tcha* [fer], *djâ* [thé], *pal* [excellent], *phal* [beaucoup], ne sont pas des homonymes. Il y a beaucoup de mots, dans les langues étrangères, que nous qualifions ainsi faute de saisir l'aspiration ou l'accent qui les distingue. Cela vient chez nous de n'avoir pas l'oreille assez exercée, ou un alphabet assez complet, pour distinguer des nuances délicates.

des habitans de Lahsa, comme une marque de grossièreté et de barbarie (1). On peut croire qu'il en est de même dans les parties orientales du Tibet, que les Chinois appellent plus particulièrement *Si-fan;* le vocabulaire Tibetain-chinois qui y a été recueilli (2), donne, en caractères Chinois, la prononciation des mots Tibetains, et la plupart des quiescentes y sont exprimées aussi bien que les autres lettres (3) ; si quelques-unes sont omises, c'est une raison de plus de penser que celles qui sont rendues représentent réellement des articulations usitées. Ces deux faits me paroissent assez concluans ; et il en résulte, si je ne me trompe, que l'orthographe actuelle, avec les quiescentes, représente un idiome ancien, rude et agreste à la vérité, qui s'est conservé dans les parties les moins civilisées du Tibet, et qui s'est adouci et efféminé à Lahsa, et dans les contrées les plus voisines de l'Inde.

J'ai donc pu dire avec raison qu'il n'y avoit aucun inconvénient à articuler les quiescentes, quand cela étoit possible. On est plus sûr par-là de retrouver les mots primitifs de la langue, que la prononciation adoucie des citadins change, pour ainsi dire, en une langue nouvelle. On en pourra juger par quelques exemples que je rapporte en note (4). Des raisons que j'ai déjà eu occasion d'exposer m'ont engagé à conserver de préférence, dans le plus grand nombre des cas, l'orthographe étymologique, plutôt que celle qui exprimeroit la prononciation. Par-là, on est plus sûr de ne faire subir aucune altération aux mots de la langue, et il est toujours facile à ceux qui savent lire le tibetain, de retrouver la prononciation adoucie de Lahsa, en supprimant

---

(1) Alph. Tangut. *p. 84.*
(2) Collection d'Amiot.
(3) Cette prononciation est rendue d'une manière approximative, mais assez exacte ; en voici des exemples :
Eul-kia-mou-thso = *rgia-mthso* [mer];
eul-tsang-po = *rtsang-po* [fleuve];
pou-la-ma = *bla-ma* [lama];
mie-sse-po = *mes-po* [aïeul].

(4) *rGyal-phran* = *giel-phren* [prince];
dVang = *'wang* . . [roi];
bLon-po = *'lon-po* [magistrat];
dMag-dPon = *'meg-pon* [général];
rTse-rDze = *'dse-dze* [chef];
Rig-byed-mkhan = *ri-dje-khan* [lettré], &c.

le son des quiescentes. J'ai donné à ce sujet des règles courtes, que je crois simples et faciles. Celles que les missionnaires avoient posées étoient si nombreuses, si compliquées et si embarrassantes, qu'il n'est pas étonnant que jusqu'à présent personne ne se soit livré à l'étude d'une langue hérissée de tant de difficultés.

On trouve encore un autre genre de difficultés dans la manière dont les Tibetains écrivent leur langue. L'interponctuation syllabique est la seule distinction qu'ils emploient. Du reste, il n'y a que le sens qui fasse connoître la fin des mots et des phrases; une période Tibetaine semble un long mot composé dont rien ne marque les coupures, où rien n'aide à reconnoître le sens. Cet usage est à la vérité commun à plusieurs langues de l'Inde et des autres parties de l'Asie méridionale. Celui qui sait à fond la langue n'en est point embarrassé. Mais, dans un idiome difficile, c'est un obstacle de plus aux progrès des commençans. Il faut remarquer d'ailleurs, qu'en samskrit, par exemple, les formes grammaticales qui affectent chaque mot, marquent clairement le rôle qu'il joue dans la phrase, et le rattachent assez aux mots avec lesquels il est en rapport. Il n'en est pas de même en tibetain, où ces formes sont trop peu nombreuses, trop vagues, trop rarement mises en usage, pour lever toutes les incertitudes qui naissent de cette manière d'écrire. Un savant versé dans la connoissance du samskrit, saura, sans doute, du premier coup-d'œil, lire, analyser et comprendre la phrase ou le mot composé suivant: *Pakânâmakouchalânândharmmanâmanoutpâdayatchtchhantamdjanayati;* il n'est pas sûr qu'une personne également exercée à la lecture du tibetain, puisse décomposer, avec la même rapidité, la phrase correspondante: *Pa-rnams-mi-skyed-paî-tchhir-'doun-pa-bskyed-do* (1), qui signifie que *la concupiscence ou les mauvais desirs ont pris naissance dans l'ame avant que la doctrine ou la loi ait jeté de profondes racines.*

(1) པ་རྣམས་མི་སྐྱེད་པའི་ཕྱིར་འདུན་པ་སྐྱེད་དོ།

Les sources où nous pouvons puiser la connoissance des règles grammaticales du tibetain, sont en bien petit nombre et bien peu considérables. Nous ne pouvons compter les feuillets d'Ablaï-Kit; les tentatives malheureuses dont ils ont été l'objet, doivent nous garantir de l'envie de les expliquer, tant que nous n'aurons pas des secours suffisans. On voit bien qu'ils contiennent des prières et des formules d'invocations; et quand on connoît le genre de la théologie Bouddhique, l'espèce de métaphysique abstruse qui en fait la base, et l'obscurité de tout ce qui, chez les Bouddhistes, tient à la religion, on n'est pas tenté d'interpréter ces prières, comme Georgi, *en devinant*. Quoique nous ayons entre les mains des vocabulaires que n'avoit pas Fourmont, il seroit téméraire de donner une version littérale de ces morceaux isolés et tronqués, et plus encore de chercher à en extraire des règles, dont la connoissance préalable seroit au contraire une condition indispensable pour les entendre. Les seuls textes qui puissent réellement nous fournir des documens grammaticaux, parce que nous avons les moyens de nous assurer positivement de leur sens, sont: 1.° la partie Tibetaine du vocabulaire polyglotte déjà si souvent cité; 2.° vingt pièces diplomatiques accompagnées d'une version littérale en chinois, et dont Amiot a publié une traduction libre, en français, dans le tome XIV des Mémoires des missionnaires; 3.° six déclarations ou patentes données aux missionnaires capucins par les princes et les magistrats du Tibet, et publiées, avec une version Latine, par le P. Georgi, dans son second Appendice. On peut lire ces pièces avec d'autant plus de confiance, que l'éditeur paroît n'y avoir pas mis du sien. Je ne compte pas les prières et les articles du décalogue qui forment son premier Appendice, parce que ces morceaux n'étant pas rédigés par les naturels, on n'a pas une certitude entière d'y trouver les formes et la construction propres à la langue. Le petit nombre de ces matériaux justifiera l'insuffisance des règles suivantes, que je ne présente que comme un essai de grammaire très-imparfait.

Les substantifs Tibetains sont, ou monosyllabiques, comme

nam (1) [ciel], *sprin* (2) [nuage], *pha* (3) [père], *ma* (4) [mère]; ou dissyllabiques, comme *ñi-ma* (5) [soleil], *kha-wa* (6) [neige], *mi-sde* (7) [peuple], *djag-pa* (8) [voleur], &c. Un très-grand nombre sont terminés en *pa* ou *ba*, terminaison qu'on pourroit regarder comme une particule explétive analogue au 子 *tsen* des Chinois, exemple : *zla-ba* (9) [lune], *smou-pa* (10) [brouillard], *zil-pa* (11) [rosée], *tchhar-pa* (12) [pluie], &c. Cette terminaison revient sur-tout dans les noms de profession, d'arts, &c.; mais il n'est pas rare qu'elle soit remplacée par *po* ou *mo*, deux autres désinences qui ont beaucoup d'analogie avec le *fou* et le *mou* des Chinois, employés pour distinguer les sexes : ainsi l'on dit *pou* (13) [fils], et *pou-mo* (14) [fille]. Il y a en outre un très-grand nombre de mots terminés en *ma*; mais comme toutes ces terminaisons sont par elles-mêmes insignifiantes, et ne modifient en rien le sens des radicaux auxquels on les ajoute, ceux-ci ne sont pas plus des monosyllabes que ne le sont les mots Latins *avus, templum, musca*, et une infinité d'autres.

La figurative du génitif est *i*, qui se place après la dernière syllabe et s'y lie de différentes manières, selon qu'elle se termine par une voyelle ou par une consonne. On dit *sa* (15) [la terre], *saï* (16) [de la terre]; *'loung* (17) [l'air], *loung-gi* (18) [de l'air]; *rnam-dag* (19) [l'esprit], *rnam-dag-khyi* (20) [de l'esprit]; *rgyal-po* (21) [le roi],

SUR LES LANGUES TARTARES.

roi], *rgyal-poï* (1), ou avec une syllabe de plus, *rgyal-po-ï* (2) [du roi]. Les substantifs en rapport se placent d'après la méthode inversive, comme en chinois et dans toutes les autres langues Tartares : *tchhouî-mes* (3) *[aquæ elementum]* ; *nang-baï-la* (4) [officier du palais], &c. On observe le même arrangement dans les mots composés, où la marque du cas a disparu : *tchhos-skou* (5) [corps de doctrine]; *gso-rig-pa* (6) [lumière de la médecine], &c. (7).

Le datif, qui sert, comme en mandchou et en mongol, à exprimer le locatif, se marque par l'affixe *la : skou* (8) [le corps], *skou-la* (9) [au corps, ou dans le corps] ; *nged-rnams* (10) [nous], *nged-rnams-la* (11) [à nous]. L'usage de ce cas ne paroît pas moins fréquent en tibetain, qu'il ne l'est dans les autres langues Tartares.

L'accusatif n'a pas de marque particulière, non plus qu'en chinois ; mais le substantif se place, comme en tartare, avant le verbe actif qui le régit, ce qui doit souvent causer de l'ambiguité ; exemple : *mgo-rdoung* (12) *[caput percutere (imperatorem salutando)]* ; *dgra-btchom-pa* (13) *[qui hostes debellavit]* ; *yi-ge-bri-ba* (14) *[litteras scribere]*, &c.

L'ablatif s'exprime généralement par *nes* ou *les*, mis après le

(7) Cette méthode inversive, commune au chinois et à toutes les langues Tartares, se retrouve dans le barman, le rakheng et les autres langues d'Awa. On ne l'observe ni en siamois ni en malai. *Voyez* Leyden, Dissertation déjà citée, *p. 244.*

substantif, comme *Jal-nes-skies-pa* (1) *[ex ore* (Bouddæ) *natus]*; nom d'une divinité secondaire ; *Tchhos-les-djoung-ba* (2) [issu de la doctrine] *idem ; mdal-nas-skies-pa* (3) *[ex utero nasci* (4)*]* ; *Pho-prang tchhen-po Pota-la-nes bris* (5) *[ex magno* Po-prang Po-ta-la *scriptum]*, &c. Il y a d'autres particules qui servent à exprimer l'instrumental, le circonstanciel, et toutes ces modifications variées que l'ablatif latin comprend, et pour lesquelles on l'emploie indifféremment.

Un trait de ressemblance frappant que le tibetain offre avec le chinois, au moins à en juger par les textes que nous avons sous les yeux, c'est la rareté des signes destinés à former les pluriels. Ce n'est pas qu'on manque, plus qu'en chinois, de particules qui désignent la pluralité, l'universalité des choses : *tham-tche* (6) [tous], *tha-ded* (7) [chaque], *koun* (8) [plusieurs], répondent très-exactement aux mots Chinois *tchou*, *ko*, *tchoung*. Mais l'usage en est trop rare pour qu'on en fasse l'objet d'une règle grammaticale. Il faut remarquer seulement que, dans le peu d'exemples que nous en avons, la marque du pluriel se trouve placée après le substantif : *sang-gye-tham-tche* (9) *[sancti omnes]* ; *tchhos-tham-tche* (10) *[leges omnes]*. Mais cette construction n'est peut-être pas généralement observée.

(1) ཞལ་ནས་སྐྱེས་པ་ (2) ཆོས་ལས་བྱུང་བ་

(3) མདལ་ནས་སྐྱེས་པ།

(4) Les Bouddhistes comptent quatre sortes de naissances, la naissance d'une matrice, d'un œuf, de l'humidité, et par transformation.

(5) པོ་བྲང་ཆེན་པོ་པོ་ཏ་ལ་ནས་བྲིས།
(6) ཐམས་ཅད་ (7) ཐ་དད་. (8) ཀུན།
(9) སངས་རྒྱས་ཐམས་ཅད་ (10) ཆོས་ཐམ་ཅད།

SUR LES LANGUES TARTARES. 363

Les adjectifs Tibetains sont pour la plupart terminés en *pa*, *po*: *tchhen-po* (1) *[magnus]*; *tchhoung-ba* (2) *[parvus]*; *yag-po* (3) *[bonus]*; *rden-pa* (4) *[malus]*. Ceux qui sont dérivés des verbes ou des substantifs se terminent en *pa* ou *ba*, et servent aux mêmes usages que nos participes, exemples : *ñen-nes [abstinentia]*, *ñen-nes-pa* (5) [abstinens]; *gâ-po-djed [æstimare]*, *gâ-po-djed-pa* (6) *[æstimans, æstimator]*. Le sens de *capable*, *doué de*, se rend par l'addition du crément *dou*, comme en mongol, ou de *po*, cette terminaison banale de la plupart des noms en tibetain : de *ri-chi [ablatio]*, on fait *ri-chi-dou* (7) *[ablatus]*; de *dra-dra [æqualis]*, *dra-dra-dou* (8) *[æquatus]*; de *djo-rdze-sñing [adamantinum cor]*, *djor-dze-sñing-po* (9) *[adamantino corde præditus* (10)*]*. Le comparatif s'exprime par l'addition de *cho*, après l'adjectif: *tchhen-po [magnus]*, *tchhe-cho* (11)*[major]*; *rgad-po* (12)*[senex]*, *rgad-cho* (13) *[major natu]*, en ne conservant que le radical. Le superlatif se marque par la particule préposée *tchhes*: *tchhoung-ba [parvus]*, *tchhes-tchhoung-ba* (14) *[minimus]*; *med-po [multus]*, *tchhes-med-po* (15) *[valdè multus]*. Le superlatif relatif s'exprime par la seule position de l'adjectif, sans particule, après le substantif: *khiou-tchhog* (16)

(1) ཆེན་པོ་ (2) ཆུང་བ་ (3) ཡག་པོ་ (4) རྙན་པ་

(5) བསྙེན་གནས་པ་ (6) དགའ་པོ་བྱེད་པ་

(7) རི་ཞིག་འདྲ་ (8) འདྲ་འདྲ་འདྲ་ (9) རྡོ་རྗེ་སྙིང་པོ་

(10) C'est le nom d'un des *Bodhisatoua* ou Dieux du second ordre. On fait souvent allusion à ce nom de *cœur de diamant* dans les prières et dans les titres des ouvrages théologiques.

(11) ཆེ་ཤོས་ (12) རྒད་པོ་ (13) རྒད་ཤོས་

(14) ཆེས་ཆུང་བ་ (15) ཆེས་མད་པོ་ (16) ཁྱུ་མཆོག

[omnium illustris], pour *le plus illustre de tous*; *mi-tchhog* (1) *[hominum illustris]*, pour *le plus illustre des hommes*. Cette construction simple n'offriroit aucun embarras, si, le plus souvent, l'adjectif au positif ne se plaçoit; de la même manière, après le substantif auquel il se rapporte : *dag-ñid-tchhen-po* (2) *[spiritus* vel *sanctus magnus]*; *la-ma-rin-po-tchhe* (3) [le grand lama], &c.

Les noms de nombre ont une analogie frappante avec ceux des idiomes vulgaires de la Chine, soit dans la prononciation qui leur est assignée, soit dans la manière dont ils se groupent entre eux pour exprimer des nombres composés. On peut voir dans le vocabulaire comparatif les preuves de cette ressemblance, dont il ne faut excepter que les nombres 7 [en chinois, *thsi;* en tibetain, *bdoun*], 100 [chinois, *pe;* tibetain, *brgia*], et *mille* [ch., *thsian;* tib., *stong-thso*]. Quant à la méthode de numération, il n'y a d'autre différence que l'addition de l'explétive *tham-pa*, qui se met après les nombres ronds, comme 10, 20, 30, 100, 200, &c., et qu'on omet après les autres, comme 11, 22, 31, 110, 201, &c.

C'est encore un trait de ressemblance avec le chinois, que l'usage Tibetain de placer le nom de nombre après celui de la chose nombrée. On dit : *youl-nga* (4); les cinq relations [les cinq sens]; *thsan-ñid-soum* (5) [les trois natures]; *lah-gou* (6) [les neuf Dieux], &c.; mot à mot, *relationes quinque, naturæ tres, Dii novem*. Les ordinaux se forment en ajoutant *ba*, et se placent de même après le substantif: *sam-tan-bo, sam-tan-ñi-ba, sam-tan-*

soam-ba, sam-tan-ji-pa (1), &c. [première, seconde, troisième, quatrième extase (2)].

Les pronoms personnels sont irréguliers en tibetain, et les adjectifs possessifs qui en sont formés le sont pareillement ; en voici le tableau :

nga, nge, nged,	je.	nge-rang,	nous.
nga-rang-gi,	de moi, mon.	nges-yin,	de nous, notre.
khyed, khyod,	toi.	khyed-rnams,	vous.
kyed-rang-gis,	de toi, ton.	khye-rang-gis,	de vous, votre.
khong, kho-rang,	lui.	rang,	moi-même, toi-même, lui-même.
kho-rang-gi, dei,	de lui, son.	gang,	qui ! quel !

Beaucoup de verbes Tibetains n'ont rien qui les distingue des substantifs ; et l'on peut croire qu'à l'instar des verbes Chinois, ils sont pris indifféremment comme verbe ou comme nom d'action ; tels sont : *ông* (3) *[venire]*, *thoung* (4) *[velle]*, *chi-dro* (5) *[mori]*, *tchogs* (6) *[frangere]*, &c. Mais les Tibetains ont cet avantage, qu'ils peuvent, quand cela devient nécessaire, déterminer plus précisément le sens dans lequel un mot doit être pris, et lui donner la signification verbale, toutes les fois qu'il pourroit résulter de l'ambiguité de son emploi comme substantif. Trois terminaisons sont particulièrement affectées à cet usage, et toutes trois sont des verbes simples qui servent à former des verbes composés. Le premier de ces verbes est *djed* *[facere]*, dont on

(1) [Tibetan script]

(2) Les Bouddhistes entendent par ces mots les différens degrés d'exaltation où il faut parvenir pour avoir une notion de ce qui est au-dessus de notre monde. Il faut faire abstraction des idées que nous avons de la matière, pour concevoir l'esprit ; une abstraction plus relevée est nécessaire pour les êtres qui sont à l'esprit ce que l'esprit est à la matière, et ainsi de suite.

(3) [Tibetan] (4) [Tibetan] (5) [Tibetan] (6) [Tibetan]

forme *yag-tchoung-djed* (1) *[acclamare]*, *rog-djed* (2) *[adjuvare]*, *ched-djed* (3) *[urgere]*, *kis-kis-djed* (4) *[ambulare]*, et une infinité d'autres, où l'on voit que la signification primitive de *faire* n'est pas toujours appropriée à l'idée qu'exprime le verbe composé.

Le second verbe simple est *giab*, dont la signification est analogue à celle du précédent, mais un peu plus forte et mieux déterminée; on peut le traduire par *fabriquer, forger, imprimer un mouvement*. Les composés n'offrent pas tous des traces de cette acception primitive; en voici quelques-uns : *so-giab* (5) *[extinguere]*. *ar-po-giab* (6) *[ædificare]*, *poug-giab* (7) *[flare]*, *thâ-pou-giab* (8) *[in exilium mittere]*, &c.

Le troisième verbe employé dans la composition est le verbe substantif *yin [esse]*; presque tous ses dérivés indiquent des *états*, des *manières d'être*; tels sont, *ned-pa-yin* (9) *[ægrotare]*, *drang-mo-yin* (10) *[algere]*, *phan-thog-djed-yin* (11) *[juvare]*, *nge-yin* (12) *[pertinere]*, &c.

Il y a encore un assez grand nombre de verbes terminés en *tong, thong, doung, song;* on peut supposer que le fréquent retour de cette terminaison est aussi dû à la présence de quelque verbe générateur; mais l'imperfection des vocabulaires que j'ai sous les yeux ne m'a pas permis de changer cette conjecture en certitude. Voici quelques exemples des verbes qui affectent ces

SUR LES LANGUES TARTARES. 367

désinences : *sked-tong* (1) *[vocare]*, *rol-tong* (2) *[arare]*, *tchin-tong* (3) *[mingere]*, *sar-dou-thong* (4) *[comparere]*, *sked-ngen-doung* (5) *[blasphemare]*, *zag-song* (6) *[cadere]*, *chor-song* (7), idem ; *ñou-gi-song* (8) *[languere]*, *thsar-song* (9) *[finire]*, *nor-song* (10) *[falli]*, *yel-song* (11) *[evanescere]*, &c.

Il faudroit maintenant dire quelque chose de la conjugaison de tous ces verbes ; mais le défaut de textes propres à être analysés nous obligera d'être encore plus courts sur ce point important que sur tout le reste. Il ne paroît pas qu'il y ait de terminaison affectée aux personnes; on dit également *yod nga* (12) *[sum ego]*, *pon-po yod* (13) *[dominus est]*, *ded-pa-djed-yin* (14) *[fidem facio]*, *jag-pa-yin* (15) *[affixus est]*. Le passé se marque, comme en chinois, par des particules qui peuvent passer pour de véritables adverbes. Le futur, comme en mongol et en ouigour, par le participe avec le verbe *être : pheb-pa-yin* (16) *[veniet]*. Le participe, ainsi que nous l'avons déjà dit, par *pa;* le conjonctif et l'optatif, en ajoutant *par* et souvent *gyour: sangs-rgyas-par-rgyour* (17) *[sanc-*

(1) སྐད་གཏོང་ (2) རོལ་གཏོང་ (3) གཅིན་གཏོང་

(4) གསར་དུ་མཐོང་ (5) སྐད་ངན་གདུང་ (6) ཟག་སོང་

(7) ཆོར་སོང་ (8) ཉུ་གི་སོང་ (9) ཚར་སོང་

(10) ནོར་སོང་ (11) ཡལ་སོང། (12) ཡོད་ང་

(13) དཔོན་པོ་ཡོད་ (14) དད་པ་བྱད་ཡིན་

(15) བཅགས་པ་ཡིན་ (16) ཕེབས་པ་ཡིན།

(17) སངས་རྒྱས་པར་འགྱུར།།

tificatum sit] (1); *djom-par-gyour*(2)*[veniat]*. L'impératif se marque en mettant *dsod [fac],* après le radical du verbe : *skrol-bang-dsod* (3) *[liberato], mzod-par-dsod* (4) *[condonato];* le prohibitif, avec *ma, ne,* avant le verbe : *ma-djed* (5) *[ne facias], ma-jag* (6) *[noli ponere],* &c.

Au reste, s'il est possible de porter un jugement sur la syntaxe Tibetaine, avec si peu de moyens pour l'étudier, on est tenté de penser que les formes grammaticales des noms et des verbes n'y jouent pas un grand rôle : à cet égard, plus encore que sous le rapport du matériel des mots, le tibetain semble se rapprocher infiniment du chinois, et en avoir emprunté beaucoup de règles. Les suppliques Tibetaines de la collection d'Amiot, et la version Chinoise qui les accompagne, en sont une preuve, puisque les deux langues s'y suivent pas à pas, sans presque jamais s'écarter l'une de l'autre. Mais, comme on pourroit soupçonner le tibetain de ces pièces, d'être, ainsi que nous l'avons vu pour l'ouigour, un peu trop fidèlement calqué sur le style Chinois, il n'est pas inutile de remarquer que les patentes accordées aux missionnaires capucins par le dalaï-lama, sont écrites d'après le même système, et pourroient, si cela étoit nécessaire, être traduites en chinois presque mot à mot.

Au reste, pour achever d'appliquer à la quatrième des langues que nous nous sommes proposé d'étudier, la méthode qui nous a servi pour les autres, nous aurons soin de placer dans le second volume quelques textes Tibetains, avec une interprétation aussi

---

(1) Expression admise dans la traduction Tibetaine de l'Oraison dominicale, et bien impropre à mon avis. Elle est formée du radical *sangs-rgyas [chakia]*, qui est primitivement le nom même de Bouddhah, et qui ne signifie *saint* que par allusion aux qualités de cette divinité. On fait donc dire aux Chrétiens, en s'adressant au vrai Dieu : *Tuum nomen sit Bouddha-factum.*

(2) འབྱུང་པར་ཤོགས་ (3) སྒྲོལ་བང་མཛོད་

(4) མཛོད་པར་མཛད་ཅོ (5) མ་བྱེད་ (6) མ་བཞག་

fidèle

qu'il nous sera possible. Et pour offrir en même temps des exemples des deux écritures les plus usitées au Tibet, nous transcrirons, en lettres *Dvou-min*, l'une des pièces de la collection d'Amiot, et nous donnerons, en lettres *Dvou-djan*, les Litanies de *Djang-tchhoub*, ou, pour mieux dire, la liste des titres honorifiques de ce dieu, et de celles qui sont rangées avec lui dans la seconde classe des divinités Bouddhiques. Ces titres sont significatifs, et sont de petites phrases dont l'analyse peut exercer ceux qui auront lu ce qui a été dit précédemment sur la grammaire Tibetaine.

Une chose frappera sans doute les personnes qui parcourront ces textes ou le vocabulaire qui est aussi placé dans le second volume ; c'est, au milieu de mots barbares, inconnus, sans analogie avec les autres langues du monde, étranges par leur orthographe, dont l'articulation semble impossible, la ressemblance étonnante de quelques expressions, avec des mots de nos langues d'occident : *re* (1), signifiant *chose* ; *rgyal* (2), *royal* ; *rigs* (3), *roi*, &c. De tels rapprochemens seroient bien bizarres, si l'on ne savoit qu'il y a lieu d'en faire de semblables, partout où la langue Samscrite a pu exercer quelque influence directe ou indirecte. Ce ne sont que les circonstances d'un grand fait, des phénomènes particuliers, qui trouveront leur explication quand on aura la clef de ce grand problème historique, sur lequel l'attention des philologues s'est portée depuis la fin du siècle dernier.

Outre les mots Chinois qui abondent dans le tibetain, comme j'en ai déjà fait la remarque, et les mots Indiens qu'il seroit étonnant de n'y pas trouver, on peut s'attendre à y rencontrer aussi beaucoup d'expressions tirées de la langue des Mongols, qui dominent au Tibet depuis six cents ans, et des autres nations Tartares qui l'ont habité bien long-temps avant les Mongols. Des termes empruntés aux langues du Kaschemir, du Nipôl, du Pourout, doivent s'y être introduits en grand nombre, aussi bien que beaucoup de mots appartenant aux Persans, aux Aghwans, à ces Tadjiks qui ont possédé tout ce qui est à l'occident du Tibet, à ces *Saï* et à ces *Ye-tha* qui, suivant les Chinois, ont peuplé les plaines de la Transoxane, les montagnes de Kaboul, et les rives de l'Indus. Enfin, du côté du sud-est, la direction des chaînes de montagnes, le cours des grandes rivières, l'analogie des mœurs et de la religion, celle des écritures, peut-être la communauté d'origine, font que les limites du Tibet sont difficiles à poser, et qu'en beaucoup de points, mais sur-tout par rapport à l'idiome, ce pays doit se confondre avec l'Inde orientale. C'est du moins de ce côté, si je ne me trompe, que le Tibetain doit trouver le plus de liens de parenté.

Au reste, l'étendue du Tibet est trop considérable; il y a trop loin des frontières du Yun-nan et d'Awa, à celles du Kaschemir et du Kaboulistan; le pays, coupé par des montagnes inaccessibles, est partagé en un trop grand nombre de vallées qui communiquent à peine entre elles, pour qu'on puisse croire qu'un seul et même idiome soit parlé, sans aucune différence, dans toutes les provinces de ce royaume; ce seroit un fait presque unique dans l'histoire des langues, que cent tribus habitant dans des pays de montagnes, et parlant toutes la même langue. N'y eût-il que le mélange et les alliances avec les peuples du voisinage, il doit se trouver plus de chinois dans le tibetain de *Miñara-Kahang*, et plus de persan dans celui de *Tzang*. Le langage de Lasa n'est sans doute pas tout-à-fait le même que celui de Ladak. Les Missionnaires nous apprennent que dans le Kombo on articule toutes les quiescentes, et que les habitans de Lasa se moquent de cette prononciation, qui leur paroît grossière et barbare (1). Cette différence forme déjà deux dialectes bien tranchés; il est probable qu'il y en a de plus remar-

(1) Alphab. Tangut. p. 85.

quables encore entre les idiomes de diverses parties du Tibet. Des vocabulaires également authentiques nous donnent des termes différens pour exprimer la même idée : on trouve *mgo* (1) et *dvou* (2), pour *tête*; *sems* (3) et *sñing* (4), pour *cœur*; *tchhim-pa* (5) et *tchhoung - ma* (6), pour *épouse*; et ainsi de beaucoup d'autres. Mais nous n'avons aucun des renseignemens qui seroient nécessaires, pour fixer, avec précision, le nombre et l'espèce de dialectes dans lesquels la langue Tibetaine est partagée.

Ce seroit abuser des termes que de classer parmi les dialectes du tibetain, une langue qui est, à la vérité, fort répandue dans le Tibet, mais qui n'y sert qu'à des usages spéciaux, et dont l'origine est étrangère à cette contrée : je veux parler du samskrit, qui est employé pour les invocations, les exorcismes, les litanies ; qui est, en un mot, la langue liturgique des lamas, comme le latin dans l'église Romaine. Chez les Mongols, où l'on n'a conservé que peu de formules Samskrites, le commun des offices est en tibetain : ces deux langues y sont donc comme chez nous le latin et le grec. Mais le samskrit en particulier est la langue dans laquelle ont été écrits primitivement les livres sacrés, et qu'il faut apprendre pour pénétrer dans le sens même des traductions. Nos Missionnaires ont souvent dit des prêtres de Fo, qu'ils nomment *bonzes*, qu'ils répètent, sans les entendre, des prières dans une langue inconnue, et peut-être même des mots tout-à-fait inintelligibles et quelquefois forgés à plaisir. Cela peut s'appliquer assez justement aux *Kavatchas*, dont nous avons rapporté un exemple (7), et à quelques formules qu'on répète machinalement, seulement à cause de la vertu secrète attribuée à certains sons : comme quand on récite cette phrase

(1) མགོ་ (2) དབུ་ (3) སེམས་ (4) སྙིང་ (5) ཁྱིམ་པ་
(6) ཆུང་མ།

(7) Voyez ci-dessus, p. 161, et le t. II.

célèbre qui contient toute la loi : *On ! Mani padma, Hon!* ou quand, en prononçant le nom mystérieux d'*Amida-Bouddhah*, on cherche à s'acquérir les mérites infinis que ce saint nom procure à ceux qui l'ont sans cesse sur les lèvres. Sans parler de ces rêveries, je crois bien qu'au fond de la Chine ou du Tonking, dans la Corée ou le Japon, le plus grand nombre des solitaires qui n'ont pas voyagé, ou qui n'ont fait que des études superficielles, ignorent jusqu'au nom de la langue dans laquelle ils psalmodient la plupart du temps. Mais au Tibet, où l'on est près des sources, où les monastères sont peuplés de savans religieux, contiennent presque tous de riches bibliothèques, et sont visités par des pélerins de toutes les parties de l'Inde, il étoit impossible qu'on négligeât l'étude de l'idiome sacré dans lequel la divinité a daigné parler aux hommes, et où se trouvent les racines de tous les noms de dieux, de saints et de héros, ainsi que de tous les termes théologiques ou philosophiques qui constituent la langue de la religion. La preuve qu'on n'a pas négligé cette étude se trouve dans la manière exacte et rigoureuse dont on a conservé ces termes et ces noms mêmes, qui n'eussent pas manqué de s'altérer, si l'on eût continué depuis des siècles de les transcrire sans les entendre. Ce que je viens de dire du Tibet s'applique encore plus pleinement aux provinces occidentales de la Chine, et aux villes principales où a été placé le siége de l'empire. Pour n'avoir pas adopté les opinions exclusives qui ont fait des lamas du Tibet une secte distincte de Bouddhistes, les *Ho-chang* de la Chine n'en ont eu que plus de motifs et d'occasions d'étudier l'ancienne doctrine Bouddhique de l'Hindoustan, à laquelle ils sont demeurés attachés (1).

Dans un mémoire où j'examinois si les Chinois étoient restés aussi étrangers qu'on le supposoit à l'étude des langues étran-

---

(1) J'aurai peut-être occasion de montrer ailleurs en quoi le lamisme du Tibet diffère du bouddhisme pur, tel qu'il est suivi dans la Chine, l'Inde orientale et le Japon.

gères (1), j'eus occasion de rechercher ce que pouvoit être une langue que les auteurs Chinois désignent par le nom de langue 梵 *Fan*, nom qui ne se trouvoit dans aucun des livres publiés sur la Chine, et je fis voir que cette langue *Fan* n'étoit autre que le samskrit. Effectivement, *Fan* est le nom des descendans ou des sectateurs de *Bouddha* (2), ou, suivant d'autres, l'un des noms de Bouddha lui-même (3). Si l'on s'en rapporte à *Hiu-chi* (4), *Fan* est le titre du livre des sectateurs de *Cha-kia* dans les contrées occidentales; et selon un autre lexicographe, ce nom signifie *pur, tranquille* (5). Le mot *Fan* sert aussi d'équivalent à celui de Brahma, dans les expressions suivantes: *Brahmaparipadyâ*, tribu de Brahmas, en chinois *Fan-tchoung-Thian*; *Brahmapourohita*, esprit assesseur de Brahma, ou *Fan fou Thian*; *Mahâbrahâna*, le grand Brahma, *ta Fan Thian*, toutes phrases où le même mot est rendu en mongol par ᠡᠰᠷᠤᠨ *Esroun*, probablement *Isouren*. On retrouve encore le mot dans l'épithète de *Brahmasouarah* qu'on donne à Bouddhah, et qu'on interprète en chinois par les mots *Fan in*, voix de *Fan* (6). Les caractères *Fan* ont pris ce nom de l'*esprit Fan*, qui les a fabriqués au nombre de quarante-sept (7). Les Tartares qui ont traduit des livres Chinois, ont rendu ce mot *Fan* par celui de ᠡᠨᠡᠳᠬᠡᠭ *Enetkek*, qui est le nom qu'ils donnent toujours à l'Hindoustan, ainsi qu'à la langue, aux alphabets et aux doctrines de cette contrée classique (8). *Tun-sou, Siu-chi*, l'auteur de l'Encyclopédie qui cite

(1) Magas. encycl. octob. 1811.
(2) *Tching tseu thoung*, au mot *Fan*, cl. LXXV, tr. 7.
(3) *Wen hian thoung khao*, k. 226, p. 1.
(4) *Choue-wen*, au mot *Fan*.
(5) *Yun hoeï*, Dictionnaire tonique, cité dans celui de *Khang-hi*, au mot *Fan*.— *Pou*, en samskrit, signifie *pur;* on en dérive le mot *pavana*, purifiant, qui désigne l'air. Je ne doute pas que ce ne soit là l'origine du mot *Fan*. C'est l'opinion de M. Chézy.
(6) *Man, Han, Si-fan tsi yao*.
(7) *Pian-i-tian*, k. 43, p. 33.
(8) Voy. le morceau Mandchou inséré dans le second volume.
Les Jésuites qui ont dessiné les cartes du Tibet, d'après lesquelles d'Anville a dressé les siennes, ont lu ce mot *Anonkek;* cette faute a passé avec beaucoup d'autres du même genre dans la carte du célèbre géographe.

ces deux écrivains, le rédacteur du *Fang chi me pou*, rapportent des monnoies et des sceaux, avec des inscriptions en lettres *Fan*, et ces lettres sont celles de l'alphabet Dévanagari. Les témoignages des mêmes écrivains, et celui de l'Histoire des trois royaumes, nous apprennent que la langue *Fan* est en usage dans le *Tou-po*, pays de l'Hindoustan, et aussi chez les *Che-fi*, les Tibetains et les habitans de Khàsigar, où nous savons que les lettres Indiennes ont été portées. *Tchin - chi*, dans le *Wen hian thoung khao*, rapporte que dans la langue *Fan* il y a douze voyelles, trente consonnes et cinq sortes d'articulations, les dentales, celle des dents du devant, les linguales, les gutturales et les labiales. Les grammairiens Chinois, qui ont emprunté de ceux de l'Inde un ordre systématique à-peu-près semblable, dans lequel ils disposent ceux des caractères qui sont destinés à représenter les consonnes, avouent qu'ils se sont réglés sur le modèle que leur offroit l'écriture *Fan*, et qu'ils ont en cela reçu des leçons des Brahmanes (1). Enfin, si tant de preuves pouvoient laisser encore quelques doutes, les livres Chinois nous offriroient les moyens de les lever : rien n'est plus commun que de voir dans les dictionnaires, et en particulier dans le *Tching tseu thoung*, les mots *Fan* rapportés et comparés avec ceux de la langue Chinoise. Les livres Bouddhiques en contiennent aussi beaucoup, et le grand dictionnaire théologique *San tsang fa sou* ne rapporte aucun terme ni aucun nom propre qu'il n'en donne l'étymologie en langue *Fan*, et l'explication en chinois. A la vérité, dans tous ces livres, les mots *Fan* sont exprimés en caractères Chinois, c'est-à-dire que la prononciation en est fort imparfaitement rendue (2) ; mais, tout corrompus qu'ils sont, il est aisé à un homme exercé de les reconnoître ; on y retrouve,

---

(1) Préface du Dictionnaire de *Khang-hi*. — Histoire de l'écriture ou *Tseu hio tian*. — Traité des sept sons, par *Tching-tsiao*. — Vie du grand Lama *Pa-sse-pa*, dans le *Sou Houng kian lou*. — *Wen Hian thoung khao*, k. 226 et suiv. &c.

(2) J'en rapportois quelques exemples dans le Mémoire dont je viens de parler, et j'y avois joint les mots Samskrits que M. Chézy avoit reconnus. Il me seroit maintenant aisé d'en rassembler plusieurs milliers.

avec de légères altérations, le matériel des mots et les formes grammaticales qui sont propres au samskrit.

Au reste, nous avons quelque chose de mieux encore dans la première colonne de ce vocabulaire en cinq langues, qui nous a déjà été si utile dans nos recherches. La langue *Fan* y est écrite, non plus avec les caractères Chinois, mais avec les lettres de l'alphabet Tibetain *Dvou-djeu*, lesquelles, quand on y comprend les lettres retournées et tous les signes additionnels dont nous avons donné l'explication, représentent avec la dernière exactitude toutes les nuances de l'alphabet Dévanagari. Sans savoir le samskrit, on peut assurer que c'est-là du samskrit pur, parce que les sons de cet idiome célèbre y sont exprimés avec une précision qui est un garant de l'exactitude. Des juges plus éclairés y retrouvent les radicaux de la langue, et y reconnoissent en général l'observation rigoureuse des règles grammaticales.

Toutefois l'habile philologue dont j'ai dû naturellement emprunter les lumières, a cru remarquer que, soit dans les mots *Fan* transcrits par les Chinois, soit dans ceux que nous ont transmis les Mongols et les Tibetains, il pouvoit y avoir certaines racines qui ne sont pas très-usitées dans le samskrit ordinaire, certaines formes qui s'écartent de celles qu'on est habitué à trouver dans les livres Samskrits les plus anciens. Attribuer ces différences à des fautes, à des altérations produites par l'ignorance des copistes, n'est pas en donner une explication satisfaisante, si elles sont en grand nombre, et si elles semblent se rapporter à une marche régulière et être soumises à l'analogie. Rien, d'ailleurs, ne se conserve comme une langue sacrée, chez des peuples qui donnent des propriétés merveilleuses aux syllabes. Je proposerois une autre manière de rendre compte de ce fait, qui me paroît mériter d'être examiné, et que je regrette de n'être pas en état de vérifier moi-même. Qu'on ne dise pas que j'explique un fait qui auroit besoin d'être constaté : en lisant mon explication, on trouvera peut-être que les différences qu'on croit apercevoir entre la langue *Fan* et le samskrit, tiennent à une cause inévitable, et qu'il est impossible qu'elles n'existent pas.

S'il est vrai que le bouddhisme a été autrefois la religion dominante de l'Hindoustan, si la contrée où toutes les traditions des sectateurs de cette religion en reportent l'origine, la partie centrale de l'Inde, et celle où l'on prétend qu'il y eut une nouvelle révélation, l'île de Lanka, sont la patrie de ces réformateurs, qui ont converti l'Asie après avoir été expulsés de leur pays natal, la langue que parloient ces Hindous sans caste, et dans laquelle ils écrivirent ces livres qui subsistent encore, pouvoit différer, jusqu'à un certain point, du samskrit des Védas. Les Bouddhistes et les Brahmanes ont été deux nations rivales, dont l'une a fini par remplacer entièrement l'autre, et qui, quand elles existoient ensemble dans le même pays, se haïssoient trop pour ne pas éviter, autant que possible, de se ressembler. Il y a des dialectes de sectes, comme des dialectes de tribus; et l'Inde contient tant d'idiomes divers, qu'on peut dire que chaque association a le sien. Comme il s'agit ici de langues appliquées à des usages théologiques, la diversité doit avoir été plus grande, et la distinction mieux marquée.

Mais quand les Bouddhistes et les Brahmanes auroient parlé exactement la même langue, le long temps qui s'est écoulé depuis que les premiers ont cédé la place à leurs rivaux, et transféré dans les contrées limitrophes de l'Hindoustan leurs doctrines religieuses et philosophiques, doit avoir altéré, de différentes manières, le type primitif des deux idiomes. Les Bouddhistes qui ont porté le leur au milieu de peuples qui ont des langues différentes, se sont trouvés avoir une langue écrite, affranchie désormais des variations de l'usage; et comme les réfugiés François de Prusse ou de Danemark, ils ont dû conserver le langage qu'ils parloient du temps qu'ils habitoient dans l'Inde. C'est-là, si je ne me trompe, cette langue *Fan* ou *pure,* qui est commune aux Bouddhistes de la Chine et du Tibet; et s'il m'est permis d'ajouter une conjecture, ce doit être

être le même dialecte Samskrit, qui, sous le nom de Bali, forme la langue savante de presque tous les peuples de l'Inde orientale. Sur ce point étranger à nos Recherches, on peut voir l'intéressante Dissertation de M. Leyden (1).

La langue *Fan* donc, ou le dialecte Samskrit des Bouddhistes, n'est point un idiome exclusivement en usage au Tibet ; il s'est répandu avec la religion de Bouddhah, dans tous les lieux où ce culte a trouvé des sectateurs instruits, curieux et capables de remonter aux sources de leur croyance. On le savoit en Chine, quand, la 14.ᵉ année I-hi [418 de notre ère], on fit la première traduction complète des livres de Bouddhah, en trente-six mille *khieï* et soixante *kiouan* (2), et aussi sous la dynastie des *Thang*, quand cette première traduction fut revue et augmentée par un religieux de Khotan, nommé *Chi-tcha-wan-tho*, lequel y ajouta neuf mille *khieï*, et distribua toute la collection sous quatre-vingts livres. Mais depuis que le Tibet est devenu le centre du bouddhisme, au moins pour tous ceux qui reconnoissent le *Bouddhah vivant* ou le Dalaï-lama, c'est dans les monastères de cette contrée qu'on est plus sûr de trouver les livres *Fan*, et les hommes les plus capables de les entendre. C'est par des religieux Tibetains que l'empereur de la Chine a fait rédiger ce précieux vocabulaire en cinq langues, dont le *Fan*, écrit en lettres Tibetaines, fait la base, et qui contient tous les termes théologiques expliqués en tibetain, en mandchou, en mongol et en chinois (3).

De même que les Bouddhistes répandus dans l'Asie orientale n'ont qu'une seule et même langue savante, qui est le samskrit, de même aussi ils n'ont qu'une seule littérature, commune à tous les peuples de la même croyance, et qu'on pourroit nommer la littérature Bouddhique ; car elle n'appartient à aucune nation en particulier : c'est la théologie de Bouddhah

(1) Asiat. Res. *t. XI.*
(2) *San tsang fa sou*, k. 36, *p. 16.*
(3) *Voy. Mém. concernant les Chi-*nois, *t. XI, p. 616.* - Mines de l'Orient, *t. IV, p. 183.*

qui en est la base. De vastes traités de morale, de métaphysique et de cosmologie, apportés de Ceylan ou de l'Hindoustan, et attribués à Bouddhah lui-même, des romans historiques ou mythologiques où sont racontées les aventures fabuleuses des Dieux, des plus illustres pénitens, des bienfaiteurs de la religion; des rituels, des prières, de longues formules pour les invocations, les exorcismes : voilà quel en est le fond, que chaque peuple a ensuite brodé, en ajoutant ses traditions particulières, ses légendes nationales, la vie des héros et des saints les plus célèbres de chaque contrée. On voit par-là en quoi doivent se ressembler et en quoi peuvent différer les matières qui constituent la littérature chez les peuples Bouddhistes, c'est-à-dire, chez ceux de l'Inde orientale, chez ceux du Tibet et chez les Mongols. Il ne faut pas oublier que la même littérature est commune aussi aux Bouddhistes de la Chine, de la Corée et du Japon; et il faut sur-tout remarquer que nous entendons toujours ici par littérature l'ensemble des connoissances d'une nation, depuis l'art d'écrire jusqu'à la poésie, depuis les premiers élémens des sciences les plus vulgaires, jusqu'à la métaphysique et à la théologie. Ce seroit peut-être *philosophie* qu'il faudroit dire, car la théologie de ces nations comprend tout. Les différentes parties des connoissances humaines n'ont pas, comme chez nous, un champ bien distinct et circonscrit ; elles se confondent dans un même but, qui est, pour le commun des hommes, l'étude de la doctrine populaire, laquelle comprend la morale, les pratiques du culte, les fables cosmographiques et cosmogoniques, l'astrologie et les connoissances accessoires, c'est-à-dire, le peu d'astronomie et de mathématiques qui est indispensable pour ses opérations ; et pour les initiés, l'étude de la doctrine secrète, qui enseigne la clef des allégories et des mystères, la métaphysique, les méditations *qui anéantissent les sens* [nirwana] en exaltant l'imagination, la théorie de l'émanation, de l'illusion, et pour tout dire enfin, le *nihilisme* le plus absolu.

Tous ces objets que, sous plusieurs rapports, il seroit très-intéressant d'approfondir, peuvent être étudiés presque indifféremment dans les livres des Chinois ou dans ceux des Tartares, à défaut des originaux Samskrits, qui n'existent peut-être plus dans l'Hindoustan, et qu'on ne retrouveroit probablement que dans les bibliothèques de la Chine ou du Tibet. Quant aux traductions qui les représentent sans doute très-fidèlement, s'il y a quelque préférence à accorder, ce ne peut être qu'à celles qu'on pourra regarder comme les plus anciennes ou les plus complètes ; et je pense que, sous ces deux rapports, il ne sauroit guère y en avoir de plus curieuse que celle que les Bouddhistes de la Chine ont rédigée avec tant de peines et de soins.

Maintenant, pourra-t-on dire que le tibétain, l'un des plus savans et des plus parfaits d'entre les idiomes Tartares, *renferme les livres de Boudh ou Beddha, fondateur du sabéisme ou chamanisme* (1)? Je ne m'arrête, dans ce passage, qu'à ce qui est en ce moment l'objet de notre attention (2) : le tibétain *renferme-t-il* les livres de Bouddhah, autrement qu'à titre de traductions faites sur le samskrit? et a-t-il en cela quelque avantage sur le siamois, le pégouan, le chinois, le mongol ? On peut même douter que la version Tibétaine des livres de Bouddhah soit fort ancienne ; et je ne connois aucun témoignage qui permette d'en placer la composition à une époque antérieure au troisième siècle de notre ère. Car enfin, tout ce qu'on peut dire sur les temps qui ont précédé, se réduit à la très-imparfaite chronique, traduite du tibétain par le

(1) Détails littéraires et typographiques sur l'édition du Dictionnaire et des Grammaires Tartares - mandchous, à la tête du 3.ᵉ vol. du Dictionnaire du P. Amiot. Paris, 1790.

(2) Ce que l'auteur dit en quelques lignes dans la *note* où je prends ces mots, se réduit aux propositions suivantes :

1.º Le sabéisme et le chamanisme sont un seul et même culte.

2.º Boudh ou Beddha est le fondateur du sabéisme.

3.º Brahma étoit un sabéen hérétique ; il altéra les dogmes du sabéisme.

4.º Il étoit conséquemment bien postérieur à Boudh.

5.º Le samskrit est un idiome Tartare, venu, comme le genre humain, du plateau de la grande Tartarie.

L'auteur avoit promis de prouver ces assertions par des autorités irrécusables, recueillies avec soin. Il est bien fâcheux qu'il n'ait pas encore pu s'acquitter de sa promesse.

380   RECHERCHES

P. Horace, interpolée et corrompue de manière à perdre toute autorité par l'éditeur Georgi.

Les historiens Chinois, qui ont donné sur les Tibetains, qu'ils nomment *Kiang*, des détails très-circonstanciés, et dont on pourroit faire une histoire du Tibet en plusieurs volumes, ne varient pas sur un point important: c'est que les *Kiang* n'avoient pas de caractères (1); c'est ce qu'on assure même de ces *Thang-tchhang*, qui ont fondé un état connu en Europe sous le nom de *Tangut*, et cela jusque sous les *Thsi* méridionaux, et sous les *'Weï* du nord, dans le v.ᵉ siècle de notre ère. Il ne faut pas chercher une littérature chez une nation qui ne tenoit compte que de la crue et de la chute des feuilles pour la supputation des années (2) ; et il ne faut pas s'attendre à trouver des renseignemens sur l'état ancien de la religion de Bouddhah, chez des peuples qui ne la connoissoient pas encore à la fin du vi.ᵉ siècle, et dont tout le culte consistoit, à cette époque, à s'assembler tous les trois ans, pour faire au ciel un sacrifice de bœufs et de moutons (3). Ces Tangutains sont d'ailleurs représentés comme les plus barbares d'entre tous les peuples d'occident. Ce ne fut guère qu'après qu'ils eurent fondé, dans la partie septentrionale du Tibet, un état qui s'étendit dans la Tartarie et dans la Chine, qu'ils commencèrent à donner quelque attention aux lettres. *Te-ming*, fils de *Li-ki-thsian*, qui régnoit vers l'an 1032, est cité dans l'histoire des *Liao* comme un prince habile dans la doctrine de Bouddha, fort instruit dans la loi, et grand contemplateur de l'*unité suprême* (4). Il composa un livre en lettres *Fan*(5) ou Tibetaines, formant douze

---

(1) *Pian i tian*, h. 48, p. 51; k. 49. p. 2, 6 *et passim*.

(2) *Sou wou wen-tseu; tan heou thsao mou ing lo, i ki, souï-chi*. Ibid. k. 49, p. 6.

(3) *San nian i siang-tsiu; cha nieou yang i thsi Thian*. Ibid.

(4) *Si-hia Li-ki-thsian tseu Te-ming hiao Fo chou, thoung fa liu, tchhang-kouan Thaï-i*. Histoire des *Liao*, *si-hia tchouan*.

(5) On ne lit point ici *Fàn* [a], *Indien*; mais *Fán* [b], *Tibetain*. Ces deux caractères n'ont point d'analogie en chinois.

kiouan. Il inventa aussi des caractères Chinois, dans le goût de ceux qu'on nomme *fou chou, caractères des sceaux*. L'influence des Chinois que les princes du Tangut étoient obligés d'employer, se fit bientôt sentir à leur cour. On y prit les mœurs et les habitudes Chinoises. La littérature en fut modifiée. Les Tangutains étoient devenus Bouddhistes; mais Confucius recevoit chez eux les mêmes honneurs qu'en Chine, et la dix-septième année *tchao-hing* (1147), on lui décerna le titre de *Wen siouan ti*, glorieux empereur de la littérature. Ces sortes de titres ne sont pas à la Chine une vaine déclaration; ils supposent l'observation des principes professés par les lettrés; et en effet, l'année suivante, on établit un collège dans le palais du roi de Tangut, on choisit les savans les plus renommés pour le diriger, et l'on commença aussi à fondre des monnaies dont la légende (en chinois) étoit *Thoung thsi, Kian Cheou* (1). Les Tangutains avoient des livres Indiens sur la religion de Bouddhah; et la troisième année *Kian-young*, ils en avoient envoyé un en tribut à l'empereur(2). Mais la littérature Chinoise étoit florissante chez eux quand les Mongols firent la conquête du Tangut.

Véritablement les *Kiang*, les *Ti*, les Tangutains, sont tous de ces Tibetains orientaux dont la langue, suivant les Chinois, ressemble si fort à celle du royaume du milieu; et il se pourroit que du côté de l'occident, les caractères Indiens et la religion de Bouddhah (car ces deux objets sont inséparables) eussent été plutôt en usage. Suivant la chronique du P. Horace, le fabuleux *Samtan-Poutra* auroit inventé l'alphabet et donné des lois au Tibet, vers l'an 60 de notre ère; à la même époque, *Djen-res-zig* (qui n'est autre qu'*Awalokitechouarah*, le *Kouan-chi-in* des Chinois) auroit apporté la religion de *Sangs-rgya* de l'Hindoustan (3). Des livres de religion et des statues d'or de Chakia auroient été apportées au roi du Tibet, de *Kethmandou* et de la Chine, et la fondation du premier temple de Bouddhah, à Lasa,

(1) *Pian i tian*, k. 81, p. 45.
(2) K. 81, p. 4.
(3) Alphab. Tibet. p. 298.

seroit due à la fille du roi de Nipol, devenue femme d'un roi du Tibet qui régnoit dans le premier siècle de notre ère. Je ne prétends pas révoquer en doute ces faits, quelque peu appuyés qu'ils soient, et quoique la chronique qui les rapporte ne me semble avoir qu'une très-foible autorité. Mais je pense que les rois dont il est ici question ne dominoient pas, à beaucoup près, sur tout le pays que nous nommons Tibet. Il ne faut pas non plus se figurer la contrée même de Lasa, telle que nous la voyons depuis les Mongols, couverte de monastères, et peuplée de moines et de religieuses. Le Tibet n'étoit alors, et n'a continué d'être long-temps, habité que par des tribus sauvages, sans lettres, sans lois, sans religion. Ce sont les Chinois qui nous l'apprennent, et nous pouvons les en croire, puisqu'ils ont eu des rapports fréquens avec toutes ces tribus. Cela n'empêche pas qu'il n'ait pu y avoir, dans quelques parties de ce pays, des monastères, des tours, des princes adonnés au culte de Bouddhah; il seroit surprenant qu'il n'y en eût pas eu. Khotan et Yerkiyang, où les Chinois ont trouvé de si bonne heure les missionnaires Bouddhistes, sont bien plus loin de la route de l'Hindoustan.

Dans le IIIe siècle, si l'on pouvoit s'en rapporter à la chronologie du P. Horace (1), il y avoit un roi du Tibet qui s'appliquoit beaucoup à l'étude des livres Bouddhiques que la princesse Chinoise, épouse d'un de ses aïeux, avoit fait traduire en tibetain. Les habitans de Lasa avoient en aversion le culte de Bouddhah et le prince qui le professoit; ils détruisoient tous les livres et profanoient les temples. On fit venir des religieux de l'Hindoustan pour convertir les peuples, et l'on envoya des Tibétains dans l'Hindoustan pour y apprendre le samskrit. Un Indien nommé *Boddhisatoua*, que Georgi prend pour le dieu de ce nom, et un Tibetain appelé *Perothsana*, aidés de plusieurs de leurs confrères, traduisirent en tibetain divers ouvrages ascétiques. C'est

---

(1) On verra plus bas que la série des faits qu'il rapporte, doit peut-être, non pas être intervertie, mais être rapprochée toute entière de près de quatre siècles. Dans ce cas, il faudroit dire au VIIe, au IXe siècle, &c.

à eux, dit-on, qu'on doit la traduction Tibetaine du *Kandjour* (1), dont nous avons parlé à propos de la version qui en a été faite en mongol. C'est une somme en 108 volumes (2). On en a un abrégé, fait dans le XIII.ᵉ siècle, par un saint personnage nommé *Tsong-kha-pa*, sous le titre de *Lahorim* ou *Lâm-rim-tchhen-po*, et très-estimé dans la Tartarie. Ce livre, fort obscur et très-difficile à entendre, avoit été traduit en latin par le P. Desideri; il seroit fâcheux qu'un si précieux travail n'eût pas été conservé (3).

Vers le milieu du v.ᵉ siècle (4), une persécution s'éleva au Tibet contre les Bouddhistes; on renversa leurs temples, on brûla leurs livres: il s'ensuivit de grands troubles; le royaume fut divisé, la cour transportée de Lasa dans le pays de Ngari. On fit ensuite revenir de nouveaux Pandits de l'Hindoustan, pour rétablir la loi; diverses tentatives furent infructueuses. Un célèbre religieux nommé *Aticha* vint enfin, et obtint un meilleur succès: la religion fleurit pendant quelque temps. La division du Tibet en une foule de principautés est cause que, pendant plus de trois cents ans, on ignore la suite des faits, non-seulement de ceux qui ont rapport aux lettres

(1) Il ne paroît guère probable que les cent dix volumes du Kandjour aient été apportés, en 1810, à Pétersbourg, comme le bruit s'en répandit alors. (*Voyez* Moniteur du 9 avril 1810.) C'est plutôt chez les Bourets que ce livre sacré fut apporté et reçu avec toutes les cérémonies qui sont en usage chez les lamas.

(2) Alphab. Tibet. *p. 305.*

(3) Il devoit se trouver, avec les autres papiers du P. Desideri, dans la bibliothèque de la *Propagande*. Ce Missionnaire avoit fait des progrès rapides dans le tibétain vulgaire; et peu après son arrivée, il avoit composé un petit ouvrage où étoient exposés les points principaux de notre religion. Il le présenta, en 1717, au roi du Tibet, qui fut surpris de ce qu'en si peu de temps un étranger avoit fait un tel ouvrage. Il voulut même que le Père, et un autre religieux du même ordre, entrassent dans le couvent et l'université de Sara, qui est très-célèbre au Tibet, pour y apprendre la langue littérale. Je tire ces détails d'une lettre inédite du P. Felice de Montecchio, écrite en 1729.

Une lettre du P. Dominique de Fano (Lasa, 25 août 1719), nous apprend que les Missionnaires avoient entrepris la traduction de la Bible en langue et en caractères Tibetains. — Le P. Desideri (Lettre de Lasa, 15 février 1717) annonçoit aussi que s'étant remis, depuis le 1.ᵉʳ mars (1716), à l'étude de la langue et des livres Tibetains, il espéroit pouvoir, cette année, mettre en ordre une Doctrine chrétienne, une Grammaire et un Dictionnaire.

(4) Voy. la note suivante.

et à la religion, mais même des guerres et des autres événemens de l'histoire politique. Voilà tout ce qu'on peut tirer de la partie de la chronique du P. Horace qui descend jusqu'au XII.ᵉ siècle. Il faut sur-tout bien se garder d'admettre un seul des rapprochemens indiqués par le P. Georgi ; car rien n'est plus propre à embrouiller encore une histoire que le défaut de matériaux rend déjà fort obscure.

Il est fâcheux qu'une lacune de quatre siècles se trouve dans cette chronique, précisément à l'époque où les Tibetains s'élevèrent à une assez haute puissance en Asie, au seul temps où ils aient dominé hors des limites du Tibet (1). Cet espace sur lequel les Tibetains (s'il en falloit croire le P. Horace) n'auroient conservé aucune tradition, se trouve assez bien rempli par l'histoire des *Thou-fan*, qui sont les Tibetains proprement dits, telle que les Chinois la racontent. Ils entrent dans de fort grands détails sur les guerres de ces peuples ; mais malheureusement ils n'en font connoître aucun sur leur littérature. Suivant eux-mêmes, les *Thou-fan* n'auroient point eu de caractères (2) ; ils se seroient servis, dans leurs conventions, de morceaux de bois crénelés, et de cordelettes nouées : particularité qui nous paroît très-peu vraisemblable (3). On les représente comme un amas de tribus féroces encore enfoncées dans la barbarie. Chaque année ils prêtoient à leurs chefs, qui avoient le titre de *Tsan-phou*, un *petit serment*, à l'occasion duquel on immoloit des moutons, des chiens et des singes. Tous les trois ans on prêtoit le *grand serment*, et l'on sacrifioit des hommes, des chevaux, des bœufs, des ânes. La puissance de ces *Thou-fan*, dont la capitale étoit *Lasa*, et dont les frontières touchoient à celles des Brah-

---

(1) Je soupçonne que cette chronique, dans l'état où nous l'avons, offre une autre défectuosité bien plus grave. Le *Tarmu*, qu'on fait 7.ᵉ prédécesseur et aïeul à la 8.ᵉ génération de *Lhate*, mort en 456, me paroît le *Tamo* des Chinois, qui mourut, suivant eux, en 842. Rien n'est moins sûr que tout ce qu'on trouve dans la chronique sur les temps qui ont précédé ce prince. Je crois les traditions des Chinois infiniment préférables.

(2) *Ma-touan-lin*, k. 334, p. 16.

(3) Voyez plus haut, p. 68.

manes,

manes, étoit contemporaine et pour ainsi dire rivale de celle des *Thang*. Dans ce temps, les Chinois ont parfaitement bien connu l'occident; ils ont eu, en particulier, de grands rapports avec ces *Thou-fan*, et ont conclu des traités avec eux (1). En 641, le prince des *Thou-fan* obtint en mariage une princesse Chinoise, et sollicita, pour ses enfans, la faculté de venir dans le collége impérial étudier le livre des vers et le *Chou-king* (2). En 727, le *Tsan-phou* demanda qu'on lui envoyât les cinq *King*, et des livres mystiques (3). Dans le cours du VIIIe siècle, les princes du Tibet furent alternativement rebelles et soumis à l'empire; c'est-à-dire que souvent ils envoyèrent des ambassades et demandèrent à contracter des alliances, et que d'autres fois ils firent des invasions sur les terres de la Chine. Dans les deux cas, les Chinois ont été fort bien informés de leurs affaires; ils dominoient alors à Kaschemir, sur le Pourout, et dans ces pays qu'on a nommés, on ne sait pourquoi, le petit Tibet. Ce qu'ils nous disent de l'ignorance des *Thou-fan* mérite donc d'être cru.

Il faut pourtant essayer de concilier les traditions qui font remonter à l'époque de l'ère chrétienne l'introduction du bouddhisme et de l'écriture Indienne au Tibet, avec le silence des auteurs Chinois sur ces deux points importans. Il est très-vraisemblable qu'à une époque ancienne, les Bouddhistes ont fondé des monastères dans quelques parties du Tibet, et y ont apporté des livres qu'ils ont sans doute traduits en tibetain pour les faire lire à quelques prosélytes. Mais la masse de la nation, particulièrement du côté de l'orient, est restée attachée à ses anciens usages, ennemie même du nouveau culte, et a repoussé, autant qu'elle l'a pu, un système philosophique, religieux et littéraire, qui, à cause de la barbarie des habitans, convenoit encore moins à ce peuple qu'aux autres Tartares. Les Chinois ont donc pu dire,

---

(1) Un de ces traités fut gravé en caractères Tibetains et Chinois, dans un monument qu'on plaça sur la frontière des deux empires.

(2) *Wen hian thoung khao*, k. 334, p. 17.
(3) *Ibid.* p. 22.

sans s'écarter de la vérité, que les Tibetains n'avoient ni lettres, ni culte déterminé : ils ne parloient point des monastères Indiens, dont les habitans étoient étrangers au milieu du Tibet.

C'est dans le temps qui s'est écoulé depuis la décadence de la dynastie des *Thang*, c'est-à-dire, depuis le commencement du x.ᵉ siècle, qu'il faut placer les premiers changemens dans l'état politique des lamas du Tibet ; changemens que nous ne considérons ici qu'à cause de l'influence qu'ils ont eue sur la littérature Tibetaine. La puissance des *Tsan-phou* fut anéantie : les différentes tribus se séparèrent et formèrent des peuplades de cent ou de mille familles (1). Il n'y eut plus de pouvoir capable de balancer le crédit que les lamas avoient su prendre sur les peuples. La seconde année *Thian-tchhing* (928), il vint de ce pays une ambassade composée de quatre religieux qui apportèrent une lettre écrite en caractères *Fan* [Tibetains] ; mais on ne trouva personne qui sût la lire (2). C'est la première fois qu'on fait mention de ces lettres, et de religieux chargés d'une négociation politique. On vit souvent, à cette époque, des princes Tibetains se faire moines, ce qui, vraisemblablement, fournit aux moines l'occasion de devenir princes. Effectivement, en deux siècles et demi, les grands lamas, dont le nom même n'étoit pas connu jusqu'alors, en vinrent à un degré de puissance tel, qu'après les bouleversemens causés par les guerres de Tchinggis et de ses premiers successeurs, Khoubilaï, qui favorisoit le célèbre lama Bâschpa, ne fit, en lui accordant le titre de roi, que consacrer une usurpation à laquelle les peuples du Tibet étoient déjà tout accoutumés.

Il n'est pas de mon sujet d'examiner quels ont été les effets de cette révolution qui a mis le pouvoir temporel entre les mains des lamas, depuis que Bâschpa, le premier des Dalaï lamas, eut été reconnu souverain du Tibet. Mais il est bon de remarquer que, depuis ce temps, la religion de Bouddhah, et

---

(1) *Wen hian thoung khao*, k. 334, p. 23.
(2) *Ibid.* k. 335, p. 1.

la littérature qui en fait partie, sont devenues florissantes dans cette contrée. Je ne reparlerai plus de ces différens alphabets qui furent inventés par les lamas. Mais les monastères qui se multiplièrent, et les bibliothèques dont on les enrichit, les livres qu'on traduisit à grands frais (1) et qu'on écrivit en lettres d'or, mériteroient de fixer notre attention, si nous connoissions à ce sujet autre chose que de simples mentions dans les histoires des Mongols et de la dynastie des *Ming*, et dans les codes et institutions de la dynastie régnante. Les Mongols avoient beaucoup favorisé les lamas, et avoient adopté l'usage d'en attacher un certain nombre à chaque tribu. C'est ainsi que les livres Tibetains ont été portés dans la Tartarie, et jusque sur les bords du Wolga par les Kalmouks. Les lamas Tartares eux-mêmes sont obligés d'apprendre au moins à lire le tibetain, à cause des prières et des invocations en cette langue, qui font partie de l'office journalier.

Ce que nous avons dit dans un des chapitres précédens sur la nature des ouvrages qui existent en mongol, peut et doit s'appliquer aux livres Tibetains: ils ne traitent guère que de sujets religieux; et selon qu'ils appartiennent à la doctrine secrète, ou à la doctrine vulgaire, on peut seulement espérer d'y trouver des traités de métaphysique ou de morale, ou des romans cosmogoniques et héroïques. Nous avons un échantillon de cette littérature, dans l'extrait d'un ouvrage écrit originairement en samskrit, sur la vie et les dogmes de *Chakia-mouni*, traduit du tibetain et inséré dans les Mémoires de Pallas (2). Nous avons aussi les titres d'une vingtaine de livres sacrés qui ont été précédemment rapportés en mongol; et nous savons qu'il existe des syllabaires, des grammaires et des dictionnaires, dont quel-

---

(1) Du temps de *Houng-wou* des *Ming*, il y avoit beaucoup de livres Bouddhiques dans le pays de *Ou-sse-tsang*. On y trouvoit, entre autres, le *Lang-kia-King*, ou livre de Lanka, qui avoit jusqu'à 10,000 *kiouan*. Pian i tian, k. 84, p. 1.

(2) Sammlungen historischer Nachrichten, u. s. w. t. *II*, p. 410.

ques-uns ont été apportés en Europe (1). De pareils livres eussent été pour moi de véritables trésors ; mais la bibliothèque du Roi ne possède absolument rien en tibetain, si ce n'est ces feuilles détachées des livres d'Ablaï-yin Gied. Cette privation m'a été fort sensible ; elle m'eût fait renoncer à composer ce chapitre, si, dans le desir de ne pas laisser mon ouvrage incomplet, je n'avois pas cru que les faits rassemblés dans les écrivains Chinois pourroient toujours être de quelque utilité, en attendant qu'un écrivain plus habile ou plus heureux vînt approfondir ce que je n'ai pu qu'effleurer.

L'étude du tibetain ne seroit pas seulement très-utile pour prendre une idée exacte de cette religion de Bouddhah, jusqu'à présent si peu connue et si mal jugée : deux des principaux états de l'Europe pourroient en tirer des avantages plus immédiats. Les Anglais du Bengale se rapprochent insensiblement des montagnes du Tibet, et déjà ils ont eu occasion d'entamer avec un des princes de la partie méridionale, une négociation qui n'a été interrompue que parce qu'elle inspiroit de l'ombrage à la cour de Péking. D'un autre côté, la Russie doit avoir un grand intérêt à ouvrir des relations avec une contrée où est le centre de la croyance de plusieurs nations qui lui sont soumises, et où le commerce de cet empire pourroit trouver de nouvelles routes à suivre et de riches mines à exploiter. Il seroit intéressant de voir un jour les négocians des deux plus puissans empires du monde se rencontrer au pied des plus hautes montagnes du globe. Il est permis de souhaiter ce rapprochement, dans la vue des lumières qui ne pourroient manquer d'en résulter sur les pro-

---

(1) M. Klaproth cite parmi ceux qu'il s'est procurés de différentes manières, un syllabaire rédigé à Kiakhta en 1792, par l'interprète Jæhrig. Il doit en exister un double dans la bibliothèque de l'Académie des sciences de Pétersbourg ; — un Dictionnaire Mongol et Tibetain, d'après l'ordre de l'alphabet Tibetain, et imprimé à Péking, en un épais volume petit in-folio ; — le *Minggi-rgyamthso*, ou la Mer de clarté, grand dictionnaire Tibetain-mongol, imprimé sur du fort papier oblong. Il est en quatre parties, formant 752 pages. Il y a dans la première partie un syllabaire fort étendu ; la 2.e et la 3.e sont le dictionnaire, et la 4.e contient une *postface*.

ductions naturelles et l'antiquité des régions centrales de l'Asie.

Au reste, ce n'est guère que dans le Tibet même que la connoissance du tibetain, comme langue commerciale, pourra jamais être directement utile : les peuples de ce pays ont rarement fait des excursions dans les contrées voisines, et il ne paroît pas qu'il en soit resté aucune trace. Nous avons été forcés, en traitant des autres races, d'en figurer l'extension par des lignes arbitraires tracées au travers de l'Asie. Mais ici la nature nous a sauvé cette peine, et les montagnes du Tibet sont les barrières naturelles où la race Tibetaine est encore à présent renfermée. Du côté de la Chine, la chaîne presque inaccessible qui forme la frontière du *Chen-si*, du *Sse-tchhouan* et du *Yun-nan*, marque la séparation des deux nations. Je ne veux pas dire néanmoins qu'il n'y ait quelques tribus d'origine Tibetaine dans les provinces de l'empire Chinois qui touchent au Tibet, et même dans quelques-unes du centre. Il est fâcheux que les Missionnaires n'aient pas pu nous procurer quelques vocabulaires des *Lo-lo* du *Yun-nan*, et des *Miao-tseu* du *Sse-tchhouan* et du *Kouëï-tcheou*. La langue de ceux du *Ruisseau d'or* [*Kin-tchhouan*], que *Khian-loung* a détruits, devoit se rapprocher beaucoup du tibetain. D'un autre côté, on doit trouver beaucoup de peuplades Chinoises dans le pays de *Kahang* et au midi du *Kôke-noor*. Les historiens nous avertissent de ce mélange de races, et nous en font assez bien connoître les causes. Joignez à cela qu'un fait qui remonteroit à la plus haute antiquité, rendroit fort bien raison de l'analogie qui s'observe, disent les Chinois, entre leur langue et celle des *Kiang* ou Tibetains orientaux.

Du côté du nord-est, le Tibet est ouvert aux Mongols, qui font actuellement, sous le nom d'*Ordos*, la population du pays qui est au nord et à l'ouest de la grande courbure du *Hoang-ho*, autour du Kôke-noor. C'est principalement de ce côté, que, de notre temps, et, à ce qu'il paroît, depuis un temps assez reculé, les tribus Tartares ont pénétré dans le Tibet, où l'on en trouve encore à présent un assez grand nombre. Plus à l'ouest, le pied des montagnes est, pour ainsi dire, baigné par les sables du

Gobi. Néanmoins, c'est le long de la chaîne septentrionale, dans un parallèle que nos cartes représentent comme entièrement inhabité, qu'il faut chercher les *No-Kiang*, le grand et le petit *Po-liu,* et d'autres états inconnus aux Européens, et passablement bien décrits par les Chinois. Ces peuples paroissent appartenir à la race Tibetaine. Cette race a dû se mêler à celle des Turks du côté de Khotan, où il semble y avoir quelques communications entre la Tartarie et le Tibet. La plus grande partie des montagnes de ce côté sont absolument inaccessibles. Il en est de même à l'ouest, où la contrée de Ladak est séparée du royaume actuel de Kaboul, des possessions des Aghwans et du Kaschemir, par des chaînes où l'on gravit à peine avec des échelles de corde. Vers le midi, les Tibetains n'ont presque pas de liaisons avec les Hindous qui habitent au pied des montagnes. Il n'y a guère que quelques pélerins que le zèle de la religion fait passer d'une contrée à l'autre, par des chemins qui seroient impraticables pour des voyageurs ordinaires. Enfin, du côté du sud-est, les vallées par où s'écoulent le *Tsang-pou* ou Brahmapoutra, le fleuve Noir (1), ou la rivière d'Awa, et le Kin-cha-kiang, ou la rivière de Camboge, forment une triple route, par où les *Si-fan* ou Tibetains peuvent communiquer avec les *Man* ou Barbares de l'Inde orientale. Cette communication a déjà été l'objet d'une remarque. C'est de ce côté qu'au IX.[e] siècle ils s'étoient étendus de manière à être limitrophes des Brahmanes, et à donner au golfe de Bengale le nom de *mer du Tibet*. C'est ainsi qu'il est nommé par Ibn-Haukal.

 Comme c'est là la seule fois que les Tibetains soient sortis de leurs limites en conquérans, et qu'on sait assez précisément dans quelles contrées ils ont porté leurs armes, il ne nous reste qu'à faire l'énumération des peuples qui ont envahi le Tibet, ou qui sont venus des autres parties de la Tartarie, se mêler à la

---

(1) *Ou-kiang*, et non pas *Nou-kiang*, comme l'a écrit d'Anville, ni *Lou-kiang*, comme le dit Amiot (Mém. des Missionn. *t. XIV, p. 179*). C'est le même qu'on nomme aussi en mongol *Kara ousoun*, ce qui signifie la même chose.

population native de cette contrée. Avant les Mandchous et les Chinois, qui y dominent actuellement, les Olets, et particulièrement les Djoun-gar, y exerçoient à-peu-près la même autorité. C'est d'eux que descendent la plupart des tribus Mongoles qu'on y retrouve encore aujourd'hui, comme les Khoït, les Khochots, et quelques autres. Le Tibet avoit déjà été précédemment occupé par les armées de Tchinggis. Les *Thou-kou-hoen* qui habitoient près de *Cha-tcheou*, et occupoient une partie du Tibet, furent soumis par les *Thou-fan*. Nous avons cru devoir ranger ces peuples parmi ceux de race Tongouse, avec les *Sian-pi*, dont ils étoient issus. Peut-être néanmoins appartenoient-ils à la race Mongole. Nous en dirons autant des *Youëi-chi* qui, plus anciennement, avoient occupé le même pays, et dont une portion s'étoit enfoncée dans les montagnes des *Kiang*, pendant que le gros de la nation s'étoit porté vers la Transoxane. Telles sont les principales nations étrangères qui ont possédé en tout ou en partie le Tibet; nous ne comptons pas celles qui y ont fait des invasions passagères, comme les Turks, les *Hoëi-hou*, les *Jouan-jouan*, les *Hioung-nou* et plusieurs autres.

Le dernier peuple, de race vraiment Tibetaine, qui soit connu dans l'histoire, est celui dont les étrangers ont conservé le nom au pays: les Chinois l'ont écrite avec les deux caractères *Thou-fan*, qui doivent se lire *Thou-po*; de là *Tobout*, *Tebet*, Tibet. Ce peuple, dont il est incontestable que nous avons la langue dans le tibetain actuel, tiroit particulièrement son origine de la contrée où est Lasa (1), et commença d'être connu dans les années *Khaï-hoang* de la dynastie des *Souï* (581 — 600). Les *Thang-hiang*, les *Pe-lan* et d'autres tribus Tibetaines, ainsi que les *Thou-kou-hoen*, se soumirent à eux. Nous avons déjà vu que les *Thou-kou-hoen* étoient d'origine étrangère. Quant aux autres, ils étoient, disent les Chinois, de la race des trois *Miao*, ou *Kiang*. Ces deux expressions sont synonymes. Le nom de *Kiang* signifie *pasteurs*, et fut appliqué aux Tibetains à cause du soin

---

(1) *Wen hian thoung khao*, k. 333, p. 15.

qu'ils donnoient à leurs troupeaux. On attribue la même origine aux *Teng-tchi*, aux *Thang-tchhang*, &c. Tous ces peuples, qui semblent les autochthones du Tibet, sont, depuis la plus haute antiquité, nommés *Kiang* et *Ti*. La langue des uns et des autres avoit de l'analogie avec le chinois (1) ; et selon des traditions fort anciennes, les *Kiang* et les *Ti* seroient des descendans des trois *Miao*, habitans du midi de la Chine au temps de *Chun*, exilés par ce prince du côté du *Kôke-noor*, comme on le lit dans le *Chou-king* (2). On peut d'autant moins s'incrire en faux contre cette tradition, qu'après tant de siècles et de révolutions, le tibetain a conservé cette analogie qui frappa les Chinois, surtout si on le compare au langage qu'on parle *au midi du fleuve*, et à celui des *Man* ou Barbares du midi.

Ainsi donc, pour offrir en peu de mots le précis de ce que les traditions des Chinois, d'accord avec la considération de la langue, nous apprennent sur le Tibet, nous dirons que cette contrée montagneuse, froide, stérile, a été habitée par des tribus sauvages qui, par la férocité de leurs mœurs, leur ignorance, la simplicité de leur culte, la rudesse de leur idiome, ont conservé long-temps et conservent encore en partie les traces de leur état primitif. Des colonies venues du midi de la Chine à une très-haute antiquité, se sont mêlées aux naturels du pays. Vers l'époque de notre ère, les religieux de l'Hindoustan ont porté leur culte et leur littérature dans quelques monastères qu'ils fondèrent en divers endroits de la Tartarie et du Tibet. La conversion des Tibetains ne fut complète que vers le vi.ᵉ siècle de notre ère, où il paroît qu'on doit placer la fondation de *Lasa*. Les Lamas prirent alors une autorité qui alla en croissant jusqu'à la conquête des Mongols, et se changea enfin en une domination absolue. La littérature Bouddhique s'enrichit par la traduction des ouvrages Samskrits; mais la langue Tibetaine conserva toujours les formes agrestes que durent lui im-

(1) *Pian i tian*, k. 45, *p. 4*.
(2) Traduction Française, *p. 16*.

primer

primer les premiers hommes qui en firent usage. Un idiome barbare, une orthographe irrégulière, un système grammatical des plus imparfaits, une littérature d'emprunt, une religion transplantée de l'Hindoustan au Tibet à une époque peu reculée; voilà tout ce qu'on trouve dans ces montagnes sauvages, dont les habitans ne paroissent devoir justifier, sous aucun rapport, la haute attente qu'en ont conçue des écrivains ingénieux, mais peu versés dans les antiquités de l'Asie orientale. Il faut surtout renoncer à placer dans le Tibet le berceau du genre humain, à en faire descendre les religions de l'Hindoustan, à y voir les plus proches héritiers du peuple primitif, à y trouver des traditions antérieures à l'histoire, à y découvrir des monumens des siècles qui ont suivi le dernier cataclysme. Plus on étudiera les Tibetains, et plus on demeurera convaincu qu'ils sont comme les autres Tartares, et qu'ils ont toujours été des pasteurs très-ignorans, dont les missionnaires Hindous ont été, depuis quelques siècles seulement, les instituteurs en civilisation, en morale et en littérature, et qui n'ont fait encore que des progrès très-médiocres. Si, par ces observations, nous diminuons beaucoup de l'intérêt des matières qui viennent d'être l'objet de nos études, nous regretterons peu cet intérêt factice qui s'attache aux idées romanesques, et nous nous féliciterons de lui avoir préféré celui de l'histoire.

CONCLUSION.

Essayons maintenant de convertir en observations générales, les faits particuliers rassemblés dans les Recherches qu'on vient de lire, et rappelons des résultats que le lecteur pourroit avoir perdus de vue, afin de fortifier les conclusions que nous croyons être en droit de tirer, en finissant ce volume. Nous osons présenter comme certains les points suivans, qui avoient été jusqu'à présent avancés sans examen, et quelquefois révoqués en doute sans motifs suffisans.

Dans l'état actuel, les langues de la Tartarie sont au nombre de quatre principales, avec quelques dialectes. Les mots de ces quatre langues, particulièrement ceux qui désignent des objets de première nécessité, et qui constituent le fond des idiomes, sont radicalement différens, et ne se rapprochent non plus d'aucune autre langue connue.

Les ressemblances qu'on observe entre ces quatre idiomes, portent, presque en entier, sur des mots destinés à exprimer des objets d'arts, ou des titres de dignités, ou des idées philosophiques et théologiques; elles attestent les effets d'un mélange produit par le commerce, la guerre, l'influence politique et religieuse. Il en est absolument de même des mots étrangers qui se sont introduits dans les langues de la Tartarie.

Les différentes écritures qui ont servi à peindre ces langues, ont toutes été apportées du dehors, par l'effet de circonstances dont l'histoire a conservé le souvenir. L'adoption la plus ancienne ne remonte pas au-delà de l'ère Chrétienne.

Les formes grammaticales sont en petit nombre et peu compliquées. Les rapports des noms s'y marquent par des particules affixes ou postpositions, sans crase. Les verbes n'ont point en général de conjugaisons. Les temps les plus usités sont impersonnels. La construction est rigoureusement inverse.

La littérature de tous les peuples Tartares se compose en entier d'emprunts faits, assez récemment, aux nations voisines, aux Chinois, aux Hindous, aux occidentaux. Leurs livres sont des traductions, ou tout au plus des imitations de ceux des peuples policés et agricoles qui habitent les contrées méridionales. Ce que nous disons ici de la littérature, doit s'appliquer à toutes les branches des connoissances humaines, mais en particulier aux idées philosophiques et religieuses.

Les conclusions à tirer de ces faits, qui reposent maintenant sur une base inébranlable, seront pour la plupart négatives : dans ces sortes de matières, il est plus ordinaire d'avoir d'anciennes erreurs à combattre, que des vérités nouvelles à établir.

Aucun ouvrage historique, aucun monument, aucune tradition, chez les Tartares ou chez les nations qui les ont le mieux connus, ne permettent de faire remonter l'état de demi-civilisation où nous les voyons parvenus, à une époque plus ancienne que le II.ᵉ SIÈCLE avant notre ère.

A cette époque, les missionnaires Hindous, établis dans la partie méridionale de la Tartarie, à Khasigar, à Khotan, à Yerkiyang, commençoient à y répandre les premières notions des sciences et des arts, l'écriture Indienne, la religion de Bouddhah. Les Tibetains, les nomades du nord, n'ont connu tous ces objets que beaucoup plus tard.

L'opinion qui placeroit en Tartarie le berceau du genre humain avec le peuple primitif, ou ses descendans immédiats, ou la patrie des inventeurs des sciences, de l'astronomie, des alphabets de l'Asie, ou même l'origine des doctrines de l'Hindoustan, de Bouddhah, ou des Hindous eux-mêmes, ou des Chinois ; cette opinion, non-seulement ne repose sur aucun fait positif, mais elle se trouve, à la bien examiner, entièrement inconciliable avec les observations philologiques et les traditions historiques de toutes les nations de l'Asie, à commencer par les Tartares eux-mêmes.

Le chamanisme n'a pris naissance ni dans la Tartarie, ni, selon mon opinion, dans la Bactriane. Les Samanéens ont pénétré assez tard dans la première de ces contrées ; ils y ont toujours été étrangers ; ils n'en ont jamais converti complétement les habitants. Beaucoup de ceux-ci sont restés attachés à leur culte primitif, qui est le plus simple de tous les cultes, l'adoration du Ciel visible et des Esprits, avec différentes pratiques superstitieuses.

Enfin (et ceci ne tenant qu'indirectement à l'objet de ces Recherches, mériteroit d'être examiné dans un ouvrage à part), les religions qui ont eu cours dans la Tartarie, n'avoient pas, non plus que l'art d'écrire, pris naissance dans les contrées du nord. Le samanéisme ou bouddhisme primitif, la philosophie de Confucius, le magisme, le manichéisme, le nestorianisme, le musulmanisme, le lamisme enfin, ou le bouddhisme réformé, y ont été successivement introduits, à-peu-près dans l'ordre où je viens de les nommer, et cet ordre est quelque chose de bien important à constater ; car, si c'est pour nous une question historique de pure curiosité, que de savoir si Bouddhah est né dans l'Hindoustan ou dans le Tibet, ou si l'alphabet Devanagari a été inventé sur les bords du Gange ou dans les montagnes d'Altaï, c'en est une de conséquence que de déterminer à qui appartient la priorité, dans les traits de ressemblance incontestable qui s'observent entre la discipline et la hiérarchie des Lamas et celles de l'Église Romaine. Cette question, au reste, ne sauroit embarrasser une personne qui nous aura suivis dans nos Recherches, ou qui saura remonter aux sources où nous avons puisé.

Ainsi tout ce qui, chez les Tartares, est au-dessus de ces premières notions qui distinguent l'homme de la brute, leur est venu, à des époques connues, de leur communication avec d'autres nations plus instruites. Quatre ou cinq familles se sont répandues et multipliées sur d'immenses espaces. Les hommes qui en sont sortis ont fait quelques efforts pour s'éclairer ; ils ont cultivé quelques sciences, mais ils n'en ont inventé aucune. Ils n'ont été ni tout-à-fait aussi grossiers que le supposoit Voltaire, ni, à beaucoup près, aussi savans que l'imaginoient Buffon et Bailly. Nous sommes donc obligés d'en revenir, au sujet de ces nations, à l'idée que nous en ont donnée les premiers auteurs qui en ont parlé, les voyageurs du moyen âge, les écrivains orientaux, les Missionnaires en Chine, Bergeron, Deguignes, Deshauteraies, Mosheim, Lequien, les deux Muller, Bayer, et tant d'autres. Ces conclusions sont loin d'être aussi brillantes que les hypothèses par lesquelles on a cherché à suppléer à la connoissance précise des faits, tant qu'on a cru impossible de l'acquérir ; mais il n'est pas inutile de les reproduire, puisqu'elles ont été plusieurs fois contestées par des écrivains systématiques. On avoit trop compté sur le défaut de monumens, sur le vague et l'obscurité des traditions. L'antiquité de la haute Asie étoit en quelque sorte la région des hypothèses. On en connoîtra la futilité, et l'on s'instruira suffisamment sur l'histoire de la Tartarie, quand on voudra la chercher dans les écrivains Chinois, qui nous l'ont conservée. Quelque peu détaillés que soient les renseignemens qu'ils nous fournissent, c'est toujours apprendre quelque chose, que de déterminer précisément jusqu'où l'on peut apprendre, et même de s'assurer qu'on n'a rien à apprendre du tout ; mais cette ignorance ne s'acquiert qu'avec peine, et la fausse science coûte beaucoup moins. Rien n'est plus facile que de jeter au hasard des suppositions sur le papier, et d'annoncer avec mystère qu'on pourra les soutenir un jour. Il faut ensuite des volumes pour réfuter une seule parole de ce genre ; c'est donc rendre quelque service aux sciences historiques que de dissiper les ténèbres qui couvrent certaines parties de leur domaine, et où l'imagination se joue en liberté. Resserrer le champ de l'erreur, c'est, en quelque sorte, agrandir celui de la vérité.

FIN DU I.er VOLUME.

ADDITIONS et CORRECTIONS.

PAG. 1. XIIe siècle, *lisez* XIIIe siècle.

P. 4. Quoique le second caractère du nom Chinois des Tartares se lise à présent *tche* dans ce nom, rien n'empêche de croire qu'il ait été lu primitivement *ta*, ce qui donneroit pour le mot entier *Tha-ta*. Ce ne seroit pas le seul nom dont les Chinois auroient altéré la prononciation originelle ; et c'est ainsi qu'ils disent à présent *Niu-tchin*, au lieu de *Jou-tchi*; *Thou-fan*, au lieu de *Thou-po*, &c.

P. 10. *Niu-tchin* ou *Niu-tchi*. En cet endroit, et dans tous les autres, où on lit le nom de ce peuple, il faut prononcer *Jou-tchin* ou *Jou-tchi*, conformément à l'étymologie.

P. 13. « Les Mongols... n'avoient eu aucun chef de quelque renom avant l'apparition de Tchinggis-khan. » — Comparez ce qui est dit des *Mo-ho*, p. 241.

P. 54. διχὴν, *lisez* δίχην.

P. 55, note (2). Le mot de διαμεμελαμένως peut s'entendre de la position isolée des lettres qui ne se suivent pas comme dans l'écriture ordinaire, mais qui sont placées *séparément* l'une sous l'autre.

P. 69. Le pays des *'An-si*, dont il est parlé en cet endroit, est le pays des *Asi* ou de Bokhara. Au reste on trouvera, dans le second volume, des additions considérables à ce qui est dit ici des alphabets de certains peuples Tartares, et sur-tout de ceux des *Khitan* et des *Jou-tchi*, ainsi que le décret relatif à l'écriture de Pa-sse-pa, cité p. 75, et plusieurs monumens et inscriptions recueillis en Sibirie.

P. 154. Ce qui est dit en cet endroit du nom d'*Ouigour* donné par Pallas à l'écriture Tangutaine, a besoin d'être modifié. La confusion ne devroit pas être attribuée au savant naturaliste, à s'en rapporter à un passage Mongol cité par M. Schmidt *(Mines de l'Orient*, t. VI, p. 337), et qui sera discuté dans le second volume. — Dans la note 2, le nom d'année *Naïral-toub* seroit plus correctement écrit *Naïraltou-toub*. La phrase de Pallas citée dans la note 3, est tronquée ; la voici rétablie en son entier : *Der Lama bemuhete sich aber umsonst mit dieser Schrift das anbefohlne zu leisten, weil damals die tangutische Schrift die man OIGUR nannte, in volligem Gebrauch war*. Et dans la note, Pallas assure plus positivement que je ne l'ai indiqué, que *Ouigour* étoit alors le nom de la langue Tartare : *Oigur SOLL dazumahl*, u. s. v., l'Ouigour *étoit* alors, &c.

P. 221, note (3). J'avois été induit en erreur par le passage où M. Klaproth s'exprime de la manière suivante : *Uebersetzung der zwei ersten Hefte des Mongolisch-Mandshuischen Woerterspiegels. Irkutzk*, 1806. J'apprends de ce savant lui-même que la traduction dont il s'agit est restée manuscrite en sa possession.

P. 266, *Ould-dourmisch;* lisez *ouldourmisch*.

P. 312. *Usbeks, Kirgis*, &c. ; *lisez* les Usbeks, les Kirgis, &c.

www.ingramcontent.com/pod-product-compliance
Lightning Source LLC
Chambersburg PA
CBHW070533230426
43665CB00014B/1675